존 파이퍼 목사의 '로마서 강해'는 위대한 본문이 훌륭한 해석자를 만나서 나온 작품이다. 로마서 강해는 영국의 탁월한 강해설교자, 고(故) 마틴 로이드 존스 목사의 강해서 이후로 좀 더 현대적이고 실제적인 설교자를 오랫동안 기다려 왔는데 마침내 좋은 해석자를 만났다. 존 파이퍼 목사는 신학자 출신의 목회자로 벧엘신학교에서 6년간 가르치다가 설교자로 부르심을 받았다. 그는 로마서의 위대함에 사로잡혀 있었고 그 중에서도 로마서 8장에 붙들려 18년 목회 사역을 감당할 수 있었다고 고백한다. 존 파이퍼의 '로마서 강해'가 마틴 로이드 존스의 '로마서 강해' 이상으로 한국 교회 강단에 큰 영향을 미칠 것으로 기대한다.

김서택 대구동부교회 담임목사

로마서는 성경의 모든 책들 중 가장 방대한 교리적 진술을 담고 있다. 존 파이퍼 목사의 로마서 강해는 교리적 가르침을 세밀하게 소개함과 동시에 그 진리가 주는 뜨거움을 생생하게 전달한다. 이는 불붙는 논리로 설교를 전했던 마틴 로이드 존스를 연상시킨다. 바른 진리는 열정을 발산시키게 하며, 열정은 바른 진리로부터 시작될 수 있다. 저자는 이것을 '구원의 틀'과 '현실을 바라보는 시각'으로 표현한다. 본서의 독자들은 견고한 구원의 진리를 만나게 될 것이며, 구원의 진리에 따라 살도록 도전받게 될 것이다. 이어 출간하게 될 로마서 강해집이 진리의 기반이 약한 한국 교회에 건강한 기초를 놓게 될 것을 기대한다.

송태근 삼일교회 담임목사

로마서에는 하나님과 세상과 우리 인간에 관한 진리와 복음의 중심이 고스란히 녹아 있다. 특별히 16년 간 베들렘헴교회 강단에서 전해진 복음주의 설교자 존 파이퍼 목사의 로마서 강해가 책으로 정리되어 출간되니 무척이나 반갑다. 존 파이퍼 목사의 로마서 강해가 전하는 복음의 메시지는 신학을 전공한 학도들뿐 아니라 평신도들도 쉽고 명쾌하게 이해할 수 있다. 이 책을 통해 모든 성도들이 복음을 깨닫고 그 복음을 살며 열방 가운데 복음을 전하는 그리스도인으로 날마다 자라가길 기도한다.

이찬수 분당우리교회 담임목사

좋은 강해를 읽는 것은 언제나 감동이다. 이 책은 그런 보기 드문 역작 중의 하나다. 최근 우리에게 큰 유익을 끼치는 외국 작가로 우리는 팀 켈러와 존 파이퍼를 주목한다. 두 분은 모두 목회자요 강해 설교가다. 두 분 다 견고한 신학적 기반에서 설교하는 분들이다. 한 분은 장로교 목회자고, 또 한 분은 침례교 목회자다. 존 파이퍼는 그의 목회의 절정에서 이 로마서를 강해한다고 고백한다. 그는 존 스토트의 로마서 강해에서 영감을 얻었다고 말한다. 그는 이 책에서 그의 회심과 목회의 모든 것을 내놓고 있다. 그래서 어쩌면 존 파이퍼 신학의 절정이라고 할 만한 작품이다. 존 스토트나 마틴 로이드 존스의 로마서와는 또 다른 감동이 있다. 바로 우리 시대의 치유와 해답이라고 할 만한 현장을 느끼게 된다. 나는 이 책에서 한국 교회를 살리는 희망을 느끼며 읽었다. 그래서 이 책을 이 시대의 한국 강단의 동역자들에게 강추하는 바다. 오랫동안 이 책은 설교자의 필수 도서목록으로 남을 가치가 있다. 다른 불필요한 책들 대신에 이 책으로 자리를 대신하기 바란다. 그 대신 우리의 강단은 새로운 부요를 경험하게 될 것이다.

이동원 지구촌교회 원로목사

존 파이퍼 목사는 목회자와 저술가로서 그 영성과 지성이 검증된 주님의 사역자다. 로마서는 초대 교회 때부터 성도들의 신앙의 기초를 견고하게 세우는 영적 자양분을 공급하는 보고로 쓰임 받아왔다. 이제 한국 교회 성도들은 예배당 안에서의 영성이라는 편협성을 과감하게 극복해야 할 시대적 소명을 안고 있다. 일상의 예배자로 한걸음 더 개혁적인 발걸음을 내딛기 위해 말씀에 대한 불같은 확신과 진리에 대한 각성 및 생활의 변화가 그 열매로 나타나야 한다. 목회와 말씀의 균형 감각이 탁월한 저자를 통하여 펼쳐지는 로마서의 파노라마가 한국의 목회자들과 성도들의 가슴에 안겨질 때 하나님의 역사하심이 힘 있게 일어날 줄 믿는다. 저자가 금세기 지구촌 그리스도인들을 향한 하나님의 은혜로운 선물인 것처럼 '로마서 강해' 역시 한국 교회를 향한 주님의 마음이 담긴 선물임을 믿어 의심치 않는다.

오정호 새로남교회 담임목사, 제자훈련목회자협의회(CAL-NET) 대표이 책을 추천하는 나의 마음은 참 행복하고 기쁘다. 저자가 존 파이퍼이기 때문이고, 그가 다루는 주제가 복음이며, 복음이 무엇보다 잘 드러난 로마서이기 때문이다. 로마서는 복음을 가장 잘 담고 있을 뿐 아니라 동시에 성화라는 주제도 칭의와의 관계 안에서 균형 있게 잘 다뤄주는 책이어서 조국 교회에 시의적절한 필요를 가진다. 오늘 조국 교회는 성도들의 삶과 실천 문제와 관련해 깊은 고통을 느끼고 있다. 성도들의 삶을 가능하게 만드는 복음의 진리에 대한 바른 지식의 부재와 그로 인한 성화와 삶에 대한 혼동이 이 모든 문제들의 근원이라고 본다. 죄 많은 세상에 우리의 몸을 입고 오신 예수님의 삶과 죽으심과 부활이 우리의 칭의의 유일한 근거이며 성화의 능력이다. 사람들로 하나님의 진노를 벗어나 은혜에 이르게 하고, 죄의 권세에서 벗어나 거룩과 사랑의 삶으로 들어가게 하는 것이 복음의 능력이다. 이 귀한 책이 그런 복음의 능력을 새롭게 함으로 조국 교회에 많은 유익을 널리 끼칠 것이라 여겨 기쁘게 추천한다.

화종부 남서울교회 담임목사

멋진 음악은 늘 새로이 연주되고 새로이 음미된다. 연주자가 달라지고, 듣는 내 삶의 자리도 달라지기에, 익숙한 아름다움이라도 언제나 그 맛이 새롭다. 로마서라는 멋진 음악 역시 오랜 세 월 숱한 설교자들을 만나며 깊고 진한 감동을 선사해 왔다. 오늘날 우리는 존 파이퍼라는 또 한 사람의 능숙한 연주자를 알고 있다. 로마서 연구로 박사학위를 받은 성경학자로서의 기량과 가슴 따스하고 열정적인 목회자로서의 정감을 함께 갖춘 그는 로마서를 연주할 최적의 연주자 중 하나다. 그의 설교를 읽으며 독자들은 복음의 의미에 대한 상세한 해설뿐 아니라 그 복음이 내 삶과 어우러지는 방식에 대해서도 많은 생각을 하게 될 것이다. 특히 복음의 탈을 쓴 욕망의 외침에 지치고 혼란스런 영혼들에게 값진 깨우침과 격려의 통로가 되리라 확신한다.

권연경 숭실대학교 기독교학과 교수

존 파이퍼 목사의 '로마서 강해'는 그의 신학적 통찰과 목회적 경건성이 잘 조화를 이루고 있으며, 복음의 진수를 배우고자 사모하는 이들에게 설득력 있는 문장으로 다가가는 잘 구성된 이야기다. 로마서는 복음의 비밀을 가장 분명하게 드러내는 성경 중의 성경으로, 최신 유행이나 문화적 흐름에 쉽게 반응하기 쉬운 가벼운 신앙과 신학을 경계하고 기독교 신앙과 신학을 바르게 안내하는 지침서라 할 수 있다. 더불어 이 책은 저자의 신학적 깊이와 목양적 소양이 함께 묻어나는 결과물로 복음의 영광과 복음의 기쁨을 잘 드러내고 있다. 저자는 자신의 회심과 부르심과 신학형성에 이르기까지 로마서에 빚지고 있음을 고백하고 있다. 로마서를 공부하는 이들에게 으뜸 길잡이가 될 책으로 기쁘게 추천한다.

김성희 기독대학인회(ESF) 대표

복음주의적 성경해석으로 이름난 존 파이퍼 목사의 로마서 강해집은 오늘날 행위심판과 행위구원을 강조하는 한국 교회의 도덕주의자들과 윤리주의자들을 향해 울리는 경고와 깨우침의 종소리다. 그는 왜 인간이 자신의 내재적 능력과 자원으로 스스로를 구원할 수 없는지, 왜 인간은 하나님의 은혜로만 구원받을 수밖에 없는지 설득력 있게 설명한다. 그리고 그의 설명은 복잡한 추론이 아니라, 성경 본문이 말하는 바를 직설적으로 지적하는 것이어서 더욱 간명하다. 이 책은 평신도, 신학생, 목회자들에게 두루 도움을 줄 수 있다. 그의 로마서 강해집의 출간을 환영하며 구원에 관해 잘못된 설명을 하고 있는 사람들이 다시 복음으로 돌아오게 되길 기대한다.

김철홍 장로회신학대학교 신약학 교수

존 파이퍼의 로마서 설교는 어느 페이지를 읽어도 그냥 지나칠 수 있는 내용이 없다. 그의 강점은 로마서를 조금씩 잘라 설교하면서 본문을 철저하게 분석하고 있는 것에서부터 시작된다. 본문을 치밀하게 분석하는 것은 이미 하나님의 뜻을 제대로 이해할 확실한 토대를 마련했다는 사실을 의미한다. 그런데 존 파이퍼의 더욱 놀라운 모습은 로마서 전체를 통찰할 뿐 아니라 바울 서신 전부를 섭렵하면서 본문 해석을 종합한다는 것이다. 그래서 존 파이퍼의 로마서 설교를 읽다보면 사도 바울의 영혼에 흐르고 있던 생각의 주류가 무엇인지 깨닫게 된다. 하지만 그의 로마서 설교는 여기서 그 놀라움을 멈추지 않는다. 그는 본문으로부터 우리의 현실을 직시하게 만들면서 때로는 우리의 오류를 맹렬하게 공격하고 때로는 우리의 믿음을 열렬하게 위로한다. 그 결과로 우리는 자신에 대한 명료한 일깨움을 얻는다. 이것이 존 파이퍼의 로마서 강해다.

조병수 합동신학대학원대학교 총장

존 파이퍼 목사는 학식과 영성 그리고 복음에 대한 열정을 겸비한 분이다. 전 세계 많은 그리스도인들로부터 인정과 존경을 받는 훌륭한 목회자요 저술가이기도 하다. 존 파이퍼 목사가 학술적 전문성과 목회 현장 체험을 토대로 집필한 바울 복음의 정수인 로마서 강해가 한국어로 출간되는 것을 매우 기쁘게 생각한다. 본문 해석에 충실하고 적절한 적용이 담긴 풍성한 강해설교를 원하는 목회자들에게 매우 유용한 책이다. 또한 바울의 복음과 로마서를 좀 더 깊이 이해하고 학습하려는 사람들에게도 적극 추천한다.

최홍식 횃불트리니티신학대학원대학교 신약학 부교수

ROMANS 6

John Piper

로마서 강해 6

(로마서 12장)

로마서 강해 6

복음과 하나님의 백성

초판 1쇄 인쇄 | 2015년 6월 25일
초판 1쇄 발행 | 2015년 6월 30일

지은이 | 존 파이퍼
옮긴이 | 이선숙
펴낸이 | 신은철
펴낸곳 | 좋은씨앗
출판등록 | 제4-385호(1999. 12. 21)
주소 | (137-860) 서울시 서초구 효령로 77길 20, 212호(서초동, 현대ESA)
주문전화 (02)2057-3041 주문팩스 (02)2057-3042
홈페이지 | www.gsbooks.org
페이스북 | facebook.com/goodseedbook
ISBN 978-89-5874-244-9 04230
ISBN 978-89-5874-219-7(세트)

로마서 강해 6

복음과 하나님의 백성

존 파이퍼 지음 | 이선숙 옮김

좋은씨앗

| 차례 |

1장

의롭다 함을 받은 죄인들이 서로 사랑하는 법

로마서 12장

그러므로 형제들아 내가 하나님의 모든 자비하심으로 너희를 권하노니 너희 몸을 하나님이 기뻐하시는 거룩한 산 제물로 드리라. 이는 너희가 드릴 영적 예배니라. 너희는 이 세대를 본받지 말고 오직 마음을 새롭게 함으로 변화를 받아 하나님의 선하시고 기뻐하시고 온전하신 뜻이 무엇인지 분별하도록 하라. 내게 주신 은혜로 말미암아 너희 각 사람에게 말하노니 마땅히 생각할 그 이상의 생각을 품지 말고 오직 하나님께서 각 사람에게 나누어 주신 믿음의 분량대로 지혜롭게 생각하라. 우리가 한 몸에 많은 지체를 가졌으나 모든 지체가 같은 기능을 가진 것이 아니니 이와 같이 우리 많은 사람이 그리스도 안에서 한 몸이 되어 서로 지체가 되었느니라. 우리에게 주신 은혜대로 받은 은사가 각각 다르니 혹 예언이면 믿음의 분수대로, 혹 섬기는 일이면 섬기는 일로, 혹 가르치는 자면 가르치는 일로, 혹 위로하는 자면 위로하는 일로, 구제하는 자는 성실함으로, 다스리는 자는 부지런함으로, 긍휼을 베푸는 자는 즐거움으로 할 것이니라. 사랑에는 거짓이 없나니 악을 미워하고 선에 속하라. 형제를 사랑하여 서로 우애하고 존경하기를 서로 먼저 하며 부지런하여 게으르지 말고 열심을 품고 주를 섬기라. 소망 중에 즐거워하며 환난 중에 참으며 기도에 항상 힘쓰며 성도들의 쓸 것을 공급하며 손 대접하기를 힘쓰라.

너희를 박해하는 자를 축복하라 축복하고 저주하지 말라. 즐거워하는 자들과 함께 즐거워하고 우는 자들과 함께 울라. 서로 마음을 같이하며 높은 데 마음을 두지 말고 도리어 낮은 데 처하며 스스로 지혜 있는 체하지 말라. 아무에게도 악을 악으로 갚지 말고 모든 사람 앞에서 선한 일을 도모하라. 할 수 있거든 너희로서는 모든 사람과 더불어 화목하라. 내 사랑하는 자들아, 너희가 친히 원수를 갚지 말고 하나님의 진노하심에 맡기라 기록되었으되 원수 갚는 것이 내게 있으니 내가 갚으리라고 주께서 말씀하시니라. 네 원수가 주리거든 먹이고 목마르거든 마시게 하라. 그리함으로 네가 숯불을 그 머리에 쌓아 놓으리라. 악에게 지지 말고 선으로 악을 이기라. _롬 12장

너희 몸을 하나님께 드리라

로마서 6장 13절에서 바울은 "또한 너희 지체를 불의의 무기로 죄에게 내주지(presenting) 말고 오직 너희 자신을 죽은 자 가운데서 다시 살아난 자 같이 하나님께 드리며(present) 너희 지체를 의의 무기로 하나님께 드리라"고 말합니다. 여기서 "내주다, 드리다"라는 단어에 주목하십시오. "너희 지체를 죄에게 내주지 말라." '지체'(body)라는 단어에도 주목하십시오. 또한 우리 지체를 누구에게 내주어야 하는지도 주목하십시오. "너희 지체를 의의 무기로 하나님께 드리라."

이 세 단어를 유념하면서 로마서 12장 1절을 보겠습니다. "그러므로 형제들아 내가 하나님의 모든 자비하심으로 너희를 권하노니 너희 몸을 하나님이 기뻐하시는 거룩한 산 제물로 드리라. 이는 너희가 드릴 영적 예배니라." 여기서도 이 단어들이 동일하게 사용되었다는 것은 무엇을 의미합니까? 바울이 6장에서 시작한 내용을 이제 12장에서 더 구체적으로 다룬다는 의미입니다. 두 장 모두 의롭다 함을 받은 사람들이 살아가는 방식은 어떠한지, 또한 은혜를 더하게 하려

고 계속 죄를 지을 수 없는 이유는 무엇인지에 대해 말하고 있습니다. 6장은 왜 계속 죄를 짓지 않는지에 대한 깊고 영적인 이유를 말하고, 12장은 실제로 매일 그렇게 살 수 있는 방법에 대해 말합니다.

실제로 관계를 맺고 살아가는 삶

이런 이유로, 6장의 확장판이라 할 수 있는 12장에서 의롭다 여김 받은 죄인들이 실제로 관계를 맺고 살아가는 삶에 대해 다뤄 보려고 합니다. 제목은 "의롭다 함을 받은 죄인들이 서로 사랑하는 법"이라고 정했습니다. 12장을 통해 그리스도인으로서 어떻게 관계를 맺고 살아야 하는지에 대해 몇 가지 놀라운 사실들을 알아보고, 소그룹 활동을 통해 그 원리들을 실천할 수 있도록 돕고자 이 설교를 준비했습니다(소그룹뿐 아니라 다른 모든 관계 속에서 이러한 원리들을 실천할 수 있기를 바랍니다).

제가 여기서 사용한 '서로'라는 단어는, 이미 여기 계신 분들, 혹은 지인들이나 그리스도인에 국한된 것이 아닙니다. 아직 우리 교회나 소그룹에 속하지 않았지만, 또는 아직 믿음이 없지만 앞으로 지체가 될 분들도 염두에 두고 사용한 단어입니다. 우리 교회처럼 대도시 중앙에 자리 잡고 그리스도의 사랑을 실천하려는 교회에게 이 '서로'라는 단어는 결코 고정된 의미로 다가오지 않습니다. 우리는 늘 변하고 늘 성장해야 합니다. 만일 친구의 범위가 늘 그대로라면, 우리가 영적으로 심각한 질병을 앓고 있다는 증거일 것입니다.

로마서 12장은 관계에 대한 가르침으로 가득 차 있습니다. 12장을 한 마디로 요약한다면, 이렇게 말할 수 있습니다. '의롭다 함을 입은 죄인들은 관계를 맺으며 살고, 더욱 견고하고 상호 유익을 주는 관계로 만들기 위해 열심히 애쓴다.' 그러니 이제 12장 전체를 살펴보면서, 소그룹에 참여하는 것과 이번 장을 통해 배운 방식대로 사람들을 사랑하는 것이 얼마나 중요한지를 다 같이 배울 수 있기를 바랍니다.

의롭다 함을 받은 죄인들은 서로를 어떻게 사랑하는가?

1절입니다. "그러므로 형제들아 내가 하나님의 모든 자비하심으로 너희를 권하노니 너희 몸을 하나님이 기뻐하시는 거룩한 산 제물로 드리라. 이는 너희가 드릴 영적 예배니라." 이 구절에서 우리가 눈여겨보아야 할 것이 여섯 가지 나옵니다. 하지만 그중에서 두 가지만 살펴보겠습니다.

먼저, "하나님의 모든 자비하심으로"(by the mercies of God)라는 구절을 보십시오. 로마서 12장에서 말하는 모든 실천적인 가르침은 "하나님의 자비하심"으로 준행해야 합니다. 6장은 '은혜가 넘치는 곳에서는 은혜를 더 넘치게 하려고 죄를 짓지 않는다. 오히려 우리 몸을 하나님께 드린다'는 말로 요약됩니다. 그렇다면 12장의 요지는 이렇게 말할 수 있습니다. '하나님의 자비하심이 넘치는 곳에서는 세상을 닮아 가지 않는다. 오히려 다른 사람들과의 관계 속에서 그분의 뜻을 행하기 위해 우리 몸을 하나님께 드린다.'

따라서 "의롭다 함을 받은 죄인들은 어떻게 서로를 사랑하는가?"라는 질문을 달리 말하면, "자비하심을 경험하고 자비하심으로 인도함을 받는 사람들은 어떻게 서로를 사랑하는가?"가 될 것입니다.

"자비하심으로 인도함을 받는" 교회는 어떤 모습일까요? 이것은 우리가 간과해서는 안 되는 근본적인 문제입니다. 12장 전체가 "하나님의 자비하심으로"라는 구절 아래 놓여 있기 때문입니다. 로마서 12장에서 요구하는 모든 것을 우리는 "하나님의 자비하심으로" 행합니다. 즉, 과거에 경험한 자비하심의 결과와 장래에 있을 자비하심에 대한 소망을 품고서 그렇게 행합니다.

진정한 그리스도인은 자비하심으로 이끌림을 받고, 자비하심으로 인도함을 받으며, 자비하심으로 빚어진 사람입니다. 우리의 모든 소그룹이 이런 의미를 가져야 합니다. 즉, 자비하심으로 빚어진 사람들의 모임이 되어야 합니다. 우리는 자비하심으로 살고 자비하심으로 사역합니다. 우리 모두는 자비하심이 필요하고, 자비하심을 받았다면 서로 나누어 주어야 합니다. 예수님은 제자들을 파송하시면서 "거저 받았으니 거저 주라"(마 10:8)고 말씀하셨습니다.

우리는 은혜로 의롭다 여김 받은 죄인들입니다. 자비하심으로 생명을 갖게 된 사람들입니다. 그리고 우리는 그 자비하심으로 살아갑니다. 자비하심으로 우정을 쌓습니다. 자비하심으로 결혼합니다. 부모 역할도 자비하심으로 감당합니다. 시민으로서의 책임도 자비하심으로 행합니다. 다른 사람들과의 관계도 자비하심으로 맺습니다. 직업에 헌신하는 것도 자비하심으로 가능합니다. 선교도 자비하심으로 가능합니다.

자비하심으로 사는 것은 어떤 모습인가?

자비하심이 관계 속에서 나타난다면 과연 어떤 모습일까요? 로마서

12장은 바로 이 점을 다룹니다. 중간 구절들도 다시 살펴보겠지만, 일단은 9절 앞부분을 먼저 보겠습니다.

거짓이 없음

9절은 자비하심으로 사는 인생은 거짓 없는 사랑을 한다고 말합니다. "사랑에는 거짓이 없나니." 우리 개개인이 자비하심으로 산다면, 소그룹 역시 자비하심으로 사는 사람들의 모임이 될 것입니다. 즉, 우리가 맺는 관계는 진실하고 거짓이 없는 관계가 됩니다. 거짓도 없고, 속임도 없고, 척하는 것도 없고, 위선과 허세도 없고, 겉치레도 없고, 겉 다르고 속 다른 것도 없을 것입니다. 보이는 것이 전부입니다. 서로 사랑하고 진실합니다. 우리에게는 진실한 사람들이 모인 소그룹이 필요하고, 그 안에서 우리는 안전함을 누려야 합니다.

우리가 가면을 쓰는 두 가지 이유가 있습니다. 먼저, 하나님의 자비하심 안에서 만족할 줄 모르고 사람들이 나를 어떻게 생각할지를 두려워하기 때문입니다. 모든 것을 만족시키는 하나님의 값진 자비하심이 내면에 채워져 있지 않기 때문에 다른 사람의 인정을 받기 위해 자신을 부풀려야만 합니다. 그 수단으로 사람들이 인정할 만한 가면을 찾아 쓰게 됩니다. 이것이 우리가 위선적인 모습을 취하는 첫 번째 이유입니다.

또 다른 이유는, 자신의 약점이나 실패를 솔직히 드러낼 때 사람들이 자비를 베풀 것이라고 믿지 않기 때문입니다. 다른 사람들이 우리에게 자비를 베풀지 말지는 사실 우리에게 전혀 중요하지 않습니다. 하나님이 우리를 위하시는데 누가 우리를 대적할 수 있겠습니까! 하지만 세상에 나가서는 옳고 그름을 두려워합니다. 이것이 현실입니다. 그래서 우리는 서로에게 자비를 베풀어야 합니다. 소그룹이나 주일학교, 같이 식사를 하면서 나누는 대화에서 자비를 베풀고 안전함을 느낄 수 있어야 합니다. 거부당할 것에 대한 두려움, 소문이 퍼질 것에 대한 두려움, 차별이나 편견에 대한 두려움을 느끼지 않도록 해야 합니다.

그래서 바울은 9절에서 "사랑에는 거짓이 없나니"라고 말하면서 적어도 두 가지를 요청하고 있습니다. 하나는 하나님의 자비하심 안에서 만족하라는 것입니다. 그래야 사람들의 인정을 받으려고 하거나 누군가를 치켜세우는 말을 하지 않게 됩니다. 하나님의 자비하심으로, 인정을 받으려는 욕구에서 자유로워지십시오.

바울이 요청하는 다른 한 가지는, 자신이 경험한 자비하심을 바탕으로 다른 사람에게도 자비를 베풀라는 것입니다. 하나님의 자비하심에 만족한다면 굳이 서로 자비를 베풀 필요가 없지 않느냐고 할지도 모릅니다. 하지만 그렇지 않습니다. 그것은 하나님이 원하시는 교회의 모습이 아닙니다. 우리는 오히려 이렇게 말해야 합니다. '서로에게서 하나님이 베푸시는 자비하심을 보고 그분 안에서 만족하도록 서로에게 더 많은 자비를 베풉시다.' 이것이 하나님이 만드신 교회의 모습입니다. 우리는 먼저 완성된 존재가 된 다음에 교회나 소그룹에 속하는 것이 아닙니다. 오히려 교회에 들어와 자비하심으로 이끌림받는 의롭다 여김 받은 죄인들과 교제하면서 완성된 존재가 되어 가는 것입니다. 그런 다음에는 나가서 세상에 그 모습을 보여 줍니다.

관계에 대한 이러한 훌륭한 가르침들을 오늘 이 자리에서 일일이 자세히 다룰 수는 없으므로, 그중 몇 가지만 더 살펴보겠습니다.

더욱 우애하고 존경함

10절입니다. "형제를 사랑하여 서로 우애하고 존경하기를 서로 먼저 하며." 관계를 맺을 때는 서로에 대한 우애와 존경이 점점 더해져야 합니다. 2천 명에게 똑같이 그렇게 할 수는 없습니다. 이것을 실천하려면 좀 더 작은 모임이어야 합니다. 형제 사랑이나 헌신은 감정 없는 행동들이 아닙니다. 마치 가족이 서로에게 갖는 애정과도 같습니다. 이런 가족 사랑을 경험하는 장이 되어야 합니다. 청년, 노인, 기혼자, 미혼자, 부자, 가난한 자, 민족적 배경이 다른 사람들…. 이들과 서로 가족이 되십시오. 예수님은 우리가 그분을 따를 때 이런 일이 일어날 거라고, 백배나 많은 "형제와 자매, 엄마와 자녀들"을 갖게 될 거라고 말씀하셨습니다.

그리고 다른 것으로는 '존경'이 있습니다. 10절 하반절입니다. "존경하기를 서로 먼저 하며." 그렇습니다. 가족 간의 끈끈함과 사랑이 날로 더해져야 하지만, 친밀감과 애정만이 관계를 맺는 유일한 방법은 아닙니다. 모든 인간은 하나님의 형상으로 창조되었기에 존엄합니다(우리 문화는 이 점을 모릅니다). 소그룹에서 가장 가난한 사람도 똑같이 존중받아야 합니다. "아, 하지만 인간의 존엄은 죄로 인해 너무나 왜곡되었어요"라는 생각이 든다면, 여러분은 로마서 12장 처음에 나온 말씀을 벌써 잊어버린 것입니다. 하나님의 자비하심으로 그렇게 하시기를 권합니다. 서로 존경하십시오. 하나님의 자비하심은, 하나님이 모든 인간에게 부여하신 존엄함에 침투한 결점들을 덮어 주어 친밀감과 존경으로 사람들을 대할 수 있게 합니다.

필요를 채우고 대접함

13절입니다. "성도들의 쓸 것을 공급하며." 우리의 사랑은 실제적이어야 합니다. 다른 사람의 필요를 채워 주는 사랑이어야 합니다.

금요일 저녁에 제 차가 멈춰 버려 정비소로 견인되었습니다. 하지만 저는 집에서 차를 고치고 싶었습니다. 이 일을 위해 토요일에 〈디자이어링 갓〉(Desiring God) 세미나에 참석하셨던 예닐곱 분이 도와주셨습니다. 한 분은 앞에서 줄로 끌고, 나머지 분들은 밀면서 차를 워싱턴 가에서 6번 가까지 옮겼습니다. 이것이 의롭다 여김 받은 죄인들이 서로 사랑하는 방법입니다. 이것이 자비하심을 경험한 소그룹 모임이 서로에게 베풀 수 있는 사랑입니다.

13절 하반절은 "손 대접하기를 힘쓰라"고 말합니다. 바울의 관심 범위가 얼마나 넓은지 보이십니까? 로마서 1-5장에서는 칭의와 원죄의 높이와 깊이에 대해 다루더니 여기서는 가장 일반적이고 흔하게 실천되는 손님 대접에 대해 말합니다. 우리의 집은 개방되어 있습니까? 독신자 여러분, 여러분은 결혼한 사람들과 친구들을 위해 식사를 대접하십니까? 기혼자 여러분, 여러분은 독신자들과 노약자들, 장년층들에게 관심을 기울이십니까? 토요일 저녁에 손님을 대접할 준비를 하고, 하나님께 주일날 새신자들을 만나 그들을 식사에 초대할 수 있게 해달라고 기도하십니까?

악을 선으로 갚음

로마서 12장은 악을 악으로 갚지 말고, 오히려 자신을 박해한 사람들을 축복하며 할 수 있는 한 모든 사람과 화목하기 위해 최선을 다하라고 강조합니다. 14절입니다. "너희를 박해하는 자를 축복하라. 축복하고 저주하지 말라." 17절입니다. "아무에게도 악을 악으로 갚지 말고 모든 사람 앞에서 선한 일을 도모하라." 18절입니다. "할 수 있거든 너희로서는 모든 사람과 더불어 화목하라." 21절입니다. "악에게 지지 말고 선으로 악을 이기라." 우리를 나쁘게 대하는 사람들을 선하게 대하라고 이렇게까지 강조하는 이유가 무엇입니까? 그것이 바로 자비가 의미하는 것이기 때문입니다! 그것이 자비입니다! 우리 교회가 자비하심으로 이루어진 교회인지 아닌지는 우리가 대적을 어떻게 대하는지를 보면 가장 잘 알 수 있습니다.

로마서 12장에는, 하나님의 자비하심으로 맺어진 관계는 어떠해야 하는지에 대해 이 밖에도 많은 것들이 기록되어 있습니다.

그리스도 안에서

이제 로마서 12장 4-5절로 돌아가 한 가지를 살펴보면서 말씀을 맺으려고 합니다. "우리가 한 몸에 많은 지체를 가졌으나 모든 지체가 같은 기능을 가진 것이 아니니 이와 같이 우리 많은 사람이 그리스도 안에서 한 몸이 되어 서로 지체가 되었느니라."

5절에서 "그리스도 안에서 한 몸이 되어"라는 표현에 주목하십시오. "그리스도 안에서"라는 말은, 우리로 하여금 하나님의 의를 소유하여 의롭다 여김받도록 해준(고후 5:21) 그리스도와의 연합과 지체들을 한 몸이 되게 해준 연합이 같은 분에 의해 이루어졌다는 의미입니다. 로마서 8장 1절은 "그러므로 이제 그리스도 예수 안에 있는 자에게는 결코 정죄함이 없나니"라고 말합니다. 따라서 "그리스도 안에서" 우리의 정죄는 사라지고 우리는 의롭다 함을 얻습니다. 그리고 바울은 여기서 이렇게 말합니다. "이와 같이 우리 많은 사람이 그리스도 안에서 한 몸이 되어." 따라서 "그리스도 안에서" 우리는 의롭다 여김받고 "그리스도 안에서" 하나가 됩니다.

왜냐하면 그곳("그리스도 안")은 자비하심이 있는 곳이기 때문입니다. 그리스도가 아니었다면 우리는 모든 소망을 잃고 아무것도 이루지 못했을 것입니다. 의롭다 함을 얻을 수 없고, 받아들여질 수 없고, 구원받을 수 없고, 용서받을 수도 없습니다. 또한 그리스도가 아니었다면 우리는 자비하심이 넘치는 사귐을 누릴 수도 없습니다. 그리스도 없이는 의로움도 없습니다. 그리스도 없이는 교회도 없습니다. 그러므로 의롭다 함을 받은 죄인들은 하나님이 제정하시고, 그리스도가 창조하시고, 자비하심으로 함께 부름받아 세워진 교회, 즉 그리스도의 몸으로서 서로를 사랑합니다. 따라서 교회의 소그룹 모임들은 자비하심을 경험한 사람들의 만남이 되어야 합니다.

우리 모두가 그러한 소그룹의 일원이 되길 기도합니다.

2장

하나님의 자비하심 위에 삶을 세우라

로마서 12:1-2

그러므로 형제들아 내가 하나님의 모든 자비하심으로 너희를 권하노니 너희 몸을 하나님이 기뻐하시는 거룩한 산 제물로 드리라. 이는 너희가 드릴 영적 예배니라. 너희는 이 세대를 본받지 말고 오직 마음을 새롭게 함으로 변화를 받아 하나님의 선하시고 기뻐하시고 온전하신 뜻이 무엇인지 분별하도록 하라. _롬 12:1-2

오늘 설교는 우리가 하나님으로 인해 용기를 얻고, 성령의 도우심으로 우리 삶을 예수 그리스도 안에 드러난 하나님의 자비하심 위에 세우도록 돕는 데 목표를 두었습니다. 이 목표는 두 부분으로 나뉩니다. 하나는 우리 삶을 '어떤 것 위에' 세워야 한다는 것이고, 또 하나는 그리스도 안에 드러난 '하나님의 자비하심 위에' 우리 삶을 세워야 한다는 것입니다. 로마서 12장 1절에서는 이 두 가지를 다 볼 수 있습니다. "그러므로 형제들아 내가 하나님의 모든 자비하심으로 너희를 권하노니."

1. 그리스도인의 삶의 기반

오늘 설교의 두 번째 목표를 다루기 전에 먼저 첫 번째 목표에 대해 말씀드리면서 여기서 매우 중요한 핵심을 짚고 가겠습니다. 그리스도인의 삶은 어떤 것 위에 세워진다는데 그 사실을 어떻게 알 수 있습니까? 그 근거는 "그러므로"라는 말에 있습니다. 이 표현은 우리의 모든 행동과 감정과 생각이 하나님께서 성경에 계시하신 진리에 기반해야 한다는 의미라고 생각합니다.

"그러므로"

1절에 나오는 "그러므로"라는 단어를 보십시오. "그러므로 형제들아 내가 하나님의 모든 자비하심으로 너희를 권하노니." 아주 중요한 말입니다. 이 말 속에는 세계관이 들어 있습니다. 우리는 이 말을 어떻게 사용합니까? 두 가지 예가 있습니다.

"4월 28일 TCT 사역(Treasuring Christ Together)과 마운즈 뷰 캠퍼스 설립 비전을 실행하기 위해 교회에서 투표를 했는데 결과는 찬성 315명, 반대 39명이었습니다. 그러므로 2주 안에 새로운 캠퍼스 부지를 구매할 예정입니다." "그러므로"는 땅을 구입하는 행위가 어떤 것의 토대 위에서 이루어진 것임을 의미합니다. 말하자면, 교회로부터 이 비전을 실천하라는 압도적인 찬성을 받은 사실 위에서 진행되는 일이라는 뜻입니다. 제멋대로 한 행동이 아닙니다. 갑자기 툭 튀어나온 것도 아닙니다. 확실한 근거가 있습니다. 수년간 깊이 생각하고 치밀하게 계획하고 기도하면서 하나님의 뜻을 구했습니다. 몇 달간 계획을 세우고 수고하고 토론했습니다. 마지막으로 몇 가지 조율 작업을 마쳤습니다. 그런 다음 대다수의 찬성을 얻어 냈습니다. '그러므로' 이제 행동으로 옮깁니다. 교회의 행동 역시 어떤 것 위에 세워집니다.

또는 지난주 브라질 포르탈레자에서 일어났던 일을 생각해 보겠습니다. 그곳에 우리 교회 선교팀이 교회를 세우고 있습니다. "그러므로"가 의미하는 바를 보여 주는 또 다른 예가 여기 있습니다. 리우데자네이루에서 거리 청소년 사역을 하는 린다 오틀리가 일주일 전에 우리 선교팀과 합류하기 위해 노엘과 탈리샤를 데리고 포르탈레자로 갔습니다. 린다는 그곳에서 여성도들에게 자신이 어떻게 선교사가 되었는지 간증했습니다. 그녀의 남편은 그녀에게 전혀 관심이 없었습니다. 결국 남편은 그녀를 버리고 떠났습니다. 오랜 시간 아픔을 견디던 그녀는, 이제 50살의 독신이 되었지만 도움이 필요한 어린이들을 위해 인생을 헌신해야겠다고 결심했습니다. 이 이야기를 들은 여성도들은 큰 감동을 받았습니다.

다음날 아침 여성도 모임에서 목사 사모 한 명이 일어나서 울며 이렇게 말했습니다. "제 남편은 늘 칠레 선교사가 되고 싶어 했지만 제가 반대했습니다. 그런데 린다의 간증을 들으면서 제 행동이 잘못이었음을 깨달았고 제 마음이 달라졌습니다. '그러므로' 이제 저도 기꺼이 가려고 합니다."

그러므로! 그녀의 삶에 이러한 변화가 생긴 것은 어떤 것 때문이었습니다(어떤 것의 토대 위에서 이루어졌습니다). 그냥 갑자기 튀어나온 것이 아닙니다. 뿌리가 있습니다. 그녀가 린다 오틀리의 삶에서 목격한 하나님의 진리와 신실하심에 기반해 일어난 변화입니다.

바울이 "그러므로 형제들아 내가 … 너희를 권하노니"라고 말할 때, 그는 '내가 (로마서 12-16장에서) 여러분에게 요구하는 삶은 어떤 것에 근거를 두고 있습니다. 기반이 있고 뿌리가 있습니다. 그리스도인의 삶에도 근거와 원인, 기반과 이유가 있습니다. 그것은 결코 시시한 기반이 아닙니다!'라고 말하는 것입니다.

앞으로 다섯 장에 걸쳐 바울은 우리에게 그리스도인으로서 특정한 방식의 삶을 요구할 것입니다. 그리고 이 "그러므로"를 통해, 바울은 '로마서 1-11장이 우리 삶을 세울 기반'이라고 말하고 있습니다. 바울은 이제 교리에서 실천으로 주제를 옮겨 갑니다. 신학에서 윤리학으로, 하나님과 그리스도와 구원이라는 진리에서 '우리는 무엇을 해야 하는가'라는 주제로 옮겨 가고 있습니다. 즉, '로마서 1-11장의 내용이 그렇다면, 그러므로 우리는 무엇을 해야 하는가'를 말하고 있습니다. 로마서 1-11장에서 보아 온 모든 내용(하나님, 죄, 그리스도, 십자가, 성령, 믿음, 칭의에 대한 모든 진리)으로 인해, "그러므로" 우리는 이 진리 위에 우리의 삶을 세워야 합니다.

바울은 "그러므로"라는 단어를 사용해, 기반(foundation)에서 적용(application)으로 옮겨 가고 있습니다. 그리스도인의 행동과 감정, 말에는 어떤 근거가 담겨야 합니다. 그것들은 어떤 것 위에 세워집니다. 바울은 열한 장에 걸쳐 이 기반을 설명했습니다. 우리도 오랜 시간에 걸쳐 로마서 12-16장을 위한 기반을 마련할 수 있었습니다. 이 연결점을 놓친다면 모든 것을 잃는 것입니다.

힌두교에는 "그러므로"가 없다

우리에게는 이 부분이 분명하게 다가옵니다. 또한 그러기를 바랍니다. 하지만 그렇지 않은 사람도 셀 수 없이 많습니다. 예를 들어, 수억 명의 인도인이 믿는 힌두교와 비교해 보십시오. 지난주에 허버트 호퍼가 쓴 기사를 읽었습니다. 그는 이렇게 썼습니다.

> '힌두교'를 달리 표현하는 적절한 이름은 "영원한 다르마"(Sanatana Dharma) 혹은 "영원한 삶의 방식"입니다. 당신이 무엇을 믿든, 믿는다는 것은 '다르마'를 실천한다는 뜻입니다. 그럼으로써 당신의 종교는 사회의 모든 가치와 관습, 조직에 관여하게 됩니다. … 만일 힌두교인이 당신을 만나서 성품 좋고 예의 바른 사람임을 알게 되었다면, 당신이 신학적으로 다른 믿음을 가진 것은 그에게 전혀 문제되지 않습니다. 무엇보다 가장 중요한 것은 단지 당신이 다르마의 사람인가 하는 것입니다. … 힌두교 안에는 수백 개의 다른 종교 전통들이 뒤섞여 있습니다.*

여기서 바울이 생각하는 삶과 힌두교인이 생각하는 삶이 너무나 다르다는 것을 확인할 수 있습니다. 힌두교는 하나님의 속성에 관한 명백하고 객관적이고 역사적이고 영적인 진리에 대해 열한 장에 걸쳐 가르친 다음, 그러므로 이러한 진리들이 요구하는 대로 살라고 말하지 않습니다. 아니, 힌두교에서는 하나님에 관한 우리의 객관적인

*Herbert Hoefer, "Land of Dharma," in *Mission Frontiers*, Vol. 26, No. 3, May-June, 2004, pp. 10-11.

믿음이 무엇인지는 중요하지 않습니다. 힌두교의 삶의 방식인 '다르마'에는 객관적인 진리에 기반을 둔 위대한 '그러므로'가 전제되어 있지 않습니다. 이 짧은 단어 안에 성경적 세계관이 그대로 들어 있습니다. 우리가 이 단어를 숙고하고, 그 의미를 받아들여 로마서 1-11장에 나오는 위대한 복음의 진리들(예수 그리스도 안에 드러난 하나님의 자비하심) 위에 삶을 세워 나갈 수 있기를 간절히 바랍니다.

기독교의 핵심: 그리스도 안에 있는 하나님의 자비하심을 영화롭게 하는 것

이렇게 해야 하는 이유를 한 가지 말씀드리고 적용으로 들어가겠습니다. 우리가 예수 그리스도 안에 있는 하나님의 자비하심 위에 삶을 세워 가야 하는 이유는, 기독교의 전체 핵심이 그리스도 안에 있는 하나님의 자비하심을 영화롭게 하는 것이기 때문입니다. 우리가 존재하는 이유도 그리스도 안에 있는 하나님의 자비하심의 영광을 드러내기 위해서입니다. 그래서 바울은 그리스도의 사역 안에 드러난 하나님의 자비하심을 보여 주기 위해 열한 장을 할애하고 나서, '그러므로' 우리의 삶을 이 기반 위에 세우자고 말합니다. 이것을 보여 주는 삶을 사십시오! 그것이 우리가 존재하는 이유입니다.

따라서 우리는 이렇게 말할 수 있어야 합니다. "그리스도 안에 드러난 하나님의 자비하심 때문에, 그러므로 나는 이것은 하고 저것은 하지 않는다. 그리스도 안에 드러난 하나님의 자비하심 때문에, 그러므로 나는 이런 식으로 말하고 그런 식으로 말하지 않는다. 그리스도 안에 드러난 하나님의 자비하심 때문에, 그러므로 나는 이런 감정은 발전시키고 저런 감정은 누른다. 나는 그리스도 안에 있는 하나님의 자비하심을 영화롭게 하려고 존재하기 때문에 이런 식으로 살고 저런 식으로 살지 않는다." 이렇듯 그리스도인의 삶은 무언가를 기반으로 그 위에 세워져야 합니다.

"그냥 해"라고 말하지 말라

한 가지 적용해 보겠습니다. 부모들이여, 우리가 자녀들에게 기대하는 행동과 태도가 어떤 것을 기반으로 그 위에 세워져 있음을 자녀들에게 가르치십시오! "그냥 해!"라고 말하지 마십시오. 아이들이 성장하면서, 생각과 태도, 행동과 여가, 사역과 긍휼의 기준들이 그리스도 안에 있는 하나님의 자비하심 위에 세워져 있음을 알도록 도우십시오.

자녀들이 그리스도인의 삶은 해야 할 일과 하지 말아야 할 일들의 목록이 아니라, 하나님과 그리스도의 영광을 드러내는 모습이 되어야 함을 알도록 도우십시오. 그리스도인의 삶은 복음 위에, 즉 십자가에 달려 죽으시고 다시 살아나셔서 다스리고 계시는 그리스도의 아름다움 위에 세워져 있음을 알게 하십시오. "이 음악은 왜 안 되고, 이 영화는 왜 안 되고, 이 파티는 왜 안 되고, 이 옷은 왜 안 되고, 이런 친구는 왜 안 되는지"의 문제가 아닙니다. 내가 어떻게 행동하고 말해야 사람들이 음악이나 영화나 파티나 친구들보다 예수님을 더 존귀한 분으로 보게 도울 수 있는지가 문제입니다. 내가 어떻게 살아야, 예수님이 그저 파티를 더 흥겹게 해주시려고 이 세상에 오신 것이 아니라, 더 잘 사랑하고 더 잘 죽도록 하기 위해 오셨음을 보여 줄 수 있을까요?

여러분의 가정에서 로마서 12장 1절에 나오는 '그러므로'의 의미를 더 깊이 이해하도록 도우십시오. 자녀들이 이 세계관을 온전히 흡수하도록 도우십시오. 그리스도인의 삶에는 뿌리가 있습니다. 기반이 있습니다. 무언가를 기반으로 그 위에 세워집니다. 로마서 1장부터 11장이 말하는 진리로 인해, "그러므로" 로마서 12장부터 16장이 말하는 삶을 살아야 합니다. 이것이 1절에서 바울이 가장 먼저 말하려는 내용입니다.

2. 하나님의 자비하심 위에 삶을 세워라

이제 오늘 설교의 두 번째 목표를 살펴보겠습니다. 이미 말씀드린 대로 우리 그리스도인들은 하나님의 자비하심 위에 삶을 세웁니다. 1절입니다. "그러므로 형제들아 내가 하나님의 모든 자비하심으로 너희를 권하노니." 로마서 1-11장에서 그리스도 안에 있는 우리 삶의 새로운 근거이자 기반으로 꼽을 수 있는 모든 것들 중에서 바울은 지금 '하나님의 자비하심'을 들고 있다는 점을 생각해 보십시오. 얼마나 놀랍습니까!

지금까지 하나님의 진노와 의와 심판에 대해, 오직 믿음으로 얻는 칭의에 대해, 우리를 성결하게 하고 지키시기 위해 성령이 오심에 대해, 선택한 자들과 이스라엘을 끝까지 신실하게 온전히 다스리시는 하나님의 절대 주권에 대해 쓴 다음(이 모든 것을 말한 다음), 바울은 이 모든 것의 절정이자 요약으로 하나님의 자비하심이라는 위대한 실체를 앞세웁니다. 바울은 이제 하나님의 모든 자비하심으로 우리를 권면하겠다고 호소합니다.

이것은 경솔한 행동이 아닙니다. 로마서 15장 8-9절 말씀을 보십시오. "내가 말하노니 그리스도께서 하나님의 진실하심을 위하여 할례의 추종자가 되셨으니 이는 조상들에게 주신 약속들을 견고하게 하시고 이방인들도 '그 긍휼하심'(the mercy)으로 말미암아 하나님께 영광을 돌리게 하려 하심이라." 그렇습니다. 로마서 1-11장(혹은 로마서 전체)의 목적은 하나님의 자비하심(mercy)이 열방 중에 높이 드러나는 것입니다.

하나님의 자비하심 위에 삶을 세울 때 우리를 통해 흘러나올 자비

베들레헴교회 성도 여러분! 우리 삶을 하나님의 자비하심 위에 세웁시다. 그리스도 안에 있는 하나님의 자비하심으로 말미암아 로마서 12-16장이 말하는 삶을 살겠노라고 말합시다. 우리 삶을 하나님의 자비하심 위에 세울 때 우리를 통해 흘러나올 모든 자비들을 12장 전체에서 먼저 간략하게 살펴보겠습니다.

- 8절: "긍휼을 베푸는 자는 즐거움으로 할 것이니라."
- 9절: "사랑에는 거짓이 없나니."
- 13절: "성도들의 쓸 것을 공급하며."
- 14절: "너희를 박해하는 자를 축복하라."
- 15절: "우는 자들과 함께 울라."
- 16절: "낮은 데 처하며."
- 17절: "아무에게도 악을 악으로 갚지 말고."

• 19절: "너희가 친히 원수를 갚지 말고."

• 20절: "네 원수가 주리거든 먹이고 목마르거든 마시게 하라."

로마서 12-16장을 다루면서, 우리는 자비하심의 세계로 들어가고 있습니다. 왜 그렇습니까? 앞에서 말했듯, 우리 삶이 어떤 것 위에 세워져 있기 때문입니다. 무언가에 기반을 두고 있습니다. 우리 삶은 하나님의 자비하심 위에 세워져 있습니다. 우리 삶은 하나님의 자비하심에 뿌리를 박고 있습니다. 우리 삶은 하나님의 자비하심을 기초로 삼고 있습니다.

여기서 '자비하심'이라는 단어는 죄인들을 향한 용서의 의미뿐 아니라 소망 없고 절망적인 사람들을 향한 따듯한 동정의 마음을 함축하고 있습니다. 이것이 로마서 1-11장을 끝낸 우리들이 기대하는 바입니다. 로마서 5장 6-8절에도 이 두 가지 의미가 모두 나타납니다. "우리가 아직 연약할 때에 기약대로 그리스도께서 경건하지 않은 자를 위하여 죽으셨도다. 의인을 위하여 죽는 자가 쉽지 않고 선인을 위하여 용감히 죽는 자가 혹 있거니와 우리가 아직 죄인 되었을 때에 그리스도께서 우리를 위하여 죽으심으로 하나님께서 우리에 대한 자기의 사랑을 확증하셨느니라."

여기에 자비하심의 두 측면이 다 나옵니다. 우리는 연약하고 소망이 없습니다(이것이 한 측면입니다). 또한 우리는 죄인이고 유죄입니다(이것이 또 다른 측면입니다). 자비하심은 이 두 가지에 다 응답합니다. 자비하심은 죄인을 용서하고, 자비하심은 소망 없는 자들을 불쌍히 여깁니다. 이 자비하심 위에 삶을 세우셨습니까? 혹은 이렇게 물을 수도 있을 것입니다. 우리는 이 자비하심에 흠뻑 젖어 있습니까? 우리를 구원하시는 하나님의 자비하심이 우리 삶의 중심에 자리하고 있습니까? 그래서 자비의 하나님 안에 있는 행복(겸손하고 깨어진 마음에 임하는 행복)이 우리 삶의 깊은 곳으로부터 샘솟고 있습니까?

여러분, 제가 이렇게 살도록 기도해 주십시오. 저는 정말 이렇게 살고 싶습니다. 제 존재의 중심(미처 생각하지 못한 말과 표정과 불평이 튀어나오는 곳)이 용서하시고 불쌍히 여기시는 하나님의 자비하심 안에서 아이처럼 마음껏 수영할 수 있었으면 좋겠습니다. 여러분도 이렇게 되기를 기도합니다.

우리는 정말 이렇게 되어야 합니다! 그렇지 않고서는 TCT 사역의 비전이 시험을 받을 때 어떻게 서로를 계속해서 사랑할 수 있겠습니까? 그렇지 않고서야, 자국 내와 선교지에서 성경 무오설과 성경의 권위를 지지한다는 이유로, 혹은 성경적 결혼의 의미를 지지한다는 이유로, 혹은 인종 간 평등을 주장한다는 이유로, 혹은 낙태 반대 운동을 한다는 이유로, 혹은 예수 그리스도를 통하지 않고서는 구원의 다른 방법이 없다고 전했다는 이유로 박해를 당할 때, 어떻게 원수를 사랑하고 악을 선으로 갚을 수 있겠습니까? 우리 삶이 그리스도 안에 있는 하나님의 자비하심에 기반을 두고 그 자비하심에 흠뻑 젖어 있지 않는다면, 어떻게 계속해서 자비를 베풀고 하나님을 높일 수 있겠습니까?

자비는 줏대 없는 것이 아니다

자비는 줏대 없는 것과는 다릅니다. 9절을 앞부분을 보겠습니다.

"사랑에는 거짓이 없나니 악을 미워하고." "미워하라"는 정말로 강한 단어입니다. 깊이 사랑한다면 사랑하는 사람을 망치는 것을 강렬하게 미워해야 합니다. 하지만 자비는 미워하면서 슬퍼합니다. 자비는 악을 미워하지만, 개인적인 관계에서는 악을 악으로 갚지 않습니다(17절). 자비는 상처를 받고 공격당하는 것이 어떤 것인지 알지만, 스스로 보복하지 않습니다(19절). 자비는 원수가 생긴다는 것이 어떤 것인지 알지만, "네 원수가 주리거든 먹이라"고 말합니다(20절).

자비는 약하지 않습니다. 자비는 강한 근성을 가졌으면서도 무척 부드럽습니다. 하나님이 성령을 보내사 예수 그리스도 안에 있는 하나님의 자비하심 위에 삶을 세우도록 격려하고 인도하시길 기도합니다. 이 자비하심을 품으십시오. 그 자비하심에 삶을 맡기십시오. 그 자비하심으로 우리 죄가 용서받았음을 받아들일 뿐 아니라 그 자비하심으로부터 우리가 자비를 베풀며 살아갈 힘을 얻는 것을 믿으십시오.

3장

너희 몸을 하나님께 산 제물로 드리라

로마서 12:1-2

그러므로 형제들아 내가 하나님의 모든 자비하심으로 너희를 권하노니 너희 몸을 하나님이 기뻐하시는 거룩한 산 제물로 드리라. 이는 너희가 드릴 영적 예배니라. 너희는 이 세대를 본받지 말고 오직 마음을 새롭게 함으로 변화를 받아 하나님의 선하시고 기뻐하시고 온전하신 뜻이 무엇인지 분별하도록 하라. _롬 12:1-2

“그러므로 형제들아 내가 하나님의 모든 자비하심으로 너희를 권하노니….” 로마서 1-11장에서 살펴보았던 내용을 근거로 여러분에게 권합니다. 이제 로마서 12-16장에서는 무언가에 근거한 삶을 여러분에게 요구할 것입니다. 그런 삶은 그냥 나오지 않습니다. 뿌리가 있습니다. 이 새로운 그리스도인의 삶은 로마서 1-11장 위에 세워집니다. 그리스도인으로서의 삶을 로마서 1-11장 위에 세우십시오. 여기에 뿌리를 내리십시오. 그러면 우리의 열매는 그리스도인의 열매가 될 것입니다.

그리고 바울은 그 기반을 "하나님의 자비하심"이라는 말로 요약합니다. "그러므로 형제들아 내가 하나님의 모든 자비하심으로 너희를 권하노니…." 로마서 1-11장을 요약하면 "하나님의 자비하심"입니다. 하나님은 예수 그리스도의 죽음과 부활을 통해 우리에게 자비를 베푸셨습니다. 그리스도를 믿는 사람들은 믿음으로 의롭다 함을 얻고 하나님과 화목하며 영원한 기쁨의 소망을 갖게 됩니다. 그러므로 그리스도 예수 안에 있는 사람에게는 정죄함이 없습니다. "누가 정죄하리요 죽으실 뿐 아니라 다시 살아나신 이는 그리스도 예수시니 그는 하나님 우편에 계신 자요 우리를 위하여 간구하시는 자시니라"(롬 8:34).

자비의 삶

우리 삶을 자비하심 위에 세우십시오. 이 자비하심에 뿌리를 내리십시오. 그러면 우리의 새로운 삶은 자비로 넘쳐날 것입니다. 즉, 로마서 12장이 우리 삶에 실제로 나타날 것입니다. 로마서 12장 전체는 자비로 흘러넘치고 있습니다. "긍휼을 베푸는 자는 즐거움으로 … 사랑에는 거짓이 없나니 … 성도들의 쓸 것을 공급하며 … 너희를 박해하는 자를 축복하라. … 우는 자들과 함께 울라. … 낮은 데 처하며 … 아무에게도 악을 악으로 갚지 말고 … 너희가 친히 원수를 갚지 말고 … 네 원수가 주리거든 먹이고." 하나님의 자비하심 위에 삶을 세워서 여러분도 자비를 드러내는 자가 되십시오.*

예배의 삶이 먼저다

그런데 오늘 우리가 1절에서 주목해야 할 아주 중요한 부분이 있습니다. 바울은 그리스도 안에 있는 우리의 새로운 삶이 자비로운 삶이라고 말하기에 앞서, 이것이 예배하는 삶이라고 말한다는 것입니다. 그리스도인의 삶은 사람들에게 자비를 베푸는 것과 밀접한 관계가 있다고 생각하기 전에, 하나님을 향해 예배하는 것과 우선적으로 관련되어 있음을 깨달아야 합니다. "그러므로 형제들아 내가 하나님의 모든 자비하심으로 너희를 권하노니 너희 몸을 하나님이 기뻐하시는 거룩한 산 제물로 드리라. 이는 너희가 드릴 영적 예배니라." 우리는 자비로 사람들에게 자신을 내주기 전에, 예배를 통해 하나님께 자신을 드리는 자들입니다.

이 사실을 분명히 알아야 합니다. 그리스도인의 삶을 단순한 사회적 의무로 제한해서는 안 됩니다. 제가 여기서 '단순한'이라는 단어를 사용한 의도는, 하나님이 배제된다면 우리가 실천하는 자비는 그저 사회적 의무가 될 것이기 때문입니다. 우리가 하나님을 예배하지 않고, 우리가 실천하는 자비를 통해 다른 사람들을 예배의 자리

*바울은 1절에서 우리에게 자비를 요구하면서 자신이 직접 자비의 본을 보여 주고 있습니다. 첫 번째로, 바울은 "명한다"는 말 대신 "간구한다"라는 말을 사용합니다. 바울은 빌레몬서 1장 8-9절에서 "간구한다"라는 말이 "명한다"보다 부드러운 말이고 사랑과 자비의 표현임을 분명히 합니다. 두 번째로, 바울은 그들을 "형제들"로 부름으로써, 자신의 사도직을 이용하여 그들보다 자신을 높이지 않고 아버지 하나님의 보살핌과 권위 아래 그들과 함께 섭니다. 비록 바울의 말은 하나님의 권위를 지녔지만, 바울은 이 권위를 온유하고 자비로운 방식으로 사용함으로 그가 말하려는 바를 몸소 실천합니다.

로 이끌지 못한다면, 결국 우리는 선을 행한 것이 아닙니다. 우리의 선행이 하나님의 가치를 드러내지 않으면, 우리의 행함은 예배가 되지 못하고 결국에는 자비로운 삶도 되지 못합니다. 사람들을 편안하게 해주거나 기분이 좋아지도록 도와준다고 해도, 우리가 선을 행함으로써 그들이 그리스도를 보게 하려는 소망이나 의도가 없다면, 그래서 그들이 여전히 영원한 형벌을 향해 가고 있다면, 그것은 자비가 아닙니다. 자비는 그리스도를 높이는 것을 목표로 삼아야 합니다. 그리스도를 만나지 못하고 그리스도를 높이지 않는 사람은 누구도 구원받지 못하기 때문입니다. 그들이 구원받는 것에 대해 신경 쓰지 않는다면 그것은 결코 자비로운 모습이 아닙니다.

그러므로 바울이 자비보다 예배를 먼저 놓고, 그리스도인의 삶을 자비로운 삶이라고 말하기 전에 먼저 예배하는 삶이라고 규정한 것은 정말로 중요한 문제입니다. 좀 더 주의를 기울여 말한다면, 바울은 그리스도인의 삶을 예배로 정의를 내려 그 삶이 자비로울 수 있도록 했습니다. 우리의 행함이 예배가 되지 않는다면(즉, 우리의 행함 안에서 그리고 우리의 행함을 통해 그리스도 안에 있는 하나님의 자비를 높이지 않는다면), 사람들에게 가장 필요한 것을 주는 것이 아닙니다. 그리고 자비로운 일도 아닙니다. 자비를 베푸는 삶은 예배하는 삶에 달려 있습니다. 따라서 바울은 그리스도인의 삶을 자비로운 삶이라고 정의하기 전에 예배하는 삶이라고 말한 것입니다.

바울이 말한 예배하는 삶이란 무엇인지 좀 더 자세히 살펴보겠습니다. 1절입니다. "그러므로 형제들아 내가 하나님의 모든 자비하심으로 너희를 권하노니 너희 몸을 하나님이 기뻐하시는 거룩한 산 제물로 드리라. 이는 너희가 드릴 영적 예배니라." 이 "영적 예배"란 무엇일까요?

영적 예배: 하나님께 제물을 드리는 것

먼저, 영적 예배란 하나님께 제물을 드리는 것이라고 바울은 말합니다. "너희 몸을 … 제물로 드리라." 이것은 구약에서 사용하는 예배의 방식이었습니다. 예배자는 하나님께 나아오면서 양이나 소나 비둘기를 가져와 그것을 제단에서 죽여 하나님께 제물로 드렸습니다. 여러 가지 희생 제사가 있었지만, 그 핵심은 죄는 벌을 받아야 한다는 것이고 하나님은 죽임당한 동물을 대속물로 받으셔서 예배자를 살리시고 용서를 베푸시고 기쁨의 관계를 유지하도록 하신 것입니다.

하지만 모든 구약의 신자들은 황소나 염소의 피가 죄를 없애 주지는 못한다는 것을 알았습니다(히 10:4). 황소나 염소는 죄를 위한 마지막 희생 제물이 되신 예수님을 가리킬 뿐이었습니다. 바울은 고린도전서 5장 7절에서 이렇게 말했습니다. "우리의 유월절 양 곧 그리스도께서 희생되셨느니라." 예수님의 희생은 완전하고 충분하셨기에 모든 믿는 자들의 죄를 위한 마지막 희생이었습니다. 히브리서 10장 12절은 너무나도 분명하게 이것을 말하고 있습니다. "오직 그리스도는 죄를 위하여 한 영원한 제사를 드리시고 하나님 우편에 앉으사." 따라서 그리스도가 죄를 위한 구약의 희생 제사를 완결하셨습니다. 예수님의 죽음은 더 나아질 수 없습니다. 이제 우리가 할 일은 예수님이 그 놀라운 일을 행하셨음을 믿는 것입니다. 우리는 거기에 아무것도 더하지 않습니다.

따라서 바울이 예배는 우리 몸을 제물로 드리는 것이라고 말할 때, 우리가 죽어서 죄를 속죄해야 한다는 의미로 말한 것이 아닙니다. 그렇다면 바울이 의미한 것은 무엇입니까? 그가 사용한 네 가지 표현을 하나씩 살펴보면서 매일 예배하는 삶에 대해 말하는 바를 살펴보겠습니다. 그 네 가지는 '몸', '산'(living), '거룩한', '하나님이 기뻐하시는'입니다.

1. 몸

"너희 몸을 하나님이 기뻐하시는 거룩한 산 제물로 드리라. 이는 너희가 드릴 영적 예배니라." 여기서 요점은 마음이나 생각, 영혼이 아니라 몸을 하나님께 드린다는 데에 있지 않습니다. 2절에서 이렇게 말하기 때문입니다. "마음을 새롭게 함으로 변화를 받아." 요점은 몸이 중요하다는 점을 강조하려는 것입니다. 우리의 몸과 영혼은 하나님께 속해 있습니다. 몸도 중요합니다.

이렇게 생각할 분도 있겠지요. '하나님이 내 몸에 관심이 있으시겠어? 살도 많이 찌고(아니면 비쩍 마른데다) 주름도 자글자글하고 여기저기 얼룩덜룩하고 쑤시고 아프고 충동적이고 예민하고 매력도 없고 게으르고 못생기고 여기저기 고장 나고 시력도 안 좋고 잘 들리지도 않고 뻣뻣하고 쓸모도 없는데, 이런 몸을 드리는 게 무슨 제사야? 구약에서는 흠 없는 양을 요구하셨잖아. 나는 전혀 자격이 안 돼.'

이렇게 생각한다면 핵심을 완전히 빗나간 것입니다. 우리 몸을 하나님께 드리는 것은 죄를 위한 희생 제사로 드리는 것이 아니기 때문입니다. 그 일은 이미 그리스도의 희생으로 끝났습니다. 그래서 우리

같은 몸도 받아들여지는 것입니다. 베드로전서 2장 5절에서 베드로는 로마서 12장 1절과 비슷한 말을 하고 있는데, 이 점을 분명하게 보여 줍니다. "하나님이 기쁘게 받으실 신령한 제사를 [드리라]." 그리고 그 앞에 "예수 그리스도로 말미암아"라는 말을 덧붙입니다. 우리가 하나님께 드리는 제사가 받아들여지는 것은 예수님 덕분입니다.

그러니 우리의 몸이 하나님께 받아들여질 자격이 있다는 식의 생각은 추호도 하지 마십시오. 그렇지 않습니다. 우리는 "예수 그리스도로 말미암아" 받아들여집니다. 우리의 완전함이 아니라 그리스도의 완전하심을 통해서입니다.

또한 그러한 생각은 또 다른 식으로 요점을 놓치는 것입니다. 우리 몸을 드리는 것은 우리의 육체적인 모습을 드리는 것이 아니라 우리가 몸으로 벌이는 행함을 드린다는 의미입니다. 성경에서 몸을 중요하게 여기는 이유는 생긴 모습 때문이 아니라, 행동하는 방식 때문입니다. 몸을 주신 이유는 그리스도의 아름다움을 드러내기 위함입니다. 그리스도는 한창 때에도 볼품이 없었습니다. 이사야 53장 2-3절은 이렇게 전합니다. "그는 … 고운 모양도 없고 풍채도 없은즉 우리가 보기에 흠모할 만한 아름다운 것이 없도다. 그는 멸시를 받아 사람들에게 버림받았으며 간고를 많이 겪었으며 질고를 아는 자라." 그리스도의 아름다움은 외모의 미(美)가 아니라 사랑의 미였습니다. 그분의 아름다움은 피부가 아닌 희생의 미였습니다.

하나님은 유명 패션 잡지의 모델을 원하셔서 우리 몸을 요구하는 것이 아닙니다. 그분은 자비를 보여 주는 모델을 원하시기에 우리 몸을 요구하십니다. 몸을 바라보시는 이러한 하나님의 관점이 우리 자녀들에게(또한 우리에게) 깊이 새겨지기를 기도해야 합니다. 이러한 관점만이 요즘 수많은 젊은 여성들과 심지어 남성들에게까지 퍼져 있는 거식증 같은 문제를 해결할 수 있습니다. 하나님이 우리에게 원하시는 것은 브리트니 스피어스나 세계 최고 미남의 몸이 아니라 자비를 행하는 몸입니다.

하나님은 우리 삶이 그분의 자비하심 위에 세워져 있다는 가시적이고 삶으로 드러나는 신체적인 증거를 원하십니다. 구약의 예배자들이 세상의 보화(양이나 염소, 황소)를 포기하고 피와 불의 제단으로 가져와 제사를 드렸던 것처럼, 우리도 세상의 보화, 혹은 세상적인 안락함이나 편안함을 포기하고 그리스도를 위하여 우리 자신(우리 몸)을 자비가 필요한 장소와 관계와 위기 상황에 드려야 합니다. 그곳이 자신의 집일 수도 있고 아니면 세네갈일 수도 있습니다.

2. 산

"너희 몸을 하나님이 기뻐하시는 거룩한 '산'(living) 제물로 드리라. 이는 너희가 드릴 영적 예배니라." 자비를 가시적으로, 삶으로, 몸으로 실천하다 보면 신자의 죽음으로 결론이 날 수도 있습니다. 순교는 늘 있었습니다. 하지만 이 말씀의 요점은 순교가 아닙니다. 여기서는 삶의 방식을 염두에 두고 있습니다. 우리의 몸을 산 제물로 드리십시오. 우리의 삶이 곧 예배의 행위입니다.

삶에서 이루어지는 우리 몸의 모든 행위가 예배의 행위가 되게 하십시오. 즉, 우리가 살아서 몸으로 하는 모든 행함을 통해 우리가 하나님을 보화로 여기고 있음을 드러내십시오. 우리의 몸으로 하는 모든 행위로 그리스도를 가장 귀한 분으로 드러내십시오. 우리의 몸으로 하는 모든 행위로 그리스도의 이름을 더럽히는 모든 것을 죽이십시오.

3. 거룩한

"너희 몸을 하나님이 기뻐하시는 '거룩한' 산 제물로 드리라. 이는 너희가 드릴 영적 예배니라." 거룩한 몸에 대해 가장 잘 설명한 구절은 아마도 로마서 6장 13절일 것입니다. 여기서 바울은 우리 몸을 하나님께 '드리라'는 바로 그 표현을 사용하면서, 로마서 12장 1절과 거의 같은 말을 하고 있습니다. 단, 로마서 6장에서는 우리 몸이 아니라 몸의 '지체'(members)라고 언급했습니다. "또한 너희 지체를 불의의 무기로 죄에게 내주지 말고 오직 너희 자신을 죽은 자 가운데서 다시 살아난 자같이[이것이 '산' 제물입니다] 하나님께 드리며 너희 지체를 의의 무기로 하나님께 드리라."

그러므로 "하나님께 거룩한 산 제물로 드리라"는 말씀은 우리의 지체(눈, 혀, 손, 발), 즉 자신의 몸을 죄가 아닌 의를 행하는 데 사용하라는 의미입니다. 그렇게 할 때 우리 몸은 거룩합니다. 몸은 겉모습 때문이 아니라 행하는 것으로 인해 거룩합니다. 우리의 몸은 의를 갈망하는 도구입니까? 순종과 자비와 평화의 도구입니까?

몸이 의와 자비의 도구로 사용되는 것을 '제물'(제사)로 표현한 사례가 성경에 세 군데 나옵니다. 빌립보서 4장 18절에서 바울은 말합니다. "에바브로디도 편에 너희가 준 것을 받으므로 내가 풍족하니 이는 받으실 만한 향기로운 '제물'이요 하나님을 기쁘시게 한 것이라." 에바브로디도가 성도들이 베푼 것을 선물로 바울에게 가져왔는데 이것은 곧 하나님께 드린 예배의 제물이라는 것입니다. 그들이 하나님을 존귀하게 여긴다는 것을 보여 준 증거입니다.

히브리서 13장 15절입니다. "그러므로 우리는 예수로 말미암아 항상 찬송의 '제사'를 하나님께 드리자. 이는 그 이름을 증언하는 입술의 열매니라." 우리 입술이 하나님을 찬양하는 일에 마음을 드리면, 몸은 거룩한 산 제물이 됩니다.

히브리서 13장 16절입니다. "오직 선을 행함과 서로 나누어 주기를 잊지 말라. 하나님은 이 같은 '제사'를 기뻐하시느니라." 우리 입술이나 손을 통해 예수님의 이름으로 선을 행할 때, 우리 몸은 거룩한 산 제물이 됩니다. 우리 몸이 의와 자비라는 하나님의 목적에 쓰일 때 거룩한 예배의 제물이 됩니다.

4. 하나님이 기뻐하시는

"너희 몸을 '하나님이 기뻐하시는' 거룩한 산 제물로 드리라. 이는 너희가 드릴 영적 예배니라." "거룩한"이라는 단어 말고 다른 것을 덧붙일 게 있을까요? 여기서는, 만일 우리 몸으로 살아가는 삶의 제물이 거룩하다면, 하나님은 그것을 기쁨으로 받으신다고 말합니다. 거룩한 산 제물에 "하나님"이 덧붙여졌습니다. 하나님이 분명하게 드러나고 있습니다. 거룩함이 중요한 이유는 바로 하나님 때문입니다. 이 구절은 몸으로 드리는 거룩한 산 제물, 즉 영적 예배가 무엇인지 잘 설명하고 있고, 하나님이 그 예배의 중심에 계시다는 것을 기억나게 합니다.

따라서 앞에서 언급한 대로, 로마서 12장은 자비의 삶을 살라고 요구하기 전에 먼저 예배의 삶을 살라고 요구한다는 점을 강조하면서 말씀을 맺으려고 합니다.

우리를 그리스도 안에 있는 하나님의 자비하심 위에 세워진 자비의 삶으로 부르신 목적은 바로 예배의 삶을 살게 하려는 것입니다. 우리가 자비를 베푸는 목적은 하나님을 보여 주기 위함입니다. 우리에게 몸이 있는 목적은 하나님의 영광을 누구나 볼 수 있도록 드러내기 위함입니다. 하나님은 우리의 근육과 몸매를 통해 높아지시는 것이 아니라 우리의 자비로운 행동을 통해 높아지십니다.

맺음말

사도 바울의 말을 두 가지 인용하면서 설교를 맺겠습니다. 먼저, 자신의 소망을 말한 부분입니다. "나의 간절한 기대와 소망을 따라 … 살든지 죽든지 내 몸에서 그리스도가 존귀하게 되게 하려 하나니"(빌 1:20). 두 번째는 고린도전서 6장 19-20절입니다. "… 너희는 너희 자신의 것이 아니라 값으로 산 것이 되었으니 그런즉 너희 몸으로 하나님께 영광을 돌리라."

이것이 "너희 몸을 하나님이 기뻐하시는 거룩한 산 제물로 드리라. 이는 너희가 드릴 영적 예배니라"의 의미입니다. 그리스도의 가치를 드러내는 방식으로 여러분의 몸을 사용하십시오. 아멘.

4장

이 세상을 본받지 말라

로마서 12:1-2

그러므로 형제들아 내가 하나님의 모든 자비하심으로 너희를 권하노니 너희 몸을 하나님이 기뻐하시는 거룩한 산 제물로 드리라. 이는 너희가 드릴 영적 예배니라. 너희는 이 세대를 본받지 말고 오직 마음을 새롭게 함으로 변화를 받아 하나님의 선하시고 기뻐하시고 온전하신 뜻이 무엇인지 분별하도록 하라. _롬 12:1-2

로마서 12장 2절에서 나오는 질문들이 얼마나 많은지요! 여기에는 모두 사려 깊은 성경적 대답들이 필요합니다. 예를 들어, "이 세대를 본받지 말라"는 명령은 바울이 고린도전서 9장 22절에서 "내가 여러 사람에게 여러 모습이 된 것은 아무쪼록 몇 사람이라도 구원하고자 함이니"라고 말한 것과 어떻게 조화를 이룹니까? 이 세대를 본받지 말라는 명령, 즉 반문화적이 되라는 명령은 바울이 고린도전서 10장 32-33절에서 "유대인에게나 헬라인에게나 하나님의 교회에나 거치는 자가 되지 말고 나와 같이 모든 일에 모든 사람을 기쁘게 하여 자신의 유익을 구하지 아니하고 많은 사람의 유익을 구하여 그들로 구원을 받게 하라"는 말과는 어떻게 어울립니까? 말하자면, 이 세대를 본받지 않는 것과 몇몇을 구원하기 위해 모든 사람을 기쁘게 하는 것은 어떻게 조화를 이룰 수 있습니까? 두 가지를 동시에 할 수는 없습니다. 세상 사람들의 방식과 생각 가운데 어떤 것을 받아들이지 않는다면 사람들을 항상 기쁘게 할 수는 없기 때문입니다.

이렇게 많은 질문이 나오는데 여기서는 그중 몇 가지만 다루되, 오늘은 이런 질문들에 대해 생각하는 방식만 알려드리겠습니다. 제가 기도하는 몇 가지 범주를 말씀드리면, 여러분의 마음을 새롭게 하여 하나님의 뜻을 분별하도록 하는 데 얼마간 도움이 될 것입니다.

오늘 본문으로부터 앞서 언급한 식의 질문들이 나온 이유는, 타락한 세상에서 그리스도를 따르는 것이 무슨 의미인지에 대해 바울이 혼동했기 때문이 아닙니다. 바울은 그리스도인의 두 가지 동력(두 가지 원리)을 균형 있게 붙들었습니다. 그리스도가 세상에 오셔서 살다 죽으시고, 죽은 자 가운데서 살아나신 후 구원을 완성하시는 하나님나라를 시작하셨을 때, 복음이 전파되는 곳마다 두 가지 강력한 동력(혹은 힘)이 퍼져 나갔습니다.

토착 원리와 순례 원리

이 두 힘은 언제나 서로 긴장 관계를 이룹니다. 때로는 이 두 힘이 정반대 방향으로 작용할 때가 있는데, 이때 성경적 균형을 찾는 것이 관건입니다. 앤드류 월스는 그의 책 『기독교 역사 속 선교 운동』

(*The Missionary Movement In Christian History*)에서 이 두 가지 힘을 토착(Indigenous) 원리와 순례(Pilgrim) 원리로 구분해 부릅니다.*

다른 말로 하면, 복음은 세상 모든(타락한!) 문화에 토착화할 수 있고 또한 마땅히 그래야 합니다. 복음은 문화 안에서 자리 잡을 적절한 장소를 찾을 수 있고 또한 찾아야만 합니다. 문화에 적응해야 합니다. 이것이 토착화의 힘입니다. 하지만 동시에, 그리고 그만큼 강력하게, 복음은 순례자의 사고체계를 형성합니다. 복음은 사람들로 하여금 그들의 문화에서 자유하게 합니다. 복음은 문화를 비판하고 바로잡습니다. 복음은 그리스도인들을 그들의 문화 안에서 순례자요, 이방인이요, 유배자가 되게 합니다. 바울이 "이 세대를 본받지 말라"고 말하고 또한 "여러 사람에게 여러 모습이 된다"고 말할 때, 그는 이것을 혼동하지 않았습니다. 이는 두 가지 중요한 원리들을 균형 있게 유지하라는 요구입니다.

안에 있으나 속하지 않은

이러한 긴장 관계를 표현하는 방법은 많습니다. 그리스도인들은 세상에 있지만(in the world) 세상에 속하지 않는다고(but not of the world) 말합니다. 예수님은 "내가 비옵는 것은 그들을 세상에서 데려가시기를 위함이 아니요 다만 악에 빠지지 않게 보전하시기를 위함이니이다. 내가 세상에 속하지 아니함 같이 그들도 세상에 속하지 아니

*Andrew Walls, *The Missionary Movement In Christian History*, Mary Knoll, N.Y.: Orbis Books, 2001, pp. 7-9.

하였사옵나이다"(요 17:15-16)라고 기도하십니다. 토착 원리는 그들이 세상에 있다고 말하고, 순례 원리는 그들이 세상에 속하지 않았다고 말합니다.

분리와 참여

또한 그리스도인은 세상과 분리되어야(separation) 하지만 동시에 세상에 참여해야(participation) 한다고 말하기도 합니다. 고린도후서 6장 17절입니다. "그러므로 너희는 그들 중에서 나와서 따로 있고 부정한 것을 만지지 말라." 이것은 순례 원리입니다. 하지만 다른 곳에서 바울은 분리의 의미를 제한하면서 이렇게 말합니다. "내가 너희에게 쓴 편지에 음행하는 자들을 사귀지 말라 하였거니와 이 말은 이 세상의 음행하는 자들이나 … 자들을 도무지 사귀지 말라 하는 것이 아니니 만일 그리하려면 너희가 세상 밖으로 나가야 할 것이라. 이제 내가 너희에게 쓴 것은 만일 어떤 형제라 일컫는 자가 음행하거나 … 속여 빼앗거든 사귀지도 말고 그런 자와는 함께 먹지도 말라 함이라"(고전 5:9-11). 이것은 토착 원리입니다. 세상 밖으로 나가지는 마십시오. 분리와 참여, 둘 다 중요합니다.

순응과 직면

또는 순응(adaptation)의 힘과 직면(confrontation)의 힘이라고 말할 수도 있습니다. 예를 들어, 바울은 데살로니가전서 4장 11-12절에서 이렇게 말합니다. "조용히 자기 일을 하고 너희 손으로 일하기를 힘쓰라. 이는 외인에 대하여 단정히 행하고 또한 아무 궁핍함이 없게 하려

함이라." 다른 말로 하면, 순응하고 소동을 일으키지 말라는 말입니다. 적절한 행동을 하고 질서 있게 살라는 말입니다. 그래서 바울은 디모데전서 2장 2절에서 이렇게 기도하라고 권면합니다. "임금들과 높은 지위에 있는 모든 사람을 위하여 하라. 이는 우리가 모든 경건과 단정함으로 고요하고 평안한 생활을 하려 함이라." 고요하고 평안하게. 이것은 '순응'입니다.

하지만 바울은 에베소서 5장 6-11절에서 무척 다른 말을 합니다. 이른바 '직면'에 대해 말합니다. "하나님의 진노가 불순종의 아들들에게 임하나니 그러므로 그들과 함께하는 자가 되지 말라. … 너희는 열매 없는 어둠의 일에 참여하지 말고 도리어 책망하라." 책망하십시오! 이렇게 하면 좋은 말을 듣지 못할 것입니다. 그래서 바울은 디모데후서 3장 12절에서 이렇게 말합니다. "무릇 그리스도 예수 안에서 경건하게 살고자 하는 자는 박해를 받으리라." 세상을 "본받지 않으려고" 할 때 이런 일이 생깁니다.

- 순응과 직면
- 참여와 분리
- 세상에 있지만 세상에 속하지 않음
- 이 세대를 본받지 말되 몇몇을 구원하고자 여러 사람에게 여러 모습이 되기
- 토착적이면서도 순례적으로 살기

극단적인 순응과 극단적인 직면(토착 원리나 순례 원리를 과도하게 강조하

는)을 피하는 가장 좋은 방법은 성경에서 이 긴장 관계의 뿌리가 무엇인지 이해하는 것입니다. 적어도 네 가지 뿌리를 말할 수 있습니다. 기독교만의 독특한 관점인 창조, 그리스도, 회심, 하나님나라입니다. 이제부터 하나씩 살펴보면서 이것들이 어떻게 기독교 안에 있는 토착/순례라는 긴장 관계의 뿌리가 되는지 알아보겠습니다.

1. 토착/순례의 긴장 관계는 기독교의 창조관에 뿌리를 둔다

예를 들어, 바울은 그리스도인이 문화에 순응해야 한다는 것을 다루면서, 우상에 바쳐졌을지 모를 고기가 시장에서 팔릴 때, "무릇 시장에서 파는 것은 양심을 위하여 묻지 말고 먹으라. 이는 땅과 거기 충만한 것이 주의 것임이라"(고전 10:25-26)고 말합니다. 다른 말로 하면, 창조 세계는 하나님께 속한 것이기에 하나님의 자녀들이 자유롭게 사용할 수 있다는 말입니다. 비그리스도인들이 고기나 음료수 같은 물질적인 것들을 신령한 것으로 지정하거나 도덕적으로 오염시키는 일은 가능하지 않습니다. 우상에게 바친 음식을 포함하여 모든 피조 세계가 하나님의 것이라는 사실은 토착 원리를 지지합니다. 모든 것이 하나님의 것입니다. 그러니 원하는 것을 먹어도 됩니다.

하지만 하나님이 피조 세계의 주인이라는 사실이 창조와 관련한 유일한 진리는 아닙니다. 다른 진리들이 있습니다. 로마서 8장 20-22절에서 그중 하나를 말합니다. "피조물이 허무한 데 굴복하는 것은 … 피조물이 다 이제까지 함께 탄식하며 함께 고통을 겪고 있는 것을 우리가 아느니라." 다른 말로 하면, 피조 세계가 타락했다는 것입니다. 피조 세계는 하나님의 것입니다. 우리가 사용할 수 있습니다.

하지만 그만 타락하고 말았습니다. 따라서 창조에 관한 또 다른 진리를 말하자면, 피조 세계는 구원이 필요하고 현재 상태는 사라질 것입니다. 고린도전서 7장 31절입니다. "이 세상의 외형은 지나감이니라."

바울은 이 점을 음식에 적용하면서, 고린도 교회에서 지나치게 토착적인 사람들의 말을 인용합니다. "음식은 배를 위하여 있고 배는 음식을 위하여 있으나"(고전 6:13). 맞는 말입니다. 하지만 완전히 맞지는 않습니다. 그래서 바울은 이렇게 덧붙입니다. "하나님은 이것저것을 다 폐하시리라." 다른 말로 하면, 음식과 배는 절대적인 것들이 아니라는 말입니다. 피조 세계는 타락했습니다. 현재의 모습은 사라질 것입니다. 우리는 여기서 구원을 받아야 합니다. 그러므로 우리는 순례자들입니다.

하나님이 피조 세계를 만드셨습니다. 이 점에서 우리는 본향에 있습니다(토착 원리). 하지만 이 피조 세계는 타락했습니다. 그래서 언젠가 하나님이 피조 세계를 구원하실 것입니다(순례 원리). 그래서 우리는 본향에 있으면서 동시에 본향에 있지 않습니다. 이 세상은 우리 아버지 하나님께 속했습니다. 하지만 동시에 이 세상을 구원하시려는 하나님의 목적에 따라 이 세상을 다루어야 합니다.

2. 토착/순례의 긴장 관계는 기독교의 그리스도관에 뿌리를 둔다

아주 간단히 말해서 그리스도는 사람이 되셨습니다. 이것은 토착 원리입니다. 그리스도는 우리와 같이 되셨습니다. 오, 그분은 우리와 얼마나 닮으셨는지요! "말씀이 육신이 되어 우리 가운데 거하시매"

(요 1:14). 그분은 우리와 같은 본성을 가지셨습니다(히 2:14). 그분은 우리와 같은 방식으로 시험을 받으셨습니다(히 4:15).

하지만 그리스도가 자기 백성에게 오셨을 때, 그들은 그분을 영접하지 않았습니다(요 1:11). 우리는 그분을 죽였습니다. 그분은 우리가 그렇게 할 것을 아셨지만 그래도 오셨습니다. 그리고 그렇기 때문에 그분은 순례 원리를 세우셨습니다. 그분은 본향에 계셨고 우리와 같이 되셨습니다. 하지만 우리와 전혀 다르셨습니다! 그 다름 때문에 그분은 죽임을 당했습니다. 이것이 기독교가 지난 2천 년 동안 성육신적으로 퍼져 나간 방식입니다. 선교사들은 선교지의 언어를 배우고 문화를 배웁니다. 그들은 문화 속으로 들어갑니다. 토착적입니다. 그리고 그들은 고난을 받고 때로는 죽임을 당했습니다. 그들은 주님을 따릅니다. 그들은 순례자들입니다. 이것이 토착적이면서 순례적입니다. 성육신과 십자가입니다. 여러 모습이 되는 것이고, 동시에 이 세대를 본받지 않는 것입니다.

3. 토착/순례의 긴장 관계는 기독교의 회심관에 뿌리를 둔다

로마서 3장 28절입니다. "사람이 의롭다 하심을 얻는 것은 율법의 행위에 있지 않고 믿음으로 되는 줄 우리가 인정하노라." 오직 그리스도만이 우리를 죄에서 구원해 줄 구원자시요 삶의 주인이시요 최고의 보화이심을 믿음으로 고백하는 순간, 하나님은 우리를 의롭다 여기십니다. 눈 깜짝할 사이에 우리는, 오직 그리스도 덕분에, 오직 믿음을 통해, 오직 은혜로, 하나님 보시기에 의롭다 여김을 받습니다. 칭의가 이러한 토착 원리를 잘 설명합니다. 도덕적으로 천국에 합당한 모습이 되기 이전에도 우리는 천국에 본래 있었던 사람처럼 토착적으로 여겨집니다. 오직 믿음으로 그리스도는 우리의 합당함(fitness)이 되십니다.

우리는 이제 사랑받는 자로 받아들여졌기 때문에(오직 믿음으로 의롭다 함을 얻었기 때문에), 성령은 우리에게 역사하시고 우리는 그리스도 안에 있는 존재답게 실천하기 시작합니다. 여기서 순례 원리가 생겨납니다. 우리는 변화되어야 합니다. 현재 상태로는 본향에 있을 수 없습니다. "그러므로 너희가 그리스도와 함께 다시 살리심을 받았으면[천국에 합당한 자가 되었으면 토착적] … 위의 것을 생각하고 땅의 것을 생각하지 말라[순례자가 되어라!]"(골 3:1-2).

이처럼 칭의와 성화는 토착/순례라는 긴장 관계의 뿌리입니다. 우리는 그리스도 안에서 의롭습니다(토착적). 그러므로 이제 그에 합당한 존재가 되어 가야 합니다(순례자는 전진합니다).

4. 토착/순례의 긴장 관계는 하나님나라에 대한 기독교적 관점에 뿌리를 둔다

영광스런 하나님나라는 이미 예수 그리스도 안에 임했습니다. 미래가 이미 임했습니다. 그래서 예수님은 누가복음 11장 20절에서 이렇게 말씀하십니다. "그러나 내가 만일 하나님의 손을 힘입어 귀신을 쫓아낸다면 하나님의 나라가 이미 너희에게 임하였느니라." 또한 누가복음 17장 21절은 이렇게 전합니다. "하나님의 나라는 너희 안에 있느니라." 그러므로 하나님나라 백성들(하나님의 자녀)은 지금 여기에서 아버지의 나라에 있는 것입니다. 여기서 토착적 힘이 배출

됩니다.

하지만 하나님나라는 아직 완성되지 않았습니다. 약속은 왔지만 완성은 미래의 일입니다. 마지막 성만찬에서 예수님은 말씀하십니다. "내가 너희에게 이르노니 내가 이제부터 하나님의 나라가 임할 때까지 포도나무에서 난 것을 다시 마시지 아니하리라"(눅 22:18). 하나님의 나라는 아직 이곳에 없습니다. 그렇기 때문에 강한 순례적 힘이 생겨납니다. 우리는 기다립니다. 바랍니다. 간구합니다. 우리는 이방인입니다. 유배자입니다. 임시 체류자입니다. 우리는 본향에 있지만, 동시에 본향에 있지 않습니다!

결론

바울은 로마서 12장 2절에서 "너희는 이 세대를 본받지 말고"라고 말할 때 이 균형점의 한쪽을 강조하고 있습니다. 저의 목표는 바울의 생각을 보다 큰 그림에서 살펴보고 우리가 균형을 유지하도록 돕는 데 있었습니다.

- 세상과 직면하는 것이 맞습니다. 하지만 또한 선교적으로는 순응합니다.
- 세상과 분리되는 것이 맞습니다. 하지만 또한 문화적으로는 참여합니다.
- 세상에 속하지 마십시오! 하지만 우리는 아직 세상에 살고 있습니다.
- 세상을 본받지 마십시오! 하지만 몇몇 사람을 구원하기 위하여 여러 사람에게 여러 모습이 되는 것도 맞습니다.

• 우리가 토착민인 것은 맞습니다! 하지만 또한 우리는 이방인이요 순례자입니다!

다음과 같은 이유 때문입니다.

• 피조 세계는 주의 것이지만, 타락했고 구원이 필요하기 때문입니다.
• 그리스도는 성육신하셨지만 십자가에 달리셨기 때문입니다.
• 회심은 오직 믿음으로 얻는 칭의이지만, 성화의 훈련이 뒤따라야 하기 때문입니다.
• 하나님나라는 이미 왔지만 아직 완성되지 않았기 때문입니다.

우리는 어떻게 해야 이러한 균형을 알 수 있을까요? 그에 대한 답이 로마서 12장 2절에 이어서 나옵니다. "오직 마음을 새롭게 함으로 변화를 받아 하나님의 선하시고 기뻐하시고 온전하신 뜻이 무엇인지 분별하도록 하라." 이 설교를 통해 우리의 마음이 새로워져 하나님의 뜻을 분별할 수 있기를 기도합니다.

다음에 기회가 있으면, 로마서 1장과 12장을 연결함으로써 요즘 이슈가 되고 있는 동성애와 동성 결혼 합법화 문제를 이 원리(토착적이면서도 순례적인)가 어떻게 해결해 주는지 보여 드리고자 합니다. 그때까지 하나님께 지혜를 구하며 말씀을 깊이 묵상하시기 바랍니다. 그리고 예수 그리스도를 날마다 바라보십시오. 그러면 그분의 형상대로 변화되어 갈 것입니다.

5장

오직 마음을 새롭게 하라

로마서 12:1-2

그러므로 형제들아 내가 하나님의 모든 자비하심으로 너희를 권하노니 너희 몸을 하나님이 기뻐하시는 거룩한 산 제물로 드리라. 이는 너희가 드릴 영적 예배니라. 너희는 이 세대를 본받지 말고 오직 마음을 새롭게 함으로 변화를 받아 하나님의 선하시고 기뻐하시고 온전하신 뜻이 무엇인지 분별하도록 하라. _롬 12:1-2

로마서 12장 1-2절을 묵상하며 기도하다 보니, 3절로 넘어가기 전에 꼭 다루고 넘어가야 할 여러 주제가 생각났습니다. 그것들을 한 주에 한 가지씩 다루어 보려고 합니다.

하나님의 뜻

하나는, "하나님의 뜻"이라는 표현의 의미입니다. 2절은 우리가 "하나님의 뜻"을 분별해야 한다고 말합니다. 아주 흔히 쓰는 말인데, 무슨 의미인지 잘 모르고 사용하는 때가 많은 것 같습니다. 이것은 영적으로 건강하지 않은 일입니다. 종교적인 용어를 무슨 의미인지 제대로 모르면서 습관적으로 사용하다 보면, 점점 속빈 강정이 되고 맙니다. 용어만 있지 내용은 없거나 잘못된 내용이 들어 있는 종교적인 껍데기 속에는 이물질만 가득하게 됩니다.

"하나님의 뜻"이라는 표현에는 적어도 두세 가지의 성경적 의미가 담겨 있습니다. 첫째, 하나님의 전능하신 뜻이라는 의미입니다. 이것은 언제나 반드시 실행되는 하나님의 뜻을 말합니다. 둘째, 성경 안에 계시된 하나님의 뜻이라는 의미입니다. 가령 도둑질하지 말라, 거짓말하지 말라, 살인하지 말라, 탐내지 말라 등이 있는데 이러한 하나님의 뜻은 종종 실행되지 않습니다. 그리고 셋째, 지혜롭고 경건하게 살아가는 길이라는 의미입니다. 즉, 새로워진 마음으로 하나님의 말씀을 복잡한 윤리 상황에 적용하려고 애쓸 때 필요한 지혜에 이르는 길을 의미하고, 일상 속 우리의 수많은 말과 행동을 일부러 반추하지 않아도 자연스럽게 최고의 삶을 살도록 이끄는 경건에 이르는 길을 의미합니다. 다음 주에 이에 대해 자세히 다루면서 바울이 로마서 12장 2절에서 무엇을 말하는지 살펴보겠습니다.

마음을 새롭게 함으로 변화를 받아

오늘은 로마서 12장 2절에서 "마음을 새롭게 함으로"라는 부분에 집중해 보려고 합니다. "너희는 이 세대를 본받지 말고 오직 마음을 새롭게 함으로 변화를 받아 하나님의 선하시고 기뻐하시고 온전하신 뜻이 무엇인지 분별하도록 하라." 우리가 그저 세상 방식대로 살아간다면, 우리는 그리스도를 높이는 일에 전적으로 무능한 그리스도인입니다. 이런 식으로 우리 삶을 허비하지 않으려면 변화를 받아야 한다고 바울은 말합니다. "이 세대를 본받지 말고 … 변화를 받아."

이 단어는 복음서에서 한 번 사용되었는데, 예수님의 변화산 사건에서였습니다. 여기 나오는 변화(transfiguration)라는 단어와 같은 단어인 '메테모르포테'(metemorphōthē)입니다. "그들 앞에서 '변형되사' 그 얼굴이 해같이 빛나며 옷이 빛과 같이 희어졌더라"(마 17:2; 막 9:2-3).

변화는 단지 외적인 것이 아니다

제가 이 점을 말씀드리는 것은 이 세대를 본받지 '않는다'는 것이 단순히 세상의 행동을 외적으로 따라하지 않는다는 의미를 넘어섬을 강조하기 위해서입니다. 물론 이것도 포함됩니다. 하지만 세상적인 행동을 다 피하면서도 변화받지 않은 상태일 수 있습니다.

"그 얼굴이 해같이 빛나며 옷이 빛과 같이 희어졌더라." 영적으로 그리고 도덕적으로 이와 같은 어떤 일이 우리에게 일어납니다. 가장 먼저 내면에서 정신적으로 그렇게 되고, 나중에 부활할 때 외적으로 그렇게 됩니다. 그래서 예수님은 부활할 때 우리 모습에 대해 이렇게 말씀하십니다. "그때에 의인들은 자기 아버지 나라에서 해와 같이 빛나리라"(마 13:43).

변화란 육신에서 비롯된 할 일 목록을 율법에서 비롯된 할 일 목록으로 바꾸는 것이 아닙니다. 바울은 육신에서 비롯된 할 일 목록을 율법에서 비롯된 할 일 목록으로 바꾸는 대신 성령의 열매로 대체합니다(갈 5:19-22). 비도덕적인 행동에 대한 그리스도인의 대안은 어떤 새로운 도덕적 행동 목록이 아닙니다. 우리의 구원자요, 주요, 보화이신 예수 그리스도를 믿는 믿음을 통해 성령께서 직접 우리를 다스리시고 변화시키는 것입니다. "그가 또한 우리를 새 언약의 일꾼 되기에 만족하게 하셨으니 율법 조문으로 하지 아니하고 오직 영으로 함이니 율법 조문은 죽이는 것이요 영은 살리는 것이니라"(고후 3:6). 따라서 변화는 심오하고, 피로 산 바 되고, 영이 만들어 내는 것으로서 우리의 내면으로부터 밖으로 나타나는 일입니다.

그리스도에게 매이는 자유

이런 이유로 신약성경은 그리스도인의 삶이 자유롭다고 급진적으로 묘사합니다. "주는 영이시니 주의 영이 계신 곳에는 자유가 있느니라"(고후 3:17). "그리스도께서 우리를 자유롭게 하려고 자유를 주셨으니 그러므로 굳건하게 서서 다시는 종의 멍에를 메지 말라"(갈 5:1). 우리는 그리스도 안에서 자유롭습니다. 비록 하나님의 계시된 뜻에 전적으로 굴복하는 존재이며(롬 8:7, 10:3), 심지어 이를 위해 종이 되었음(롬 6:18, 22)에도 불구하고 말입니다. 왜냐하면 내면으로부터 하고 싶은 것을 할 때 우리는 진정 자유롭기 때문입니다. 우리가 그리스도 안에서 변화된다면 우리는 마땅히 해야 할 일을 하고 싶은 존재가 됩니다. 그것이 자유입니다. 또한 이것이 바로 변화의 의미입니다.

변화의 핵심 수단: 마음을 새롭게 하는 것

로마서 12장 2절에서 바울은 변화의 핵심 수단에 초점을 맞춥니다. 바로 "마음을 새롭게 하는 것"입니다. "너희는 이 세대를 본받지 말고 오직 마음을 새롭게 함으로 변화를 받아." 정말 중요합니다!

- 이 세상을 본받는 것에서 벗어나고 싶다면,
- 변화를 받아 내면으로부터 온전히 새로워지고 싶다면,
- 그저 의무에 이끌린 그리스도인에서 벗어나, 하고 싶은 일이 해야 할 일이기에 그 일을 행하는 사람이 되고 싶다면,
- 자신의 몸을 산 제물로 드려 삶 전체가 영적 예배가 되고 세상의 가치를 능가하는 그리스도의 가치를 드러내고 싶다면,

그렇다면 힘을 다해 마음이 새롭게 되기를 구하십시오. 이것이 변화의 열쇠라고 성경이 말하기 때문입니다. "너희는 이 세대를 본받지 말고 오직 마음을 새롭게 함으로 변화를 받아."

인간의 마음은 무엇이 문제입니까? 왜 우리 마음은 새로워져야 합니까? 그리고 이렇게 새로워진다는 것은 어떤 모습일까요? 우리는 어떻게 해야 이렇게 새로워질 수 있습니까?

마음의 문제

필요한 지식을 얻지 못해 마음에 문제가 생긴다고 여기는 분들이 많습니다. 그들은 개인과 사회를 구원하는 위대한 도구가 바로 교육이라고 생각합니다. 사람이 교육을 더 받으면, 교활하게 사기를 치거나 테러를 계획하거나 공금을 횡령하거나 말로 현혹하거나 하는 일에 마음을 기울이지 않을 거라고 생각합니다. 사람들이 교육을 더 받으면 그런 문제를 해결할 수 있다고 생각합니다.

하지만 성경은 이 문제에 대해 훨씬 더 심오한 분석을 내놓습니다. 에베소서 4장 23절에서 바울은 로마서 12장 2절과 유사한 중요한 문구를 사용합니다. "오직 너희의 심령이 새롭게 되어." 무엇이 유사한 문구입니까? "심령"(마음의 영, The spirit of your mind)입니다. 인간의 마음은 자료를 분석해서 적당한 감정적 반응을 충실히 제공하는 정교한 기계가 아닙니다. 마음에는 '영'이 있습니다. 다른 말로 하면, 우리 마음에는 "사고방식"(mindset)이라 불리는 것이 있습니다. 마음은 견해(view)가 아닌 관점(viewpoint)을 취합니다. 마음에는 단지 인식하고 탐지하는 능력뿐 아니라 태도, 표정, 자세, 성향도 있습니다. "오직 너희의 심령이 새롭게 되어."

마음의 문제는 단순히 우리가 유한하여 충분한 정보를 갖지 못하는 것에 있지 않습니다. 문제는 우리 마음이 타락했다는 것입니다. 마음에는 하나님의 절대 주권에 대항하려는 성향, 사고방식, 영이 있습니다. 우리 마음에는 하나님을 우리 자신보다 혹은 우리가 성취한 것들보다 무한히 더 가치 있는 분으로 보는 것을 거부하는 성향이 있습니다. 로마서 1장 28절에서 언급한 부분입니다. "또한 그들이 마음에 하나님 두기를 싫어하매 하나님께서 그들을 그 상실한 마음대로 내버려 두사." 이것이 본성상 우리 모습입니다. 우리가 하나님을 알기 위해 거의 노력을 기울이지 않는 것과 하나님을 더 잘 알기 위해 조금이라도 시간을 보내려면 엄청난 노력이 필요하다는 사실을 보면 이 말씀이 맞다는 것을 알 수 있습니다. 성경은 우리가 "썩어지지 아니하는 하나님의 영광을 썩어질 사람의 우상으로 바꾸었다"고 말합니다(롬 1:23).

1절과 2절의 관계

이것이 우리 마음의 문제입니다. 이것은 로마서 12장 1절과 2절의 관계를 부각시킵니다. 1절은 우리의 영적인 예배 행위를 의미하는 산 제물로 우리 몸(즉 우리의 모든 활동적인 삶)을 드려야 한다고 말합니다. 따라서 모든 삶의 목적은 예배입니다. 우리 몸(우리의 모든 삶)을 하나님의 가치와 그분이 그리스도 안에서 우리를 위해 행하신 모든 것을 드러내는 데 사용하는 것입니다. 이제 그 일이 일어나도록 하기 위해, 우리 마음이 새로워져야 한다고 2절이 말하는 것은 이치에 맞습니다. 우리 마음은 본성적으로 하나님을 높이는 마음이 아니기 때문입니다. 우리 마음은 본성적으로 자신을 높입니다. 이것이 우리의 상태입니다.

이 문제에 대한 두 가지 성경적 진단

이에 대한 치료책을 알아보고, 어떻게 해야 하나님이 요구하시는 대로 마음을 새롭게 할 수 있는지를 알아보기 전에, 이 문제에 대한 두 가지 다른 성경적 진단을 살펴보겠습니다.

첫째, 무지입니다. 베드로전서 1장 13-14절에서 베드로는 우리 마음의 문제를 이렇게 말합니다. "그러므로 너희 '마음'의 허리를 동이고 … 전에 '알지 못할' 때에 따르던 너희 사욕을 본받지 말고." 하나님에 대한 무지(불의로 진리는 막는, 롬 1:18)로 인해 우리는 많은 열정과 욕망의 노예가 되었습니다(살전 4:5). 이런 욕망은 우리가 마땅히 알아야 하는 방식으로 하나님을 알 때 그 힘을 잃게 될 것입니다.

"전에 '알지 못할' 때에 따르던 너희 사욕." 바울은 이러한 열정을

"유혹의 욕심"(엡 4:22)이라고 부릅니다. 이러한 열정은 삶을 소진시키고 예배를 방해하는 욕망들로, 마음을 속여 생명과 힘을 앗습니다. 그러나 마음을 새롭게 함으로써 얻은 하나님에 대한 지식은 우리를 변화시킵니다. 그 지식은 우리를 모든 잘못된 욕망의 유혹과 힘에서 자유케 하기 때문입니다.

둘째, 마음의 굳어짐입니다. 또 다른 성경적 진단은 에베소서 4장 17-18절에 나옵니다. "이제부터 너희는 이방인이 그 '마음'의 허망한 것으로 행함같이 행하지 말라. 그들의 총명이 어두워지고 그들 가운데 있는 '무지함'과 '그들의 마음이 굳어짐으로 말미암아' 하나님의 생명에서 떠나 있도다." 바울은 더 깊은 곳으로 우리를 데려갑니다. 바울은 "허망한 마음"과 "어두워진 총명"과 고의적인 "무지함"을 관통하면서, 이 모든 것이 "마음이 굳어진 것"에 기인한다고 말합니다. 이것이 바로 가장 깊은 병의 근원으로, 모든 것에 영향을 미칩니다. 마음이 자유를 주는 진리를 억누르는 것은 우리 마음이 굳어진 데서 기인합니다. 우리의 굳어진 마음은 그리스도의 탁월하심 앞에 굴복하지 않을 것이고 그래서 우리의 어두운 마음은 그리스도의 탁월하심을 볼 수 없습니다(요 7:17 참고).

성령이 마음을 새롭게 한다

이제 마지막으로 치료책과 로마서 12장 2절 "마음을 새롭게 함으로 변화를 받아"라는 말씀에 어떻게 순종할지의 문제가 남아 있습니다. 먼저, 우리가 무언가를 할 수 있으려면, 성령의 이중 사역(double action)이 요구됩니다. 그런 다음 우리는 성령의 이러한 두 가지 사역에 참여합니다.

성령이 개입하셔야 한다고 말씀드린 이유는 이렇습니다. 로마서 12장 2절에 나오는 "새롭게 함"(renewal)에 해당하는 헬라어 단어는 신약성경을 통틀어 디도서 3장 5절에 딱 한 번 더 나오는데 이 말씀을 행하시는 주체가 바로 성령이시기 때문입니다. "우리를 구원하시되 우리가 행한 바 의로운 행위로 말미암지 아니하고 오직 그의 긍휼하심을 따라 중생의 씻음과 '성령의 새롭게 하심'으로 하셨나니." 성령이 마음을 새롭게 합니다. 그 일은 가장 먼저, 그리고 결정적으로 성령의 사역입니다. 우리는 전적으로 성령에 의존해야 합니다. 성령이 시작하시고 가능하게 하셔야 우리의 노력이 뒤따를 수 있습니다.

성령의 이중 사역

그렇다면 우리의 모든 삶이 예배가 되도록 성령이 마음을 새롭게 하시는 데에 있어 행하시는 이중 사역은 무엇입니까? 고린도후서 3장 18절을 봅시다. "우리가 다 수건을 벗은 얼굴로 거울을 보는 것같이 '주의 영광을 보매' 그와 같은 형상으로 변화하여 영광에서 영광에 이르니 곧 주의 영으로 말미암음이니라." 우리를 하나님 아들의 형상으로 변화시키기 위해 성령이 무엇을 하십니까? 성령은 "주의 영광을 보도록" 해줍니다. 이것이 마음이 새로워지는 방법입니다. 즉, 그리스도께서 본래 갖고 계신 영광을 꾸준히 바라봄으로써 우리 마음은 새로워집니다.

하지만 이를 위해, 성령이 이중 사역을 하셔야만 합니다. 성령은 바깥에서 안으로, 또한 안에서 바깥으로 두 가지 방향으로 일하십니다. 먼저, 성령이 바깥에서 안으로 행하시는 사역은 우리 마음에 그리스도를 높이는 진리를 드러내시는 것입니다. 즉, 성령은 우리가 복음을 듣고, 성경을 읽고, 위대하고 영적인 사람들이 그리스도를 높인 글들을 연구하고, 그리스도의 온전하심에 대해 묵상하도록 우리를 이끄십니다. 고린도후서 4장 4절에 따르면, 대적은 우리가 그렇게 하지 못하도록 방해합니다. "이 세상의 신이 믿지 아니하는 자들의 마음을 혼미하게 하여 '그리스도의 영광의 복음의 광채가 비치지 못하게' 함이니." 그 이유는, 복음의 실재를 볼 때 우리 마음이 새로워지고 삶이 변화되며 계속해서 예배를 드리게 되기 때문입니다.

그리고 성령이 안에서 바깥으로 행하시는 사역은, 우둔해지고 부패한 굳은 마음을 깨뜨리는 것입니다. 성령은 그리스도를 높이는 진리를 통해 바깥에서 안으로 일하시고, 진리를 받아들이는 겸손을 통해 안에서 바깥으로 일하십니다. 만일 성령께서 그리스도를 높이는 진리를 우리 마음에 드러냄으로써 바깥에서 안으로 일하시지만 우리 굳은 마음을 깨뜨려 겸손하게 만들지 않으신다면, 그 진리는 무시되고 거부되고 맙니다. 그리고 만일 우리의 굳은 마음만 겸손하게 만들고 그리스도를 높이는 진리를 우리 마음에 드러내지 않으신다면, 그리스도를 영접할 수도 없고 예배를 드릴 수도 없을 것입니다.

우리는 무엇을 해야 하나

그렇다면 "마음을 새롭게 함으로 변화를 받으라"는 로마서 12장 2절 말씀에 순종하기 위해 우리는 무엇을 해야 할까요? 우리는 귀하고 너무나 중요한 이 성령의 역사에 동참해야 합니다. 우리는 그리스도를 높이는 진리를 구하고 진리를 받아들이는 겸손을 위해 기도해야 합니다.

"그리스도의 영광의 복음"이 드러내는 풍성한 의미들을 잘 들으십시오. 그리스도의 영광이 계시된 부분을 찾으며 성경을 샅샅이 읽으십시오. 위대한 영적 인물들이 써내려 간, 성경이 녹아 있고 그리스도를 높이는 글들을 읽고 깊이 생각하십시오. 그리고 그리스도의 온전하심을 묵상하는 습관을 들이십시오. 이 모든 일을 행하며 성령께서 우리의 마음을 새롭게 하시고, 우리가 하나님의 뜻을 구하고 인정하도록 기도하고 또 기도하고 또 기도하십시오. 그래서 모든 삶이 그리스도의 영광을 찬양하는 예배가 되게 하십시오.

내 구주, 그리스도의 마음 가지고

내 구주, 그리스도의 마음 가지고
항상 살게 하소서.
주님의 사랑과 능력으로
행하고 말하게 하소서.

주님의 말씀 매순간
내 안에 풍성히 넘쳐
오직 하나님의 능력으로
승리함을 모두가 보게 하소서.
내 아버지 하나님의 평화 누리며

인생을 살아갈 때
모든 연약함과 슬픔
견디게 하소서.

물이 바다 덮음같이
예수님의 사랑이 나를 채우게 하소서.
그분을 높이고 나를 낮추게 하소서.
이것이 승리입니다.

내 앞에 있는 경주를
주님만 바라보며
끝까지 달려가도록
새 힘을 주소서.

잃어버린 자들을 찾을 때
그분의 아름다움이 내게 임하게 하소서.
그리고 오직 그분을 바라봄으로
통로인 나는 잊게 하소서.

_케이트 윌킨슨

6장

하나님의 뜻과 그것을 아는 방법

로마서 12:1-2

그러므로 형제들아 내가 하나님의 모든 자비하심으로 너희를 권하노니 너희 몸을 하나님이 기뻐하시는 거룩한 산 제물로 드리라. 이는 너희가 드릴 영적 예배니라. 너희는 이 세대를 본받지 말고 오직 마음을 새롭게 함으로 변화를 받아 하나님의 선하시고 기뻐하시고 온전하신 뜻이 무엇인지 분별하도록 하라. _롬 12:1-2

로마서 12장 1-2절의 목표는 우리의 모든 삶이 "영적 예배"가 되는 것입니다. 1절입니다. "그러므로 형제들아 내가 하나님의 모든 자비하심으로 너희를 권하노니 너희 몸을 하나님이 기뻐하시는 거룩한 산 제물로 드리라. 이는 너희가 드릴 영적 예배니라." 하나님이 보시기에 인간이 살아가는 목적은 그리스도가 우리에게 가치 있는 분으로 드러나는 것입니다. 예배란 우리 마음과 정신과 몸을 사용하여 하나님의 가치와 하나님이 예수님 안에서 우리를 위해 행하신 모든 것의 가치를 드러내는 것입니다. 그렇게 살아가게 하는 삶의 방식이 있습니다. 우리는 직업을 통해 하나님의 진정한 가치를 드러낼 수 있습니다. 그렇게 할 수 없다면 직업을 바꾸어야 할지도 모릅니다. 아니면 2절 말씀이 충분히 이루어지지 않았다는 의미일 수 있습니다.

2절은 우리가 어떻게 해야 모든 삶을 예배가 되게 할 수 있는가에 대한 바울의 대답입니다. 우리는 변화되어야 합니다. 바로 '우리가' 변화되어야 합니다. 외적인 행위뿐 아니라 느끼고 생각하는 방식, 즉 우리 마음이 새로워져야 합니다.

본래의 모습이 되라

예수 그리스도를 믿는 사람들은 그리스도 안에서 이미 피로 사신 바 된 새로운 피조물입니다. "그런즉 누구든지 그리스도 안에 있으면 새로운 피조물이라"(고후 5:17). 이제 우리는 그 본래의 모습이 '되어 가야' 합니다.

"너희는 '누룩 없는 자'인데 새 덩어리가 되기 위하여 묵은 누룩을 내버리라"(고전 5:7).

"새 사람을 '입었으니' 이는 자기를 창조하신 이의 형상을 따라 지식에까지 '새롭게 하심'을 입은 자니라"(골 3:10).

우리는 그리스도 안에서 새로워졌습니다. 그리고 이제 날마다 새로워지고 있습니다. 이에 대해서는 지난주에 집중적으로 살펴보았습니다.

오늘은 2절에서 '마음을 새롭게 하는 것'의 목표에 집중해 보겠습니다. "너희는 이 세대를 본받지 말고 오직 마음을 새롭게 함으로 변화를 받아 [여기서 마음을 새롭게 하는 것의 목표가 나옵니다] 하나님의 선하시고 기뻐하시고 온전하신 뜻이 무엇인지 분별하도록 하라." 따라서 오늘 집중적으로 살펴볼 내용은 "하나님의 뜻"이라는 표현의 의미와 우리가 어떻게 그것을 분별하는가에 대한 것입니다.

하나님의 뜻에 담긴 두 가지 의미

성경에서 "하나님의 뜻"이라고 하면, 분명히 구별되는 두 가지 의미가 있습니다. 사실, "하나님의 뜻"이 갖는 두 가지 의미의 차이를 알아야 성경에서 가장 크고 복잡한 문제 중 하나, 즉 하나님은 모든 것을 주관하시지만 많은 것을 인정하지 않으신다는 사실을 이해할 수 있습니다. 이 말은 하나님이 일어나도록 정하신 것들 중에서 어떤 것들은 하나님이 인정하지 않으신다는 의미입니다. 즉, 하나님은 자신이 일어나게 하신 일들 중에서 어떤 것들은 금지하십니다. 또한 하나님은 자신이 금지하는 어떤 일들을 명하십니다. 혹은 가장 모순적으로 말해서, 하나님은 한편으로는 어떤 사건들을 뜻하시지만 또 한편으로는 뜻하지 않으십니다. 우리는 이 두 가지 의미를 다 알아야 합니다. 또한 여기 로마서 12장 2절에서는 그중에 어떤 의미로 쓰였는지를 알아야 합니다.

1. 천명(天命) 혹은 전능하신 뜻으로서 하나님의 뜻

이런 뜻으로 해석되는 성경 구절들을 보겠습니다. 먼저, 일어나는 모든 일을 하나님이 전적으로 주관하신다는 의미로 "하나님의 뜻"을 사용하는 구절들입니다. 가장 명확하게 드러난 경우는 예수님이 겟세마네 동산에서 기도하시면서 하나님의 뜻에 대해 말씀하셨을 때입니다. 마태복음 26장 39절에서 예수님은 이렇게 말씀하셨습니다. "내 아버지여 만일 할 만하시거든 이 잔을 내게서 지나가게 하옵소서. 그러나 나의 원대로 마시옵고 아버지의 원대로 하옵소서."

이 구절에서 하나님의 뜻은 무엇을 가리킵니까? 앞으로 일어날 하나님의 전능한 계획을 가리킵니다. 사도행전 4장 27-28절의 표현을 떠올려 보십시오. "과연 헤롯과 본디오 빌라도는 이방인과 이스라엘 백성과 합세하여 하나님께서 기름 부으신 거룩한 종 예수를 거슬러 하나님의 권능과 뜻대로 이루려고 예정하신 그것을 행하려고 이 성에 모였나이다." 따라서 "하나님의 뜻"은 예수님이 죽는 것이었습니다. 이것이 하나님의 계획이었고 명령이었습니다. 하나님의 뜻에는 변화가 없었기에 예수님은 엎드려 "제 요구는 이것입니다. 하지만 하나님 보시기에 가장 좋은 것을 행하십시오"라고 말했습니다. 이것이 하나님의 주권적인 뜻입니다.

그리고 여기서 놓치지 말아야 할 중요한 점은, 하나님의 뜻에 인간의 죄도 포함되어 있다는 점입니다. 헤롯, 빌라도, 군병들, 유대 지도자들은 모두 하나님의 아들을 십자가에 못 박으려는 하나님의 뜻을 이루면서 죄를 지었습니다(사 53:10). 따라서 하나님은 싫어하시는 일이지만 그런 일들이 일어나도록 뜻하신다는 것을 분명히 알아야 합니다.

베드로전서에서 한 가지 예를 더 보겠습니다. "선을 행함으로 고난받는 것이 하나님의 뜻일진대 악을 행함으로 고난받는 것보다 나으니라"(벧전 3:17). 다른 말로 하면, 그리스도인이 선한 일을 하다가 고난을 받는 것이 하나님의 뜻일 수 있다는 것입니다. 하나님이 박해가 일어나도록 의도하십니다. 물론 그리스도인들을 부당하게 박해하는 것은 죄입니다. 하지만 하나님은 때로 죄를 포함한 일들이 일어나도록 의도하십니다.

바울은 에베소서 1장 11절에서 이러한 진리를 포괄적으로 요약하여 말합니다. “모든 일을 그의 뜻의 결정대로 일하시는 이의 계획을 따라 우리가 예정을 입어 그 안에서 기업이 되었으니.”

하나님의 뜻은 일어날 모든 일에 대한 하나님의 주권적인 통치입니다. 그리고 우주를 다스리시는 하나님의 섭리는 자연과 인간의 소소한 결정들까지 포함하는 것임을 가르치는 구절들이 성경에는 많습니다. 참새 한 마리도 하늘에 계신 우리 아버지의 뜻이 아니면 땅에 떨어지지 않습니다(마 10:29). “제비는 사람이 뽑으나 모든 일을 작정하기는 여호와께 있느니라”(잠 16:33). “마음의 경영은 사람에게 있어도 말의 응답은 여호와께로부터 나오느니라”(잠 16:1). “왕의 마음이 여호와의 손에 있음이 마치 봇물과 같아서 그가 임의로 인도하시느니라”(잠 21:1).

이것이 하나님의 뜻에 대한 첫 번째 의미입니다. 모든 것에 대한 하나님의 주권적인 통치입니다. 이것을 하나님의 “전능하신 뜻” 혹은 그분의 “작정하신 뜻”이라고 부르겠습니다. 이 뜻은 어길 수 없습니다. 언제나 이루어집니다. “땅의 모든 사람들을 없는 것같이 여기시며 하늘의 군대에게든지 땅의 사람에게든지 그는 ‘자기 뜻’대로 행하시나니 그의 손을 금하든지 혹시 이르기를 네가 무엇을 하느냐고 할 자가 아무도 없도다”(단 4:35).

2. 명령으로서 하나님의 뜻

성경에 나타난 "하나님의 뜻"에 대한 다른 의미는, 하나님이 "명령하신 뜻"이라고 부를 수 있습니다. 여기서의 하나님의 뜻은 그분이 우리에게 하라고 명령하신 것입니다. 이것은 우리가 불순종할 수도 있고 행하는 데 실패할 수도 있는 하나님의 뜻입니다.

천명으로서의 뜻은 우리가 믿든 안 믿든 이루어집니다. 하지만 명령으로서의 뜻은 행하는 데 실패할 수 있습니다. 예를 들어, 예수님은 이렇게 말씀하셨습니다. "나더러 주여 주여 하는 자마다 다 천국에 들어갈 것이 아니요 다만 하늘에 계신 내 아버지의 뜻대로 행하는 자라야 들어가리라"(마 7:21). 모두가 아버지의 뜻을 행하는 것은 아닙니다. 예수님은 그렇게 말씀하십니다. "… 자마다 다 천국에 들어갈 것이 아니요." 왜 그렇습니까? 모두가 하나님의 뜻을 따르는 것이 아니기 때문입니다.

바울은 데살로니가전서 4장 3절에서 이렇게 말합니다. "하나님의 뜻은 이것이니 너희의 거룩함이라 곧 음란을 버리고." 여기서 하나님께서 우리에게 명령하시는 매우 구체적인 예를 보게 되는데, 바로 거룩함, 성결, 성적 순결입니다. 이것이 하나님이 명령하신 뜻입니다. 하지만 우리 중 얼마나 많은 사람이 이 명령을 따르고 있지 않는지요!

그런 다음 바울은 데살로니가전서 5장 18절에서 이렇게 말합니다. "범사에 감사하라. 이것이 그리스도 예수 안에서 너희를 향하신 하나님의 뜻이니라." 여기서 다시 한 번 하나님이 명령하신 뜻의 구체적인 사례가 나옵니다. 즉, 모든 상황에서 감사하라는 것입니다. 하지만 많은 사람이 이렇게 하나님이 뜻하신 명령을 지키지 않습니다.

예를 하나 더 보겠습니다. "이 세상도, 그 정욕도 지나가되 오직 하나님의 뜻을 행하는 자는 영원히 거하느니라"(요일 2:17). 어떤 사람은 하나님의 뜻을 행하지만, 그렇지 않은 사람도 있습니다. 이런 의미에서 하나님의 뜻이 언제나 이루어지는 것은 아닙니다.

따라서 위에서 살펴본 예들을 통해 그리고 성경의 많은 다른 구절들을 통해 하나님의 뜻은 두 가지 방식으로 진행된다는 결론을 내릴 수 있습니다. 둘 다 맞고 둘 다 중요하기에 잘 알아야 합니다. 하나는 하나님이 '작정하신 뜻'(또는 주권적인 뜻)이라 부를 수 있고, 다른 하나는 하나님이 '명령하신 뜻'이라 부를 수 있습니다. 하나님이 작정하신 뜻은 우리가 믿든 안 믿든 언제나 일어납니다. 반면 하나님이 명령하신 뜻은 사람이 어길 수도 있습니다. 실제로 그러한 일은 자주 일어납니다.

이러한 진리들이 갖는 귀중함

이것을 로마서 12장 2절과 연결시키기 전에, 이 두 가지 진리가 얼마나 귀중한지를 먼저 말씀드리려고 합니다. 우리가 어떤 일 때문에 상처를 받았거나 큰 상실을 경험했을 때 이 두 가지 진리는 우리의 깊은 필요를 채워 줍니다. 한편으로 우리는 하나님이 모든 것을 주관하심으로 이 모든 고통과 상실이 합력하여 선을 이룰 것을 확신해야 합니다. 또 한편으로 우리는 하나님이 우리의 형편을 공감하시고 죄나 고통 자체를 기뻐하지 않으신다는 것을 알아야 합니다. 이러한 두 가지 필요는 하나님의 작정하신 뜻과 명령하신 뜻에 부합합니다.

예를 들어, 우리가 어린 시절 심하게 학대를 당했는데 누군가 우리에게 "그것이 하나님의 뜻이었다고 생각하십니까?"라고 묻는다면, 우리는 이제 여기서 성경적 의미를 끌어내고 성경에 모순되지 않게 답할 방법을 알고 있습니다. 이렇게 말할 수 있겠지요. "아니요. 그것은 하나님의 뜻이 아니었습니다. 하나님은 인간이 서로를 학대해서는 안 되고 사랑하라고 명하시기 때문입니다. 학대는 그분의 명령을 어기는 것이기 때문에 하나님의 마음에 분노와 슬픔을 만들어 냅니다(막 3:5). 하지만 또 다른 의미에서, 하나님의 뜻(그분의 전능하신 뜻)이 맞습니다. 왜냐하면 하나님은 그 학대를 얼마든지 막아 주실 수 있었기 때문입니다. 하지만 제가 아직은 다 이해할 수 없는 어떤 이유가 있었기에 하나님은 그것을 막지 않으셨습니다."

이런 상황에서 우리에게는 하나님에 대한 두 가지 진리가 필요합니다. 하나는 그것을 선으로 바꾸시는 전능하신 하나님이고, 다른 하나는 우리의 처지에 공감하시는 하나님입니다. 한편으로, 그리스도는 전능하신 왕이시고 그분의 뜻 없이는 아무것도 일어날 수 없습니다(마 28:18). 또 다른 한편으로, 그리스도는 자비로운 대제사장이시기에 우리의 연약함과 고통을 체휼하십니다(히 4:15). 그분이 뜻하실 때 성령께서는 우리와 우리 죄를 이기시지만(요 1:13; 롬 9:15-16), 성령이 소멸되시거나 근심하고 분노하시는 것도 그분의 뜻에 따라 일어납니다(엡 4:30; 살전 5:19). 그분의 전능하신 뜻은 대적할 상대가 없는 반면, 그분이 명령하신 뜻은 슬프게도 지켜지지 않을 수도 있습니다.

성경을 이해하고 고통 중에서도 하나님을 굳게 붙들기 위해서는 이 두 가지 진리를 다 알아야 합니다.

로마서 12장 2절에서는 어떤 뜻인가?

이 두 가지 뜻 중에서 로마서 12장 2절에 해당하는 뜻은 무엇일까요? "너희는 이 세대를 본받지 말고 오직 마음을 새롭게 함으로 변화를 받아 하나님의 선하시고 기뻐하시고 온전하신 뜻이 무엇인지 분별하도록 하라."

여기에서는 하나님이 명령하신 뜻을 말하고 있습니다. 적어도 두 가지 의미에서 그렇습니다. 하나는, 하나님은 우리에게 전능하신 뜻을 미리 알게 하지 않으시기 때문입니다. "감추어진 일은 우리 하나님 여호와께 속하였거니와 나타난 일은 영원히 우리와 우리 자손에게 속하였나니 이는 우리에게 이 율법의 모든 말씀을 행하게 하심이니라"(신 29:29). 만일 하나님이 작정하신 뜻을 속속들이 미리 알기 원한다면, 새롭게 된 마음이 아니라 점치는 구슬이 필요할 것입니다.

제가 이렇게 말씀드리는 다른 이유는, "분별하도록 하라"는 말에 우리가 순종적으로 그 일을 행해야 한다는 의미가 함축되어 있기 때문입니다. 바울은 로마서 12장 2절에서 의미한 것을 히브리서 5장 14절에서 이렇게 설명합니다. "단단한 음식은 장성한 자의 것이니 그들은 지각을 사용함으로 연단을 받아 선악을 분별하는 자들이니라." (빌립보서 1장 9-11절도 참고하십시오.) 이 구절이 말하는 바는, 하나님이 계획하신 비밀스런 뜻을 족집게처럼 찾아내라는 것이 아니라, 우리가 행해야 할 하나님의 계시된 뜻을 분별하라는 것입니다.

하나님이 계시하신 뜻을 알고 행하는 3단계

하나님이 계시하신 뜻, 즉 하나님이 명령하신 뜻을 알고 행하는 데에는 세 가지 단계가 필요합니다. 그리고 이 세 단계는 모두 우리가 이전에 다루었던, 성령이 주시는 분별력을 동반하는 새로워진 마음이 필요합니다.

1단계

먼저, 하나님이 명령하신 뜻은 오직 성경에서 최종적이고 결정적인 권위를 가지고 드러납니다. 그리고 하나님이 성경에서 명령하신 것을 이해하고 받아들이기 위해서는 새로워진 마음이 필요합니다. 새로워진 마음이 없다면, 자기 부인, 사랑, 정결, 오직 그리스도 안에서 누리는 최고의 만족이라는 성경의 급진적인 명령들을 회피하기 위해 우리는 성경을 왜곡하게 될 것입니다. 하나님이 명령하신 권위 있는 뜻은 오직 성경에서만 발견됩니다. 바울은 모든 성경이 하나님의 감동으로 된 것으로 "모든 선한 일을 행할 능력을 갖추게"(딤후 3:17) 한다고 말합니다. 몇 가지 선한 일이 아닌, "모든 선한 일"입니다. 그리스도인들은 하나님의 기록된 말씀을 묵상하는 데 정말 많은 힘과 시간을 쏟아야 합니다.

2단계

하나님이 명령하신 뜻을 알고 행하는 두 번째 단계는, 이러한 성경적 진리들을 (성경이 직접 언급할 수도 있고 그렇지 않을 수도 있는) 새로운 상황에 적용하는 것입니다. 성경은 어떤 사람과 결혼해야 할지, 어떤 차를 몰아야 할지, 집을 사야 할지 말아야 할지, 어디서 휴가를 보내야 할지, 어떤 휴대폰을 사야 할지, 어떤 상표의 오렌지 주스를 마셔야 할지 세세히 말해 주지 않습니다. 이 밖에도 우리의 결정을 기다리는 선택들은 수천 가지가 넘습니다.

이때 필요한 것은 우리의 '새로워진 마음'입니다. 우리 마음이 성경에 나타난 하나님의 계시된 뜻에 의해 빚어지고 다스림받는 것입니다. 그리스도의 마음으로 모든 관련 요인들을 보아 평가하고, 하나님이 우리에게 요구하시는 바가 무엇인지 분별하는 것입니다. 이것을 하고 저것을 하지 말라고 말씀하시는 하나님의 '음성'을 들으려고 애쓰는 것과는 완전히 다른 이야기입니다. 이렇게 하나님의 음성을 듣고 살아가려고 애쓰는 사람은 로마서 12장 2절이 말하는 사람과 다릅니다.

하나님의 말씀을 어떻게 적용해야 할지 분별하는 새로워진 마음을 위해 기도하고 애쓰는 것과, 무엇을 해야 할지 새로운 계시를 달라고 구하는 것은 천지 차이입니다. 점치는 것에는 마음의 변화가 필요치 않기 때문입니다. 하나님의 목적은 단순히 새로운 정보를 주는 것이 아니라 우리가 마음을 새롭게 하는 것, 새로운 사고방식을 갖는 것입니다. 하나님의 목표는 그분의 계시된 말씀인 진리에 의해 우리가 변화하고 거룩해지고 자유하게 되는 것입니다(요 8:32, 17:17). 따라서 하나님이 명령하신 뜻을 알고 행하는 2단계는 새로워진 마음으로 삶에서 일어나는 새로운 상황에 성경 말씀을 분별하여 적용하는 것입니다.

3단계

마지막으로, 하나님이 명령하신 뜻을 알고 행하는 세 번째 단계는 거의 모든 일상에 해당하는 단계로, 행동하기 전에 '의식적으로 생각하지 않는' 수준이 되는 것입니다. 우리의 습관이나 행동 중에 95퍼센트 이상은 미리 계획된 것들이 아닙니다. 즉, 우리의 생각, 태도, 행동의 대부분은 즉흥적입니다. 그저 안에 있는 것이 쏟아져 나오는 것입니다. 예수님은 이렇게 말씀하셨습니다. "독사의 자식들아 너희는 악하니 어떻게 선한 말을 할 수 있느냐? 이는 마음에 가득한 것을 입으로 말함이라. 선한 사람은 그 쌓은 선에서 선한 것을 내고 악한 사람은 그 쌓은 악에서 악한 것을 내느니라. 내가 너희에게 이르노니 사람이 무슨 무익한 말을 하든지 심판 날에 이에 대하여 심문을 받으리니"(마 12:34-36).

제가 왜 이 부분을 하나님이 명령하신 뜻의 일부라고 말할까요? 한 가지 이유에서입니다. 가령 하나님은 이런 것들을 명령하십니다. '화내지 말라. 교만하지 말라. 탐내지 말라. 근심하지 말라. 질투하지 말라. 부러워하지 말라.' 그리고 이것들은 전부 미리 계획해서 나오는 행동들이 아닙니다. 분노, 교만, 탐심, 걱정, 질투, 시기 같은 것들은 어떤 의도나 의식적인 반추 없이 그냥 마음에서 흘러나옵니다. 그리고 우리는 이런 것들 때문에 죄인입니다. 이것들은 하나님의 명령을 어깁니다.

그러므로 그리스도인은 삶에서 한 가지 중요한 임무를 수행해야 합니다. 마음을 새롭게 함으로 변화를 받아야 합니다. 우리에게는 새로워진 마음과 정신이 필요합니다. 나무가 좋아야 좋은 열매가 맺힙니다(마 12:33). 이것은 중요한 도전입니다. 하나님께서 우리에게 요구하신 것입니다. 우리 힘으로는 할 수 없습니다. 그러므로 우리에게는 그리스도가 필요합니다. 그리스도가 우리의 죄를 위해 죽으셨습니다. 그리고 우리에게는 성령이 필요합니다. 성령께서 그리스도를 높이는 진리로 우리를 이끄시고, 우리 안에 이 진리를 받아들일 수 있게 하십니다.

이 일에 전념하십시오. 하나님의 기록된 말씀에 몰입하십시오. 마음을 말씀에 온전히 적시십시오. 그리고 그리스도의 영이 우리를 새롭게 변화시켜, 우리 안에서 쏟아져 나오는 것이 선하고, 기뻐하시고 온전하신 하나님의 뜻이 되도록 기도하십시오.

7장

예언의 은사는 왜 하나님의 뜻을 아는 일반적인 방법이 아닌가?

로마서 12:1-2

그러므로 형제들아 내가 하나님의 모든 자비하심으로 너희를 권하노니 너희 몸을 하나님이 기뻐하시는 거룩한 산 제물로 드리라. 이는 너희가 드릴 영적 예배니라. 너희는 이 세대를 본받지 말고 오직 마음을 새롭게 함으로 변화를 받아 하나님의 선하시고 기뻐하시고 온전하신 뜻이 무엇인지 분별하도록 하라. _롬 12:1-2

예언의 은사는 성경을 기록한 사도들과 선지자들이 영감을 받아 말로 표현한 것과는 매우 다릅니다. 예언은 성령으로부터 예기치 않게 온 계시에 근거합니다. 하지만 우리가 그 계시를 인지하고 사고하며 전달하는 과정에서 오류가 생길 수 있습니다. 그래서 언제라도 오류 가능성을 감안해야 하므로 보다 주의 깊게 선별해야 합니다. 모든 성경은 하나님의 감동으로 된 것이라고 성경에 기록되어 있습니다(딤후 3:16). 하지만 예언이라는 영적 은사는 하나님의 감동으로 된 성경과는 다릅니다. 하나님의 계시를 '전달하는 일'이 무오할 거라는 보장은 없습니다. 대신 성경은 우리에게 이런 예언들을 분별하여 좋은 것을 취하라(살전 5:21)고 가르칩니다. 실제로 성경은 회중이 모였을 때 하는 시의적절한 말들이 매우 유익하다고(덕을 크게 세운다고) 가르칩니다.

예언의 역할을 과대평가하는 위험성

오늘 말씀드리고자 하는 바는 이러한 예언의 은사는 하나님의 뜻을 분별하는 일반적인 방법으로 주신 것이 아니라는 점입니다. 어떤 새로운 영적 실재를 발견하면 그리스도인의 삶에서 그 기능을 과대평가하도록 만드는 경우가 흔하기 때문에 이 말씀을 드릴 필요가 있다고 생각합니다. 특히 예언의 경우가 그러합니다. 하나님이 정말로 오늘날 말씀하신다면(우리가 그렇게 느끼기 시작한다면), 직업이나 배우자, 투자, 구매, 여행 계획을 세울 때 하나님의 뜻을 아는 데 이것만큼 확실한 길이 어디 있을까요? 우리는 금세 지혜와 통찰력, 이성이라는 단어 대신, 거의 모든 일에 대해 "하나님께서 이것을 하라고 말씀하셨다"라는 식으로 말하게 될 것입니다.

예언의 은사를 무척이나 신뢰했던 바울도 계속해서 하나님으로부터 계시를 받아서 살거나 다른 사람들에게 그렇게 하라고 부추기지 않았다는 점을 몇 가지 예로 살펴보겠습니다.

바울은 삶의 여러 결정들을 어떻게 내렸나?

예를 들어, 빌립보서 2장 25절에서 바울은 이렇게 말했습니다. "에바브로디도를 너희에게 보내는 것이 필요한 줄로 '생각'하노니." 여기서 생각하다는 말은 "판단하다"(reckon)는 의미입니다. 빌립보 교회에 에바브로디도를 보내는 것이 필요하다고 판단했습니다. 하나님으로부터 어떤 계시를 받은 것이 아닙니다. 바울은 필요와 상황과 성경의 원리를 "판단해서" 하나님이 기뻐하실 거라 확신하는 결정을 내렸습니다.

또 다른 예로, 고린도전서 16장 4절에서 바울은 자신의 계획을 이렇게 설명합니다. "만일 나도 가는 것이 '합당하면' 그들이 나와 함께 가리라." "합당하다"는 말은 "들어맞다" 또는 "가치가 있다"는 뜻입니다. 바울은 그 결정이 맞는 것인지 묻습니다. 그는 예언적 계시에 의존하기보다 상황을 보고, 자신이 아는 하나님에 대한 지식에 비추어 무엇이 적합하고 합당한지를 냉정하게 평가했습니다.

바울은 다른 사람들에게도 같은 방식을 권합니다. 몇몇 사람과 논쟁에 휘말린 고린도 교회를 향해 예언을 구하라고 충고하지 않고 이렇게 말합니다. "너희 가운데 그 형제간의 일을 판단할 만한 지혜 있는 자가 이같이 하나도 없느냐"(고전 6:5). 바울은 일어난 문제들을 해결하기 위해 일상적인 삶의 과정에서 사용되던 영적 지혜를 기대하고 있는 것입니다.

따라서 예언에 대해 열광하지 않도록 조심해야 합니다. 예언은 우리가 매일 내려야 하는 수백 가지 결정들을 판단하는 '일반적인' 방법이 아닙니다.

하나님은 왜 이런 식으로 일들을 계획하셨나?

왜 그렇다고 생각하십니까? 제 생각에 가장 기본적인 이유는 이것입니다. 만일 우리가 영적 지혜가 아닌 외적 계시를 기반으로 살아간다면, 우리의 마음과 생각이 부패한 사실을 깊이 다루려 하지 않을 것입니다. 종이 정말로 주인을 사랑하거나 본받지 않으면서도 그의 명령을 듣고 행하는 것은 가능합니다. 그런데 만일 주인이 종에게 자신이 원하는 일을 자세히 알려 주지 않고 그저 "이제 가서 내가 원하는 것을 네가 잘 선택하여 행하여라"고 말한다면, 종은 주인이 정말로 어떤 분인지를 생각하게 될 것입니다. 또한 자신의 마음과 생각이 주인과 얼마나 닮았는지를 많이 고민하게 될 것입니다.

하나님은 우리가 그 아들 예수 그리스도를 닮아 가기 원하십니다(롬 8:29). 단지 외적으로 지시를 따르는 것만을 의미하지 않습니다. 그분은 우리가 예수님이 보시는 방식으로 보고, 예수님이 원하시는 방식으로 원하고, 예수님이 평가하시는 방식으로 평가하고, 예수님이 싫어하시는 것을 싫어하기 원하십니다. 그래서 하나님은 우리에게 그분의 뜻을 행하라고 요청하시면서도 내적으로 그리스도를 닮아 가는 변화의 모든 과정이 단시일 내에 이루어지게 하지는 않으십니다.

하나님의 뜻을 확인하는 것의 세 가지 중요한 측면

로마서 12장 2절에서 이 사실을 분명하게 볼 수 있습니다. 바울은 로마서 9-11장에서 무거운 신학적 문제들을 다루던 것에서 크게 방향을 돌려 12-15장에서는 실천적인 측면을 다룹니다. 그러면서 가장 먼저 하나님의 뜻을 행하는 기본적인 수단으로 하나님의 뜻을 확인하는 혹은 입증하는 정신적 능력에 관해 언급합니다. "너희는 이 세대를 본받지 말고 오직 마음을 새롭게 함으로 변화를 받아 하나님의 선하시고 기뻐하시고 온전하신 뜻이 무엇인지 분별하도록 하라."

이 구절은 하나님의 뜻을 확인하는 것과 관련해 중요한 세 가지 측면에 대해 말하고 있습니다. 먼저, 하나님의 뜻을 "분별하도록" 하라고 말합니다. 즉, 조사하고 평가해서 받아들여야 한다는 말입니다. "하나님의 … 뜻이 무엇인지 분별하도록 하라."

두 번째는, 이러한 조사와 평가와 수용이 그리스도인의 마음에서 수행된다는 것입니다. "마음을 새롭게 함으로 변화를 받아 … 분별하도록 하라." 그리스도인의 마음이 하나님의 뜻을 분별합니다.

세 번째로, 이런 일이 일어나기 위해서는 마음이 새로워져야 합니다. "마음을 새롭게 함으로 변화를 받아 … 분별하도록 하라." 보통 인간의 사고로는 하나님의 선하시고 기뻐하시고 온전하신 뜻을 조사하고 평가하고 받아들일 수 없습니다.

따라서 하나님이 왜 예언을 그분의 뜻을 아는 일반적인 방법으로 삼지 않으셨는지 알 수 있습니다. 그렇지 않습니까? 만일 그렇게 하셨다면, 마음이 새로워져야 한다는 이 중요한 필요를 축소시키거나 아예 외면했을지도 모릅니다. 하나님은 외적으로 몇 가지 규칙이나 몇 가지 예언을 따르는 사람을 원하지 않으십니다. 하나님은 그 마음이 세상과는 전적으로 다른 사람을 원하십니다. 하나님은 우리가 그분이 생각하시는 대로 생각하고, 그분이 보시는 대로 보고, 그분이 느끼시는 대로 느껴서 그분이 선택하시는 방식에 따라 선택하는 마음을 소유한 사람이 되기를 원하십니다. 이런 이유에서 하나님은 우리에게 생각은 나중에 하고 예언의 메시지나 들으라고 말씀하지 않으십니다. 하나님은 우리에게 마음(생각)이 변화하고 달라지고 변모하라고 말씀하십니다. "마음을 새롭게 함으로 변화를 받아."

어떻게 마음의 변화를 받는가?

그렇다면 어떻게 해야 이런 식으로 변화될까요? 어떻게 해야 마음을 새롭게 하여 세상이 생각하는 방식으로 생각하지 않고 하나님이 생각하시는 방식으로 선과 악을, 유익하고 해로운 것을, 아름답고 추한 것을, 진실하고 거짓된 것을 생각할 수 있을까요? 성경적인 네 가지 단계를 알려드리겠습니다.

1. 새로워져야 한다는 필요를 자각하라

먼저 우리의 마음을 혁신해야 함을 깊이 자각해야 합니다. 에베소서 4장 17-18절은 우리가 이렇게 새롭게 되지 않으면 어떤 모습일지를 말해 줍니다. "그러므로 내가 이것을 말하며 주 안에서 증언하노니 이제부터 너희는 이방인이 그 마음의 허망한 것으로 행함같이 행하지 말라. 그들의 총명이 어두워지고 그들 가운데 있는 무지함과 그들의 마음이 굳어짐으로 말미암아 하나님의 생명에서 떠나 있도다."

우리 마음을 깊이 혁신해야 한다고 말씀드린 이유는 허망한 생각의 뿌리는 굳어진 마음에 잇닿아 있기 때문입니다. 굳어진 마음이라는 뿌리에서 끔찍한 열매가 맺힌다는 바울의 생각을 자세히 살피면 이렇습니다. 굳어진 마음은 무지를 일으키고, 이러한 무지는 하나님으로부터 분리되게 하며, 이러한 분리는 총명을 흐려 이해를 어둡게 만들고, 이러한 어두움에 있을 때 인간은 자기 마음을 믿을 수 없을 정도로 허망하게 사용합니다. 인간이 마음으로 하나님을 사랑하지 않으면, 그 마음은 무엇이 좋은 것인지 알지 못합니다. 어둠 속에서 파멸의 벼랑을 걷는 천재처럼 굴러떨어지고 맙니다. 명석한 두뇌를 가진 수많은 사람들이 "너희들의 생각은 아무 쓸모가 없었다. 나는 너희들을 알지 못한다"라는 마지막 선언을 듣는 것만큼 비극적이고 고통스러운 모순이 또 있을까요?

따라서 마음을 새롭게 하는 첫 단계는, 우리의 마음과 정신이 깊이 새로워져야 함을 깨닫는 것입니다.

2. 성령을 의지하라

하나님의 뜻을 분별하는 새로워진 마음으로 가는 두 번째 단계는 성령을 의지하는 것입니다. 바울은 디도서 3장 5절에서 "우리를 구원하시되 우리가 행한 바 의로운 행위로 말미암지 아니하고 오직 그의 긍휼하심을 따라 중생의 씻음과 성령의 새롭게 하심으로 하셨나니"라고 말합니다. 우리를 새롭게 하시는 분은 성령이십니다. 우리는 스스로를 새롭게 할 수 없습니다. 그것은 하나님의 성령이 하시는 초자연적이고 신적인 역사입니다. 예언의 은사를 통해 주시는 성령의 계시만큼이나 아름다운 일입니다. 또한 사탄은 점술과 마법으로 예언을 흉내 낼 수는 있지만 의와 거룩함으로 마음을 새롭게 하는 일은 흉내 낼 수 없습니다. 이 점에서 예언보다 훨씬 더 아름답습니다. 성령의 주된 역사는 하나님의 뜻에 대한 예언을 주는 것이 아니라 우리를 하나님의 뜻을 알고 사랑하는 새롭고 거룩한 사람들로 변화시키는 것입니다.

따라서 마음을 새롭게 하는 두 번째 단계는 성령을 의지하는 것입니다. 우리 자신이 아닌 성령께 겸손히 의존하십시오.

3. 영적 이해력을 위해 기도하라

성령께서 영적 이해력을 주사 하나님의 뜻을 분별할 수 있도록 기도하십시오. 바울이 자신이 세운 교회들을 위해 가장 중요하게 여긴 것이 바로 이것이었습니다. 그가 교회들을 위해 반복해서 기도한 이유도 여기 있었습니다. 예를 들어, 빌립보서 1장 9-10절에서 바울은 이렇게 기도합니다. "내가 기도하노라. 너희 사랑을 지식과 모든 총명으로 점점 더 풍성하게 하사 너희로 지극히 선한 것을 분별하며 또 진실하여 허물없이 그리스도의 날까지 이르고." 지식과 총명으로 사랑을 풍성하게 하는 목적은 탁월한 것을 조사하고 평가하고 받아들일 수 있도록 마음을 새롭게 하기 위함입니다. 바울은 기도로 그것을 구합니다.

골로새서 1장 9절도 보십시오. "이로써 우리도 듣던 날부터 너희를 위하여 기도하기를 그치지 아니하고 구하노니 너희로 하여금 모든 신령한 지혜와 총명에 하나님의 뜻을 아는 것으로 채우게 하시고." 우리는 하나님의 뜻을 아는 지식으로 채워지기 원합니까? 네, 그렇습니다. 그것이 우리 마음이 바라는 바입니다! 그렇다면 우리에게는 영적 지혜와 총명이 필요합니다. 즉, '심령'(엡 4:23)이 새롭게 되어야 합니다. 바울은 그치지 않고 이것을 구하라고 합니다.

따라서 새로워진 마음으로 나아가는 세 번째 단계는 그것을 위해 기도하는 것입니다. 구하고, 찾고, 두드리십시오. 아버지께서 구하는 자에게 성령을 주시지 않겠습니까?(눅 11:13)

4. 하나님의 영광에 초점을 맞추라

네 번째 단계는 하나님의 영광에 관심을 집중하는 것입니다. 고린도후서 3장 18절에서 이에 대해 분명하게 볼 수 있습니다. "우리가 다 수건을 벗은 얼굴로 거울을 보는 것같이 주의 영광을 보매 그와 같은 형상으로 변화하여 영광에서 영광에 이르니 곧 주의 영으로 말미암음이니라." 주님의 영광을 바라볼 때 우리는 변화됩니다. 우리는 보는 것을 닮아 갑니다.

평소에 가장 많이 보는 것을 닮아 가기 마련입니다. 고린도후서 4장 16-18절 말씀을 보십시오. "그러므로 우리가 낙심하지 아니하노니 우리의 겉사람은 낡아지나 우리의 속사람은 날로 새로워지도다. 우리가 잠시 받는 환난의 경한 것이 지극히 크고 영원한 영광의 중한 것을 우리에게 이루게 함이니 우리가 주목하는 것은 보이는 것이 아니요 보이지 않는 것이니 보이는 것은 잠깐이요 보이지 않는 것은 영원함이라."

날마다 속사람(하나님의 뜻을 분별하는 사람)이 새로워지는 이러한 새로움은 모든 헛된 영광을 자랑하는 세상을 바라보지 않고 하나님의 영광으로 빛나는 보이지 않는 영원한 것들을 바라보는 데서 가능합니다.

결론

이제 결론을 내리면서 다시 한 번 강조합니다. 예언의 은사는 소중하고 신앙에 도움을 주지만 하나님의 뜻을 아는 일반적인 방식은 아닙니다. 일반적인 방식은 새로워진 마음을 통해 하나님의 뜻을 분별하는(조사하고 평가하고 받아들이는) 것입니다. 그래서 다시 한 번 묻겠습니다.

1. 마음이 새로워져야 할 필요성을 크게 느낍니까?

2. 성령의 역사를 믿습니까?

3. 영적 지혜와 총명을 위해 쉬지 않고 기도합니까?

4. 성경에 나오는 영원한 것들(예수 그리스도의 얼굴)에 드러난 하나님의 영광을 꾸준히 바라봅니까?

말씀을 통해 그리스도를 바라보는 것 이외에 그리스도를 닮아 가는 다른 길은 없습니다. "복 있는 사람은 악인들의 꾀를 따르지 아니하며 죄인들의 길에 서지 아니하며 오만한 자들의 자리에 앉지 아니하고 오직 여호와의 율법을 즐거워하여 그의 율법을 주야로 묵상하는도다"(시 1:1-2). 여러분은 이렇게 하십니까? 밤낮으로 하나님의 법을 묵상하십니까? 이것이 유일한 길입니다. 우리는 보는 것을 닮아 갑니다.

8장

동성애와 결혼에 관한 하나님의 뜻 분별하기

로마서 12:1-2

그러므로 형제들아 내가 하나님의 모든 자비하심으로 너희를 권하노니 너희 몸을 하나님이 기뻐하시는 거룩한 산 제물로 드리라. 이는 너희가 드릴 영적 예배니라. 너희는 이 세대를 본받지 말고 오직 마음을 새롭게 함으로 변화를 받아 하나님의 선하시고 기뻐하시고 온전하신 뜻이 무엇인지 분별하도록 하라. _롬 12:1-2

이전 설교에서 저는 "이 세대를 본받지 말라"는 바울의 권고는 그리스도인의 삶에 있는 긴장(역설)의 한 측면이라고 말씀드렸습니다. 이는 우리가 사는 세대를 본받지 않는 것입니다. 긴장의 또 다른 측면은 고린도전서 9장 22절 말씀에 표현되어 있습니다. "내가 여러 사람에게 여러 모습이 된 것은 아무쪼록 몇 사람이라도 구원하고자 함이니." 또한 고린도전서 10장 32-33절에도 나옵니다. "유대인에게나 헬라인에게나 하나님의 교회에나 거치는 자가 되지 말고 나와 같이 모든 일에 모든 사람을 기쁘게 하여 자신의 유익을 구하지 아니하고 많은 사람의 유익을 구하여 그들로 구원을 받게 하라." 타락한 우리 문화 속에서 그리스도인으로 살아가려면 상당한 긴장이 필요합니다. 문화를 본받지 마십시오. 그럼에도 불구하고 거치는 자가 되지 말고, 사람을 기쁘게 하고, 몇 사람이라도 구원하기 위해 여러 사람에게 여러 모습이 되십시오.

그리스도인의 삶이 갖는 이러한 두 측면을 앤드류 월스의 책에서 빌려온 용어를 사용해 토착 원리와 순례 원리라고 불렀습니다. 순례자들(혹은 거류자, 유배자)은 자신이 이 세상과 맞지 않는다는 것을 압니다. 이곳은 우리의 본향이 아닙니다. 우리는 문화와 맞지 않고 조화를 이루지 못합니다. 반면 우리는 어느 정도 우리가 사는 문화를 끌어안으며 토착적이 되도록 요구받습니다. 우리가 문화를 그대로 본받는다면 우리는 문화에 대해 빛과 소금이 되지 못할 것입니다. 또한 문화와 전혀 어울리지 못한다면, 소금은 소금 병에 그대로 들어 있을 것이고 등불은 그릇 아래에 켜 있는 격이 될 것입니다.

그리스도인의 삶에 대한 요약

따라서 그리스도인의 삶은 다음과 같이 요약할 수 있습니다.

1. 우리는 토착적으로 살아야 하는 것이 맞습니다! 하지만 우리는 또한 이방인이고 순례자입니다.

2. 우리는 세상과 직면해야 하는 것이 맞습니다! 하지만 우리는 또한 선교적으로 순응할 필요도 있습니다.

3. 우리는 세상과 분리되어야 하는 것이 맞습니다! 하지만 우리는

또한 문화적 참여도 필요합니다.

4. 우리는 세상에 거하는 것이 맞습니다! 하지만 우리는 또한 세상에 속하지 않습니다.

5. 우리는 여러 사람에게 여러 모습이 되어야 하는 것이 맞습니다. 하지만 우리는 또한 이 세대를 본받지 말아야 합니다!

이러한 긴장 관계가 있는 네 가지 이유

그리스도인에게 이러한 긴장(역설)이 존재하는 이유를 네 가지 살펴보았습니다.

1. 피조 세계는 주님께 속했지만, 타락했고 구원이 필요하기 때문입니다.

2. 그리스도는 성육신하셨지만(토착적), 환영받지 못한 순례자로 십자가에 못 박히셨습니다.

3. 그리스도께로 회심하는 것은 율법의 행위가 아닌 오직 믿음을 통한 칭의에 의해 가능하지만, 성화의 과정이 뒤따라야 합니다.

4. 하나님나라는 예수 그리스도 안에서 이미 임했지만, 최종 완성은 아직 오지 않았습니다.

유죄판결과 긍휼 사이의 균형

오늘 저는 이 모든 긴장 관계를 현재 우리 사회 안에 존재하는 동성애와 팽팽한 정치적 대립 상황에 적용해 보려고 합니다. 짧은 설교 한 편에 이 모든 것을 담을 수는 없습니다. 그러니 보다 자세한 내용은 저희 교회 홈페이지를 참고하기 바랍니다. 〈디자이어링갓〉(desiringgod.org)사이트에서 제가 동성애에 관해 설교했던 지난 내용들을 볼 수 있습니다. 또한 "동성애 행위에 대한 유죄판결과 동성애자를 위한 목회"라는 교회의 공식 문건을 참고할 수 있습니다. 동성애에 대한 성경의 유죄판결과 사람에 대한 긍휼이 제대로 조화를 이룬 문건이라고 믿습니다. 모든 지도자와 성도들이 이런 균형 잡힌 관점을 갖기를 바랍니다. 휴가 중에 한 교회에서 예배를 드린 적이 있습니다. 그런데 설교에서 이 문제를 전혀 균형 잡히지 못한 시각으로 다루고 있어서 안타까웠습니다. 우리는 그러지 않기를 소망합니다.

우리는 계속해서 대부분의 세상이 믿지 못할 말을 할 것입니다. 다시 말하자면, 동성애 행위는 죄악이고, 그릇되고, 비정상적이고, 사람과 문화를 파괴한다고 말하면서 동시에 동성애자를 사랑하여 목숨까지 기꺼이 내놓는 것이 가능하다고 말할 것입니다. 사실 우리는 세상의 이해를 넘어서는 급진적인 말을 하고 있습니다. 즉, 동성애자를 사랑하기 위해서는 동성애 행위가 죄이고 유해하다는 것을 믿어야 한다는 말입니다. 하나님께서 고린도전서 13장 6절에서 이렇게 말씀하셨기 때문입니다. "[사랑은] 불의를 기뻐하지 아니하며 진리와 함께 기뻐하고." 만일 동성애 행위가 죄라는 사실을 부인하고 오히려 그것을 인정하고 기뻐한다면, 우리는 동성애자들을 사랑할 수 없습니다. 아무리 그들을 긍정해 주고 친절하며 너그럽게 대해도 그것은 사랑이 아닙니다. 하나님의 진리 안에서 동성애가 죄임을 깨닫게 하면서도 하나님의 피조 세계를 향한 긍휼을 유지하는, 성경적으로 균형 잡힌 시각을 갖는 것이 우리의 목표입니다.

하나님의 뜻과 하나님의 가치를 분별하는 것과의 연관성

로마서 12장을 다루면서 동성애 문제를 거론하는 이유는 2절에 나오는 "분별하도록 하라"(testing you may discern)는 구절 때문입니다. "너희는 이 세대를 본받지 말고 오직 마음을 새롭게 함으로 변화를 받아 하나님의 선하시고 기뻐하시고 온전하신 뜻이 무엇인지 분별하도록 하라." "분별하도록 하라"는 원어로 '도키마제인'(dokimazein)인데, 이 단어는 로마서 1장 28절에 나옵니다. 바울이 동성애 문제를 언급한 상황에서 나왔던 표현입니다. 그 본문을 다룬 지 5년이 지난 지금 여기서 이 문제를 다시 다루게 되었습니다.

로마서 1장 28절은 이렇게 전합니다. "또한 그들이 마음에 하나님 두기를(acknowledge) 싫어하매 하나님께서 그들을 그 상실한 마음대로 내버려 두사 합당하지 못한 일을 하게 하셨으니." 여기서 "마음에 두기를"이라는 헬라어 단어가 바로 12장 2절에서 나온 단어와 같습니다. "그들이 하나님의 뜻을 분별하거나 하나님을 마음에 두거나 하나님을 인정하기를 싫어하므로, 하나님께서 그들을 상실한 마음대로 내버려 두사 합당하지 못한 일을 하게 하셨다"는 뜻입니다.

12장 2절과 1장 28절을 같이 놓고 보면, 하나님의 뜻(will)을 분별하는 기반은 하나님의 가치(worth)를 분별하는 것에 있음을 알게 됩니다. 하나님의 뜻을 분별하려면 마음을 새롭게 해야 하는데(롬 12:2), 이것은 하나님의 가치를 인정하는 새로운 마음을 의미합니다. 즉, 하나님의 가치를 인정한다는 것은, 자신의 생각과 가치와 선택과 감정을 중심에 두었던 데에서 이제는 하나님을 태양으로 삼아 그분을 중심에 모심으로 모든 것이 원래의 자리를 찾아가는 것을 마음으로 기뻐한다는 뜻이기도 합니다.

"순리대로 쓸 것을 바꾸어"

로마서 1장 26-27절을 보면, 바울이 28절에서 말하는 사람이 누구인지 알 수 있습니다. "이 때문에 하나님께서 그들을 부끄러운 욕심에 내버려 두셨으니 곧 그들의 여자들도 순리대로 쓸 것을 '바꾸어' 역리로 쓰며 그와 같이 남자들도 순리대로 여자 쓰기를 버리고 서로 향하여 음욕이 불 일듯 하매 남자가 남자와 더불어 부끄러운 일을 행하여 그들의 그릇됨에 상당한 보응을 그들 자신이 받았느니라." 바울은 26절과 28절에서 하나님이 그들을 이러한 부끄러운 욕심과 행위에 "내버려 두셨다"고 말합니다. 바울은 동성애 행위가 하나님이 정하신 자연스러운 관계를 부끄럽고 부자연스러운 관계로 '바꾼'(exchange) 것이라고 말합니다.

여기서 드러난 바울의 견해에서 가장 심각하고 중요한 점을 꼽는다면, 이러한 '바꿈'(여자들이 남자 대신 다른 여자로 바꾸고, 남자들이 여자 대신 다른 남자로 바꾼 것)은 인간이 하나님의 영광을 자기 자신의 형상으로 바꾼 것이자 그 반향이라는 것입니다. 23절입니다. "썩어지지 아니하는 하나님의 영광을 썩어질 사람과 새와 짐승과 기어다니는 동물 모양의 우상으로 '바꾸었느니라'[1장 26절의 표현과 유사합니다]." 25절에도 나옵니다. "이는 그들이 하나님의 진리를 거짓 것으로 '바꾸어' 피조물을 조물주보다 더 경배하고 섬김이라." 바울은 성적으로 부자연스러운 이러한 '바꿈'을 하나님의 영광을 우리 자신의 영광과 바꾼 것으로 표현합니다. 하나님의 영광이 우리에게 최고의 보화가 되지 않을 때, 우리의 성적 즐거움은 그런 식으로 왜곡됩니다. 물론 동성애는 하나님의 영광을 바꾸는 행위를 야기하는 수많은 무질서 중에서 한 가지 형태일 뿐입니다.

마음을 새롭게 함

따라서 이 세대를 본받지 않는 것(롬 12:2)에는 하나님의 영광을 인간의 영광과 바꾸는 것에 역행하는 새로워진 마음도 포함된다고 결론 내릴 수 있습니다. 하나님을 최고의 보화이자 권위로 받아들이는 마음의 변화도 포함됩니다. 우리가 새로워진 마음을 통해, 하나님을 최고의 보화이자 권위로 인정할 때, 동성애 욕망은 피조 세계의 비극적인 무질서이고, 동성애 행위는 하나님의 뜻을 떠난 죄악임을(이성 간의 욕정, 간음, 간통과 마찬가지로) 분별할 수 있게 됩니다.

왜 남자끼리 혹은 여자끼리 결혼하면 안 되는가?

여기서 우리는 오늘날 정치적으로 심각한 논란을 일으키고 있는 쟁점으로 들어가게 됩니다. 동성애와 동성 간의 결혼이라는 두 사안의 관계를 다루지 않을 수 없습니다. 남자끼리 혹은 여자끼리 결혼할 수 없는 이유를 성경은 이렇게 말합니다.

1. 결혼에 대한 하나님의 뜻은 창조 속에 표현되어 있다

한 가지 이유는, 예수님께서 마태복음 19장 4-6절에서 창조 속에 드러난 하나님의 뜻을 확실히 말씀하셨기 때문입니다. "사람을 지으신 이가 본래 그들을 남자와 여자로 지으시고 말씀하시기를 그러므로 사람이 그 부모를 떠나서 아내에게 합하여 그 둘이 한 몸이 될지니라 하신 것을 읽지 못하였느냐? 그런즉 이제 둘이 아니요 한 몸이니 그러므로 하나님이 짝지어 주신 것을 사람이 나누지 못할지니라." 이것이 성경 전체의 가르침입니다. 결혼은 한 남자와 한 여자가 언약과 성적 결합을 통해 한 몸이 되는 것입니다.

2. 하나님이 보시기에 동성 간의 결혼 같은 것은 없다

성경이 남자끼리 혹은 여자끼리의 결혼이 있을 수 없다고 말하는 두 번째 이유는, 동성애 행위를 부끄럽고 순리에 반하는 것으로 규정하고 있고(롬 1:26-27) 또한 결혼을 "귀히 여기라"고(히 13:4) 말하기 때문입니다. 결혼에는 수치가 없습니다. 결혼은 순리를 거스르지 않습니다. 그러나 하나님 보시기에 동성 간의 결혼 같은 것은 없습니다. 그리고 그분의 백성들이 보기에도 없어야 합니다(정부에서 무슨 말을 하든 말입니다).

의미와 진리에 대한 개념이 변했다

현재의 미국 정부는 입헌 민주주의 정부입니다. 이 나라에서 하나님 아래 가장 높은 법은 헌법입니다. 헌법은 "우리 합중국 국민은 … 을 위하여 미합중국 헌법을 제정한다"라고 시작합니다. 다른 말로 하면, 이 땅을 다스리는 법은 사람들이 만든 것이라는 말입니다. 상원과 하원에서 헌법을 만듭니다. 행정부는 이러한 법이 제대로 실행되는지 감시하는 역할을 합니다. 사법부는 논쟁을 해결하는 과정에서 그 헌법에 대한 최종적인 해석을 내립니다.

지난 50년 사이, 우리 문화에서 의미와 진리의 개념은 달라졌습니다. 예전에는 해당 본문(에세이, 헌법, 성경 등)이 갖는 고정된 의미를 찾아내, 문법적이고 역사적인 논증을 거쳐 그것을 정당화하고, 그런 다음 그 의미를 설명하는 것이 역사학자, 판사, 설교가의 역할이었습니다. 해당 본문에 들어 있는 의미는 역사학자나 판사, 설교자가 만드는 것이 아니었습니다. 저자가 본문 안에 의미를 담아 놓았기 때문에, 그것을 발견하는 것이 관건이었습니다. 먼저 저자의 의도가 무엇인지 찾아야 했습니다. 이것이 에세이의 의미였고, 헌법과 성경의 '의미'였으며, 이 의도를 찾는 일은 도덕성의 문제였습니다. 어떤 사람이 "아니요"라고 썼는데, 다른 사람이 독창적으로 그것을 "예"라는 의미로 해석한다면, 정직하지 못한 일이라고 생각했습니다.

그런데 이제 우리는 그러한 도덕성에서 너무나 멀어지고 말았습니다. 오늘날에는 역사를 다루는 학문에서나 헌법과 성경 해석에 있어서, 저자가 말하고 의도한 것이 아닌 자기 눈에 보이는 것이 그 의미라고 말하는 일이 흔합니다. 요점을 말씀드리면, 오늘날 헌법은 우리가 좋든 싫든 '수정'되고 있습니다. 즉, 오늘날 법정에서는 헌법을 제정했던 원저자의 마음에 없던 것들을 찾아내고 있습니다. 말하자면 남자끼리 혹은 여자끼리 결혼할 권리 같은 것 말입니다. 이런 종류의 '해석'은 전에는 결코 존재하지 않았던 결혼의 정의를 무(無)에서 만들어 냅니다. 다른 말로 하면, 결혼의 의미와 동성애자들의 결혼 권리와 관련하여 헌법을 수정하느냐 아니냐의 문제가 아닙니다. 문제는 '어떻게' 수정할 것인가입니다. 헌법을 제정할 당시의 의미들을 준거하여 수정해야 할까요? 아니면 원저자의 상상 속에서조차 존재하지 않았던 새로운 의미를 창조해 내는 대법원의 판결로 수정해야 할까요?

그러면 그리스도인은 무엇을 해야 하는가?

토착적 측면에서 우리는 입법 과정에 관여해야 합니다. 우리 문화와 그 문화의 관습과 법률을 만들어 가는 일에 기도하고 참여함으로 하나님의 분명한 뜻을 드러내야 합니다(비록 겉으로만 희미하게 드러나고, 믿지 않는 자들은 잘못된 동기로 그것을 받아들인다 해도). 따라서 우리는 정부 당국자들이 결혼을 한 남자와 한 여자의 평생의 결합으로 이해하고 다루도록 기도하고 일해야 합니다.

누군가가 "왜 자신의 종교적 신념을 문화 전체에 주입하려고 합니까?"라고 묻는다면, 우리는 이렇게 대답해야 합니다. "모든 법이 문화에 신념을 부여합니다." 그리고 신념은 그냥 나오는 것이 아닙니다. 모든 신념은 세계관으로부터 나옵니다. 사람들은 특정한 세계관을 바탕으로 법을 찬성합니다. 단, 확실히 해두어야 할 것이 있습니다. 법에 대한 찬성이 그 저변에 있는 세계관에 대한 찬성을 의미하지는 않는다는 점입니다.

무신론적 세계관을 가진 사람은 마음에 하나님이 없기 때문에 인간의 생명을 가장 성스러운 것으로 여기며 낙태는 가장 혐오스러운 일이라고 주장할 수 있습니다. 그런가 하면 그리스도인들은 마음에 하나님이 계시기 때문에 그분의 형상대로 지음받은 인간을 낙태해서는 안 된다고 주장할 수 있습니다. 그러므로 낙태 반대법에 찬성한다고 해도 다른 세계관에 대한 찬성이 아닐 수도 있습니다. 결혼의 의미에 대해서도 비슷합니다. 미국처럼 다원화된 민주주의 사회에서는 법을 제정하거나 수정하는 과정에서 어떠한 행동 규정에 대해 각기 다른 세계관들과의 교차점이 생깁니다. 즉, 다른 세계관을 가진 사람들이 어떠한 행동 규정에 대해 충분히 동의하면 법이 제정됩니다.

이런 환경에서 그리스도인이 토착적으로 살아간다는 것은 하나님의 계시된 뜻을 반영하는 행동들로(비록 외형적으로만 그렇고 우리와는 다른 이유로 그렇게 받아들인다고 해도) 문화를 만들어 가는 데 힘쓴다는 의미입니다.

순례자적 측면에서 본다면, 그리스도를 높이고 십자가 중심적이며 영혼을 구원하는 우리의 성경적 세계관을 가슴 아파하면서 기쁨으로 알려야 합니다. 기쁨으로 알려야 하는 이유는, 그리스도가 실제로 이 우주를 주관하시는 주인이시고 때가 되면 타락한 이 세상을 공의로 심판하시고 정결하게 하실 것이기 때문입니다. 또한 우리가 가슴 아파하는 이유는, 우리도 죄가 이 세상에 가져온 고통과 비극을 공유하기 때문입니다. "그뿐 아니라 또한 우리 곧 성령의 처음 익은 열매를 받은 우리까지도 속으로 탄식하여 양자 될 것 곧 우리 몸의 속량을 기다리느니라"(롬 8:23). 순례자들은 우리의 진정한 본향인 예수 그리스도의 나라를 증거하면서 온 피조 세계와 함께 탄식해야 합니다.

우리는 이 유한한 문화의 비극을 보며 그저 비아냥거리지 않습니다. 눈물을 흘립니다. 순례자가 된다는 것은 냉소적이 되는 것을 의미하지 않습니다. 세상의 소금은 썩은 고기를 비웃지 않습니다. 할 수 있는 한 썩는 것을 막고 맛을 냅니다. 그리고 그렇게 할 수 없는 곳에서는 눈물을 흘리며 웁니다.

미국 문화에서 순례자가 되는 것은 어떤 의미일까요? 그들은 문화를 초연히 바라봅니다. 악이 잠시 승리한다고 화내지 않습니다. 일이 자기 뜻대로 되지 않는다고 푸념하지 않습니다. 분노로 마음이 굳어지지 않습니다. 이런 상황을 이해합니다. 이런 일은 늘 있었습니다. 초대교회 그리스도인들은 세상의 문화에 전혀 발을 들여놓지 않았습니다. 그리스도의 권위 있는 말씀이 그들의 귓가에 늘 울리고 있었습니다. "또 너희가 내 이름으로 말미암아 모든 사람에게 미움을 받을 것이나 끝까지 견디는 자는 구원을 받으리라"(막 13:13). 여러분, 원수를 사랑하며, 우리를 박해하는 자를 위해 기도하십시오(마 5:44).

초대교회 시절이나 오늘날이나 그리스도인들은 꺾이지 않는 기쁨으로 흔들림 없이 긍휼을 실천해야 합니다. 그리스도인 순례자들이 위대한 것은 성공 때문이 아니라 섬김 때문입니다. 이기든 지든 우리는 진리와 아름다움, 기쁨을 증거합니다. 우리는 문화를 소유하지 않습니다. 문화를 다스리지도 않습니다. 가슴 아린 기쁨과 오랜 고통을 하나님의 자비하심으로 견디며 인간의 유익과 예수 그리스도의 영광을 위해 문화를 섬깁니다.

그러려면 우리가 마음을 새롭게 함으로 변화를 받아야 합니다. 그리스도를 신뢰함으로 마음이 정결해져야 합니다.

9장

모든 삶이 예배다

로마서 12:1-2

그러므로 형제들아 내가 하나님의 모든 자비하심으로 너희를 권하노니 너희 몸을 하나님이 기뻐하시는 거룩한 산 제물로 드리라. 이는 너희가 드릴 영적 예배니라. 너희는 이 세대를 본받지 말고 오직 마음을 새롭게 함으로 변화를 받아 하나님의 선하시고 기뻐하시고 온전하신 뜻이 무엇인지 분별하도록 하라. _롬 12:1-2

이 산에서도 말고 예루살렘에서도 말고

신약성경은 예배의 장소와 형식에 대해 놀라울 정도로 무관심합니다. "이 산에서도 말고 예루살렘에서도 말고 … 영과 진리로 예배할 때가 오나니"(요 4:21-23). 사마리아가 아니라 영으로, 예루살렘이 아니라 진리로 예배를 드리게 된다고 말합니다. 또한 예배를 내적인 경험으로 대단히 강조합니다. "이 백성이 입술로는 나를 공경하되 마음은 내게서 멀도다"(마 15:8). 예배는 마음 안에서 일어나는 하나님과의 실제적이며 진실된 경험입니다. 이것이 아닌 예배는 아무것도 아닙니다.

그리스도께서 가장 큰 영광을 받으시는 때

또한 예배라는 내적 경험의 핵심은, 빌립보서 1장 20-21절 말씀을 근거로, 그리스도를 소중히 여기는 것 또는 하나님이 예수님 안에서 우리를 위해 예비하신 모든 것에 만족하는 것이라고 말씀드렸습니다. 바울에게는 사는 것이 그리스도시며 죽는 것도 유익하기 때문에, 죽든지 살든지 그리스도가 영광을 받으시기 원했습니다. 따라서 우리도 그리스도를 세상이 줄 수 있는 어떤 것보다 더 귀한 분으로 여김으로써 죽든지 살든지 그리스도를 높이고자 해야 합니다. 그리스도는 우리가 그분 안에서 온전히 만족할 때 가장 큰 영광을 받으십니다. 그리스도를 소중히 여길 때 우리는 그분을 높이게 됩니다.

하나님께 섬김을 받는 것이 곧 예배

우리는 주일 아침에 예배를 드립니다. 우리가 '예배'(worship services)라고 부르는 이 시간은 결코 시시하지 않습니다. '섬김'(services)이란 무엇입니까? 이전에 사도행전 17장 25절과 마가복음 10장 45절 말씀을 통해 "하나님은 무언가 필요한 분처럼 사람의 손으로 섬김을 받지 않으시고(God is not served by human hands), 오히려 하나님께서 모든 사람에게 생명과 호흡과 모든 것을 주신다"는 것을 말씀드렸습니다. 또한 "그리스도는 섬김을 받으러 오신 것이 아니라(not to be served) 오히려 섬기고(but to serve) 자기 목숨을 많은 사람을 위한 대속물로 주러" 오셨습니다. 그런 점에서 우리가 생각하는 '예배'(worship 'services')가 무엇이든 간에, 가장 우선하면서도 무엇보다 중요한 사실은, 사람이 하나님께 섬김을 받는 것(a being served by God)이어야 한다는 점입니다.

이 사실은 전에 설교하면서 말씀드린 내용이기도 합니다. 하나님은 우리가 그분을 다른 것들보다 더 귀하게 여기고, 그분께 나아와 그렇다고 말씀드리고, 그분을 더욱 알아 갈 때 가장 높임을 받으십니다. 하나님은 생명과 호흡과 그분에 관한 모든 것을 주심으로써 우리를 섬기십니다. 우리는 다른 모든 것을 제쳐 놓고 오직 하나님만을 향해 목마르고 굶주림으로써 하나님을 예배하게 됩니다. 우리가 하나님으로부터 섬김을 받음으로써 그분을 예배하게 된다는 의미가 바로 이것입니다. 이것이 예배입니다. 예배는 이렇듯 하나님이 우리를 섬기시는 것인데, 우리에게 가장 절실히 필요한 것, 바로 그분 자신을 주심으로써 시작됩니다. 이에 대해서는 다음 기회에 더 살펴보겠습니다.

모든 삶을 예배와 연결하라

하지만 오늘 아침에는 이와는 다른 관점에서 말씀을 전하려고 합니다. 우리가 예배라고 부르는 내적 경험의 핵심이 하나님 안에서 만족하는 것 또는 그리스도를 다른 것보다 더 귀하게 여기는 것이라고 한다면, 이로써 로마서 12장 1-2절에서 모든 삶이 예배가 되어야 한다고 말하는 이유를 설명하는 것입니다.

지난번에 제가 드린 질문을 기억하실 것입니다. "하나님은 인간의 손으로 섬김을 받으실 수 없고 다만 우리를 섬기려 하시는 것이라면 그리스도인의 삶이란 과연 무엇일까요? 그리스도인의 삶은 어떤 모습이어야 할까요?" 저는 우리가 아침에 일어나 그리스도께 마음을 집중하는 것으로 그리스도인의 삶이 나타난다고 말씀드렸습니다. 우리는 그분께 나아가 말씀을 통해 그분 안에서 누리는 우리의 만족을 새롭게 합니다. 그런 후 하루를 살면서 하나님께서 예수님 안에서 우리를 위해 예비하신 모든 것에 더욱 만족하고 그 만족을 표현하며 살아갑니다.

모든 삶을 예배와 연결하고 있는 로마서 12장 1-2절을 같이 보겠습니다. "그러므로 형제들아 내가 하나님의 모든 자비하심으로 너희를 권하노니 너희 몸을 하나님이 기뻐하시는 거룩한 산 제물로 드리라. 이는 너희가 드릴 영적 예배니라. 너희는 이 세대를 본받지 말고 오직 마음을 새롭게 함으로 변화를 받아 하나님의 선하시고 기뻐하시고 온전하신 뜻이 무엇인지 분별하도록 하라."

살아 있고 움직이며 일을 하는 제물

1절은 우리의 몸을 하나님이 기뻐하시는 거룩한 산 제물로 드리는 것이 예배라고 말합니다. 이것이 무슨 뜻일까요? 제물은 보통 죽은 것을 드립니다. 따라서 바울이 '산' 제물이라고 말한 것은 문자적으로 인간을 제물로 바치라는 의미가 아닙니다. 제물은 보통 제단 위에 올리고 그중 일부는 제사장들이 먹었기에 그것으로 끝이었습니다. 제물로 바친 동물은 더 이상 존재하지 않았습니다. 하지만 바울은 여기서 그런 의미로 말한 것이 아닙니다. 로마서 6장에서 적어도 세 번(13절, 16절, 19절)은 우리 몸 또는 우리 지체를 이런 식으로 하나님께 드리라고 하며, 매번 우리 지체(팔, 다리, 혀, 눈, 귀, 성기)를 의의 도구로 삼으라고 말하기 때문입니다. 따라서 여기서 말하는 제물은 살아 있을 뿐 아니라 이리저리 움직이고 세상에서 일을 합니다.

그렇다면 이것은 어떻게 제물이 됩니까? 그리고 하나님께 우리 몸을 제물로 바친다는 것은 어떻게 하는 것입니까? 이에 대한 답을 찾으려면 1절과 2절 사이의 연결점을 봐야 합니다. 즉, 2절은 좀 더 상징적인 의미를 갖는 1절을 현실적으로 설명한 내용입니다. 1절은 제사와 예배에 대해 말합니다. 2절은 우리의 마음이 새로워지고 하나님의 뜻을 행하는 것에 대해 말합니다.

바울이 1-2절에서 "기뻐하시는"(acceptable)이라는 말을 반복한다는 점이 이런 식으로 생각하고 있음을 잘 드러냅니다. 1절에서는 "너희 몸을 하나님이 기뻐하시는 거룩한 산 제물로 드리라"고 말합니다. 2절에서는 하나님의 선하시고 기뻐하시고 온전하신 뜻이 무엇인지 분별하기 위해 마음을 새롭게 하라고 말합니다. 따라서 몸을 하나님이 기뻐하시는 제물로 드리는 것과 하나님이 기뻐하시는 뜻을 행하는 것 사이에는 밀접한 관련이 있습니다.

본받지 말고 변화를 받으라

2절에는 부정적인 명령과 긍정적인 명령이 나옵니다. 부정적인 명령은 이 세상을 본받지 말라는 것이고, 긍정적인 명령은 변화를 받으라는 것입니다. 본받지 말고 변화를 받으라는 것입니다. 우리는 삶을 헌신하여 변화받는 일에 힘써야 합니다. 지금 어느 정도 변화된 그 수준에 머물지 마십시오. 얼마나 많은 그리스도인들이 타성에 젖어 살아가면서 타고난 권리를 저버리는지 모릅니다. 변화를 받으십시오! 이것은 현재 시제입니다. 세상을 닮지 않도록 지속적으로 성장해야 합니다.

하지만 어떻게 이렇게 할 수 있습니까? 구체적으로 어떤 일이 포함될까요? 세상이 무엇을 입고, 보고, 듣고, 사고팔고, 노는지 공부해서 그 반대로 하라는 의미일까요? 어느 정도 해당하는 부분이 있겠지만 본문의 요지는 아닙니다. 본문은 "마음을 새롭게 함으로 변화를 받아"라고 말합니다. 컵의 겉면을 깨끗하게 하는 것이 아니라 컵의 내면을 깨끗하게 하라는 것이 요지입니다. 우리를 변화시키는 것은 새로워진 마음에서 흘러나와야 한다는 뜻입니다.

이렇게 말하는 분도 있을 것입니다. "그 말은 세상이 생각하는 방식과 다르게 생각하는 법을 배우면 내면으로부터 변화될 거라는 의미가 아닙니까?" 일면 맞는 말이긴 하지만, 2절을 보면 그저 "생각하는 방식"을 다르게 하는 데서 그치는 것이 아닙니다.

증명과 확인

2절에서 우리가 주목해야 할 중요한 단어가 있습니다. NASB 성경은 우리의 새로워진 마음이 "하나님의 뜻을 분별한다"고 말합니다. 여기서 "분별한다"(prove)는 단어에 주목하십시오. 여기에는 두 가지 의미가 있습니다. 하나는 무언가의 가치를 시험하여 '증명한다'(prove)는 생각입니다. 또 다른 하나는 그것을 평가하고 가치를 '알아보는'(approve) 능력입니다. 한 단어로 이 두 가지 의미를 모두 담기는 어렵습니다. 그래서 NIV 성경은 두 단어를 사용하고 있습니다. 마음이 새로워지면 "하나님의 뜻을 시험하여(test) 맞는다고 인정하게(approve)" 될 것이라고 말합니다. 바로 이런 뜻입니다. 시험하여 옳다고 인정하는 것입니다.

따라서 2절에서 근본적인 사안은 바르게 생각하는 것 이상입니다. 곧, 바르게 가치를 매기는 일입니다. 바르게 입증할 뿐 아니라 바르게 인정하는 것입니다. 바르게 시험할 뿐 아니라 바르게 가치를 매기는 것입니다. 이 둘의 차이를 좀 더 설명해 보겠습니다. 예를 들어, 교육을 받지 못한 사람에게 황금의 가치는 알려 주지 않은 채 황금의 특성 몇 가지를 구별하는 법을 가르쳐 주는 것은 가능합니다. 그 사람에게 강물에서 금을 채집하는 일을 시키고 시간당 1달러를 줍니다. 그 사람은 배운 대로 황금을 정밀히 시험해서 수천 달러 가치의 황금을 가방에 던져 넣습니다.

이것은 바울이 말하는 새로워짐이 아닙니다. 책을 많이 읽고 설교를 충분히 들어서 선한 행동이 무엇인지 알아볼 수 있고 그렇게 하도록 훈련하라는 말이 아닙니다. 바울이 말하는 것은, 마음속 깊은 곳으로부터 새롭게 되어 금을 보면 시험하여 알아볼 수 있을 뿐 아니라 금을 사랑하게(인정하고 귀하게 여기게) 되는 것입니다. 이것이 바로 확인하고 인정한다는 의미입니다(롬 1:28, 14:22; 고전 16:3).

이제 여기서 새로워진다는 것은 단순히 논리적으로 어떠한 교훈을 얻는 그 이상의 의미임을 아셨을 것입니다. 예를 들어, 달콤한 물질을 찾고 싶다면 논리적으로 사고해야 합니다. '갈색에 끈적거리고 벌집에서 나오고 물에 떨어뜨리면 풀어지고, 빵에 바르면 아이들의 눈이 반짝인다.' 그러므로 그것은 꿀이 틀림없다고 추론합니다. 하지만 이것은 로마서 12장 2절이 말하는 하나님의 뜻을 분별하는 주된 방법이 아닙니다. 이 물질이 달콤한지 알려면 논리로 추론할 게 아니라 직접 맛을 보아야 합니다.

심령이 새롭게 되어

이 구절과 가장 비슷한 구절을 들라면 에베소서 4장 23절인데 여기서 바울은 이렇게 말합니다. "오직 너희의 심령이 새롭게 되어." "심령"(마음의 영, the spirit of your mind)이라는 단어는 매우 생소한 표현입니다. 제 생각엔 어떤 것의 기운(spirit)을 맛볼 수 있는 마음의 능력을 의미하는 것 같습니다. 어떤 그리스도인들이 단순하고 교육받지 못했지만, 많은 교육을 받은 그리스도인들보다 더 거룩하고 바르게 사는 이유 중 하나는 그들의 마음이 더 많이 새로워지고 깊어졌기 때문입니다. 즉, 그들은 새로워져서 다른 사람들 앞에 놓인 유혹의 썩은 냄새를 맛볼 수(혹은 냄새를 맡을 수) 있기에 전염되기 전에 돌아섭니다. 그리고 다른 사람들 앞에 놓인 아름다운 사랑의 기회를 맛보고 냄새를 맡을 수 있기에 와서 그것을 봅니다.

마음이 새로워진다는 것은 사물을 평가하고 사물의 가치를 매기는 방법에 있어서 영적으로 깊이 변화되는 것을 말합니다. 에베소서 4장 18절에서 바울은 (마음의) 무지함은 마음이 굳어진 데서 기인한다고 말합니다. 따라서 마음이 지혜로워지고 하나님의 뜻을 분별하려면, 영적 실재에 대해 부드러워지고 민감해져야 합니다. 다른 말로 하면, 바울이 요구하는 새로워짐은 어떤 단순한 정신적 노력으로 얻을 수 있는 것보다 훨씬 심오하고 깊은 것입니다. 그래서 기도가 절실히 필요합니다. 그리스도인들은 지속적으로 이렇게 기도해야 합니다. "내 눈을 열어서 … 놀라운 것을 보게 하소서"(시 119:18). "마음의 눈을 밝히소서"(엡 1:18). "여호와의 선하심을 맛보아 알게 하소서"(시 34:8). 하나님께서 그분의 말씀과 영을 통해 우리를 새롭게 하셔야 합니다.

온전히 새로워진 마음

이제 이러한 통찰력을 가지고 로마서 12장 1-2절을 다시 보겠습니다. 2절에 나오는 그리스도인의 삶은 온전히 새로워진 마음에 그 뿌리를 둡니다. 이것은 그저 바르게 생각하는 것이 아니라, 진실하게 평가하고 정확하게 가치를 매기고 강력하게 인정하고 마음을 다해 하나님의 선하시고 기뻐하시고 온전하신 뜻을 귀하게 여기는 것입니다. 또한 우리 일상과 깊이 연관됩니다. 우리가 낮에 행하는 일의 95퍼센트는 깊은 논리적인 숙고 없이 그냥 하는 행동이기 때문입니다. 우리는 그저 내면의 심령을 따라(혹은 예수님이 말씀하신 것처럼 '마음에 가득한 것'을 따라, 마 12:34) 반사적으로 행동합니다(엡 4:23). 따라서 진정으로 그리스도인의 삶을 살려면 바르게 생각하는 것보다 더 깊은 차원에서 새로워져야 합니다.

2절은 우리가 실재를 인정하고 평가하고 가치를 매기는 방법이 새로워지면 세상을 본받지 않는 변화된 삶을 살게 된다고 말합니다. 본받지 않음(the non-conformity)은 그저 외적이고 강요된 것이 아니라 내적이고 자연스러우며 자유롭습니다. 우리의 새로운 가치 체계와 평가 기준, 우리의 보화가 있는 곳으로부터 흘러나옵니다. 그것은 우리를 외적으로 변화시키고 세상을 닮지 않게 만듭니다. 그럴 때 우리는 바울이 "하나님의 뜻"이라고 부른 것을 행할 수 있게 됩니다. 선한 것들, 기뻐하시는 것들, 온전한 것들을 알아볼 수 있을 뿐 아니라 그 새로운 가치 체계에 어울리게 살아갈 수 있습니다.

이것은 1절과 어떻게 연결이 될까요? 우리 몸을 하나님께 산 제물로 드리는 것, 즉 우리의 영적 예배와 어떻게 연결이 될까요? 2절은 1절에서 말한 예배의 제물을 설명하고 있습니다. 그것이 바로 산 제물입니다. 왜냐하면 우리 마음이 새로워짐으로써, 세상을 맛보고 평가하고 인정하고 가치 매기고 소중히 여기던 이전의 모든 방식이 '죽기' 때문입니다. 바울은 "그리스도로 말미암아 세상이 나를 대하여 십자가에 못 박히고 내가 또한 세상을 대하여 그러하니라"(갈 6:14)고 말합니다. 따라서 그 새로워짐은 옛 가치의 죽음이고 새로운 가치의 도래입니다. TV와 음식과 돈을 소중히 여기던 옛 방식이 죽고 새로운 영적 미각이 깨어나는 것입니다.

하나님은 나를 온전히 만족시키는 보화

따라서 우리의 영적 예배는 날마다 하나님께 나아가 이렇게 말하는 것입니다. "하나님, 가장 가치 있는 것의 가치를 인정하고, 가장 귀한 것을 귀하게 여기고, 가장 소중한 것을 소중히 여기고, 가장 아름다운 것을 존중하고, 가장 악한 것을 미워하고, 가장 추한 것을 싫어하는 것 외에 제가 더 원하는 것은 없습니다. 모든 신령하지 않은 것들과 세상적인 것들, 내 영을 죽이는 것들에 대해 내가 죽었음을 인정합니다. 나의 하나님, 나를 새롭게 하소서. 바르게 평가하는 영적 능력이 깨어나게 하소서."

또한 이렇게 말하는 것입니다. "그리고 내 몸과 영혼을 취하셔서 세상에 하나님의 영광을 드러내는 도구로 삼아 주소서. 하나님이 내 안에서 이루신 새로움이 밖으로 드러나게 하소서. 이것이 나의 영적 예배입니다. 하나님이 나를 온전히 만족시키는 보화임을 세상에 드러내게 하소서."

이제 다시 처음으로 돌아왔습니다. 예배의 핵심은 하나님 안에서 만족하는 것이고, 그리스도를 소중히 여기는 것입니다. 로마서 12장 1-2절도 다른 것을 말하지 않습니다. 이것이 새로워진 마음을 갖는다는 의미입니다. 새로워진 마음은 하나님의 뜻을 인지하고 인정하고 귀하게 여기고 소중히 여깁니다. 그리고 그로 인해 모든 삶이 변합니다. 새로워진 마음이 가장 먼저 우선적으로 하는 일은 하나님을 인지하고 인정하고 귀하게 여기고 소중히 여기는 일이기 때문입니다.

하나님의 뜻을 행하는 것은 하나님의 영광을 드러내는 것과 같습니다. "이같이 너희 빛이 사람 앞에 비치게 하여 그들로 너희 착한 행실을 보고 하늘에 계신 너희 아버지께 영광을 돌리게 하라"(마 5:16). 우리 삶은 우리가 진심으로 가치 있게 여기고 소중히 여기며 귀하게 여기는 것을 드러내게 되어 있습니다. 그러므로 모든 삶이 예배입니다. 하나님을 향한 예배이거나 아니면 다른 어떤 것을 향한 예배입니다.

그러므로 마음을 새롭게 함으로 변화를 받으십시오. 하나님의 모든 역사와 방법을 소중히 여기십시오. 옛 마음은 죽은 것으로 간주하고, 자신을 산 제물로 하나님께 드려 그분의 가치와 진가를 삶에서 드러내십시오. 삶으로 그분을 경배하십시오.

10장

하나님이 주신 믿음의 분량으로 자기를 평가하기(1부)

로마서 12:1-8

그러므로 형제들아 내가 하나님의 모든 자비하심으로 너희를 권하노니 너희 몸을 하나님이 기뻐하시는 거룩한 산 제물로 드리라. 이는 너희가 드릴 영적 예배니라. 너희는 이 세대를 본받지 말고 오직 마음을 새롭게 함으로 변화를 받아 하나님의 선하시고 기뻐하시고 온전하신 뜻이 무엇인지 분별하도록 하라. 내게 주신 은혜로 말미암아 너희 각 사람에게 말하노니 마땅히 생각할 그 이상의 생각을 품지 말고 오직 하나님께서 각 사람에게 나누어 주신 믿음의 분량대로 지혜롭게 생각하라. 우리가 한 몸에 많은 지체를 가졌으나 모든 지체가 같은 기능을 가진 것이 아니니 이와 같이 우리 많은 사람이 그리스도 안에서 한 몸이 되어 서로 지체가 되었느니라. 우리에게 주신 은혜대로 받은 은사가 각각 다르니 혹 예언이면 믿음의 분수대로, 혹 섬기는 일이면 섬기는 일로, 혹 가르치는 자면 가르치는 일로, 혹 위로하는 자면 위로하는 일로, 구제하는 자는 성실함으로, 다스리는 자는 부지런함으로, 긍휼을 베푸는 자는 즐거움으로 할 것이니라. _롬 12:1-8

지난 몇 주에 걸쳐 로마서 12장 1-2절 말씀을 통해 살펴본 것은, 하나님의 계시된 뜻을 분별하기 위해서는(즉, 그 뜻을 성경에서 바르게 찾고 그 것을 오늘날의 복잡한 상황 속에 현명하게 적용하고 미리 계산되지 않은 수많은 행동과 태도를 통해 그것이 자연스럽게 흘러 나오도록 하기 위해서는) 마음을 새롭게 함으로 변화를 받아야 한다는 것이었습니다. 성경의 진리를 깨닫고 받아들이고, 실생활에 적용하고, 성경이 말하는 사랑과 거룩이 무의식적으로 자연스레 흘러나오기 위해서는 새로운 행동 목록이 필요한 것이 아니라 새로워진 마음과 정신이 필요합니다.

기독교는 의지적인 종교가 아닙니다. 그리스도인의 삶은 성령에 의해 창조된 새로워진 마음과 정신이 흘러나오는 것입니다. 이것은 초자연적입니다. 우리 스스로의 힘으로 만들어 낼 수 있는 것이 아닙니다. "그런즉 누구든지 그리스도 안에 있으면 새로운 피조물이라. 이전 것은 지나갔으니 보라 새 것이 되었도다"(고후 5:17). "우리는 그가 만드신 바라. 그리스도 예수 안에서 선한 일을 위하여 지으심을 받은 자니 이 일은 하나님이 전에 예비하사 우리로 그 가운데서 행하게 하려 하심이니라"(엡 2:10). 그러므로 "우리가 영의 새로운 것으로 섬길 것이요 율법 조문의 묵은 것으로 아니할"(롬 7:6) 것입니다. "[왜냐하면] 율법 조문은 죽이는 것이요 영은 살리는 것"(고후 3:6)이기 때문입니다. 우리는 "새 사람을 입었으니 이는 자기를 창조하신 이의 형상을 따라 지식에까지 새롭게 하심을 입은"(골 3:10) 사람입니다.

로마서 12장의 모든 내용은 새로운 자아(새로워진 마음과 정신)가 생각하고 느끼고 행동하는 방식에 대한 설명이라고 볼 수 있습니다. 우리는 하나님께서 로마서 12장에 불어넣어 주신 삶의 모습을 마음에 온전히 스며들게 해야 합니다. 이것이 설교를 통해 우리가 하려는 것입니다. 오늘은 3절에 초점을 맞추겠습니다.

새로워진 마음에 대한 간접적인 단서들

바울이 3절에서 하는 말의 무게와 중요성을 알기 위해 먼저 알아야 할 것이 있습니다. 2절은 새로워진 마음을 요구하지만, 새로워진 마음이 어떻게 생각하는지는 말해 주지 않습니다. 2절은 그로 인해 어떤 결과가 나타나는지만 말해 줍니다. 새로워진 마음은 하나님의 선하시고 기뻐하시고 온전하신 뜻을 분별할 수 있게 됩니다.

새로워진 마음이 생각하는 방식에 대해서는 로마서 12장 2절과 1장 23, 28절(새로워진 마음의 반대는 하나님의 영광을 피조물의 영광과 바꾸고 하나님을 알고 싶어 하지 않는 상실한 마음입니다)을 비교하면서 몇 가지 살펴본 바 있습니다. 따라서 새로워진 마음은 그러한 바꿈이 거꾸로 이루어져 하나님의 영광을 모든 피조물보다, 심지어 가장 강력한 우상인 거울 속 자아보다도 더 귀하게 여기는 마음일 것입니다.

또한 로마서 12장 1절에서도 새로워진 마음은 영적 예배의 삶을 살게 함을 보았습니다. "너희 몸을 하나님이 기뻐하시는 거룩한 산 제물로 드리라. 이는 너희가 드릴 영적 예배니라." 새로워진 마음은 하나님의 가치를 드러내는 행동들을 하게 합니다. 따라서 새로워진 마음은 근본적으로, 다른 무엇보다 하나님의 영광을 귀하게 여기는 마음입니다. 하나님의 탁월하심을 갈망하는 마음입니다.

새로워진 마음에 대한 직접적인 설명

지금까지 살펴본 내용은 마음이 새로워지면 무엇이 어떻게 달라지는가에 대한 간접적인 단서들이었습니다. 하지만 이제 3절에서 바울은 그 문제를 직접적으로 다루는데, 그 방식이 매우 놀랍습니다. 만일 우리가 그리스도인의 마음과 사고방식에 대해 설명하려고 한다면, 어디서 시작하고 어떻게 말할 수 있을까요? 바울이 이 부분을 말하면서 가장 먼저 무엇을 다루는지를 주의 깊게 보십시오. 3절입니다. "내게 주신 은혜로 말미암아 너희 각 사람에게 말하노니 마땅히 '생각'할 그 이상의 '생각'[이 단어들이 새로워진 마음이 하는 일과 관련됨을 주목하십시오]을 품지 말고 오직 하나님께서 각 사람에게 나누어 주신 믿음의 분량대로 지혜롭게 '생각'하라."

정말 놀라운 말씀입니다. 인간적 사고와 정신이 일하는 방식에 대해 바울은 많은 것을 말할 수 있었는데, 그중에서 '다른 사람과의 관계 속에서 자신을 생각하는 것'을 선택했습니다. 바울은 2절과 마찬가지로 부정적인 것과 긍정적인 것을 다 말합니다. 2절입니다. "너희는 이 세대를 본받지 말고 오직 마음을 새롭게 함으로 변화를 받아 하나님의 선하시고 기뻐하시고 온전하신 뜻이 무엇인지 분별하도록 하라." 3절입니다. "마땅히 생각할 그 이상의 생각을 품지 말고 지혜롭게 생각하라." 다른 말로 하면, 바울은 새로워진 그리스도인의 마음이 세상을 본받지 않고 변화를 받는다는 것에 대해 좀 더 구체적으로 설명하고 있는데, 그가 맨 처음 언급한 것이 교만입니다.

교만은 바울에게 큰 짐이었습니다. 11장에서 바울이 세 번이나 교만과 자만을 멀리하라고 경고했던 것을 기억하실 것입니다. 11장 18절입니다. "그 가지들을 향하여 자랑하지 말라." 20절입니다. "너는 믿으므로 섰느니라. 높은 마음을 품지 말고 도리어 두려워하라." 25

절입니다. "너희가 스스로 지혜 있다 하면서 이 신비를 너희가 모르기를 내가 원하지 아니하노니."

그런 다음 바울은 12장 16절에서 다시 한 번 언급합니다. "높은 데 마음을 두지 말고 도리어 낮은 데 처하며 스스로 지혜 있는 체하지 말라." 14장 4절에서 또 한 번 말합니다. "남의 하인을 비판하는 너는 누구냐?" 교만의 문제와 하나님과 타인과의 관계 속에서 자아의 위치에 대한 문제는 인간에게 내재한 가장 심각한 문제입니다. 우리 마음이 새로워진다면, 그곳이 출발점이 되어야 합니다.

이것은 단순히 로마의 교회만 겪는 문제가 아닙니다. 바울은 로마서 8장 7절에서 이것이 우리 모두가 경험하는 근본적인 문제라고 말합니다. "육신의 생각[즉 우리를 변화시키는 하나님의 성령과 상관없는 자연적인 마음]은 하나님과 원수가 되나니 이는 하나님의 법에 굴복하지 아니할 뿐 아니라 할 수도 없음이라." 이것이 여러분과 제 마음의 근본 문제입니다. 우리는 하나님께 불복종합니다. 하나님이 모든 진실하고 선하고 옳고 아름답고 가치 있고 만족케 하는 것의 총체요 주관자라는 진리를 받아들이려 하지 않습니다. 대신 인간의 마음은 자신을 주관자로, 법으로 생각합니다. 자기 자신을 너무 높게 생각합니다.

그래서 3절에서 바울은 새로워진 마음이 생각하는 방식을 설명하면서 이 문제에서 시작합니다. "내게 주신 은혜로 말미암아 너희 각 사람에게[한 명도 예외가 없습니다!] 말하노니 마땅히 생각할 그 이상의 생각을 품지 말고 오직 하나님께서 각 사람에게 나누어 주신 믿음의 분량대로 지혜롭게 생각하라." 제가 지금 강조하고 싶은 것은 우리가 마땅히 생각할 그 이상으로 자신을 높게 생각하는 것에 대한 긍정적인 대안은 무엇인가 하는 것입니다. 바울은 어떤 의미에서 "하나님께서 각 사람에게 나누어 주신 믿음의 분량대로 지혜롭게 생각하라"고 말한 것일까요?

아니면 좀 더 구체적으로 이렇게 질문해 보겠습니다. 바울은 "하나님께서 각 사람에게 나누어 주신 믿음의 분량대로" 생각하는 것이 왜 '지혜롭게' 생각하는 것이라고 말합니까? 하나님 형상을 따라 창조된 것에 입각해 생각하는 것이 자신에 대해 지혜롭게 생각하는 것이라고 할 수도 있었습니다. 아니면 우리가 받은 영적 은사들에 입각해 생각하는 것이 자신에 대해 지혜롭게 생각하는 것이라고 할 수도 있었습니다.

자기 자신을 평가하는 기준: 하나님이 주신 믿음

하지만 바울은 "하나님께서 '각 사람에게 나누어 주신 믿음의 분량대로' 지혜롭게 생각하라"고 합니다. 바울에 따르면, 자기 자신에 대한 판단을 지혜롭게 하려면 하나님이 주신 믿음의 분량을 판단의 기준으로 삼아야 합니다. 왜 그렇습니까? 적어도 네 가지 이유가 있습니다. 바울은 "하나님께서 주신 믿음의 분량"으로 스스로를 판단하는 마음을 새로워진 마음이라고 설명하면서 네 가지를 보여 줍니다.

1. 새로워진 마음(그리스도 안에 있는 "새 사람")의 본질적인 새로움은 그 '믿음'에 있으며, 그 믿음으로 그리스도의 영광을 자신의 가장 귀한 보화로 여기고 맛볼 수 있기 때문입니다.

자기 자신을 믿음이라는 잣대로 판단할 때, 바울은 새로워진 마음이 이전과는 전혀 다른 모습을 보인다고 말합니다. 믿음의 본질이 무엇입니까? 믿음은 우리 자신을 벗어나 누군가를 보는 것입니다. 믿음은 전적으로 그 누군가를 의지하는 것입니다. 믿음이 거울 앞에 서면, 거울은 창문이 되어 그리스도의 영광을 드러냅니다. 믿음은 그리스도를 바라보고 그분을 모든 선하고 진실하고 옳고 아름답고 가치 있고 만족케 하는 것들의 총체요 주관자로 즐거워합니다.

따라서 바울은 그리스도인의 새로워진 마음의 정수는 우리 자신이 아닌 예수 그리스도를 우주에서 최고의 진리로, 보화로 여기고 맛보는 것이라고 말합니다.

여기서 바울이 행한 놀라운 일이 보이십니까? 바울은 사람들이 자신을 과시하고 스스로를 지나치게 높이는 것을 보면서 자신에 대해 지혜롭게 판단하는 방법은 믿음을 마음의 잣대로 삼는 것이라고 말합니다. 믿음을 우리의 마음과 삶의 잣대로 삼으십시오. 그와 동시에 바울은 자기 자신에 대한 높임을 뒤집어 버립니다. 바울은 이렇게 말하는 것입니다. "중요해지고 싶습니까? 그러면 그리스도를 무한히 중요한 분으로 바라보십시오. 가치 있고 싶습니까? 그러면 그리스도를 무한히 가치 있는 분으로 바라보십시오. 존중받고 싶습니까? 그러면 그리스도를 무한히 존중할 가치가 있는 분으로 바라보십시오."

저는 지금 대다수의 현대 기독교 대중 심리학이 주장하는 이야기를 하는 것이 아닙니다. 우리가 중요한 존재가 되고 싶으면 그렇게 되는 '수단'으로 그리스도를 바라보라고 말하는 것이 아닙니다. 우리가 가치 있는 존재가 되고 싶으면 그리스도를 우리에게 가치를 주시는 분으로 바라보라고 하는 것이 아닙니다. 우리가 존중받기 원한다면 그렇게 존중받을 수 있는 수단으로 그리스도를 바라보라고 말하는 것이 아닙니다. 지금 저는 새로워진 마음 안에서 우리가 중요하고 가치 있고 존중받는 존재가 되기 위한 수단이 그리스도라고 말하는 것이 아닙니다. 우리는 그리스도를 무한히 중요하고 무한히 가치 있으며 무한히 존중받기에 합당한 분으로 영접하도록 지음받았다는 사실을 말하는 것입니다. 이것이 새로워진 마음이 하는 일이고, 또 하고 싶어 하는 일입니다. 이것이 새로워진 마음의 진정한 정체성입니다.

다시 한 번 묻겠습니다. 의미를 찾고 싶습니까? 그러면 그리스도를 무한히 중요한 분으로 영접하십시오. 가치 있는 사람이 되고 싶습니까? 그러면 그리스도를 무한히 가치 있는 분으로 받아들이십시오. 존중받기 원합니까? 그러면 그리스도를 무한히 존중할 분으로 받아들이십시오.

믿음은 우리 자신이 아닌 그리스도를 바라보고 그분을 모든 중요하고 가치 있고 존중할 만한 것들의 온전한 구현으로 받아들이는 것이기 때문에, 그리스도를 믿는 믿음이 우리의 중요성과 가치와 존중을 평가하는 기준이 됩니다. 그리스도 안에 있는 우리의 새로운 자아(새로워진 마음)의 척도는 우리가 그리스도를 어느 정도로 진리이자 보화로 바라보는가에 달려 있습니다.

우리에게 그리스도가 그 이상의 존재라면, 우리는 그 이상의 존재가 됩니다. 우리에게 그리스도가 그 이하의 존재라면, 우리는 그 이하의 존재가 됩니다. 우리가 그분을 어떻게 평가하느냐에 따라 우리에 대한 평가가 결정됩니다. 우리가 그분에게 매기는 가치가 곧 우리의 가치입니다. 우리가 그분을 존중하는 만큼 우리도 존중받게 됩니다. 우리가 그분을 소중히 여기는 만큼 우리도 소중한 존재가 됩니다.

이를 통해 교만(자기 높임)을 뒤집고 우리 자신이 아닌 그리스도의 영광을 새로움의 정수로 만들게 됩니다. 우리 자신을 지혜롭게 평가하고 싶다면 그리스도를 향한 자신의 믿음을 헤아려 보십시오.

2. 믿음을 잣대 삼아 우리 자신에 대해 지혜롭게 생각하라고 말한 두 번째 이유는, 믿음이 하나님의 선물이므로 우리에게 자랑할 것이 없기 때문입니다.

3절 하반절입니다. "오직 하나님께서 각 사람에게 나누어 주신 믿음의 분량대로 지혜롭게 생각하라." 하나님께서 우리에게 믿음을 나누어 주십니다. 문자적으로 말하면, 하나님께서 우리에게 적정량의 믿음을 재서 나누어 주십니다. 믿음은 궁극적으로 또는 결정적으로 우리가 만들어 내는 것이 아닙니다. 에베소서 2장 8-9절입니다. "너희는 그 은혜에 의하여 믿음으로 말미암아 구원을 받았으니 이것은 너희에게서 난 것이 아니요 하나님의 선물이라. 행위에서 난 것이 아니니 이는 누구든지 자랑하지 못하게 함이라." 고린도전서 4장 7절입니다. "누가 너를 남달리 구별하였느냐 네게 있는 것 중에 받지 아니한 것이 무엇이냐 네가 받았은즉 어찌하여 받지 아니한 것 같이 자랑하느냐."

제가 말씀드린 첫 번째 요지는, 믿음이 스스로를 자랑할 수 없는 이유는 본성상 믿음은 자신을 바라보지 않고 그리스도를 자랑하기 때문입니다. 이것이 본래 믿음입니다. 즉, 그리스도를 우리의 자랑으로 받아들이는 것입니다. 비록 믿음이 우리에게는 일종이 행위여서 자랑할 만하더라도, 바울은 그 믿음조차도 자격 없는 자에게 주신 선물이기 때문에 결코 자랑할 수 없다고 말합니다.

그래서 바울은 이렇게 말합니다. "자신을 높이고 자신을 자랑하고 싶은 사람들은 하나님이 주신 믿음을 잣대 삼아 자신을 평가하십시오. 그리고 자신에게 자랑할 만한 것이 있는지 헤아려 보십시오." 믿음은 자기 자랑을 내쫓습니다. 본성상 믿음은 자신이 아닌 그리스도를 바라보기 때문입니다. 또한 믿음은 하나님께서 그리스도를 통해 피 값으로 사신 선물이기 때문입니다. "하나님께서 각 사람에게 나누어 주신 믿음의 분량대로 지혜롭게 생각하[십시오]."

3. 믿음을 잣대 삼아 우리 자신에 대해 지혜롭게 생각하라고 말한 세 번째 이유는, 하나님께서 각 사람에게 다른 분량의 믿음을 주셔서 겸손히 서로 의존하고 섬기게 하셨기 때문입니다.

로마서 12장 3절을 다시 한 번 보겠습니다. "하나님께서 각 사람에게 나누어 주신 믿음의 분량대로 지혜롭게 생각하라." 하나님께서 나누어 주신 믿음의 분량은 그리스도인마다 다릅니다. 사실 한 사람 안에서도 때마다 다릅니다. 이에 대해서는 다음에 더 자세히 살펴보겠습니다.

여기서는 한 가지 질문만 드리겠습니다. 바울이 교회 안에 겸손한 통합을 이루고자 하는 것이라면, 그리스도인들 사이의 차이에 집중하고 이 차이를 통해 스스로를 헤아려 보라고 말함으로써 오히려 그 목적을 무산시키는 것이 아닐까요? 우리 믿음이 각기 다른 것이 궁극적으로 하나님 때문이라고 한다면 "믿음의 선한 싸움"(딤전 6:12)이 무슨 소용이 있을까요? 바울의 권면은 우리를 수동적이고 운명주의적으로 만드는 것은 아닐까요? 만일 우리가 이런 기준으로 자신을 평가했는데 자기 믿음이 다른 사람보다 작다고 나왔다면 어떻게 하겠습니까? 이 기준으로 자기 믿음을 측정했는데 다른 사람보다 크게 나왔다면 어떻게 하겠습니까? 절망하거나 자랑하겠습니까? 아니면 서로 의지하고 서로 섬기게 될까요?

이에 대한 답변이 4-8절에 나와 있습니다. 몸의 지체들이 서로 연결되어 있다는 내용입니다. 이에 대해서는 다음 주에 더 깊이 살펴보려고 합니다.

오늘은 3절에서 바울이 말하려는 요지를 요약하면서 마치겠습니다. 바울은 그리스도 안에서 새로워진 마음이란 무엇인지를 말합니다. 그것은 세상이 생각하는 방식과는 완전히 다른 방식으로 자신에 대해 생각하는 것입니다. 새로운 사고방식의 핵심은, 하나님이 주신 그리스도를 믿는 믿음이 그 사람의 정체성과 가치와 중요성과 존재감을 판단하는 기준이라는 것입니다. 그리고 믿음은 자신이 아닌 그리스도의 위대하심을 바라보는 것이고, 그 위대하심을 우리의 온전한 보화로 받아들이는 것입니다.

따라서 우리의 중요성은 그리스도를 귀하게 여기는 것과 일치합니다. 우리의 가치는 그리스도를 가치 있게 여기는 것과 일치합니다. 우리의 평판은 우리가 그리스도를 높이는 것과 일치합니다. 우리의 존재 의미는 그리스도를 무한히 의미 있는 존재로 맛보는 것과 일치합니다.

이것이 그리스도 안에서 새로워진 마음입니다. 또한 성령님이 하시는 일입니다. 이것이 "하나님께서 각 사람에게 나누어 주신 믿음의 분량대로 지혜롭게 생각"하는 것입니다.

11장

하나님이 주신 믿음의 분량으로 자기를 평가하기(2부)

로마서 12:1-8

그러므로 형제들아 내가 하나님의 모든 자비하심으로 너희를 권하노니 너희 몸을 하나님이 기뻐하시는 거룩한 산 제물로 드리라. 이는 너희가 드릴 영적 예배니라. 너희는 이 세대를 본받지 말고 오직 마음을 새롭게 함으로 변화를 받아 하나님의 선하시고 기뻐하시고 온전하신 뜻이 무엇인지 분별하도록 하라. 내게 주신 은혜로 말미암아 너희 각 사람에게 말하노니 마땅히 생각할 그 이상의 생각을 품지 말고 오직 하나님께서 각 사람에게 나누어 주신 믿음의 분량대로 지혜롭게 생각하라. 우리가 한 몸에 많은 지체를 가졌으나 모든 지체가 같은 기능을 가진 것이 아니니 이와 같이 우리 많은 사람이 그리스도 안에서 한 몸이 되어 서로 지체가 되었느니라. 우리에게 주신 은혜대로 받은 은사가 각각 다르니 혹 예언이면 믿음의 분수대로, 혹 섬기는 일이면 섬기는 일로, 혹 가르치는 자면 가르치는 일로, 혹 위로하는 자면 위로하는 일로, 구제하는 자는 성실함으로, 다스리는 자는 부지런함으로, 긍휼을 베푸는 자는 즐거움으로 할 것이니라. _롬 12:1-8

우리는 지난 시간부터 로마서 12장 3절 말씀을 이해하고 적용하려고 애쓰고 있습니다. 3절 말씀은 2절에 언급된 새로워진 마음에 대한 설명이 시작되는 부분입니다. "너희는 이 세대를 본받지 말고 오직 마음을 새롭게 함으로 변화를 받아." 새로워진 마음이 갖는 새로움에 대해 말하면서 바울은 가장 먼저 하나님과 타인과의 관계 속에서 마음이 자신에 대해 생각하는 방식을 다루었습니다. 바울이 이 문제를 가장 먼저 다룬 것은 이것이 가장 중요하기 때문이 아니라 가장 위험하기 때문일 것입니다. 우리가 자신에 대해 어떻게 생각하는가가 우리를 구원할 수는 없지만 우리를 망칠 수는 있습니다.

그래서 로마서 12장 3절은 경고로 시작합니다. "내게 주신 은혜로 말미암아 너희 각 사람에게 말하노니[지금 이 설교를 듣고 있는 여러분도 해당합니다!] 마땅히 생각할 그 이상의 생각을 품지 말고." 이것이 위험한 것입니다. 자신을 지나치게 높게 생각하는 것은 우리 영혼에 매우 위험합니다. 현대인들은 자신을 높이는 것이 위험하지 않고 오히려 유익이 된다고 생각합니다(특히 광고 매체들은 더 그렇습니다). 우리 교회 뒤편의 맥도날드 광고판에는 이렇게 쓰여 있습니다. "나, 나 자신, 나만의 샐러드." 광고인, 교육자, 상담가, 인력 관리자, 코치, 정치인, 목회자들은 교만으로 향하는 인간 정신의 자해적인 경향을 그들이 얼마나 부당하게 이용했는지를 설명해야 할 날이 올 것입니다.

여기서 바울은 반대로 하고 있습니다. 3절에서 교만에 대해 경고합니다. "내게 주신 은혜로 말미암아 너희 각 사람에게 말하노니 마땅히 생각할 그 이상의 생각을 품지 말고." 지금 새로워진 마음이 가장 먼저 할 일은 교만을 버리고 겸손을 키우는 것이라고 바울은 말합니다. 교만은 죽고 겸손이 자라나기 시작하는 것이 바로 새로워진 마음에서 일어나는 일입니다.

3절 하반절에서 바울은 자신을 너무 높게 생각하는 것에 대한 긍정적인 대안을 마련합니다. 그는 이렇게 말합니다. "하나님께서 각 사람에게 나누어 주신 믿음의 분량대로 지혜롭게 생각하라." 그래서 우리는 이렇게 질문했습니다. "바울, 당신은 그리스도인의 새로워진 마음이 스스로를 판단하는 기준으로, 하고많은 것 중에 왜 '하나님이 주신 믿음의 분량'을 제시한 것인가요? 그렇게 해서 얻으려는 것이 무엇인가요?" 그리고 본문에서 이에 대한 네 가지 답을 발견했다고 말했습니다. 그중 세 가지는 이전에 이미 살펴보았습니다. 오늘은 세 번째 답을 조금 자세히 살펴보겠습니다. 네 번째 답은 다음에 시작할 영적 은사 시리즈 설교에 더 부합하기 때문에 그때 살펴보겠습니다.

바울은 왜 믿음을 자기 평가의 기준으로 삼는가?

1. 이전에 다루었던 부분을 요약해 보겠습니다. 바울이 믿음을 자기 평가의 기준으로 삼는 첫 번째 이유는 믿음의 핵심이 자기 자신이 아닌 그리스도를 바라봄으로써 그리스도를 무한히 가치 있고 소중하며 존귀한 분으로 귀하게 여기는 것이기 때문입니다. 믿음이 거울 앞에 서면, 거울은 창문이 되어 반대편에 있는 그리스도의 영광을 보여 줍니다.

그리스도 안에 있는 우리의 새로운 자아(새로워진 마음)에 대한 평가는 자신이 아닌 그리스도를 얼마나 우리의 보화로 여기는가에 따라 결정됩니다. 그리스도가 우리에게 그 이상의 존재시라면, 우리 역시 그 이상의 존재입니다. 그리스도가 우리에게 그 이하의 존재시라면, 우리도 그러합니다. 우리가 그분을 평가하는 것에 따라 우리의 평가가 달라집니다. 우리가 그분에게 매기는 가치가 우리의 가치입니다. 우리가 그분을 존중하는 만큼 우리는 존중을 받습니다. 우리가 그분을 소중히 여기는 만큼 우리는 소중한 존재가 됩니다. 이것이 첫 번째 대답이었습니다.

2. 두 번째 대답은 이것이었습니다. 바울이 자기 정체성, 자기 평가의 기준으로 믿음을 내세운 이유는 믿음이 하나님의 선물이므로 자랑을 배제하기 때문입니다. 로마서 12장 3절입니다. "하나님께서 각 사람에게 나누어 주신 믿음의 분량대로 지혜롭게 생각하라." 우리에게 있는 믿음의 분량은 하나님의 선물입니다. 따라서 어떤 그리스도인도 마치 자신의 힘과 지혜와 덕으로 무언가를 성취했다는 식으로 비그리스도인에게 자랑할 수 없습니다. 물론 믿은 것은 우리입니다. 우리가 하나님의 부르심에 응답했습니다. 우리가 죄를 거부하고 예수 그리스도를 따랐습니다. 하지만 우리 힘으로 행한 것이 아님을 알았습니다.

내 마음이 두려워하도록 가르친 것도 은혜요
내 마음의 두려움을 없앤 것도 은혜였도다.
그 은혜가 나타난
나 처음 믿은 그 시간 귀하고 귀하다!

"너희는 그 은혜에 의하여 믿음으로 말미암아 구원을 받았으니 이것은 너희에게서 난 것이 아니요 하나님의 선물이라"(엡 2:8). 내 두려움과 안심과 믿음이 궁극적이고 결정적으로 하나님의 주권적인 은혜의 역사라면, 자랑은 없어집니다. 그렇기 때문에 하나님이 주신 믿음의 분량을 그리스도인인 우리를 규정하고 평가하는 기준으로 삼음으로써, 바울은 자랑의 뿌리를 잘라 냅니다.

이제 바울이 믿음을 우리 자신을 지혜롭게 생각하는 수단으로 삼은 세 번째 이유를 살펴보겠습니다.

3. 하나님이 자기 백성에게 각기 다른 분량의 믿음을 주신 것은 그로 인해 서로 섬기고 섬김을 받으며 겸손히 서로 의존하게 하기 위해서입니다. 그렇게 함으로써 우리 모두가 같은 분량의 믿음을 가지고 있을 때보다 더 어렵지만 더 아름답고 더 하나님께 영광이 되는 연합을 다양성 속에서 이루게 됩니다.

우리가 세상 사람들처럼 자신이 우주의 중심(자율적이고 궁극적이며 자기 결정적인 의식의 중심)이라고 생각하면서 이 본문을 대한다면 아마 전혀 이해가 되지 않을 것입니다. 성경은 그런 전제를 거부합니다. "하나님께서 각 사람에게 나누어 주신 믿음의 분량대로 지혜롭게 생각하라." 하나님께서 주신 믿음의 분량은 그리스도인마다 다릅니다. 사실 같은 사람 안에서도 시시각각 다릅니다. 여기서 제기되는 세 가지 질문을 다뤄 보겠습니다.

3. 1. 우리는 저마다 다른 수준의 믿음을 경험합니까?

3. 2. 이것이 궁극적으로 하나님이 하시는 일임을 알 때 우리에게 도움이 됩니까, 아니면 상처가 됩니까?

3. 3. 우리 모두가 믿음 안에서 강건해지는 것이 하나님의 계시된 뜻이라고 할 때 하나님은 왜 교회 안에 다양한 믿음을 두실까요?

3. 1. 우리는 저마다 다른 수준의 믿음을 경험합니까?

우리는 이 질문에 대한 답을 경험으로 알고 있습니다. 답은 '그렇다'입니다. 믿음이 우리가 아닌 그리스도의 무한한 가치를 바라봄으로써 그분 안에서 하나님이 우리를 위해 예비하신 모든 것(그분의 완전하심과 선지자, 제사장, 왕, 대속물로서 그분이 행하신 모든 일)에 만족하는 것일진대, 그리스도를 바라보는 것이 수많은 일들로 인해 방해를 받고 그분 안에서 우리가 누리는 만족도 인생의 굴곡에 따라 심지어는 하루에도 수백 번 오르내린다는 것을 우리 모두 알고 있습니다. 누가 그렇지 않다고 말할 수 있겠습니까? 우리는 경험을 통해 이것을 압니다. 그러므로 믿음은 다른 사람과 비교해서 다를 뿐 아니라 우리 안에서도 시시각각 다르게 경험합니다. 믿음이 날마다 그리스도와의 살아 있는 관계 속에서 그분께 반응하는 것이 아니라, 그저 기계적인 것이라 이해하는 사람은 여기서 자유로울 수 있을지도 모릅니다.

하지만 이러한 경험이 성경에 비추어 맞는 것인지 확인해 보아야 합니다. 데살로니가후서 1장 3절을 보십시오. "형제들아 우리가 너희를 위하여 항상 하나님께 감사할지니 이것이 당연함은 너희의 믿음이 더욱 자라고 너희가 다 각기 서로 사랑함이 풍성함이니." 믿음은 고정되어 있지 않다고 분명히 언급합니다. 믿음은 자랄 수 있습니다. 물론 여기에는 믿음이 시들고 약해질 수 있다는 것도 함축되어 있습니다. 로마서 14장 1절을 보십시오. "믿음이 연약한 자를 너희가 받되." 다른 말로 하면, 어떤 사람은 믿음이 약하고 어떤 사람은 믿음이 강하다는 말입니다. 우리는 서로서로 그리고 자신 안에서도 다른 정도의 믿음을 경험합니다.

3. 2. 이것이 궁극적으로 하나님이 하시는 일임을 알 때 우리에게 도움이 됩니까, 아니면 상처가 됩니까?

다시 한 번 로마서 12장 3절을 보겠습니다. "하나님께서 각 사람에게 나누어 주신 믿음의 분량대로 지혜롭게 생각하라." 우리 믿음의 분량은 하나님의 선물이고, 하나님은 우리가 믿은 후에도 여전히 우리 삶을 주관하시므로 우리가 믿는 이유와 믿음의 분량에 대한 궁극적인 설명은 늘 하나님이 될 수밖에 없다는 성경의 가르침에 대해 사람들은 많은 반대 의견을 제기합니다.

그중 하나는, 우리가 이런 사실을 안다면 운명론자나 수동적이 되지 않겠느냐는 것입니다. 될 대로 되라는 식이 된다는 주장입니다. 일어날 일이 일어난다는 것이지요. 하나님이 궁극적으로 내가 믿을지, 얼마나 많이 믿을지를 결정한다면, 믿음의 싸움(딤전 6:12)은 의미가 없어집니다. 그래서 반대합니다.

이런 반대 의견에 대한 제 답은 '그렇지 않다'는 것입니다. 하나님이 주관하시고, 죄와 허물로 죽었던 사람들을 살리시며(엡 2:1-5), 거꾸로 가는 사람들을 돌이키실 수 있다면(눅 22:31-32; 애 5:21), 믿음의 싸움은 의미가 없어지는 게 아니라, 비로소 가능해집니다. 하나님의 결정적인 개입이 없다면, 믿음을 갖게 되고 믿음을 지키며 믿음 안에서 자라는 일 자체가 불가능하기 때문입니다(막 10:27).

이러한 생각 뒤에는 우리가 중립적인 위치에서 행동할 수 있고, 결정적으로 자신을 신자 혹은 불신자로 만들 수 있으며, 자신의 믿음을 강하게 혹은 약하게 만들 수 있다는 생각이 깔려 있습니다. 하지만 성경에 따르면, 우리는 중립적인 위치에서 시작하지 않고 부패함에서 시작합니다. 우리 마음은 딱딱하고 반역적이며 어둡고 그리스도의 영광에 대해서는 영적으로 죽어 있습니다. 우리가 믿기 위해서는 하나님이 우리 마음을 부드럽게 하셔서 굴복시키시고 보게 하시며 죽은 자 가운데서 살아나게 하셔야 합니다. 우리가 구원을 주시는 복음을 들을 때 약간의 떨림이라도 있다면, 그것은 하나님이 행하신 일입니다.

따라서 성경에 따르면, 신자는 하나님의 주권적인 능력이 믿음의 싸움을 '무의미하게' 한다고 말하지 않고, 오히려 믿음의 싸움을 '가능하게' 한다고 말합니다. 관련된 성경 구절들을 살펴보겠습니다.

빌립보서 2장 12-13절입니다. "… 두렵고 떨림으로 너희 구원을 이루라. 너희 안에서 행하시는 이는 하나님이시니 자기의 기쁘신 뜻을 위하여 너희에게 소원을 두고 행하게 하시나니." 하나님이 우리 안에서 소원을 두고 행하시는 것이 우리 행위를 무의미하게 만들지 않습니다. 오히려 그것을 가능하게 합니다. 고린도전서 15장 10절입니다. "그러나 내가 나 된 것은 하나님의 은혜로 된 것이니 내게 주신 그의 은혜가 헛되지 아니하여 내가 모든 사도보다 더 많이 수고하였으나 내가 한 것이 아니요 오직 나와 함께하신 하나님의 은혜로라."

우리 의지가 얼마나 연약하고 쉽게 변하는지 아는 사람들은 하나님께서 우리 믿음을 지켜 주시고, 전적으로 우리에게 맡겨 두지 않겠다고 약속하신 것이 큰 위안과 확신이 됩니다. "너희 안에서 착한 일을 시작하신 이가 그리스도 예수의 날까지 이루실 줄을 우리는 확신하노라." 그러므로 제자들이 예수님께 "우리에게 믿음을 더하소서!"(눅 17:5)라고 말하는 것은 무의미한 것이 아닙니다. 예수님은 그런 간절한 기도를 들으시며 이렇게 말씀하지 않으십니다. "그건 내 일이 아니라, 너희들 일이다."

그리고 믿음의 싸움에서 성경을 읽거나 혹은 영적 지도자들의 설교를 듣는 것도 무의미한 것이 아닙니다. 로마서 10장 17절을 보면, 이런 방법들을 친히 정하신 분이 하나님이시기 때문입니다. "그러므로 믿음은 들음에서 나며 들음은 그리스도의 말씀으로 말미암았느니라."

하나님은 우리 영적 삶에 있어서 궁극적이고 결정적인 행위자(worker)이시고, 그분의 일을 성취하시기 위해 여러 방법들을(기도나 그리스도의 말씀 같은) 정해 놓으셨습니다. 이것을 아는 것은 무척 중요하고 유익합니다.

3. 3. 우리 모두가 믿음 안에서 강건해지는 것이 하나님의 계시된 뜻이라고 할 때, 하나님은 왜 교회 안에 다양한 믿음을 두실까요?

완전한 답을 알 수 없을 때는 하나님의 지혜를 신뢰해야 합니다. 부분적으로는 답을 알고 있습니다. 로마서 15장 5-6절에서 그 답을 찾을 수 있습니다. "이제 인내와 위로의 하나님이 너희로 그리스도 예수를 본받아 서로 뜻이 같게 하여 주사 한마음과 한 입으로 하나님 곧 우리 주 예수 그리스도의 아버지께 영광을 돌리게 하려 하노라." 모두가 똑같은 믿음과 똑같은 영적 힘을 가졌을 때보다는, 은사도 다르고 믿음의 분량도 다른 신자들이 하나님의 은혜로 믿음이 더 크다고 교만하지 않고 믿음이 작다고 실망하지 않으면서 아름답게 조화를 이루어 갈 때 하나님께 더 큰 영광이 된다는 것을 하나님은 분명히 아셨습니다.

이런 식으로 한 번 생각해 보십시오. 데살로니가전서 5장 14절입니다. "또 형제들아 너희를 권면하노니 게으른 자들을 권계하며 마음이 약한 자들을 격려하고 힘이 없는 자들을 붙들어 주며 모든 사람에게 오래 참으라." 게으른 자나 마음이 약한 자나 힘이 없는 자들이 없었다면 특별하고 아름다운 사랑도 불가능했을 것입니다. 모두 똑같았을 것입니다.

하나님은 예수님이 오실 때까지 그리스도의 몸 안에 여러 다른 것들이 있게 하셨습니다. 하나님은 우리의 본성적인 부패함과 죄성을 조금씩 변화시켜 가십니다. 각기 다른 속도로, 다른 일관성으로, 다른 정도로 그렇게 하십니다. 그리고 이런 방식을 통해 하나님은 그분이 미워하시는 바로 그 죄가 그리스도의 몸 된 교회의 아름다움을 위해 일하도록 만드십니다. 하나님의 방법은 우리가 서로를 섬기고 섬김을 받으며 겸손히 의존하게 만들어서, 다양성 속에서 연합을 이끌어 내시는 것입니다. 이것은 우리의 믿음이 똑같았을 때보다 더 어렵지만 더 아름답고 더 하나님께 영광이 됩니다.

요약

따라서 다음과 같이 요약하면서 오늘 말씀을 맺겠습니다.

1. 성경을 통해 그리고 경험을 통해, 믿음은 자라기도 하고 쇠약해지기도 한다는 점을 알게 되었습니다. 그러니 교회와 신자 안에 약함과 강함의 정도가 다양하다는 사실에 놀라지 맙시다.

2. 성경에서 우리는 죄인들이 홀로 남게 되면 믿음은 쇠약해질 수밖에 없음을 배우게 됩니다. 그러므로 하나님께서 우리를 홀로 내버려 두지 않으시고 "자기의 기쁜 뜻을 위하여 우리에게 소원을 두고 행하신다"는 사실에 기뻐하십시오. 우리가 하나님이 계시하신 모든 것을 믿을 수 있고, 내일 아침에도 여전히 믿을 수 있음은 하나님이 전능하시고 은혜로우시다는 사실 때문입니다. 이로 인해 기뻐하십시오!

3. 낮고 연약한 믿음에 만족하지 마십시오. 하나님께서 "주 안에서와 그 힘의 능력으로 강건하여지라"(엡 6:10)고 명령하시기 때문입니다. 하지만 모든 연약함과 모든 능력이 "하나님께서 각 사람에게 나누어 주신 믿음의 분량대로" 섬기고 섬김을 받도록 합시다.

12장

믿음: 모든 영적 은사의 근간이자 특성

로마서 12:1-8

그러므로 형제들아 내가 하나님의 모든 자비하심으로 너희를 권하노니 너희 몸을 하나님이 기뻐하시는 거룩한 산 제물로 드리라. 이는 너희가 드릴 영적 예배니라. 너희는 이 세대를 본받지 말고 오직 마음을 새롭게 함으로 변화를 받아 하나님의 선하시고 기뻐하시고 온전하신 뜻이 무엇인지 분별하도록 하라. 내게 주신 은혜로 말미암아 너희 각 사람에게 말하노니 마땅히 생각할 그 이상의 생각을 품지 말고 오직 하나님께서 각 사람에게 나누어 주신 믿음의 분량대로 지혜롭게 생각하라. 우리가 한 몸에 많은 지체를 가졌으나 모든 지체가 같은 기능을 가진 것이 아니니 이와 같이 우리 많은 사람이 그리스도 안에서 한 몸이 되어 서로 지체가 되었느니라. 우리에게 주신 은혜대로 받은 은사가 각각 다르니 혹 예언이면 믿음의 분수대로, 혹 섬기는 일이면 섬기는 일로, 혹 가르치는 자면 가르치는 일로, 혹 위로하는 자면 위로하는 일로, 구제하는 자는 성실함으로, 다스리는 자는 부지런함으로, 긍휼을 베푸는 자는 즐거움으로 할 것이니라. _롬 12:1-8

오늘은 바울이 교회를 사람의 몸과 비교하는 부분을 살펴보겠습니다. 몸에 많은 지체를 가졌지만 한 몸인 것처럼, 교회에 많은 구성원이 있지만 서로 하나로 연결된 몸입니다. 4-6절 말씀을 읽으면서 상상해 보시기 바랍니다. "우리가 한 몸에 많은 지체를 가졌으나 모든 지체가 같은 기능을 가진 것이 아니니 이와 같이 우리 많은 사람이 그리스도 안에서 한 몸이 되어 서로 지체가 되었느니라[영어성경에는 여기에 마침표가 찍혀 있습니다. 하지만 헬라어 원문에는 구두점이 거의 사용되지 않기 때문에 5-6절은 이어진 문장으로 보아야 합니다] 우리에게 주신 은혜대로 받은 은사가 각각 다르니 혹 예언이면 믿음의 분수대로."

왜 하나님이 주신 믿음의 분량이 자기 평가의 기준이 되는가?

이제 이 구절들을 연결하는 다리를 놓기 위해 앞으로 돌아가 3절에 대해 제기했던 질문에 한 가지 답을 더해 볼까 합니다. 3절에서 바울은 "내게 주신 은혜로 말미암아 너희 각 사람에게 말하노니 마땅히 생각할 그 이상의 생각을 품지 말고 오직 하나님께서 각 사람에게 나누어 주신 믿음의 분량대로 지혜롭게 생각하라"고 말합니다. 그래서 우리는 이렇게 질문했습니다. "바울, 당신은 왜 하나님이 주신 믿음의 분량이 자기를 평가하는 기준이 되어야 한다고 말하는 겁니까?" 이 질문에 대해 세 가지로 답했습니다.

1. 믿음의 독특한 속성상 우리가 영광을 받지 않고 모든 관심을 그리스도께로 향하게 하기 때문입니다. 믿음은 우리 자신에게서 눈을 들어 무한히 가치 있으신 예수님을 우리 영혼을 만족시키는 보화로 바라보게 합니다. 따라서 우리 자신을 믿음이라는 잣대로 평가한다고 했을 때, 한 인격체로서 나의 가치는 자신이 그리스도를 얼마나 가치 있는 분으로 여기는가(혹은 적어도 잠재적으로 그리스도를 얼마나

가치 있는 분으로 여기는가)에 달려 있습니다.

2. 믿음은 하나님이 주신 선물이므로 자랑할 수 없다는 점에서 우리의 자기 평가 기준이 됩니다. 그래서 믿음이 자라서 나의 유용성이 높아진다 해도, 거기에는 자랑할 것이 없습니다. 모든 영광이 하나님께 돌아갑니다.

3. 믿음이 자기 평가의 기준이 되는 또 다른 이유는, 신자마다 믿음이 각기 다른 분량으로 측정되고 따라서 우리는 다양성 속에서 일종의 상호 의존적인 연합을 이루기 때문입니다. 똑같은 믿음을 갖지 않고 각기 다른 분량의 믿음을 가지고 하나로 연합을 이루기에 더 어렵고 (그렇기에) 더 아름다우며 더 하나님께 영광이 됩니다.

4. 이제 여기에 덧붙이고 싶은 것이 하나 더 있습니다. 바울이 믿음을 자기 평가의 기준으로 삼은 이유는, 믿음이 모든 영적 은사의 근간일 뿐 아니라, 그 은사들이 단순히 우리에게 있는 자연적인 재능으로 머물지 않고 영적인 은사가 되도록 하는 특성(trait)이기 때문입니다. 그러므로 믿음은 모든 영적 은사들을(크건 작건 상관없이) 우리의 것이 아닌 하나님의 속성으로 만듭니다.

먼저, 믿음이 영적 은사의 근간이고, 자연적인 재능을 영적인 재능으로 바꾸는 특성이라고 말한 것이 무슨 의미인지 설명해 보겠습니다. 그런 다음 이러한 의미를 확인하기 위해 본문을 세 부분으로 나누어 살펴보고자 합니다.

영적 은사의 근간이자 힘으로서의 믿음

믿음이 영적 은사의 '근간'이라고 말한 이유는, 믿음은 우리 자신의 자원과 자연적인 재능을 보지 않고, 모든 것을 충족시키는 그리스도의 충만하심을 모든 은혜의 원천으로 받아들이기 때문입니다. 또한 믿음은 자연적 능력이나 행동을 영적 은사로 바꾸어 주는 힘이라고 말씀드렸습니다(믿음 없이는 초자연적 은혜를 전달할 수 없기 때문입니다). 자연적 재능은 자연적인 것들을 전달합니다. 마찬가지로, 영적 은사는 영적인 것들(믿음, 소망, 사랑, 하나님 안에 있는 기쁨, 정결함을 향한 갈망, 그리스도로 인해 용기를 내는 것 등)을 전달합니다.

따라서 믿음은 생명을 주시는 하나님의 은혜에서 비롯하고 그 은혜에 의존하는 영적 은사들이 나오는 '근간'일 뿐 아니라, 그런 은사들을 자연적인 것에서 영적인 것으로 바꾸는 결정적인 '특성'이 됩니다. 믿음은 하나님의 후함이라는 강물에서 은혜를 퍼 올리고, 영적 은사들을 사용해 그 은혜를 다른 사람에게 전달합니다. 베드로가 베드로전서 4장 10절에서 은사에 대해 말한 것도 바로 이런 의미입니다. "각각 은사(charisma)를 받은 대로 하나님의 여러 가지 은혜(charitos)를 맡은 선한 청지기같이 서로 봉사하라." 믿음으로 하나님의 은혜를 새롭게 경험하고 나서 그 은혜를 다른 사람에게 전하여 다른 사람들의 믿음이 굳건해진다면, 은혜를 전하는 그 수단이(그것이 무엇이든 상관없습니다) 우리의 은사가 되는 것입니다. 어떤 능력이나 행동이 되었든 믿음을 통해 하나님으로부터 사람에게 은혜를 전하는 것은 전부 영적인 은사라 할 수 있습니다.

가르침을 예로 들어 보겠습니다. 가르치는 데 타고난 재능이 있는 사람들이 있습니다. 그들이 어떤 주제를 설명해도 사람들이 빨리 이해하고, 무엇이든 쉽고 명확하게 잘 설명한다는 칭찬을 듣는다고 합시다. 그러나 이것은 오늘 우리가 살펴보고 있는 로마서 12장 7절이 말하는 영적 은사로서의 가르침과는 다릅니다. 타고난 재능이 있는 사람들은 다른 사람들에게 자연적인 것들을 잘 전달해 줄 수 있습니다. 하지만 이런 재능은 구원하는 은혜나 정결케 하는 은혜를 전달할 수는 없습니다.

그런데 재능 있는 교사가 회심하여 그리스도께로 돌아와 자신의 능력에 의존하기를 멈추고, 대신 그리스도를 신뢰하여 초자연적 은혜를 받아들이고 그것을 전달하게 되면, 가르치는 그의 재능은 영적 은사, 즉 하나님의 은혜를 다른 사람들에게 전달하여 그들이 영적 유익을 누릴 수 있도록 해주는 수단이 될 수 있습니다. 하나님은 또한 가르치는 데 타고난 재능이 없는 사람도 선택하셔서 그의 마음과 생각을 변화시켜 능력과 영적 은사를 새롭게 만드실 수도 있습니다.

믿음이 영적 은사의 근간이고, 믿음을 통해 자연적인 재능이 영적 은사로 바뀌게 된다는 말의 의미가 바로 이것입니다. 이러한 이해를 뒷받침하고 좀 더 폭넓게 설명하고 있는 오늘 본문을 세 부분으로 나누어 살펴보겠습니다.

4.1. 은사는 우리에게 주신 은혜에 따라 다르다

먼저, 6절 상반절을 보겠습니다. "우리에게 주신 은혜(grace, charin) 대로 받은 은사(gifts, charismata)가 각각 다르니." 은사는 우리에게 주신 은혜에 따라 다릅니다. 하나님께서 우리를 통해 다른 사람에게 전달하시고자 하는 은혜는 그 종류나 정도가 다릅니다. 이런 이유로 우리의 은사도 다릅니다. 따라서 은사는, 하나님으로부터 다른 사람에게로 은혜를 전달하는, 하나님이 주신 인간적(human) 수단입니다.

여기 6절에서 사용된 '은사'에 해당하는 헬라어가 '카리스마타'(charismata)라는 것을 알면 이 점이 더욱 분명해집니다. '카리스마타'에서 '카리스마적인'(charismatic)이라는 단어가 나왔고, '은혜'에 해당하는 헬라어 '카린'(charin)도 '카리스'(charis)에서 나왔습니다. 따라서 이 단어들이 어떻게 연결되어 있는지 알 수 있습니다. 은사(카리스마)는 은혜(카리스)가 표현된 것입니다. 제임스 던은 이에 대해 이렇게 말합니다.

> 특히 이 부분에서(6절에서) '은사'(카리스마)는 은혜(카리스)가 언어로 혹은 행동으로 구체화하여 표출된 것임이 분명해진다. … 은혜(카리스)는 하나의 원천이며 그것으로부터 은사(카리스마)가 특정한 형태로 표출되는 것으로 이해할 때, 그러니까 물의 근원으로부터 물줄기가 어느 때는 특별히 강하게 혹은 보다 일정하게 흘러나오는 것으로 이해할 때, 이 두 단어 사이에서 매우 중요한 균형을 유지할 수 있다.*

다른 말로 하면, 은사는 은혜의 표출 혹은 확장입니다. 은사는 인간적인 수단을 통해 하나님의 은혜를 다른 사람들에게 전달하여 그들을 믿음과 소망과 사랑 안에서 더욱 굳건하게 하고 치유하고 인도하는 등의 유익을 줍니다. 제가 드리고 싶은 말씀은, 믿음은 자신

*James D. G. Dunn, *Word Biblical Commentary, Romans 9-16*, p. 725.

의 힘을 의지하지 않고 이러한 하나님의 은혜를 받아들이고 그 능력에 의지하여 우리를 통해 다른 사람들이 유익을 얻게 하려는 영혼의 행위라는 것입니다.

로마서 1장 11-12절에서 바울이 말한 내용이 이것입니다. "내가 너희 보기를 간절히 원하는 것은 어떤 신령한 은사를 너희에게 나누어 주어 너희를 견고하게 하려 함이니 이는 곧 내가 너희 가운데서 너희와 나의 믿음으로 말미암아 피차 안위함을 얻으려 함이라." "너희에게 어떤 신령한 은사를 나누어 주고 싶다"고 말한 다음 "내 믿음으로 너희를 견고하게 하고 싶다"고 말한 것을 보면, 우리가 다른 사람에게 은혜를 전하고 그들을 견고하게 하기 위하여 사용하는 것이 바로 믿음이라는 사실을 알게 됩니다.

하나님의 은혜가 우리에게 임하고, 우리 안에서 역사하고, 우리를 통해 전달될 때마다, 우리가 그 은혜를 받아 전달하도록 하나님이 사용하시는 도구가 믿음이라고 말해야 옳습니다. 그러니 우리의 영적 은사를 우리가 마땅히 생각해야 하는 것보다 더 높게 생각하지는 맙시다. 지혜롭게 생각합시다. 즉, 믿음으로 우리의 영적 은사들을 헤아리고, 믿음은 우리 자신을 보는 것이 아니라 하나님이 거저 주시는 은혜의 풍성함을 바라보는 것임을 명심합시다. 우리는 칭의와 성화뿐 아니라 영적 은사들도 이렇게 바라보아야 합니다.

4.2. 바울은 영적 은사에 대해 가르친 내용을 몸소 실천한다

이제 오늘 본문에서 이러한 이해를 뒷받침하는 두 번째 부분을 보겠습니다. 3절을 보십시오. "내게 주신 은혜로 말미암아 너희 각 사람에게 말하노니." 이 부분을 6절과 비교해 보십시오. "우리에게 주신 은혜대로 받은 은사가 각각 다르니." 여기서 알 수 있는 것은, 지금 바울이 영적 은사에 대해 가르친 내용을 자신이 몸소 실천하고 있다는 점입니다.

바울에게는 사도의 은사가 있습니다(롬 1:5). 그는 이 은사에 엄청난 권위가 있음을 압니다(고후 10:8, 13:10). 우리에게는 이런 은사가 없습니다. 사도들은 교회의 기반이었습니다(엡 2:20). 우리는 그들의 가르침 위에 세워질 뿐, 그 가르침을 확장하지 않습니다. 그들의 은사는 계시이고 기반이었습니다. 우리의 은사는 이해이고 적용입니다.

하지만 그 모든 권위에도 불구하고, 바울은 3절에서 자신이 그리스도의 사도로서 말하고 쓸 때, 영적 은사를 사용하는 모든 사람과 마찬가지로, 여전히 자신을 보지 않고 하나님의 은혜에만 전적으로 의존할 뿐이라고 분명히 말합니다. "내게 주신 은혜로 말미암아 너희 각 사람에게 말하노니." 바울은 그리스도를 대변하거나 그리스도를 위해 글을 쓸 때마다, 자신이 아닌 은혜에만 의존하고 있습니다. 이것이 바로 영적 은사를 사용한다는 것의 의미입니다. 그리고 그러한 의존을 '믿음'이라고 부릅니다.

그래서 바울은 로마서를 통해 그리스도의 교회로 흘러오는 모든 축복은 전적으로 믿음을 통한 은혜임을 분명히 함으로써 자신을 낮춥니다(자신과 자신에게 있는 사도의 은사를 너무 높게 생각하지 않습니다). 한 사람이 다른 사람보다 낫다고 자랑할 것이 없습니다. 심지어 사도일지라도 그렇습니다.

4.3. 믿음의 분량에 맞는 은사를 사용하라

이제 믿음이 영적 은사의 근간임을 보여 주는 6절로 다시 한 번 돌아가 세 번째 고찰을 해보겠습니다. "우리에게 주신 은혜대로 받은 은사가 각각 다르니 혹 예언이면 믿음의 분수대로."

여기서 바울은 영적 은사와 믿음의 관계에 대해 적어도 한 가지를 분명히 보여 줍니다. 그는 예언의 은사의 경우, "믿음의 분수대로"(in proportion to your faith) 그 은사를 사용하라고 말합니다. "믿음의 분수대로"라는 표현은 3절 마지막 부분과 아주 유사합니다. "오직 하나님께서 각 사람에게 나누어 주신 '믿음의 분량대로'(to the measure of faith) 지혜롭게 생각하라." 3절에 나오는 "믿음의 분량"과 6절에 나오는 "믿음의 분수"는 아마도 같은 말일 것입니다.

3절의 요지가 자신을 너무 높게 여기지 말고 하나님이 주신 믿음의 분량대로 판단하라는 것이라면, 여기 6절의 요지는 어떤 은사를 사용할 때 좀 더 영적으로 보이게 하려고 가장하지 말고 솔직하게 믿음의 분수대로 은사를 사용하라는 것입니다. 다른 말로 하면, 이 두 구절에서 문제 삼는 것은 교만입니다. 이러한 교만에 대한 해독제는 믿음입니다. 그렇습니다. 다른 사람을 복되게 하기 위해 은사를 사용하십시오. 서로에게 은혜를 전달하십시오. 거짓으로 겸손을 가장하지 마십시오. 종교적 속임수라는 덫에 빠지지 마십시오. 영적으로 보이려고 종교적인 일을 하지 마십시오. 대신 "믿음의 분수대로" 말과 행동으로 서로를 섬기십시오. 이에 대한 실제적인 예를 몇 가지 들어보겠습니다.

- 믿음이 자라면 그리스도에 대한 비전도 명확해집니다. 따라서 이런 믿음의 분량대로 은사를 사용한다는 것은, 그리스도를 더욱 분명하게 드러내기 위해 은사를 사용한다는 의미입니다. 그리스도를 전하는 우리의 말은 더욱 명료해지고 더욱 도전을 주고 더욱 성경적인 것으로 드러날 것입니다.
- 믿음이 자라면 그리스도를 더욱 가치 있는 분으로 여기게 됩니다. 따라서 이런 믿음의 분량대로 은사를 사용한다는 것은, 그리스도의 가치가 더욱 드러나게 하려는 열망으로 은사를 사용한다는 의미입니다.
- 믿음이 자라면 우리를 도우시겠다는 그리스도의 약속을 더욱 신뢰하게 됩니다. 따라서 이런 믿음의 분량대로 은사를 사용한다는 것은, 더욱 확신 있고 담대하게 그리고 용기 있게 은사를 사용한다는 의미입니다.
- 믿음이 자라면 그리스도는 언제나 동일하시고 성실하심을 더욱 신뢰하게 되어 믿음이 더욱 견고하고 단단해집니다. 따라서 이런 믿음의 분량대로 은사를 사용한다는 것은, 좀 더 꾸준하고 회복력이 있는 인내로 은사를 사용한다는 의미입니다.
- 믿음이 자라면 그리스도의 긍휼하심을 좀 더 명확하게 깨닫고 경험하면서 자신의 무가치함을 더욱 신랄하게 느끼게 됩니다. 따라서 이런 믿음의 분량대로 은사를 사용한다는 것은, 좀 더 낮은 자세로 좀 더 겸손하게 은사를 사용한다는 의미입니다.
- 믿음이 자라면 모든 것을 만족시키는 그리스도의 크심을 더욱 충만하게 보고 경험하게 됩니다. 따라서 이런 믿음의 분량대로 은사를 사용한다는 것은, 보다 큰 기쁨 가운데 은사를 사용한다는 의미입니다.

바울의 요지는, 이런 것들을 가짜로 보여 주려고 애쓰지 말라는 것입니다. 종교적인 위선자가 되지 마십시오. 열정과 용기와 겸손과 기쁨을 가장하지 마십시오. 겉치레하는 데 힘을 쓰지 마십시오. 믿음을 세우는 일에 힘을 쓰십시오. 은사들은 오직 믿음에서 나오고, 진짜 믿음의 분량대로 사용할 때 실제로 생명을 줄 수 있습니다. 이러한 믿음을 위해 분투하십시오. 겉으로만 그런 척하려고 애쓰지 마십시오.

요약

바울은 하나님께서 우리에게 주신 믿음의 분량대로 자신을 평가하라고 말합니다. 왜냐하면 믿음이 모든 영적 은사의 근간이고 자연적인 능력을 영적 은사로 바꾸는 특성이기 때문입니다. 따라서 믿음(자신이 아닌 하나님을 바라보는 것)은 모든 영적 은사들을 자신의 것이 아닌 하나님이 은혜로 주신 것으로 보게 해줍니다.

6절에서 이에 대해 확인할 수 있었습니다. "우리에게 주신 은혜대로 받은 은사가 각각 다르니." 은사는 믿음으로 받은 은혜를 전달하는 수단입니다.

3절에서도 이를 확인할 수 있었습니다. "내게 주신 은혜로 말미암아 너희 각 사람에게 말하노니." 바울은 본을 보여 주기 위해 자신이 사도로서 가르치는 은사를 사용하는 것도 은혜로 가능하고 모든 가르침은 그 은혜에 의존해서 한다는 것을 말했습니다.

마지막으로 6절 하반절에서도 이를 확인할 수 있었습니다. "혹 예언이면 믿음의 분수대로." 다른 말로 하면, 그리스도의 몸 된 교회인 우리 베들레헴교회도 스스로를 너무 과대평가하지 말라는 것입니다. 있는 그대로 보아야 합니다. 믿음을 위해 기도하고 믿음이 성장하기를 구해야 하지만, 현재로서는 자신이 가진 믿음의 분량대로 우리가 맡은 사역(혹은 은사)을 해나가는 것을 배워야 합니다.

13장

믿음의 분량대로 은사 사용하기(1부): 예언의 은사

로마서 12:1-8

그러므로 형제들아 내가 하나님의 모든 자비하심으로 너희를 권하노니 너희 몸을 하나님이 기뻐하시는 거룩한 산 제물로 드리라. 이는 너희가 드릴 영적 예배니라. 너희는 이 세대를 본받지 말고 오직 마음을 새롭게 함으로 변화를 받아 하나님의 선하시고 기뻐하시고 온전하신 뜻이 무엇인지 분별하도록 하라. 내게 주신 은혜로 말미암아 너희 각 사람에게 말하노니 마땅히 생각할 그 이상의 생각을 품지 말고 오직 하나님께서 각 사람에게 나누어 주신 믿음의 분량대로 지혜롭게 생각하라. 우리가 한 몸에 많은 지체를 가졌으나 모든 지체가 같은 기능을 가진 것이 아니니 이와 같이 우리 많은 사람이 그리스도 안에서 한 몸이 되어 서로 지체가 되었느니라. 우리에게 주신 은혜대로 받은 은사가 각각 다르니 혹 예언이면 믿음의 분수대로, 혹 섬기는 일이면 섬기는 일로, 혹 가르치는 자면 가르치는 일로, 혹 위로하는 자면 위로하는 일로, 구제하는 자는 성실함으로, 다스리는 자는 부지런함으로, 긍휼을 베푸는 자는 즐거움으로 할 것이니라. _롬 12:1-8

예언(prophecy)의 은사는 무엇을 말하는 것일까요? 성경 말씀과 어떻게 연결될까요? 이 은사는 오늘날에도 행해질까요? 그리고 이 은사를 어떻게 "믿음의 분수대로" 사용할 수 있을까요? 이 질문들이 오늘 제가 다뤄 보고 싶은 주제입니다. 로마서 12장 6절 말씀에 집중해 보겠습니다. "우리에게 주신 은혜대로 받은 은사가 각각 다르니 혹 예언이면 믿음의 분수대로."

앞의 질문들에 답하기 위해서는 로마서를 벗어나야 합니다. 로마서에서는 예언의 은사가 무엇을 말하는지에 대해 설명하지 않기 때문입니다. 바울이 그렇게 한 데에는 어떤 뜻이 있을 것입니다. 그리스도인들이 그리스도를 영접하고 신앙생활을 시작하는 초기에 이미 영적 은사에 대해 배웠다는 전제가 깔려 있다는 뜻일 수도 있습니다. 따라서 그러한 가르침에 익숙하지 않다면 오늘 우리가 살펴볼 내용에 특별히 더 귀를 기울여야 합니다.

경건한 학자들도 의견이 분분한 문제

확고하게 성경을 믿는 훌륭한 그리스도인들 사이에서도 신약성경이 말하는 예언의 은사에 대해서는 서로 의견이 다릅니다. 성경은 하나님의 영감으로 된 것으로 무오하며 온전히 하나님의 계시라고 믿는 사람들 사이에서도 의견이 갈립니다.

예를 들어, 웨인 그루뎀은 『신약성경이 가르치고 지금도 사용되는 예언의 은사』(*The Gift of Prophecy in the New Testament and Today*)라는 책에서 한 가지 견해를 피력합니다. 리처드 개핀은 『구속사와 오순절 성령 강림』(*Perspectives on Pentecost: New Testament Teaching on the*

Gifts of the Holy Spirit)에서 다른 의견을 피력합니다. 그래서 저는 이 견해들을 소개하고 제 의견을 말씀드린 뒤, 이러한 다른 주장들에도 불구하고 우리가 어떻게 성경적으로 살 수 있는지에 대해 말씀드리려고 합니다.

그 전에 한 가지 알아 두셔야 할 것이 있습니다. 예언을 단지 예측(predictions)으로 생각해서는 안 된다는 것입니다. 예측은 성경적 예언의 한 측면일 뿐 전부는 아닙니다. 예언(豫言)은 예언(미리 말하기, foretelling)일 뿐 아니라 대언(forth-telling)이기도 합니다. 구약의 예언자는 회개가 필요한 사람들의 도덕적 상태를 지적하거나 다가올 심판을 경고하면서 하나님을 대변했습니다.

리처드 개핀

이제 신약의 예언에 대해 쌍벽을 이루는 해석을 살펴보겠습니다. 리처드 개핀은 신약의 예언은 완전한 신적 권위를 갖추고 있으므로 사도들의 저술과 마찬가지로 영감 있고 무오한 것으로 여겨야 한다고 주장합니다. 그렇기 때문에 이런 의미에서 예언이 그쳤다고 믿습니다. 오늘날에는 로마서 12장 6절에 나오는 이 은사가 유효하지 않다고 본 것입니다. 만일 이 은사가 오늘날에도 유효하다면, 지금도 예언의 말들을 받을 것이고 그러면 신약은 모든 새로운 계시들로 점점 더 길어질 것이라고 말합니다.

웨인 그루뎀

반면, 웨인 그루뎀은 신약의 예언은 성경과 같은 방식으로 영감을 받았지만 무오한 것은 아니라고 주장합니다. 오히려 예언은 하나님께서 마음에 즉흥적으로 주신 어떤 것에 대한 인간의 보고(report)라고 말합니다. 가르침이 성경의 기록된 본문에 바탕을 두었다면, 이와 달리 예언은 하나님이 (다른 방법으로는 알거나 말하지 못했을 어떤 정보를) 우리의 생각에 심어 주시는 즉각적으로 떠오르는 감동에 바탕을 둡니다.

예를 들어, 소그룹 모임이나 기도 모임에서 누군가 하나님께 이끌려 "상해에 있는 우리 지교회가 영적으로 어려움을 당하고 공격을 받고 있다는 느낌이 듭니다"라고 말했는데, 다음 날 받은 이메일에 그런 내용이 담겨 있고 사람들의 기도가 응답되었다는 내용이 있었다면, 이것은 예언의 은사를 사용한 것입니다. 혹은 찰스 스펄전이 런던에서 설교를 하던 도중에 한 젊은이를 가리키며 "젊은이, 주머니에 든 장갑은 돈을 지불하지 않았군"이라고 말한 것도 아마 예언의 은사를 사용한 경우일 것입니다. 혹은 스펄전이 또 다른 경우에 "여기 신발 만드는 분이 계시군요. 그런데 주일마다 가게 문을 열고 있군요. 지난 주일에도 문을 열었는데, 총 9페니를 벌어서 4페니를 순이익으로 남겼습니다. 그분은 4페니에 자신의 영혼을 사탄에게 판 셈입니다!"*라고 말한 것도 예언의 은사를 사용한 것입니다. 두 경우 모두 사실로 밝혀졌고 회개를 불러 왔습니다.

*Vern Poythress, "Modern Spiritual Gifts as Analogous to Apostolic Gifts: Affirming Extraordinary Works of the Spirit Within Cesssationist Theology," in *Journal of the Evangelical Theological Society* 39/1 (March, 1996): 85.

혹은 예언의 은사를 이런 식으로 정의한다면, 제가 지난 주에 한 행동도 예언의 은사를 사용한 것으로 볼 수 있습니다. 저는 지난주일 설교를 하면서 "IDS 타워(미네아폴리스에서 가장 높은 곳—옮긴이) 36층에서 부유한 사업가와 함께 성경공부를 하는 것은 구제 사역은 아니지만 중요하고 가치 있으며 필요한 일입니다"라고 말했습니다. 예배가 끝난 후 한 여성이 기쁨이 가득한 얼굴로 제게 오더니 자신이 그 주에 IDS 타워 36층에서 부유한 사업가와 만나 사역 가능성에 대해 이야기를 나누었는데 아무래도 잘될 것 같다고 말했습니다. 그 여성은 제 말을 하나님이 주신 응답으로 받아들였습니다.

저는 이미 그루뎀이 생각하는 예언의 의미가 옳다는 쪽에 손을 들었습니다. 하지만 이런 것이 신약 시대의 예언이었다는 그루뎀의 말이 혹시 틀렸다 할지라도 그런 경험은 여전히 유효합니다. 번 포이트레스(Vern Poythress)가 〈복음주의 신학회 저널〉(Journal of the Evangelical Theological Society)에 실린 매우 유용한 글에서 주장한 내용이 바로 이것입니다.

신약의 증거

따라서 신약의 증거를 한 번 보겠습니다. 요점만 말씀드리겠습니다. 토론 내용 전체를 알고 싶으시면 그루뎀과 개핀의 책을 읽어 보거나 우리 교회 홈페이지에서 제가 "열정, 능력, 하나님의 나라"(Compassion, Power, and the Kingdom of God)라는 제목으로 설교한 내용을 보십시오. 그 외에 도움이 되는 책으로는 그레이엄 휴스톤이 쓴 『예언: 오늘날의 은사인가?』(*Prophecy: A Gift for Today?*)가 있습니다(이 책은 간단하면서도 그루뎀의 기본 입장을 아주 잘 변호하고 있습니다).

먼저, 예언의 은사를 오늘날에도 유효한 것으로 다뤄야 한다는 의견을 옹호하는 몇 가지 주장들이 있습니다(이는 하나님께서 마음에 떠오르게 하신 어떤 것을 기반으로 하는 것이지, 반드시 무오한 것으로 이해하거나 받아들여야 한다는 의미는 아닙니다).

사도행전 2장 17절에서 베드로는 오순절 사건을 예언자 요엘의 말을 인용하며 설명합니다. "하나님이 말씀하시기를 말세에 내가 내 영을 모든 육체에 부어 주리니 너희의 자녀들은 예언할 것이요 너희의 젊은이들은 환상을 보고 너희의 늙은이들은 꿈을 꾸리라."

이 말씀은 말세(바로 우리 시대입니다!)가 어떠할지에 대한 내용입니다. 예언이 모든 사람에게 가능한 경험이 되리라 말하는 것으로 보입니다.

고린도전서 14장 1-4절에서 바울은 온 교회에게 이렇게 말합니다. "사랑을 추구하며 신령한 것들을 사모하되 특별히 '예언'을 하려고 하라. 방언을 말하는 자는 사람에게 하지 아니하고 하나님께 하나니 이는 알아 듣는 자가 없고 영으로 비밀을 말함이라. 그러나 예언하는 자는 사람에게 말하여 덕을 세우며 권면하며 위로하는 것이요 방언을 말하는 자는 자기의 덕을 세우고 예언하는 자는 교회의 덕을 세우나니."

이 말은 예언이 교회의 권위 있는 특정 그룹의 전유물이 아니라 교회 구성원 전체의 은사라는 의미로 사용한 것이 분명합니다. 그리고 예언 사역은, 덕을 세우며 권면하며 위로하는 것이라고 명료하게 표현하고 있습니다.

고린도전서 14장 29-32절에서는 이렇게 말합니다. "예언하는 자는 둘이나 셋이나 말하고 다른 이들은 분별할 것이요 만일 곁에 앉아 있는 다른 이에게 계시가 있으면 먼저 하던 자는 잠잠할지니라. 너희는 다 모든 사람으로 배우게 하고 모든 사람으로 권면을 받게 하기 위하여 하나씩 하나씩 예언할 수 있느니라. 예언하는 자들의 영은 예언하는 자들에게 제재를 받나니."

여기서 두 가지 중요한 점이 나옵니다. 하나는 예언이 '계시'에 근거한다는 것입니다. 30절입니다. "만일 곁에 앉아 있는 다른 이에게 계시가 있으면 먼저 하던 자는 잠잠할지니라." 제가 예언의 은사는 하나님께서 마음에 떠오르게 하신 어떤 것에 근거한다고 말씀드린 것이 바로 이런 이유에서입니다. 본문 해설에 기반을 두는 가르침과는 정확히 같지는 않습니다. 하나님께서 마음에 좀 더 직접적으로 떠오르게 한 어떤 것에 근거를 둡니다.

하지만 29절에서는 이렇게 말합니다. "다른 이들은 분별(weigh, diakrinetosan)할 것이요." 아주 흥미로운 부분입니다! 말하는 그 사람이 "진짜 예언자"인지 아닌지에 초점이 있지 않습니다. 이 말은 예수님께서 "그들의 열매로 그들을 알지니"(마 7:16)라고 말씀하신 것과는 다릅니다. 여기서는 '말한 것'에 초점이 맞추어져 있습니다. 그리고 그 말한 것을 조심스럽게 의심해 보라는 의미입니다. 제가 이렇게 말씀드리는 이유는 이 단어(weigh)에 그런 함의가 있기 때문입니다. 다른 말로 하면, 확인하고 따져 보라는 말입니다. 즉, 이 말은 바울이 비록 널리 장려하긴 했지만 예언의 은사는 궁극적이고 결정적인 권위를 갖지 '않는다'는 말입니다. 궁극적이고 결정적인 권위는 성경이 갖습니다. 예언의 은사를 통해 받은 신적 계시라고 주장하는 어떤 것이 아닌, 바울이 영감을 받아 적은 글들이 결정적입니다. "만일 누구든지 자기를 선지자나 혹은 신령한 자로 생각하거든 내가 너희에게 편지하는 이 글이 주의 명령인 줄 알라"(고전 14:37).

데살로니가전서 5장 20-21절에서도 같은 내용을 발견하게 됩니다. "예언을 멸시하지 말고 범사에 헤아려 좋은 것을 취하고." 다른 말로 하면 예언을 통해 오는 것 중에는 좋은 것도 있고(이것은 취하고) 그렇지 않은 것도(이것은 버려야 합니다) 있다는 말입니다. 예언의 은사는 성경과 같은 것이 아닙니다. 그러므로 예언은 성경 아래 있고 성경의 시험을 거쳐야 하며 성경의 정보를 제공받은 영적 지혜입니다.

고린도전서 13장에서 바울은 사랑 없이 영적 은사들을 잘못 사용하는 것에 대해 경고합니다. 8-10절에서 바울은 이렇게 말합니다. "사랑은 언제까지나 떨어지지 아니하되 예언도 폐하고 방언도 그치고 지식도 폐하리라. 우리는 부분적으로 알고 부분적으로 예언하니 온전한 것이 올 때에는 부분적으로 하던 것이 폐하리라." 문맥상 "온전한 것"이 온다는 것은 그리스도의 재림을 말하는 것이 거의 확실합니다. 왜냐하면 12절에서 "지금은 내가 부분적으로 아나 그때에는 주께서 나를 아신 것같이 내가 온전히 알리라"고 말하고 있기 때문입니다. 이 일은 그리스도가 재림하실 때 일어날 일입니다. 따라서 여기서 함축하는 것은 부분적이고 불완전한 은사인 예언과 방언과 지식이 그리스도가 오실 때까지는 계속될 것이라는 의미입니다.

이런 견해에 대해 한 가지 더 살펴볼 것이 있습니다. 고린도전서 14장 1절은 교회에게 이렇게 말합니다. "사랑을 추구하며 신령한 것들을 사모하되 특별히 예언을 하려고 하라." 즉, 우리 모두 특히 예언을 하려고 사모해야 한다는 말입니다. 만일 이 은사가 성경의 권위와 맞먹는 권위를 갖고 있고 소수의 사람들에게만 적용된다면 이 말씀은 틀린 것입니다. 하지만 예언이 신자라면 누구나 사용할 수 있는 은사라고 한다면(하나님께서 서로의 유익을 위해 마음에 떠오르게 하신 통찰을 말한다면) 이 말씀은 확실히 맞습니다.

따라서 이런 이유들로 인해 저는 예언의 은사가 오늘날에도 유효하고, 예언은 성경과 같은 권위를 갖지 않지만 귀중하며, 우리가 알지 못하거나 말하지 못했을 어떤 것을 성령의 인도하심으로 표현하는 것이고, 특별한 순간에 강력한 확신이나 권고나 위로를 불러일으켜 믿음을 일깨우거나 세워 주는 것이라고 생각합니다. 예언은 우리가 통제할 수 없는 어떤 것이 아니라, 통찰에 근거한 어떤 주장으로 간주되어야 합니다. 예언은 틀릴 수 있습니다. 인간이라는 통로가 죄악 되고 오류가 있고 유한하기 때문에 예언은 맞을 수도 있고 틀릴 수도 있습니다(이 부분에 대해서는 포이트레스의 책 85-88쪽을 보면 도움이 됩니다).

두 가지 중요한 반대 의견

이 견해에 반대하는 사람들은 적어도 두 가지 문제를 제기합니다. 이 문제들은 아주 중요합니다. 저는 이 문제들을 과소평가하지 않습니다. 하나는 고린도전서 12장 28절에서 비롯됩니다. 여기서 바울은 몇 가지 영적 은사들을 나열하면서 예언을 사도직과 가르침의 은사 중간에 놓습니다. "하나님이 교회 중에 몇을 세우셨으니 첫째는 사도요 둘째는 '선지자'(prophets)요 셋째는 교사요 그 다음은 능력을 행하는 자요 그 다음은 병 고치는 은사와 서로 돕는 것과 다스리는 것과 각종 방언을 말하는 것이라." 예언이 가르침보다 더 권위 있는 것이 아니라면 왜 예언의 은사를 가르침 앞에 놓았겠습니까? 좋은 질문입니다. 답은 '저도 모른다'입니다. 몇 가지 그럴듯한 추측을 할 수 있겠지만 여기서 필요한 것은 아니라고 생각합니다. 하지만 여기 제시된 단어의 순서만 가지고는 우리가 지금까지 살펴본 다른 내용들을 뒤집어엎을 수 있다고 생각하지 않습니다.

두 번째 문제 제기는 에베소서 2장 20절에서 비롯됩니다. 여기서 바울은 교회가 "사도들과 선지자들의 터 위에 세우심을 입었고, 그리스도 예수께서 친히 모퉁잇돌이 되셨다"고 말합니다. 이것은 구약의 선지자들을 말하는 것이 아닙니다. 바울이 몇 구절 뒤에서 똑같은 말을 되풀이하고 있기 때문입니다. "[그리스도의 신비는] 이제 그의 거룩한 사도들과 선지자들에게 성령으로 나타내신 것같이 다른 세대에서는 사람의 아들들에게 알리지 아니하셨으니"(엡 3:5). 즉, 바울은 지금 교회의 권위 있는 기반이 사도들과 선지자들이라고 말합니다. 이는 신약성경이 말하는 예언의 은사를, 유용하고 가치 있지만 오류가 있는 것으로 보지 않고, 권위 있고 기반이 되는 것으로 보는 것 같습니다.

이에 대한 제 대답은 그레이엄 휴스톤과 웨인 그루뎀의 의견과 같습니다. "사도들과 선지자들"이라는 단어는 두 그룹이 아닌 한 그룹, 말하자면 사도이면서 선지자인 사람들을 가리키는 말이라고 생각합니다. 노엘이 제 아내이면서 동시에 아이들 엄마인 것과 같습니다. 노엘이 두 명이 아니라 한 명의 노엘을 두 가지 다른 방식으로 표현한 것입니다. 아니면 또 다른 예로 에베소서 4장 11절에서 "목사와 교사"라는 단어를 사용한 방식입니다. 여기서도 두 그룹이 아닌 한 그룹입니다. 목사이면서 교사인 사람들입니다. 그렇다면 에베소서 2장 20절은 선지자이자 사도인 그들이 교회의 가르침의 기반이고 그리스도는 모퉁잇돌이라는 말이 됩니다.

이 두 가지 반대 의견에 대한 제 답변은 이렇습니다. 저도 그 문제들을 존중하며 대단히 설득력 있는 반대 의견임을 알고 있습니다. 어떤 분들은 이에 대해 동의하지 않으실지도 모르겠습니다. 그리고 많은 분들은 이에 대해 처음 들었거나, 아직 자신의 의견조차 정리되지 않았을지도 모르겠습니다. 이러한 경험을 '예언'이라고 부를지 말지에 대해서도 굳이 동의할 필요는 없습니다.

공동의 목표

어떤 사람은 이것을 예언의 은사라 부르고 어떤 사람은 그렇지 않지만, 그럼에도 불구하고 공동의 목표를 가질 수 있는지 한 번 살펴보겠습니다. 로마서 12장 6절로 다시 돌아가 예언의 은사를 "믿음의 분수대로" 사용하라는 명령을 보십시오.

1. 그리스도를 높임

믿음의 분수대로 은사를 사용하는 것은 그리스도를 높이기 위해 자기 은사를 사용한다는 의미입니다. 이것이 믿음이 하는 일입니다. 구체적으로 설명한다면, 제가 이 강단에 서기 전에 무릎을 꿇고 예언의 은사를 구하는 것입니다. 즉, 저는 이렇게 기도합니다(여러분도 소그룹을 인도하기 전에 이렇게 기도할 수 있을 것입니다). "주님, 제가 준비한 것 이상의 생각과 말을 허락하옵소서. 그래서 그리스도의 영광이 더욱 드러나게 하소서. 제가 준비한 것 이상의 적용점과 통찰력과 언어들을 생각나게 하셔서 굳어진 마음과 완고한 신념들을 꿰뚫게 하시고 용기를 주고 위로하고 길을 인도하게 하소서. 제가 준비한 설교에도 교훈을 주는 통찰력을 주셨음을 믿습니다. 다만 가르침의 은사에 예언의 은사를 더해 주시길 간구합니다." 저는 이런 식으로 기도하는데 여러분도 그렇게 하실 수 있습니다.

2. 겸손함과 담대함

믿음의 분수대로 은사를 사용하는 것은 은사를 겸손하면서도 담대하게 사용하는 것을 의미합니다. 즉, 우리가 하는 말에 신적 권위가 있다고 주장하며 예언을 말하는 게 아니라, 우리가 하는 말에 신적 통찰이 있되 검증받기를 구하며 겸손히 예언을 말해야 합니다. 하지만 믿음은 겁내지 않습니다. 겸손하되 침묵하지 않습니다. 믿음은 말합니다. 때로는 듣기 껄끄러운 말도 하고 온유한 말도 합니다. "주님이 당신에게 이렇게 말하라고 하셨습니다"라고 말하는 대신 "하나님께서 우리에게 이런 것을 원하시는 것 같습니다"라고 말해야 합니다. 이렇게 해야 성경이 요구하는 검증을 받을 수 있습니다.

3. 사랑이 우리가 하는 말의 잣대이다

마지막으로, 믿음의 분수대로 은사를 사용하는 것은 사랑으로 은사를 사용한다는 의미입니다. 왜냐하면 믿음은 "사랑으로써 역사"(갈 5:6)하기 때문입니다. 한 여성이 제게 와서 임신한 아내가 넷째를 낳을 것인데 아들이 아니라 딸이고 아이를 낳다가 죽을 것이라고 예언했다고 합시다. 이런 예언은 도움을 주는 예언이 아닙니다. 아무 소용이 없는 예언입니다. 그리고 아시겠지만, 틀린 예언입니다. 사랑으로 그 은사를 사용한 것이 아닙니다. 이것은 구원을 주는 믿음이 은사를 사용하는 방법이 아닙니다.

결론

이제 마무리짓겠습니다. 영적 은사에 관한 바울의 위대한 가르침을 같이 들어보겠습니다. "내가 사람의 방언과 천사의 말을 할지라도 사랑이 없으면 소리 나는 구리와 울리는 꽹과리가 되고 내가 예언하는 능력이 있어 모든 비밀과 모든 지식을 알고 또 산을 옮길 만한 모든 믿음이 있을지라도 사랑이 없으면 내가 아무것도 아니요" (고전 13:1-2).

"믿음의 분수대로 예언의 은사를 사용하라"는 것은 "그리스도의 영광을 바라며 믿음 가운데 서로를 사랑하고 서로를 세우기 위해 그 은사를 사용하라"는 의미입니다.

14장
믿음의 분량대로 은사 사용하기(2부): 은혜의 섬김

로마서 12:1-8

그러므로 형제들아 내가 하나님의 모든 자비하심으로 너희를 권하노니 너희 몸을 하나님이 기뻐하시는 거룩한 산 제물로 드리라. 이는 너희가 드릴 영적 예배니라. 너희는 이 세대를 본받지 말고 오직 마음을 새롭게 함으로 변화를 받아 하나님의 선하시고 기뻐하시고 온전하신 뜻이 무엇인지 분별하도록 하라. 내게 주신 은혜로 말미암아 너희 각 사람에게 말하노니 마땅히 생각할 그 이상의 생각을 품지 말고 오직 하나님께서 각 사람에게 나누어 주신 믿음의 분량대로 지혜롭게 생각하라. 우리가 한 몸에 많은 지체를 가졌으나 모든 지체가 같은 기능을 가진 것이 아니니 이와 같이 우리 많은 사람이 그리스도 안에서 한 몸이 되어 서로 지체가 되었느니라. 우리에게 주신 은혜대로 받은 은사가 각각 다르니 혹 예언이면 믿음의 분수대로, 혹 섬기는 일이면 섬기는 일로, 혹 가르치는 자면 가르치는 일로, 혹 위로하는 자면 위로하는 일로, 구제하는 자는 성실함으로, 다스리는 자는 부지런함으로, 긍휼을 베푸는 자는 즐거움으로 할 것이니라. _롬 12:1-8

우리가 만일 이라크 어딘가에서 오렌지색 옷을 입은 인질 중 한 명이고, 복면을 쓰고 무장을 한 다섯 명의 괴한이 곁에 있으며, 그중 네 명이 총을 들었고 한 명이 칼을 들었다면, 아마 마지막 수단으로 "자비를 베풀어 주세요. 살려 주세요. 제발 살려 주세요"라고 말할 것입니다. 그 순간에는 다음과 같은 의미로 말하지는 않을 것입니다. "맞습니다. 저는 죽어 마땅합니다. 하지만 그럼에도 불구하고 용서해 주세요." 오히려 그 순간에는 우리가 그들에게 살해당할 이유가 없다고 믿는 것이 맞습니다. 그렇다면 "자비를 베풀어 주세요. 살려 주세요. 제발 살려 주세요"라고 말하는 것은 무슨 의미일까요? 아마도 이런 뜻일 것입니다. "나는 이런 식으로 죽어 마땅한 사람이라고 믿지는 않습니다. 그럼에도 불구하고 정의에 호소하지 않겠습니다. 내가 마땅히 받아야 할 것을 요구하는 것이 아닙니다. 다만 자비를 구합니다." 정의대로 하면 우리는 풀려나야 마땅하지만, 우리를 인질로 잡은 사람들은 그런 정의에 관심이 없습니다. 그래서 정의에 호소하지 않습니다. 다른 것, 즉 자비에 호소합니다.

그렇다면 우리에게 심각한 죄가 있음을(우리는 사실 유죄입니다) 알고 있는 공의롭고 선한 재판관 앞에 선다면 얼마나 더 자비를 구해야 하겠습니까? 우리는 이렇게 말할 것입니다. "제가 유죄임을 알고 있습니다. 저는 죄인입니다. 변명할 여지가 없습니다. 그래서 저는 공의를 구하지 않습니다. 공의는 저를 정죄할 것이고 그것이 마땅합니다. 저는 그저 재판관님께 자비를 구할 뿐입니다." 그리고 재판관이 공의 대신 자비를 베풀어 우리를 석방하면, 우리는 기쁨의 눈물을 흘리고 햇빛과 따스한 자유의 바람을 맞으면서 걸어 나갈 것입니다.

바울이 로마서 12장을 시작하면서 말하는 사람이 바로 이런 사람입니다. 1절에서 "그러므로 형제들아 내가 하나님의 모든 자비하심으로 너희를 권하노니"라고 말할 때, 바울이 의미한 것은 로마서 1-11장에서 말한 모든 것이 하나님의 자비하심에 대한 설명이라는 것입니다. 하나님께서 지금 우리를 초대하시는 새로운 삶의 '기반'이 바로 이 자비하심입니다. 이 자비하심은 하나님의 공의를 만족시켰는데, 하나님께서 그분의 진노를 아들 예수님에게 쏟아 부으셔서 "자기의 의로우심을 나타내사 자기도 의로우시며 또한 예수 믿는 자를 의롭다 하려 하셨기"(롬 3:26) 때문입니다.

바울은 로마서 8장 1절에서 말합니다. "그러므로 이제 그리스도 예수 안에 있는 자에게는 결코 정죄함이 없나니." 따라서 그리스도를 하나님의 진노를 없애 주신 분으로, 죄를 용서해 주신 분으로, 경건하지 않은 자를 의롭다 선포하신 분으로 믿는 우리에게 바울은 로마서 12장 1절에서 이렇게 말합니다. "그러므로 형제들아 내가 하나님의 모든 자비하심으로 너희를 권하노니."

로마서 12장의 모든 것은, 죄를 미워하고 하나님의 자비하심을 세상의 어떤 것보다 귀하게 여기는 마음을 통해, 하나님의 자비하심이라는 샘에서 흘러나옵니다. 바울이 "하나님의 모든 자비하심으로 권하노니"라고 말한 것은 "이런 자비하심을 맛보았고 그것을 귀하게 여긴다면 여러분은 이렇게 살아야 합니다"라는 뜻입니다.

따라서 이번 장을 하나님의 사랑을 얻는 방법 정도로 취급해서는 안 됩니다. 이 로마서 12장은 하나님의 자비하심을 누릴 때 맺는 열매에 대해 말하고 있습니다. 하나님은 거저 사랑을 주십니다. 그것은 노력해서 얻을 수 없습니다. 우리는 단지 그 사랑을 거절하거나 귀하게 여길 수 있을 뿐입니다. 그 사랑을 귀하게 여긴다면 이 세상을 본받지 않고 마음을 새롭게 함으로 변화를 받을 것입니다. 모든 삶이 변화될 것입니다. 이것이 2절의 요지입니다. 자비하심에 의존하고, 자비하심을 기뻐하고, 자비하심을 소중히 여기는 마음이 하나님의 뜻을 분별하고 받아들일 수 있게 해줍니다.

겸손하고 낮은 마음이 자비를 사랑하는 징표다

그리고 바울이 이러한 자비하심에 의존하고 자비하심을 기뻐하고 소중히 여기는 마음에 대해 가장 처음 말한 내용은, 그러한 마음은 자신을 너무 높게 생각하지 않는다는 것입니다. 3절입니다. "내게 주신 은혜로 말미암아 너희 각 사람에게 말하노니 마땅히 생각할 그 이상의 생각을 품지 말고…." 이러한 낮은 겸손함이, 하나님의 재판정에서 지옥에 가야 마땅하지만 "그리스도 예수 안에 있는 사람에게는 정죄함이 없다. 가도 좋다. 그리고 가기 전에 이 점을 꼭 알아두어라. 내가 너를 영원한 가족으로 입양했다. 그러니 이제 내 아들이 너의 남은 일생 동안 함께하며 네가 자비를 소중히 여기는 상속자로 살아가도록 도와줄 것이다"라는 말씀을 들은 사람들에게 나타나는 첫 번째 표시입니다.

이처럼 겸손하고 낮은 마음은 자비를 사랑하는 사람에게서 나타나는 표시입니다. 그리고 3절에 나오는, 자신을 너무 높게 생각하는 것의 반대는 "하나님께서 각 사람에게 나누어 주신 믿음의 분량대로 지혜롭게 생각"하는 것입니다. 여기서 바울이 의미한 것은 그리스도를 믿는 믿음입니다.

다른 말로 하면, 우리 자신에 대한 진정한 평가는 우리가 그리스도를 어떻게 평가하느냐에 달려 있다는 것입니다. 바울은 믿음의 분량대로 자신을 생각하라고 말합니다. 우리의 자아는 우리의 믿음과 일치합니다. 자아는 그리스도를 믿는 믿음으로 규정됩니다. 그리고 믿음은 우리의 자아를 보지 않고 그리스도와 그분의 자비하심을 바라봅니다.

그리스도가 우리에게 그 이상의 존재시라면, 우리도 그 이상의 존재입니다. 그리스도가 우리에게 그 이하의 존재시라면, 우리도 그 이하의 존재입니다. 우리가 그리스도를 어떤 분으로 평가하느냐에 따라 우리 자신에 대한 평가가 올라가기도 하고 내려가기도 합니다. 우리가 그분에게 매기는 가치가 바로 우리의 가치입니다.

이것이 그리스도인의 겸손이 갖는 의미입니다. 그리스도를 소중히 여김으로써 자신에 대해서는 잊는 것입니다. 그리스도인이 해야 할 일은 자신을 너무 높게 여기지 않고 그대신 그리스도를 높이는 것입니다. 그리스도를 제쳐 두고 우리 자신에 대해서만 생각하는 것은 교만 아니면 절망을 낳습니다. 그리고 이 두 가지는 모두 불신입니다. 교만에 대한 복음적 대안은 단순히 자기 정죄가 아니라 그리스도를 높이는 것입니다. 교만을 이기는 그리스도인의 승리는 그리스도를 믿는 믿음입니다. 사람의 모든 칭찬과 세상의 모든 즐거움보다 그리스도(특히 그분의 자비하심)를 더 소중히 여길 때 그리스도인의 겸손이 승리를 얻습니다.

그리스도를 소중히 여기는 겸손을 통해 바라본 영적 은사들

로마서 12장 7-8절은 바울이 영적 은사들을 열거한 부분입니다. 예언의 은사(6절)에 대해서는 이미 다루었으므로 이제 6개가 더 남았습니다. 자비를 사랑하고 그리스도를 소중히 여기는 겸손에 대해 강조하는 데 제가 많은 시간을 할애한 이유는, 그것이 바로 7-8절의 요지를 알려 주기 때문입니다. 그리스도를 높이는 겸손이라는 렌즈를 통해 이 구절들을 보지 않는 한 7-8절을 통해 바울이 말하려는 바를 제대로 이해할 수 없습니다.

이것을 좀 더 자세히 말씀드리겠습니다. 6-8절로 이어지는 문장에서 원문에는 주동사가 없습니다. 그래서 모든 번역본마다 동사를 첨가해야 했습니다. 예를 들어, ESV는 이렇게 되어 있습니다. "우리에게 주신 은혜대로 받은 은사가 각각 다르니 혹 예언이면 믿음의 분수대로, 혹 섬기는 일이면 섬기는 일로, 혹 가르치는 자면 가르치는 일로, 혹 위로하는 자면 위로하는 일로, 구제하는 자는 성실함으로, 다스리는 자는 부지런함으로, 긍휼을 베푸는 자는 즐거움으로 '할 것이니라'[let us use them, 이 부분은 성경 번역자가 첨가했습니다]."

문제는 이렇게 "~할 것이니라"는 동사를 편의상 첨가하면서 7절에서 의미가 명확해지지 않는다는 것입니다. "혹 섬기는 일이면 섬기는 일로 [하고], 혹 가르치는 자면 가르치는 일로 [하고], 혹 위로하는 자면 위로하는 일로 [하고]." 별로 적당해 보이지 않습니다. 그냥 "섬기는 일에 섬김의 은사를 사용하고, 가르치는 일에 가르침의 은사를 사용하고, 위로하는 일에 위로의 은사를 사용하라"고 말하는 게 더 낫지 않을까요? 그 은사들을 어디 다른 곳에 쓰겠습니까?

제가 이해하는 바는 편의상 첨가한 주동사를 제외하고 이 문장들을 해석해야 하며, 따라서 바울이 단순히 "그것들을 사용하라"고 말하는 것이 아니라 앞선 문장들과 연결해 '겸손히' 사용하라고 말하고 있다는 점입니다. 자비하심에 의존하는 믿음의 표현으로 그 은사들을 사용하라는 말입니다. 그리스도를 소중히 여기는 마음으로 그 은사들을 사용하십시오. 제가 이렇게 말씀드리는 이유는, 단순히 "섬기는 일로 섬기라"고 말하는 것은 아무 의미가 없어 보이고, 지금까지 로마서 12장의 추진력은 그리스도 안에서 새로워진 마음에 찾아오는, 자비하심에 의존하는 '겸손함과 낮음'이었기 때문입니다.

따라서 6-8절 말씀을 제가 나름대로 풀어 써 보면 다음과 같습니다. "우리에게 주신 은혜대로 받은 은사가 각각 다르니 혹 예언이면 믿음의 분수대로, 혹 섬기는 일이면 자비하심에 의존하는 겸손(mercy-dependent humility)으로 섬김의 은사를 사용하고, 혹 가르치는 자면 자비하심에 의존하는 겸손으로 가르침의 은사를 사용하고, 혹 위로하는 자면 자비하심에 의존하는 겸손으로 위로하게 하고, 구제하는 자는 자비하심에 의존하는 겸손과 그로 인한 관대함으로 구제하게 하고, 다스리는 자는 자비하심에 의존하는 겸손과 그로 인한 부지런함으로 다스리게 하고, 긍휼을 베푸는 자는 자비하심에 의존하는 겸손과 그로 인한 즐거움으로 자비를 베풀게 할 것이니라."

영적 은사들에 있어 겸손이 왜 중요한가?

이렇게 겸손에 집중하는 것이 왜 중요한지에 대해 두 가지를 살펴보겠습니다.

1. 다양성 속에서 연합을 이루려면 자비를 사랑하고 자비에 의존하는 겸손이 반드시 필요하기 때문입니다

먼저, 이 모든 은사들의 존재는 이 은사들의 혜택을 받는 사람이 있음을 함축합니다. 7절을 보십시오. 누군가가 섬긴다면, 다른 누군가는 섬김을 받아야 할 상황에 처해 있다는 의미입니다. 누군가가 가르친다면, 누군가는 모르기 때문에 가르침을 받아야 할 처지라는 의미입니다. 8절입니다. 누군가가 위로한다면, 위로를 받아야 함을 느끼는 누군가가 있다는 말입니다. 누군가가 구제한다면 도움이 필요한 사람이 있다는 말이고, 누군가가 이끈다면 누군가는 인도함을 받는다는 의미입니다. 누군가가 자비를 베푼다면 누군가는 상처를 입어 자비가 필요한 상태라는 뜻입니다.

이때 우리에게는 겸손이 필요하다는 사실을 즉각 아셨을 것입니다. 교만 없이 주는 겸손, 자기 연민 없이 받는 겸손이 필요합니다. 하나님은 그리스도의 몸 안에 다양성이 존재하도록 하셨습니다. 3절을 보면 이를 쉽게 알 수 있는데 하나님께서 믿음의 분량을 다르게 주셨다고 말하고 있기 때문입니다. 그리고 4-5절에서도 이에 대해 알 수 있는데, 교회는 여러 다양한 지체를 가진 사람의 몸과 같다고 말합니다. 하나님은 교회 안에 다양성이 있도록, 심지어 영적 다양성까지 있도록 계획하십니다. 그리고 제 생각엔 그렇게 하시는 주된 이유는, 다양한 사람이 그리스도의 능력과 자비로 조화를 이룰 때, 모두 똑같은 수준의 사람들이 연합을 이룰 때보다 그리스도가 더욱 영광을 받으시기 때문입니다.

하지만 자비를 사랑하고 자비하심에 의존하며 그리스도를 소중히 여기는 겸손 없이는 다양성 속에서 연합을 이루는 것이 불가능합니다. 그리고 그렇게 힘을 가진 사람들(섬기는 자, 가르치는 자, 위로하는 자, 구제하는 자, 이끄는 자, 자비를 베푸는 자) 안에서 겸손함이 가장 필요한 법입니다. 이 모든 행위는 그들의 사역이 필요한 다른 사람들과 관련되어 있습니다. 그래서 위험합니다. 너무나 쉽게 교만해질 수 있기 때문입니다.

이런 이유로, 저는 바울이 6-8절에서 은사들을 말하면서도 3절에서 언급한 겸손함을 계속해서 강조하고 있다고 생각합니다. 바울의 중심 요지는 자비하심에 의존하고 자비를 사랑하며 그리스도를 소중히 여기는 사람들, 즉 하나님의 자비하심으로 구원을 받은 사람들은 마음이 새로워진다는 것입니다. 또한 바울이 그들과 관련해 처음으로 언급한 것은, 그들은 마땅히 그래야 하는 것보다 스스로를 더 높게 생각하지 않는다는 것입니다. 그리고 이제 바울은 이렇게 말합니다. "다른 사람을 위해 자신의 은사를 사용하는 모든 이들이여, 여러분도 자비하심에 의존하고 있음을 알아 깊은 겸손으로 그것을 행하십시오. 즉, 믿음의 분량대로(3, 6절) 그 일을 행하십시오. 어린아이가 부모에게 의지하듯 그렇게 그리스도께 의지하며 그 일을 행하십시오."

베들레헴교회 성도 여러분, 우리도 자비하심에 의존하며 자비를 사랑하고 그리스도를 소중히 여기는 사람들로 서로를 섬깁시다. 섬기고, 가르치고, 위로하고, 구제하고, 이끌고, 자비를 행합시다. 그리고 이 모든 일 안에서 우리도 하나님의 놀라운 자비하심을 받은 자임을 꼭 기억합시다.

2. 그리스도인의 겸손은 그리스도 안에서 자신을 잊어버리는 행복이기 때문입니다

바울이 은사들을 열거하면서 특별히 자비를 사랑하는 겸손함에 초점을 맞추는 또 한 가지 이유가 있습니다. 그리스도인의 겸손이란 그리스도 안에서 자신을 잊어버리는 행복이기 때문입니다. 그리스도 안에서 누리는 이런 겸손한 행복이야말로 하나님이 귀하게 여기시는 사역을(사역의 역할과 기능뿐 아니라 사역의 정신과 태도도) 가능하게 합니다. 이런 겸손은 사람들을 사랑하고 그리스도를 최고로 높이는 사역의 정신과 태도를 가능하게 합니다.

겸손은 단순히 자기를 정죄하는 것이 아니라(물론 우리 안에는 정죄할 것이 많습니다. 그리고 정죄할 것이 생각나면 그렇게 해야 합니다) 자기에게 초점을 맞추고 사역하지 않는 것임을 기억하십시오. 이런 겸손으로 인해 사역이 가능해집니다. 그리스도의 자비하심 안에서 겸손한 기쁨이 흘러넘치는 것, 이것이 겸손의 긍정적 측면입니다. 교만의 반대는 그리스도를 소중히 여기는 것임을 기억하십시오. 바울이 우리에게 원하는 사역은 계산적이고 자기를 보호하며 자기를 높이는 사역이 아닙니다. 바울은 우리가 자유롭고 열정을 가지고 풍성히 나누기를 원합니다. 이러한 사역은 그리스도 안에 있는 기쁨이 넘쳐서 자기를 잊어버리는 겸손한 마음에서만 나올 수 있습니다.

은사를 사용하는 정신과 태도

이런 이유에서 바울이 8절에 나오는 마지막 세 은사들은 다른 형태로 말한 것 같습니다. 즉, 바울은 앞에서와 같은 구조로 "구제하는 자는 구제함으로, 다스리는 자는 다스림으로, 긍휼을 베푸는 자는 베풂으로"라고 말하지 않고 "구제하는 자는 '성실함'으로, 다스리는 자는 '부지런함'으로, 긍휼을 베푸는 자는 '즐거움'으로"라고 말합니다.

하나님은 우리가 은사를 사용하는 것뿐 아니라 은사를 어떻게 사용하는가도 중요하게 보십니다. 그 정신과 태도도 중요합니다. 중요한 것은 단순히 우리가 구제하고 다스리고 긍휼을 베푸는 것이 아닙니다. 하나님은 우리가 거저 풍성히 관대하게 주는 것을 중요하게 여기십니다. 하나님은 부지런함과 열심을 내어 다스리는 것을 중요하게 여기십니다. 하나님은 긍휼을 베풀면서 기뻐하고 즐거워하는 것을 중요하게 여기십니다.

그리고 제가 말씀드리려는 요지는(제 생각엔 바울의 요지도 이와 같습니다) 이런 것들은 자비하심에 의존하고 자비를 사랑하고 자기를 잊어버리고 그리스도를 소중히 여기는 겸손에서 흘러나온다는 것입니다.

우리 베들레헴교회에 필요한 것도 바로 이것 아닙니까? 그리고 온 세상에 필요한 것도 이것이 아닐까요? 박애주의자들에게만 필요한 것이 아닙니다. 리더들에게만 필요한 것이 아닙니다. 가난한 자들을 돕는 사람들에게만 필요한 것이 아닙니다. 하나님의 법정에서 죄를 지은 죄인으로서 벌벌 떨다가 재판관으로부터 "가도 좋다. 내 아들이 네 빚을 갚았다"는 너무나 놀라운 자비하심의 판결을 들은 사람들, 그래서 자비를 사랑하고 자비하심에 의존하며 그리스도를 소중히 여기는 사람들, 그래서 그저 주는 자가 아니라 자신을 잊어버리고 풍성히 주는 사람들, 그저 다스리는 자가 아니라 자신을 잊어버리고 그리스도를 위한 열정과 열심으로 다스리는 사람들, 그저 자비를 베푸는 사람이 아니라 자신을 잊어버릴 만큼 큰 기쁨으로 자비를 사랑하고 자비를 행하는 사람들이 교회와 세상에 모두 필요합니다.

이것이 우리에게 필요합니다. 이렇게 할 때 우리가 얼마나 그리스도를 소중히 여기는지가 드러납니다. 그리스도가 영광을 받으시고 우리는 기쁨을 누립니다.

사랑이 강물처럼 흐르게 하소서

오 예수님, 나를 높이려는 나를 없이 하시고
나의 교만을 죽이고 긍휼로 나를 자유케 하소서.

보화이신 당신을 볼 수 있게 은사를 허락하시고
밤이 나를 덮을 때마다 나의 새벽별이 되소서.

섬기고 다스리고 주고 긍휼을 베풀어야 할 때
내 사랑이 흐르는 강물처럼 자유롭게 하소서.

오 예수님, 내 마음과 모든 일에서 나의 보배가 되시고
내 사랑의 강물이 당신만 높이게 하소서.

_존 파이퍼

15장

믿음의 분량대로 은사 사용하기(3부)

로마서 12:3-8

내게 주신 은혜로 말미암아 너희 각 사람에게 말하노니 마땅히 생각할 그 이상의 생각을 품지 말고 오직 하나님께서 각 사람에게 나누어 주신 믿음의 분량대로 지혜롭게 생각하라. 우리가 한 몸에 많은 지체를 가졌으나 모든 지체가 같은 기능을 가진 것이 아니니 이와 같이 우리 많은 사람이 그리스도 안에서 한 몸이 되어 서로 지체가 되었느니라. 우리에게 주신 은혜대로 받은 은사가 각각 다르니 혹 예언이면 믿음의 분수대로, 혹 섬기는 일이면 섬기는 일로, 혹 가르치는 자면 가르치는 일로, 혹 위로하는 자면 위로하는 일로, 구제하는 자는 성실함으로, 다스리는 자는 부지런함으로, 긍휼을 베푸는 자는 즐거움으로 할 것이니라. _롬 12:3-8

지난 시간에 강조했던 내용은 6-8절에 나오는 영적 은사들을 겸손하게 사용해야 한다는 점이었습니다. 마땅히 생각할 그 이상의 생각을 품지 말고 하나님께서 우리에게 주신 믿음의 분량대로 생각하라는 3절의 권고를 바울은 계속해서 이어 갑니다. 다른 말로 하면, 자신을 높게 생각하는 것의 반대는 그리스도를 믿는 믿음이라는 말입니다. 자신을 높게 생각하는 것의 반대는 자신을 낮게 생각하는 것이 아닙니다. 비록 이것이 우리의 죄를 인식하고 하나님의 거룩하심을 발견하기 위한 출발점이긴 하지만 반대말은 아닙니다. 자신을 높게 생각하는 것의 반대는 그리스도를 높게 생각하는 것입니다. 교만의 반대는 우리를 꼼짝달싹 못하게 만드는 자기 정죄가 아니라 우리를 자유케 하시는 그리스도를 높이는 것입니다. 즉, 이 말은 우리의 영적 은사를 가장 잘 사용하는 방법은, 그리스도 안에서 누리는 우리의 기쁨이 사랑을 통해 다른 사람에게 쏟아 부어질 때 자신에 대해서는 잊어버리는 것을 의미합니다.

그럴 때 우리는 바울이 8절에서 나머지 세 은사를 어떻게 사용해야 하는지 설명한 방식을 이해하게 됩니다. 8절 하반절입니다. "구제하는 자는 성실함으로, 다스리는 자는 부지런함으로, 긍휼을 베푸는 자는 즐거움으로 할 것이니라." 바울의 요지는 다음과 같다고 생각합니다. "우리 자신을 너무 높게 생각하지 않고 오히려 자신을 잊어버리고 그리스도를 향한 사랑으로 가득 차면, 우리의 사역이 풍성하게 흘러넘칠 것입니다." 구제할 때에도 그리스도 안에서 누리는 기쁨이 성실함으로 흘러넘칩니다. 다스릴 때에도 그리스도 안에서 누리는 기쁨이 부지런함으로 흘러넘칩니다. 긍휼을 베풀 때에도 그리스도 안에서 누리는 기쁨이 즐거움으로 흘러넘칩니다. 이 세 단어(성실함, 부지런함, 즐거움)는 그리스도인의 사역이 의무나 마지못해 하는 것이 아님을 보여 줍니다. 그리스도인의 사역은 자신에 대해서는 잊어버린, 그리스도와의 행복한 관계를 통해 흘러넘치는 것입니다.

여섯 가지 영적 은사

9절로 넘어가기 전에 7-8절에 나오는 여섯 가지 영적 은사들에 대해 세 가지를 더 살펴보겠습니다.

먼저, 은사들 간의 관계를 살펴보고 그 은사들을 어떻게 구해야 하는지에 대해서도 살펴보겠습니다. 두 번째로, 그 은사들과 그리스도인의 미덕의 관계를 살펴본 뒤 그 은사들이 실제로 어떤 것인지 살펴보겠습니다. 그리고 세 번째로, 각각의 은사들이 우리 베들레헴교회에서 어떤 모습으로 나타나야 할지 살펴보겠습니다.

1. 은사들 간의 관계

여기서 주로 다루고 싶은 것은 이 은사들이 서로 겹쳐 있고 심지어 서로 포함되기도 해서 서로 배타적이거나 혹은 엄격하게 구별되지 않는다는 점입니다. 예를 들어, 고린도전서 14장 3절에서 바울은 이렇게 말합니다. "예언하는 자는 사람에게 말하여 덕을 세우며 권면하며 위로하는 것이요." '권면'이라는 단어는 로마서 12장 8절에서 "위로하는 자면 위로하는 일로"라고 말할 때 사용한 '위로'라는 말과 같습니다. 따라서 여기서 두 은사, 즉 권면과 예언은 서로 중복됩니다. 또 다른 예는 디도서 1장 9절입니다. 여기서는 (문자 그대로 하면) 장로들이 "바른 교훈으로 권면"(exhort in sound teaching)해야 한다고 말합니다. 이 말들은 우리가 로마서 12장 7절 하반절(가르치는 일, teaching)과 8절 상반절(위로, exhorting)에서 본 단어들과 같은 단어입니다. 권면과 가르침이 중복됩니다.

그리고 열거한 내용 자체만 본다 해도, 8절에서 성실하게 구제하고 즐겁게 긍휼을 베푸는 행위를 어떻게 명확하게 나눌 수 있겠습니까? 즐겁게 구제하는 사람은 분명히 관대한 사람입니다. 따라서 이 두 은사도 중복됩니다. 혹은 7절 상반절에 나오는 '섬김'을 보십시오. '긍휼을 베푸는 것'과 '섬김'을 어떻게 구분하겠습니까?

저는 바울이 명확하게 구분되는 범주를 제시하려 한 것이 아니라고 봅니다. 이것이 함축하는 바는, 영적 은사를 받아 사용하고자 할 때 그 영적 은사들의 개수나 경계가 정해져 있거나 따로 구별되어 있다고 생각해서 한 은사를 가지면 다른 은사를 가질 수 없다고 생각하지 말라는 것입니다. 혹은 은사는 완전한 형태로 받는 것이지 다양한 분량이 있거나 혼합되어서는 안 된다고 생각하지 말라는 것입니다.

우리에게 은사를 주셔서 사용하게 하시는 방법은 하나님께 맡겨 두십시오. 우리가 받은 은사의 배합은 다른 사람들과 완전히 다를 수 있습니다(아마 다를 것입니다). 그리스도인 중에 오직 하나의 영적 은사만 가진 사람이 있다고 할 수는 없습니다. 똑같은 은사를 똑같은 수준으로 가진 사람이 있다는 것도 믿을 수 없습니다. 은사들은 그 정도가 다르고 혼합되어 있습니다. 우리가 받은 은사들을 규정하고 경계를 정하고 이름을 붙이고 구별하려고 하지 마십시오. 그 대신 로마서 12장 1절 말씀으로 돌아가, 그리스도께서 십자가 위에서 우리에게 큰 은혜를 베푸셨기에 은혜에 의존하고 은혜를 사모하라는 요청을 들으십시오. 그런 다음 3절로 가서 자신에 대해 높게 생각했던 모든 것을 온전히 내려놓고 기쁨으로 그리스도의 영광을 바라보십시오. 그런 다음 그 기쁨이 흘러넘쳐 우리가 할 수 있는 모든 방법으로 다른 사람에게 사랑을 베푸십시오. 그런 식으로 더 기쁘고 더 열매가 풍성해지는 사랑의 방법들이 우리의 은사가 되게 하십시오. 그 방법들을 뭐라고 부르든 좋습니다. 긍휼과 섬김과 구제와 가르침과 위로와 다스림이 어떻게 혼합되어 있는지는 상관없습니다.

이제 오늘 설교의 두 번째 본론으로 넘어가겠습니다.

2. 은사들과 그리스도인이 가져야 할 미덕의 관계

그리스도 안에 있는 기쁨이 우리가 동원할 수 있는 모든 방법을 통해 사랑의 형태로 사람들에게 흘러넘치게 하자고 말씀드렸습니다. 그리고 더 기쁘고 더 열매가 풍성해지는 사랑의 방법들이 우리의 은사가 되게 하자고 말씀드렸습니다. 저의 이런 생각은 어디에서 나왔을까요?

이 은사들과 그리스도인이라면 가져야 한다고 생각하는 미덕의 관계를 잠시 생각해 보기 바랍니다. 예를 들어, 7절 상반절에 나오는 '섬김'이라는 은사를 보십시오. "섬기는 일이면 섬기는 일로." 여기서 "섬김"이라는 단어는, 에베소서 4장 12절에서 목회자들이 "성도를 온전하게 하여 봉사의 일을 하게" 해야 한다고 말할 때 나온 "봉사의 일"과 같은 말입니다. 따라서 모든 그리스도인이 행하는 일은 "섬기는 일"에 포함되어 있다고 보아야 합니다. 그럼에도 불구하고 섬김은 영적 은사의 하나로 불립니다.

혹은 8절 하반절에 나오는 긍휼을 베푸는 은사를 한 번 보십시오. 모든 그리스도인은 자비로워야 한다는 것을 우리는 다 알고 있습니다. 예수님은 "긍휼이 여기는 자는 복이 있다"(마 5:7)고 말씀하셨습니다. 또한 예수님은 왕에게 큰 긍휼을 받은 사람이 자신에게 얼마 안 되는 빚을 진 동료의 멱살을 잡은 이야기를 하시면서, 왕이 그 사람에게 이렇게 말했다고 하셨습니다. “내가 너를 불쌍히 여김과 같이 너도 네 동료를 불쌍히 여김이 마땅하지 아니하냐”(마 18:33).

또는 구제의 은사를 보십시오. 바울은 고린도후서 9장 7절에서 “하나님은 즐겨 내는 자를 사랑”하시기 때문에 우리는 모두 기꺼이 즐겁게 주어야 한다고 말합니다. 또한 에베소서 4장 28절에서 바울은 “도둑질하는 자는 다시 도둑질하지 말고 돌이켜 가난한 자에게 구제[로마서 12장 8절에 나오는 ‘구제’와 같은 단어]할 수 있도록 자기 손으로 수고하여 선한 일을 하라”고 말합니다. 따라서 회개한 모든 도둑은 구제의 은사를 가져야 하며, 구제는 평범한 그리스도인의 미덕이어야 합니다.

또는 8절에 나오는 위로의 은사를 보십시오(“위로하는 자면 위로하는 일로”). 그리고 이것을 히브리서 3장 13절의 명령과 비교해 보십시오. “매일 피차 권면하라.” 이 말은 교회에 속한 모든 사람에게 주어진 것입니다. 권면의 은사가 있든 없든, 우리는 모두 서로를 권면해야 할 그리스도인의 소명이 있습니다.

따라서 어떤 영적 은사들은 하나님이 모든 신자에게 다양한 분량으로 기대하시는 것임을 알 수 있습니다. 섬김, 긍휼, 구제, 권면 등은 모든 그리스도인의 미덕이라는 것입니다.

하지만 이런 미덕들 가운데 유난히 어떤 사람에게서 더 기쁘고 더 풍성하게 드러나는 것이 있습니다. 우리는 그렇게 더 기쁘게 열매를 풍성히 맺는 것을 영적 은사라고 부를 수 있을 것입니다. 다른 말로 하면, 어떤 사람들은 섬기는 일, 혹은 구제하는 일, 혹은 긍휼을 베푸는 일, 혹은 가르치는 일, 혹은 다스리는 일, 혹은 권면하는 일에 더 큰 영적 기쁨을 느끼는 것 같습니다. 성령께서 그들의 마음을 주장하실 때 그들은 이런 일들에 특별히 더 끌리는 자신을 발견합니다.

아니면 특별한 기간 동안에 하나님께서 한 사람을 교회의 리더로 사역하게 하시거나 혹은 특별히 경제적으로 누군가를 구제하게 하실 수 있습니다. 그런 특별한 시기가 지나면 그 (특별한 기쁨과 능력이 드러나는) 은사는 수그러듭니다. 따라서 이런 의미에서 영적 은사는 "그리스도인의 미덕 가운데 하나로 일평생 혹은 특정 시기 동안 특별한 기쁨으로 만족하며 할 수 있는 일"이라 정의할 수 있습니다.

또한 "열매가 풍성하다"라는 말을 사용했습니다. 우리가 하는 일이 다른 사람의 믿음이 자라거나 열매를 맺는 일에 도움이 되지 않는다면 그것은 아마도 영적 은사가 아닐 것입니다. 영적 은사는 단순히 교회에서 사용되는 천부적인 재능을 말하지 않습니다. 영적 은사는 다른 사람을 세우는 것으로 성령께서 허락하신 사랑의 모습입니다. 자신에게 권면의 은사가 있다고 생각하지만 아무도 자신의 말에 도움을 받지 못한다면, 그에게는 권면의 은사가 없는 것입니다. 가르침의 은사가 있다고 생각하지만, 자신이 가르치는 사람 중에 아무도 기쁨으로 하나님을 알아 가는 일에서 자라지 않는다면 그에게는 가르침의 은사가 없는 것입니다. 섬김의 은사가 있다고 생각하지만, 자신의 행함을 통해 다른 사람이 불쾌함을 느낀다면 그에게는 섬김의 은사가 없는 것입니다. 다른 말로 하면, 우리의 영적 은사를 측정하는 방법 중 하나는 다른 사람들이 그것을 통해 영적으로 도움을 받는가의 여부입니다. 영적 은사는 열매를 맺게 하는 사랑의 한 형태입니다.

따라서 제 결론은, 긍휼과 섬김과 구제와 권면은(다른 것들과 마찬가지로) 평범한 그리스도인의 미덕으로서 우리가 모두 갖춰야 한다는 것입니다. 그리고 그 미덕들이 다른 사람을 위해 더 큰 기쁨으로 나타나고 더 많은 열매를 맺는다면 영적 은사가 됩니다.

그러므로 은사를 구할 때는, 그리스도인의 사랑을 더 기쁘고 풍성하게 행할 수 있게 해달라고 기도해야 합니다. 긍휼과 섬김과 구제와 권면에서뿐 아니라 좀 더 구체적인 역할인 다스리고 가르치는 일에서도 기쁨이 충만할 수 있게 해달라고 하나님께 구하십시오. 다양한 모습으로 사랑을 표현할 때 기쁨의 열매를 풍성하게 맺게 해달라고 기도하십시오.

또한 이 중 한 가지 은사에 대해 보다 큰 은혜가 있었으면 하고 바라는 분들은 이런 식으로 구체적으로 기도하십시오. "주님, 긍휼의 은사를 허락하시옵소서. 긍휼을 베풀 때 더욱 큰 기쁨이 있게 하시고, 제가 긍휼을 베풀 때 사람들이 그리스도께로 나아오는 풍성한 열매를 맺게 하소서."

혹은 이렇게 기도하십시오. "주님, 가르치고 권면하는 일에 더욱 열매 맺기를 원합니다. 제가 가르치고 권면하는 것을 통해 다른 사람들이 온전히 변화되는 것을 보기 원합니다. 가르치고 권면할 때 더욱 기쁨과 능력이 흘러넘치게 하옵소서."

이제 마지막 본론으로 넘어가겠습니다.

3. 우리 교회에서 이런 은사들은 어떤 모습으로 드러나는가?

각각의 은사들에 대해 간략하게 살펴보겠습니다.

섬김: 7절 상반절입니다. "섬기는 일이면 섬기는 일로." 저는 여기서 바울이 실제적이고 평범한(종종 보잘것없어 보이는) 필요를 말하고 있다고 생각합니다. 그래서 저는 기도합니다. 우리 베들레헴교회 성도들은 세상의 이목을 끌기 위해서가 아니라 그저 섬김의 은사로 계속해서 사역할 수 있기를 원합니다. 그런 분들은 이렇게 말합니다. "제가 도울 일이 있을까요? 정말 섬기고 싶습니다."

가르침: 7절 하반절입니다. "가르치는 자면 가르치는 일로." 저는 이를 위해 두 가지를 기도합니다. 먼저 우리 베들레헴교회에서 하나님과 그분의 방식에 대해 배우는 모든 사람이 또 다른 사람에게 그것을 가르치기 위해 가르침의 은사를 구했으면 좋겠습니다. 두 번째로는 베들레헴교회의 모든 리더십이 힘이나 강요가 아닌 가르침과 설득으로 이끌 수 있기를 기도합니다. 모든 단계에 있는 리더들이 가르침의 은사를 구하기를 기도합니다.

권면: 8절 상반절입니다. "위로하는 자면 위로하는 일로." 하나님이 주신 사도의 권위로 가르치던 바울이 빌레몬서 1장 8-9절에서는 놀랍게도 이렇게 말합니다. "이러므로 내가 그리스도 안에서 아주 담대하게 네게 마땅한 일로 명할 수도 있으나 도리어 사랑으로써 간구[문자 그대로 하면 '권면']하노라." 다시 말하면, 이런 식으로 권면의 은사가 풍성해지면 우리 교회는 강요가 아닌 사랑으로 동기를 얻게

될 것입니다. 권면의 은사가 더욱 풍성해져서 모든 사역을 사랑으로 행할 수 있기를 기도합니다.

구제: 8절 하반절입니다. "구제하는 자는 성실함으로." 우리 교회가 교회 사역과 선교 사역으로 450만 달러를 쓰고, 캠퍼스 사역을 확장하고, 교회를 세우는 일에 천만 달러를 쓰면서 사역을 계속하고 성장할 수 있는 유일한 방법은, 하나님께서 두 가지를 해주시는 것입니다.

먼저 수많은 분들이 그리스도인의 미덕으로, 기쁘게 희생하는 마음으로, 정기적으로, 필요에 맞게 물질을 드리도록 해주시는 것입니다. 그리고 두 번째는 그중에서 몇몇 분들에게는 더욱 특별한 기쁨과 풍성한 관대함으로 구제할 수 있도록 영적 은사를 갖게 해주시는 것입니다. 하나님은 우리를 다 알고 계십니다. 그리고 마지막 날에 생명책이 펼쳐지고 우리는 그 열매를 보게 될 것입니다.

다스림: 8절 하반절입니다. "다스리는 자는 부지런함으로." 저는 하나님께서 우리 교회에 계속해서 목회자들을 보내 주시고 열정적인 리더십의 은사를 가진 장로들을 세워 주셔서 그리스도와 그분의 말씀을 향한 부지런함(열심)으로 다스릴 수 있기를 기도합니다. 모든 사람의 기쁨을 위해 모든 것 안에서 예수 그리스도를 통해 하나님의 탁월하심을 드러내려는 열심을 전파하는 교회의 사명을 감당할 수 있기를 기도합니다. 하나님께서 우리 교회에는 게으르고, 타성에 젖어 있고, 나태한 장로들과 교역자들은 허락하지 않으시길 원

합니다. 우리가 사는 이 지역과 온 나라가 그리스도를 가장 귀하게 여기는 그날을 보려는 불타는 열심을 은사로 가진 리더들을 허락하시길 기도합니다.

긍휼 베풀기: 8절 하반절입니다. "긍휼을 베푸는 자는 즐거움으로 할 것이니라." 하나님께서 우리 모두를 긍휼을 베푸는 자비로운 사람들이 되게 하시기 원합니다. 우리 교회가 그리스도를 가장 소중히 여기고 은혜에 의존하고 은혜를 사모하는 교회가 되기 원합니다. 또한 하나님께서 우리 가운데서 예수님의 이름으로 가난한 자들에게 긍휼을 베푸는 일에 더욱 특별한 기쁨을 발견하고 더욱 풍성한 열매를 맺는 사람들을 더 많이 세워 주시길 원합니다.

주님, 당신의 위대한 이름을 위하여 그리고 교회의 유익과 모든 사람의 기쁨을 위하여 이런 은사들을 풍성히 허락하소서. 아멘.

16장

소그룹 사역을 위한 은혜의 은사들

로마서 12:1-8

그러므로 형제들아 내가 하나님의 모든 자비하심으로 너희를 권하노니 너희 몸을 하나님이 기뻐하시는 거룩한 산 제물로 드리라. 이는 너희가 드릴 영적 예배니라. 너희는 이 세대를 본받지 말고 오직 마음을 새롭게 함으로 변화를 받아 하나님의 선하시고 기뻐하시고 온전하신 뜻이 무엇인지 분별하도록 하라. 내게 주신 은혜로 말미암아 너희 각 사람에게 말하노니 마땅히 생각할 그 이상의 생각을 품지 말고 오직 하나님께서 각 사람에게 나누어 주신 믿음의 분량대로 지혜롭게 생각하라. 우리가 한 몸에 많은 지체를 가졌으나 모든 지체가 같은 기능을 가진 것이 아니니 이와 같이 우리 많은 사람이 그리스도 안에서 한 몸이 되어 서로 지체가 되었느니라. 우리에게 주신 은혜대로 받은 은사가 각각 다르니 혹 예언이면 믿음의 분수대로, 혹 섬기는 일이면 섬기는 일로, 혹 가르치는 자면 가르치는 일로, 혹 위로하는 자면 위로하는 일로, 구제하는 자는 성실함으로, 다스리는 자는 부지런함으로, 긍휼을 베푸는 자는 즐거움으로 할 것이니라. _롬 12:1-8

소그룹 주일

우리 베들레헴교회는 소그룹 참여를 무척이나 중요시하는데 오늘은 소그룹 등록 주일입니다.

우리는 그리스도인으로 살아가려면 소그룹이 필요하다고 생각합니다. 또한 교회를 목양하는 데도 소그룹이 필요하다고 생각합니다. 장로들은 소그룹 리더들을 감독하는 일에 헌신하고, 소그룹 리더들은 소그룹 구성원들이 서로를 보살피도록 돕는 일에 헌신합니다. 우리는 신약성경이 모든 신자의 제사장직과 장로직에 대해 가르친다고 믿습니다. 모든 그리스도인이 사역자이지만 모두가 감독은 아닙니다. 교회 사역은 장로들이 아니라 교회의 몸, 무리, 성도, 신자들에게 속한 것입니다. 감독들은 신자들을 그 사역을 위해 구비하게 하고 보호하고 인도하기 위해 존재합니다. 그리고 이 모든 일은 신자의 제사장직(벧전 2:9; 계 1:6, 5:9)이 능력 있게 구현되도록(엡 4:12) 하기 위해 수행됩니다.

따라서 서로 협력하여 목회하는 일(저희는 이것이 바로 소그룹 사역이라고 믿습니다)과 관련하여 사도 바울의 생각과 하나님의 생각을 알아보는 것이 오늘의 목표입니다. 여러분이 오늘 말씀을 통해 감동을 받고 모두 소그룹에 동참하거나 새로운 소그룹을 이끌 훈련을 받게 되길 기도합니다.

죄인들의 유일한 소망인 복음

먼저 위대한 복음의 진리를 담고 있는 로마서 1장 16-17절 말씀과, 그리스도의 몸 안에서 신자들이 서로 합력하여 사역하는 것에 대해 말하는 로마서 12장 3-8절 말씀을 연결해 보겠습니다. 로마서 1장을 통해 우리는 모두 불경건하고 불의한 자들이며, 거룩하고 공의로우신 하나님의 진노 아래 있음을 살펴보았습니다. 우리 안에는 소망이 없습니다. 우리는 죄인이고 우리 마음은 하나님을 대적합니다.

소망은 단 하나입니다. 하나님이 우리에게 요구하시는 의를, 하나님이 친히 우리에게 주시는 것입니다. 로마서가 말하는 내용은 이렇습니다. 하나님은 죄인인 우리에게 우리의 의가 아닌 의를 전가하셨습니다. 그 의로 인해 거룩하신 하나님은 우리를 그분의 임재 가운데로 받아들이실 뿐 아니라 그분의 무한한 능력을 쏟으셔서 우리를 모든 대적으로부터 구하시고 상상할 수 없는 모든 축복을 우리에게 주십니다. 이것이 죄인인 우리가 얻은 큰 구원입니다.

"누가 능히 하나님께서 택하신 자들을 고발하리요 의롭다 하신 이는 하나님이시니 누가 정죄하리요 죽으실 뿐 아니라 다시 살아나신 이는 그리스도 예수시니 그는 하나님 우편에 계신 자요 우리를 위하여 간구하시는 자시니라"(롬 8:33-34). 다른 말로 하면, 우리는 다음과 같은 축복을 받게 되었습니다. "내가 복음을 부끄러워하지 아니하노니 이 복음은 모든 믿는 자에게 구원을 주시는 하나님의 능력이 됨이라"(롬 1:16). "그러면 이제 우리가 그의 피로 말미암아 의롭다 하심을 받았으니 더욱 그로 말미암아 진노하심에서 구원을 받을 것이니"(롬 5:9).

하지만 여기서 문제는, 사람들이 하나님의 목적을 매우 개인적인 것으로만 여기기 시작하는 것입니다. 물론 각 사람이 죄인입니다. 각 사람이 믿어야 하며 각자의 믿음에 따라 구원받을 것입니다. 이는 모두 사실입니다. 아무도 우리를 위해 대신 믿어 줄 수 없습니다.

하지만 믿음을 갖게 되면 그것으로 끝나지 않습니다. 우리는 그리스도와 연합하고 따라서 서로와 연합하게 됩니다. 오늘은 바로 이 점을 강조하려고 합니다. 로마서 8장 1절은 말합니다. "그러므로 이제 그리스도 예수 안에 있는 자에게는 결코 정죄함이 없나니." 우리는 하나님의 의의 선물을 받았으므로 "그리스도 예수" 안에서 정죄를 받지 않습니다. 즉, 믿음을 통해 성령으로 창조되고 유지되는 예수님과의 영적 연합 안에서 그렇게 됩니다.

이제 이 말씀이 로마서 12장 4-5절과 어떻게 연관되는지를 주목하십시오. "우리가 한 몸에 많은 지체를 가졌으나 모든 지체가 같은 기능을 가진 것이 아니니 이와 같이 우리 많은 사람이 그리스도 안에서 한 몸이 되어 서로 지체가 되었느니라." 따라서 우리를 그리스도와 연합시키는 믿음은 또한 우리를 그리스도의 몸인 교회와 연합시킵니다.

이 점을 깊이 생각해 보십시오. 지금 우리가 섬기는 교회가 그리스도 안에 있는 우리의 삶에 얼마나 중요한지 한 번도 깊이 생각한 적이 없을지도 모르겠습니다. 5절은 "우리 많은 사람이 그리스도 안에서 한 몸이 되어 서로 지체가 되었느니라"고 말합니다. "서로 지체가 된다"는 것은 무슨 의미입니까? 교회에 속함으로써 서로에게 속한다는 의미입니다. 그러므로 그리스도와 연결되는 것은 서로와 연결되는 것입니다. 팔에서 피가 나면 몸의 모든 지체가 약해집니다. 팔이 입을 먹이기 위해 열심히 일하면 모든 지체가 강해집니다.

우리와 그리스도의 관계에서 이것이 얼마나 중요한지 생각해 보십시오. 몸의 한 부분이 다른 부분들에게 "난 네가 필요 없고 네가 싫어. 그래서 너와 붙어 있지 않기로 했어. 난 너와 관계하기 싫어"라고 말한다면 그것은 어떤 의미일까요? "나는 그리스도 안에 있지 않기로 했어"라고 말하는 것과 같은 의미입니다. 다른 지체와 떨어져 있으면서 그리스도께 붙어 있을 수는 없습니다. 바울은 "그리스도 안에서 한 몸이 되었다"고 말합니다. 이것은 실재(reality)입니다. 그리고 우리가 그 실재를 거부하면 그리스도를 거부하는 것입니다. 교회의 실재(신자들의 몸)가 이토록 중요합니다.

왜 교회는 몸으로 존재하는가?

하나님은 왜 교회를 이런 식으로 만드셨을까요? 그냥 믿음으로 의로워진 수많은 개인들이 그리스도와 직접 연결되고 오직 성령께만 의존할 뿐 서로에게는 의존하지 않도록 만드실 수는 없었을까요?

로마서 15장 5-7절에 그 대답이 나옵니다. "이제 인내와 위로의 하나님이 너희로 그리스도 예수를 본받아 서로 뜻이 같게 하여 주사 한마음과 한 입으로 하나님 곧 우리 주 예수 그리스도의 아버지께 영광을 돌리게 하려 하노라. 그러므로 그리스도께서 우리를 받아 하나님께 영광을 돌리심과 같이 너희도 서로 받으라."

바울은 그리스도인들이 서로 연합하고 서로 받아들이는 목적이 하나님의 영광을 위해서라고 두 번이나 말하고 있다는 점에 주목하십시오. 하나님은 교회를 다양한 개인들이 연합하여 한 몸을 이루도록 하셨지, 독립된 개인들의 집합체로 만들지 않으셨습니다. 6절입니다. "한마음과 한 입으로 하나님 곧 우리 주 예수 그리스도의 아버지께 영광을 돌리게 하려 하노라." 하나님은 서로 상관하지 않고 서로 섬기지 않고 함께 예배하지 않고 선교하지 않는, 거룩하다 여겨지는 개인의 무리를 통해서보다는 진리와 사랑으로 하나 되어 서로 역할을 감당하는 신자들로 연합된 몸을 통해 영광을 받으십니다.

그런 다음 바울은 로마서 15장 7절에서 다시 한 번 이렇게 말합니다. "그러므로 그리스도께서 우리를 받아 하나님께 영광을 돌리심과 같이 너희도 서로 받으라." 그리스도는 우리 죄와 비참함을 그대로 받아주셨고 우리를 사랑하셔서 구원하셨습니다. 왜 그렇습니까? 아버지께 영광을 돌리기 위해서입니다(요 12:27-28, 17:4-5). 그래서 바울은 우리도 그런 동기를 가지라고 말합니다. 하나님이 우리를 그런 방식으로 구원하시는 이유가 여기 있습니다. 그리스도와 연합한다는 것은 믿는 자들로 이루어진 몸과 연합한다는 의미입니다. 왜냐하면 다른 방식으로 우리를 구원했을 때보다 하나님이 더 큰 영광을 받으실 것이기 때문입니다. 하나님은 그분의 영광을 극대화하기 위해 모든 것을 하십니다. 그래서 교회가 존재하고, 소그룹이 존재합니다.

복음의 능력 안에서 그리고 성령의 능력 안에서 '서로' 사랑하는 법을 배운 사람들이, 홀로 그리스도와 연결된 개인들보다 하나님을 더 영화롭게 합니다. 이것은 이해하기 어렵지 않습니다. 다른 사람들과 함께 모여 기도로 서로의 짐을 지고 자신의 은사로 그들을 섬기고 그들과 함께 하나님을 잃어버린 사람들을 찾으려고 애쓰는 것보다 집에서 TV를 보는 것이 훨씬 쉽습니다. 하지만 우리가 쉬운 일만 하면 하나님은 더 큰 영광을 받지 못하십니다. 우리가 어려운 일을 하도록 도와달라고 그분께 의지할 때, 그리고 특히 소망으로 즐거워하며 그 일을 감당할 때 하나님은 더 큰 영광을 받으십니다.

영적 은사와 믿음은 모두 하나님으로부터 나온다

우리가 서로를 섬기기 위해 하나님께 도움을 구하며 하나님의 능력에 의지한다는 점에서 오늘 본문이 주는 중요한 교훈을 발견하게 됩니다. 즉, 그리스도의 몸 안에서 서로를 섬기는 것은 영적 은사와 믿음을 통해 가능해지는데, 이 두 가지 모두 우리 삶에 역사하시는 하나님의 은혜라는 사실입니다. 그리고 이렇게 하는 이유는 하나님이 영광을 받으시기 위해서입니다.

그래서 소그룹 안에서 서로를 섬기기 위해 필요한 은사들을 얻으려면 하나님의 은혜를 신뢰해야 한다는 것을 말씀드리고 싶습니다. 또한 은사를 받고 사용하기 위해 필요한 믿음도 하나님의 은혜에 의존해야 합니다.

먼저 성경 전체를 관통하는 원리를 생각해 보십시오. 우리 힘으로 일하다 보면 자기를 칭송하고, 스스로를 높게 여겨 우리가 영광을 받고자 합니다. 하지만 하나님이 부어 주시는 힘으로 일하면 그분을 높이고, 스스로에 대해 지혜롭게 생각할 줄 알며, 이로써 하나님이 영광을 받으십니다.

이러한 원리는 베드로전서 4장 11절에 가장 분명하게 언급되어 있습니다. "누가 봉사하려면 하나님이 공급하시는 힘으로 하는 것같이 하라. 이는 범사에 예수 그리스도로 말미암아 하나님이 영광을 받으시게 하려 함이니 그에게 영광과 권능이 세세에 무궁하도록 있느니라. 아멘." 주시는 자가 영광을 받는 원리입니다. 우리가 스스로의 힘이 아니라 전적으로 하나님의 능력에 의지하여 다른 사람을 돕고 그들의 유익을 구하며 소그룹에 참여한다면, 하나님은 우리의 사역과 소그룹을 통해 영광을 받으십니다. 그리고 그것이 목적입니다.

이 원리를 통해 보면 로마서 12장 3-8절이 강조하는 내용이 더욱 이해가 됩니다. 여기서 바울은 영적 은사는 하나님이 은혜로 주시는 것이며, 하나님의 은혜에 의존하는 믿음도 하나님이 은혜로 주시는 것임을 강조합니다. 다른 말로 하면, 소그룹은 전적으로 은혜의 역사라는 말입니다.

본문에서 이에 대해 살펴보겠습니다. 3절에서 바울은 사도로서 은사를 사용하는 것도 은혜로 하는 것임을 먼저 밝히고 있습니다. "내게 주신 은혜로 말미암아 너희 각 사람에게 말하노니 마땅히 생각할 그 이상의 생각을 품지 말고." 지금 바울은 한 가지가 없었다면 자신에 대해 자칫 너무 높게 생각하기 쉬웠을 거라고 말하고 있습니다. 그 한 가지는, 자신의 모든 소명과 모든 은사와 모든 권위가 자신의 삶에 거저 주신 은혜의 역사라는 사실입니다. 자신은 그것을 받을 자격이 없었습니다. 노력해서 얻은 것도 아니었습니다. 자신이 가진 능력이나 재주 때문도 아닙니다. 전적으로 은혜입니다.

그런 다음 바울은 모든 사람의 영적 은사가 그와 같다고 말합니다. 6절입니다. "우리에게 주신 은혜대로 받은 은사가 각각 다르니." "우리에게 주신 은혜대로"라는 구절은 3절에 나오는 "내게 주신 은혜로 말미암아"와 거의 같은 말입니다. 우리가 은사를 선택하지 않습니다. 우리가 그리스도의 몸을 다양성을 가진 몸으로 계획한 것이 아닙니다. 바울은 하나님의 은혜가 그렇게 하셨다고 말합니다. 우리는 은사를 가졌고 그 은사는 우리의 뜻이 아닌 하나님의 은혜에 따라 서로 다릅니다.

하나님께서 이렇게 하신 목적은 모든 것을 통해(소그룹 사역도 포함하여) 영광을 받으시려는 데 있습니다. 우리는 은사와 도움과 축복을 받고, 하나님은 영광을 받으십니다.

스스로를 너무 높게 생각하는 것

이제는 우리 자신을 마땅히 생각해야 할 것보다 더 높게 생각하는 것에 대한 마지막 치료책을 제시합니다. 바울은 이것을 가장 염려하고 있는데(롬 12:3), 하나님의 영광을 훔치는 것이기 때문에 그렇습니다. 우리는 이렇게 말하고 싶은 유혹을 받습니다. "네, 그래요. 우리 은사는 은혜로 받은 것이고 우리는 그것을 자랑할 수 없어요. 하지만 그 은사를 사용하는 것은 우리에게 달린 일이에요. 그러니 우리가 그 은사를 어떻게 사용하느냐에 따라 자긍심을 가질 수는 있는 거죠." 소그룹 안에서 나타날 수 있는 이러한 마지막 교만의 흔적을 치유하는 방법은 무엇일까요?

치료책은 3절 하반절에 나와 있습니다. "내게 주신 은혜로 말미암아 너희 각 사람에게 말하노니 마땅히 생각할 그 이상의 생각을 품지 말고[따라서 중심 문제는 분명히 교만입니다. 하지만 치료책은 무엇일까요? 바울은 계속 이어서 말합니다] 오직 하나님께서 각 사람에게 나누어 주신 믿음의 분량대로 지혜롭게 생각하라." 여기에 치료책이 있습니다. 우리가 은사를 받고 사용하는 데 필요한 믿음의 분량을 하나님이 친히 나누어 주셨음을 인식하는 것에서 지혜로운 생각이 가능합니다. 은사 자체가 서로 다를 뿐 아니라, 그 은사를 사용하는 우리의 믿음도 각기 다른 것은 하나님의 은혜의 역사입니다. 하나님은 때마다 우리 각자에게 서로 다른 믿음의 분량을 나누어 주십니다(엡 2:8-9; 빌 1:29; 딤후 2:25 참조).

하나님이 일하신다면 왜 내가 필요한가?

그러므로 모든 자랑이 배제됩니다. 하지만 여기서도 큰 위험이 어렴풋이 그 모습을 드러냅니다. 스스로 수동적이 되어 "믿음이 전적으로 하나님의 은혜의 역사라면 내가 할 일은 전혀 없네요. 그러니 전 그냥 집에서 TV나 볼래요"라고 말하고 싶을지도 모릅니다. 하지만 이런 반응은 비성경적이고 비이성적입니다.

그 이유는, 오늘 본문에서도 6-8절이 전부 로마 그리스도인들을 향해 무언가를 하라고 권면하고 있기 때문입니다. "우리에게 주신 은혜대로 받은 은사가 각각 다르니 혹 예언이면 믿음의 분수대로, 혹 섬기는 일이면 섬기는 일로, 혹 가르치는 자면 가르치는 일로, 혹 위로하는 자면 위로하는 일로, 구제하는 자는 성실함으로, 다스리는 자는 부지런함으로, 긍휼을 베푸는 자는 즐거움으로 할 것이니라." 다른 말로 하면, 자기가 받은 은사를 사용하라는 말입니다. 잠들어 있게 두지 마십시오. 믿음을 갖고 사용하십시오.

수동성을 거부하고 하나님을 바라보며 이렇게 말하십시오. "주님, 제게 은사를 주셨음을 압니다. 피곤하고 잘 못할까 봐 걱정도 됩니다. 하지만 저는 제 자신과 제 은사가 아니라 주님을 믿습니다. 능력을 주시는 주님의 은혜를 신뢰합니다. 또한 제가 믿음을 갖도록 은혜를 주시는 분도 주님이심을 믿습니다. 그리고 오늘도 주님이 부어 주시는 힘으로 소그룹에 참여하여 모든 것을 통해 주님이 영광을 받으시도록 하겠습니다"(벧전 4:11 참고).

또한 수동성이 비성경적임을 아는 이유는 바울이 고린도전서 15장 10절에서 이렇게 간증했기 때문입니다. "그러나 내가 나 된 것은 하나님의 은혜로 된 것이니 내게 주신 그의 은혜가 헛되지 아니하여 내가 모든 사도보다 더 많이 수고하였으나 내가 한 것이 아니요 오직 나와 함께하신 하나님의 은혜로라." 바울은 "모든 사도보다 더 많이 수고"했습니다. 이것은 수동성이 아닙니다! 하지만 바로 그다음 말을 보십시오. "내가 한 것이 아니요 오직 나와 함께하신 하나님의 은혜로라."

그러므로 "내가 아니라 오직 은혜"라는 위대한 고백은 힘을 소진시키는 말이 아니라 힘을 불어넣어 주는 말입니다. 바울이 골로새서 1장 28-29절에서 했던 말을 다시 들어보십시오. "우리가 그를 전파하여 각 사람을 권하고 모든 지혜로 각 사람을 가르침은 각 사람을 그리스도 안에서 완전한 자로 세우려 함이니 이를 위하여 나도 내 속에서 능력으로 역사하시는 이의 역사를 따라 힘을 다하여 수고하노라." 바울은 수고합니다. 힘을 다합니다. 하지만 그것은 그로 하여금 일할 수 있게 그 안에서 역사하시는 그리스도의 전능한 능력으로 가능했습니다.

하나님은 우리에게 그분의 뜻을 품게 하신다

중요한 것은, 하나님이 우리 의지 대신 그분의 의지를 품게 하시는 것이 아니라는 것입니다. 오히려 주님은 그분의 의지가 우리의 의지가 되게 하십니다. 하나님은 우리 일을 대신 하지 않으십니다. 오히려 우리 일을 통해 일하십니다. 우리 힘이 아닌 것으로 우리에게 힘 주시는 것이 아니라 우리의 힘을 진정 힘 있게 하십니다. 따라서 하나님의 은혜로 우리 안에 하나님을 믿는 믿음이 생긴다고 해서 하나님을 믿으려고 적극적으로 노력할 필요가 없다고 말하는 것은 비성경적이고 비이성적입니다. "하나님이 우리로 그분을 신뢰하게 만드시니 우리는 그분을 신뢰할 필요가 없어"라고 말한다면 비이성적이지 않습니까?

우리가 수십 년간 소그룹 사역을 감당하고, 다른 사람들이 믿음의 순종을 하도록 힘을 다해 돕다가 인생을 끝낼 때, 우리는 어떤 고백을 하게 될까요? 로마서 15장 18절에 나오는 바울처럼 고백하게 될 것입니다. "그리스도께서 이방인들을 순종하게 하기 위하여 나를 통하여 역사하신 것 외에는 내가 감히 말하지 않겠습니다. 내게 은사가 있었고 그 은사를 사용할 믿음이 있었다면 그것은 하나님이 주신 것이었습니다. 오직 하나님이 영광을 받으시길!"

주님은 오늘 이 자리에 계신 모든 분들에게 영적 은사를 주셨습니다. 올 한 해 우리에게 더 큰 믿음을 주시기를 기도합니다. 여러분의 은사를 찾으십시오. 믿음으로 그것을 받아들이십시오. 하나님이 주시는 힘으로 은사를 사용하여 하나님이 영광을 받으시고 소그룹은 함께 기뻐하게 하십시오.

17장

우리 많은 사람이 그리스도 안에서 한 몸이 되어

로마서 12:1-8

그러므로 형제들아 내가 하나님의 모든 자비하심으로 너희를 권하노니 너희 몸을 하나님이 기뻐하시는 거룩한 산 제물로 드리라. 이는 너희가 드릴 영적 예배니라. 너희는 이 세대를 본받지 말고 오직 마음을 새롭게 함으로 변화를 받아 하나님의 선하시고 기뻐하시고 온전하신 뜻이 무엇인지 분별하도록 하라. 내게 주신 은혜로 말미암아 너희 각 사람에게 말하노니 마땅히 생각할 그 이상의 생각을 품지 말고 오직 하나님께서 각 사람에게 나누어 주신 믿음의 분량대로 지혜롭게 생각하라. 우리가 한 몸에 많은 지체를 가졌으나 모든 지체가 같은 기능을 가진 것이 아니니 이와 같이 우리 많은 사람이 그리스도 안에서 한 몸이 되어 서로 지체가 되었느니라. 우리에게 주신 은혜대로 받은 은사가 각각 다르니 혹 예언이면 믿음의 분수대로, 혹 섬기는 일이면 섬기는 일로, 혹 가르치는 자면 가르치는 일로, 혹 위로하는 자면 위로하는 일로, 구제하는 자는 성실함으로, 다스리는 자는 부지런함으로, 긍휼을 베푸는 자는 즐거움으로 할 것이니라. _롬 12:1-8

오늘은 로마서 12장 4절부터 6절 상반절까지의 말씀에 집중해 보려고 합니다. 말하자면 그리스도 안에서 한 몸이 된다는 것의 기반과 성격, 그리고 함축하는 의미를 살펴보려고 합니다. 이에 앞서 먼저 큰 그림을 짚고 가겠습니다. 바울은 11장까지 그리스도의 복음에 대해 가르쳤습니다. 즉, 우리는 큰 죄인이고, 하나님은 무한히 거룩하고 공의로우십니다. 따라서 우리는 하나님의 진노와 정죄 아래 있습니다. 그러나 하나님께서 자비하심으로 아들 예수 그리스도를 보내셨고 그 아들의 완전한 순종과 대속의 죽음을 통해 그리스도를 믿는 모든 사람을 의롭다 선포하실 수 있게 되었습니다. 그래서 이제는 그리스도 예수 안에 있는 사람들에게는 정죄함이 없다는 내용이었습니다.

그리고 그리스도를 믿는 모든 사람을 위한 그 위대한 구원 역사에 기반하여 바울은 12장에서 적용점을 제시합니다. "그러므로 형제들아 내가 하나님의 모든 자비하심으로 너희를 권하노니…." 다른 말로 하면, 그리스도인의 삶은 하나님의 자비하심 위에 세워진다는 말입니다. 우리는 하나님의 사랑을 얻어 내려고 애쓰는 사람들이 아닙니다. 그리스도 덕분에 우리가 받을 수 없는 너무나 놀라운 사랑을 은혜로 받았다는 사실로 인해 감격스러워 하는 사람들입니다. 우리는 자비하심을 얻으려고 자비를 베푸는 삶을 살지 않습니다. 먼저 자비하심을 받았기 때문에 자비를 베푸는 삶을 살 수 있습니다.

그래서 12장은 이런 삶을 보여 주면서 우리에게 그렇게 살라고 요구합니다. 먼저 바울은 우리 삶을 하나님을 향한 예배로 다룹니다. 그런 다음에는 우리 자신과 관련하여 겸손과 낮아짐에 대해 다룹니다(3절). 그런 다음에는 교회에서 서로 어떻게 관계를 맺을 것인지를 다룹니다(4-13절). 그러고선 대적과의 관계에 대해 말합니다(14-21절).

그 후에는 13장 1-7절과 그 외 다른 부분에서 우리와 정권을 잡은 자들과의 관계를 다룹니다. 이 모든 것은, 우리가 오직 믿음으로 하나님과 화평을 누리고 그리스도가 우리 모든 소망의 기반이고 전부임을 알 때 우리 삶이 어떤 모습일지를 말해 줍니다.

이제 저와 함께 4절부터 6절 상반절 말씀을 같이 보겠습니다. 그리스도의 몸으로서 교회에 대해 세 가지를 말하고 있습니다. 첫째, 그리스도의 몸의 연합(the unity of the body of christ)은 예수 그리스도 안에서 이루어집니다. 둘째, 개별성은 그리스도 안에서 존중됩니다. 셋째, 하나님의 은혜가 그리스도 안에서 모든 사역을 지탱합니다.

여기서 우리 상황에 적용할 수 있는 두 가지 교훈이 있습니다. 첫째, 그리스도의 몸 안에서 다양한 민족과 인종 간의 조화를 위해 의도적으로 힘써야 한다는 점이 함축되어 있습니다. 둘째, 소그룹에 참여하는 것은 다양한 은사를 가지고 서로에게 유익을 주는 한 몸이 되기 원하시는 하나님의 비전을 이루도록 돕습니다. 이것이 대략적인 내용입니다. 이제부터 성경을 살펴보면서 자세히 말씀드리겠습니다.

1. 그리스도의 몸의 연합은 예수 그리스도 안에서 이루어진다

먼저, 그리스도의 몸의 연합은 예수 그리스도 안에서 이루어집니다. 4절과 5절 상반절을 함께 보겠습니다. 짧지만 엄청나게 중요한 표현인 "그리스도 안에서"라는 말에 주목하십시오. "우리가 한 몸에 많은 지체를 가졌으나 모든 지체가 같은 기능을 가진 것이 아니니 이와 같이 우리 많은 사람이 그리스도 안에서 한 몸이 되어." 우리는 많지만 그리스도 안에서 한 몸입니다.

바울이 교회를 몸이라고 말할 때, 두 가지 의미를 중복하여 사용하는 것입니다. 하나는 보편적 교회(지금까지 살았던 그리스도를 믿는 모든 신자)로서 그리스도의 몸입니다. 예를 들어, 에베소서 1장 22-23절은 이렇게 말합니다. "또 만물을 그의 발 아래에 복종하게 하시고 그를 만물 위에 교회의 머리로 삼으셨느니라. 교회는 그의 몸이니 만물 안에서 만물을 충만하게 하시는 이의 충만함이니라." 이것은 눈에 보이지 않고 영적이며 보편적인 모든 신자들의 교회인 그리스도의 몸입니다. 그러나 또 다른 의미로, 바울은 개별 지역 교회들도 그리스도의 몸으로 생각합니다. 예를 들어, 고린도전서 12장 27절에서 바울은 교회에 대해 이렇게 말합니다. "너희는 그리스도의 몸이요 지체의 각 부분이라."

바울은 우리가 교회의 의미를 어느 한 가지로 국한시키는 것을 원하지 않을 것입니다. 따라서 바울이 4-5절에서 "우리가 한 몸에 많은 지체를 가졌으나 … 우리 많은 사람이 그리스도 안에서 한 몸이 되어"라고 말하면서 '우리'라는 말을 사용할 때, 비록 멀리 떨어져 있는 자신을 포함시키긴 했지만, "모든 신자들을 포함하는 보편적 교회"를 염두에 두고 말한 것은 아니라고 생각합니다. 제 생각에 지금 바울은 지역 교회가 한 몸으로서 어떤 기능을 해야 하는지 말하고 있습니다.

'그리스도 안에' 있다는 것

우리가 집중적으로 살펴볼 구절은 5절에 나오는 '그리스도 안에서'

입니다. “이와 같이 우리 많은 사람이 ‘그리스도 안에서’ 한 몸이 되어.” 이 구절이 의미하는 바는, 모든 구성원이 연합하고 한 몸이 되어 이루는 모든 관계는 ‘그리스도 안에서’ 세워지고 이루어진다는 것입니다. 더 간단히 말하면, 우리 각자가 그리스도와 관계를 맺을 때 신자끼리도 서로 관계를 맺게 된다는 의미입니다. 제가 그리스도의 형제가 되고 여러분이 그리스도의 자매가 되었다면, 그때 여러분은 저의 자매가 됩니다. 그리스도는 신자들이 자신과 관계를 맺을 때 신자들도 그 몸 안에서 서로 관계를 맺게 하십니다.

하지만 오늘 본문에서 이 구절은 더 깊은 의미가 있습니다. “그리스도 안에서”라는 구절은 우리가 맺는 가족 관계가 보여 주는 것보다 더 심오한 의미가 있습니다. 가족 관계가 보여 주는 바도 무척 소중합니다. 하지만 이 구절의 의미는 그보다 훨씬 더 나은 것입니다.

“그리스도 안에서”라는 구절이 의미하는 바는, 우리가 그리스도를 구원자요, 주님이요, 보화로 신뢰할 때(빌 3:9), 그리스도와 우리 사이에 연합이 형성되는데, 이 연합 안에서 그리스도가 우리 각 사람에게 나누어 주시는 모든 것을 우리 모두가 함께 나눌 수 있다는 뜻입니다. 우리와 연합을 이루신 그리스도가 우리 각 사람에게 나누어 주시는 모든 것(모든 것 되시는 그리스도와 그분이 소유하신 모든 것)은 우리 모두가 그 연합 안에서 함께 누릴 수 있습니다. 물론 그분의 신성과 하나님 되심을 결정짓는 독특한 속성들(전능함, 편재하심, 영원성 같은 것)은 공유할 수 없습니다. 하지만 이것을 제외하면 그리스도의 모든 것은 그분 안에서 우리의 것이 됩니다.

“그리스도 안에서”라는 짧은 구절이 사용된 본문을 통해 우리가

"그리스도 안에" 있다는 것의 의미를 몇 가지 찾아보겠습니다.

- 고전 1:4, 우리는 그리스도 안에서 '은혜'를 받습니다.
- 롬 3:24, 우리는 그리스도 안에서 '구원'을 받습니다.
- 갈 2:17, 우리는 그리스도 안에서 '의롭다 여김'을 받습니다.
- 엡 4:32, 우리는 그리스도 안에서 '죄를 용서'받습니다.
- 롬 8:1, 우리는 그리스도 안에서 '정죄함이 없습니다.'
- 고후 5:17, 우리는 그리스도 안에서 '새로운 피조물'입니다.
- 롬 6:23, 우리는 그리스도 안에서 '영생'을 소유합니다.
- 빌 4:19, 하나님은 그리스도 안에서 '우리의 모든 필요'를 채우십니다.
- 엡 1:3, 우리는 그리스도 안에서 '하늘의 모든 신령한 복'을 받습니다.
- 골 1:28, 우리는 그리스도 안에서 하나님께 '완전한 자'로 드려집니다.
- 롬 8:32, 우리는 그리스도 안에 있는 '하나님의 사랑'에서 끊어질 수 없습니다.

바울이 이런 식으로 말한 목적은 우리가 그리스도를 경외하도록 하기 위함입니다. 우리가 그리스도를 사랑하고, 그리스도를 칭송하고, 그리스도를 따르고, 그 무엇보다 그리스도를 가장 즐거워하도록 하기 위함입니다.

우리는 겸손해지고 그리스도는 높아지시게 하려는 열망은 3절에서도 변함이 없습니다. 바울이 고린도전서 3장 21-23절에서 이 진리를 자랑과 어떻게 연결시키는지 잘 보십시오. "그런즉 누구든지 사람을 자랑하지 말라. 만물이 다 너희 것임이라. 바울이나 아볼로나 게

바나 세계나 생명이나 사망이나 지금 것이나 장래 것이나 다 너희의 것이요, 너희는 그리스도의 것이요 그리스도는 하나님의 것이니라."

우리는 그리스도의 것입니다. 우리는 그분 안에 있습니다. 믿음으로 연합되어 있어서 그분의 온 존재가 우리를 위하십니다. 정말 굉장한 일이 아닐 수 없습니다. 우리가 온 마음으로 이 진리를 믿도록 하나님께서 도우실 것입니다.

그리고 오늘 본문 로마서 12장 5절을 통해 한 가지 의미가 첨가되는데(이것은 아주 굉장하고 놀랍습니다), 우리가 이 모든 것을 한 몸 안에서 함께 경험한다는 사실입니다. "이와 같이 우리 많은 사람이 그리스도 안에서 한 몸이 되어" 함께 구원받습니다. 함께 의롭다 함을 받습니다. 함께 용서받습니다. 함께 새로운 피조물이 됩니다. 함께 모든 필요를 공급받습니다. 함께 하나님께 사랑받습니다. 함께 완전해집니다. 함께 영생을 얻습니다. 그리고 이 모든 영광스러운 연합은 그리스도 안에서 그리스도의 영광을 위해 이루어집니다.

그러므로 우리는 교회를 시시한 것으로 만들어서는 결코 안 됩니다. 하나님은 교회를 세우시기 위해 아들을 희생시키셨습니다. 우리는 그리스도 안에서 성도들과 생명과 유업과 연합을 공유합니다. 이 연합은 너무나 크고 심오해서 다른 모든 인간적인 관계들과 모든 유업의 가치를 능가하고 결코 끊어질 수 없습니다.

이것이 가장 먼저 보아야 할 점입니다. 그리스도의 몸의 연합은 예수 그리스도 안에서 이루어집니다.

2. 개성은 그리스도 안에서 존중된다

두 번째로, 개성(individuality)은 그리스도 안에서 존중됩니다. 5절을 다시 보면서 후반절 말씀에 초점을 맞추어 보겠습니다. "이와 같이 우리 많은 사람이 그리스도 안에서 한 몸이 되어 서로 지체가 되었느니라(individually members one of another)."

여기서 바울이 개인(the individual)에게 초점을 맞춘 것은 실제로는 우리 각 사람이 몸이라 불리는 연합체의 일부이고, 우리 각 사람이 몸의 다른 모든 지체와 연결되어 있다는 점을 강조하기 위해서라고 하는 분들도 있습니다. 이런 분들은 "여기서는 개인의 가치를 강조하기보다 그 반대로 몸이 무엇보다 중요하다는 점을 말하려는 의도"라고 주장할지도 모르겠습니다.

하지만 6절과 8절 말씀에 비추어 볼 때, 그런 해석은 맞지 않다고 생각합니다. 6절은 "우리에게 주신 은혜대로 받은 은사가 각각 다르니"라고 말합니다. 바울은 이 구절을 통해 하나님의 은혜로 창조되고 의도된(created and willed) 우리의 개별적인 차이가 있음을 분명히 하려고 노력했습니다. 그런 다음 바울은 7-8절에서 다양한 은사들을 하나하나 말합니다. 따라서 바울이 우리의 개성을 축소시키고 몸이라는 연합된 실체만을 강조한다고 말하는 것은 옳지 않습니다.

오히려 이렇게 말하는 것이 더 맞습니다. "바울은 지금 우리의 진정한 개별성은 그리스도의 몸과의 관계 속에서 발견된다고(알려지고 경험된다고) 말하고 있습니다." 5절 하반절을 보십시오. "서로 지체가 되었느니라." 서로 지체입니다. 한 사람 한 사람이 지체입니다. 개개인이 지체입니다. 여기서 바울은 이렇게 말하는 것입니다. "저는 여러분의 지체입니다. 여러분은 또한 저의 지체입니다. 저는 여러분의 눈이나 귀나 손이나 발과 같습니다. 또한 여러분은 제 눈이나 귀나 손이나 발과 같습니다." 바울은 각 개인이 몸 안에서 다른 개인들의 지체라고 말합니다.

놀라운 사실이 바로 이것입니다. 그것이 바로 '나'의 모습입니다. 저는 여러분의 일부(지체)입니다. 즉, 저의 개성(개인의 정체성, 하나님께서 만드신 모습)은 그리스도를 의지하여 지체를 섬기지 않고서는 온전히 드러나지 않습니다. 또한 우리 각자의 개성도 그리스도를 의지하여 다른 사람을 섬기지 않고서는 드러나지 않습니다. 그것이 손과 발과 눈과 귀가 하는 일입니다. 모든 지체들은 섬깁니다. 그것이 우리가 은사를 받은 이유입니다.

바울은 이렇듯 한 몸을 이룬 성도의 개성을 매우 귀하게 여깁니다. 하지만 우리의 진정한 개성이 제대로 드러나려면 그리스도의 몸 안에서 서로 관계를 맺고 살아갈 뿐 아니라 서로를 섬기고 섬김을 받을 때라야 가능하다는 점을 놓치지 않습니다. 그리고 그렇게 해서 알게 된 자기만의 (그리스도 안에서 드러난) 위치와 정체성을 세상에서 드러냅니다. 그리스도를 의지하면서 온 마음을 다해 다른 사람을 사랑하십시오. 그러면 우리가 누구인지 알게 될 것입니다.

첫 번째로 살펴본 것은 그리스도의 몸의 연합이 예수 그리스도 안에서 이루어진다는 점이었습니다. 그리고 두 번째로는 개성이 그리스도 안에서 존중된다는 것을 말씀드렸습니다. 실제로 우리의 개성은 그리스도의 몸 안에 있을 때 발견됩니다.

3. 하나님의 은혜가 그리스도 안에서 모든 사역을 지속하게 한다

이제 세 번째로, 하나님의 은혜는 그리스도 안에서 모든 사역을 지속하게 합니다. 이에 대해서는 지난번에 살펴보았기 때문에 간단히 언급만 하고 두 가지 적용점을 말씀드리겠습니다. 6절입니다. "우리에게 주신 은혜대로 받은 은사가 각각 다르니." 우리가 각기 다른 개성을 가진 것은 하나님의 은혜로 된 것입니다. 하지만 그렇게 생각하지 않을지도 모릅니다. 그리스도의 몸을 위해 하나님께서 만드신 우리의 모습을 인정하려 들지 않을지도 모릅니다. 하나님이 실수하셨다는 생각이 들 수도 있습니다. 아니면 하나님은 잔인하시다고 여길 수도 있습니다. 하지만 우리가 여기서 다루는 것은 자존감의 문제가 아닙니다. 하나님을 높이는 문제입니다. 우리의 개성이 하나님의 은혜로 된 것임을 믿으십니까? 그러므로 하나님을 신뢰하십니까? 우리 모두는 교회에 주신 은혜의 선물입니다. 우리가 섬김으로 교회를 사랑하기 시작할 때 이 사실을 깨닫게 될 것입니다.

두 가지 함축적 의미

이제, 두 가지 함축적 의미를 살펴보겠습니다. 첫 번째는 그리스도의 몸 안에서 다양한 민족과 인종이 조화를 이루는 것과 관계가 있습니다. 에베소서 3장 6절에서 바울은 이와 관련해 그리스도 안에 있는 것이 어떤 의미가 있는지 말하고 있습니다. "이는 이방인들이 복음으로 말미암아 그리스도 예수 안에서 함께 [유대인 신자들과 함께 말입니다] 상속자가 되고 함께 지체가 되고 함께 약속에 참여하는 자가 됨이라."

이것이 의미하는 바는, 그리스도 안에서 이루어진 그리스도의 몸의 연합에는 열방이 포함된다는 것입니다. 여기에는 모든 인종과 모든 민족이 포함됩니다. 그리스도와 연합을 이룸으로써, 그들은 저와 또한 여러분과 연합을 이룹니다. 그리고 바울은 지역 교회로서 그리스도의 몸과 보편적 교회로서 그리스도의 몸을 특별히 구분하지 않기 때문에, 여기 있는 우리에게도 시사하는 바가 있습니다.

이것이 우리 교회에게 의미하는 것은, 이 실체를 우리 교회 안에서 가시적으로 드러낼 수 있어야 한다는 것입니다. 하나님은 전능하시고 은혜가 풍성하십니다. 하나님은 그분의 뜻대로 자기 백성들을 각자의 위치에 놓으십니다. 그리스도의 몸을 최종적으로 세우는 분은 우리가 아닙니다. 하지만 이것이 의미하는 바는, 우리가 꾸준히 (그리고 믿음과 소망을 가지고) 교회 안에서 민족적 다양성을 위해 기도하며 애써야 하고, 그리스도 안에서 조화를 이루도록 기도하며 애써야 한다는 것입니다. 이것은 그리스도께 큰 영광이 됩니다. 우리 모두가 이러한 기도와 노력에 동참하길 바랍니다.

오늘 설교를 마지막으로 적용해 보면, 우리가 소그룹에 참여하는 것은 하나님께서 예수 그리스도 안에서 우리에게 뜻하신 존재가 되도록 돕기 때문입니다. 또한 다양한 은사를 가진 자들이 한 몸을 이룬 교회를 서로 함께 섬기기를 원하시는 하나님의 비전을 이루도록 돕기 때문입니다. 성경이 말하는 모습은 분명합니다. 그리스도인이 된다는 것(예수 그리스도께 속한다는 것)은 그분의 몸의 일부가 되는 것이고 "서로 지체가 되는 것"입니다. 이런 이유로 우리는 소그룹에 속합니다. 이런 이유로 우리 교역자들은 여러분이 마음껏 섬길 수 있고 사랑의 관계 속에서 섬김을 받는 소그룹을 찾도록 애쓰고 있습니다.

그리스도의 몸의 일부가 되고 서로 지체가 되는 것은 놀라운 사명이고 놀라운 정체성입니다. 스스로 꿈꾸었던 것보다 우리 자신에 대해 더 많은 것을 그리스도 안에서 발견하게 될 것입니다. 우리가 주님 안에서 자신에 대해 더 많이 발견하게 될 때, 그리스도가 더욱 영광을 받으실 것입니다.

18장

지혜로운 판단, 한 몸, 여러 부분

로마서 12:1-8

그러므로 형제들아 내가 하나님의 모든 자비하심으로 너희를 권하노니 너희 몸을 하나님이 기뻐하시는 거룩한 산 제물로 드리라. 이는 너희가 드릴 영적 예배니라. 너희는 이 세대를 본받지 말고 오직 마음을 새롭게 함으로 변화를 받아 하나님의 선하시고 기뻐하시고 온전하신 뜻이 무엇인지 분별하도록 하라. 내게 주신 은혜로 말미암아 너희 각 사람에게 말하노니 마땅히 생각할 그 이상의 생각을 품지 말고 오직 하나님께서 각 사람에게 나누어 주신 믿음의 분량대로 지혜롭게 생각하라. 우리가 한 몸에 많은 지체를 가졌으나 모든 지체가 같은 기능을 가진 것이 아니니 이와 같이 우리 많은 사람이 그리스도 안에서 한 몸이 되어 서로 지체가 되었느니라. 우리에게 주신 은혜대로 받은 은사가 각각 다르니 혹 예언이면 믿음의 분수대로, 혹 섬기는 일이면 섬기는 일로, 혹 가르치는 자면 가르치는 일로, 혹 위로하는 자면 위로하는 일로, 구제하는 자는 성실함으로, 다스리는 자는 부지런함으로, 긍휼을 베푸는 자는 즐거움으로 할 것이니라. _롬 12:1-8

만일 우리가 하나님이라면, 그래서 백성들의 믿음이 자라고 사랑 안에서 온전해지는 것이 우리의 뜻이며, 우리가 원하는 대로 믿음의 선물을 줄 권세와 능력이 있다면, 모든 백성에게 그냥 그렇게 해주지 않겠습니까? 말하자면, 모든 사람에게 큰 믿음을 주고 곧바로 온전한 사랑을 하도록 만들지 않겠습니까? 저라면 그렇게 할 것 같습니다.

저처럼 생각하는 사람들도 많을 것입니다. 이것은 우리가 하나님이 아닌 이유 중 하나에 해당하기도 합니다. 하나님은 그렇게 하지 않으셨습니다. 하나님은 모든 사람에게 큰 믿음과 큰 은사를 주지 않으셨습니다. 그분이 우리의 개별적인 의지를 바꿀 수 없기 때문이 아닙니다. 오늘 본문은 하나님께는 원하시는 분량의 믿음을 주실 수 있고, 원하시는 만큼 은혜를 주실 수 있고, 원하시는 종류의 은사를 주실 수 있는 권세와 능력이 있다고 분명히 말합니다.

그렇지만 하나님께서 우리에게 모두 똑같은 믿음과 똑같은 은사, 똑같은 은혜를 주시지 않은 이유가 있습니다. 오늘 그 이유 중 적어도 한 가지는 확인할 수 있을 것입니다. 그것은 그리스도의 몸의 속성과 관계가 있고, 단순히 개개인이 아닌 성도의 연합을 통해 영광을 받으시려는 하나님의 방법과 관계가 있습니다.

우리가 생각하는 방식에 관한 바울의 염려

본문 3-6절 말씀에 집중해 보겠습니다. 이 구절들의 요지는 그리스도의 몸을 이루는 각 구성원이 필요 이상으로 자신을 너무 높게 생각해서는 안 되고 자신의 믿음과 은혜와 은사에 대해 지혜롭게 판단해야 한다는 것입니다. 이것이 3절이 말하는 내용입니다. "내게 주신 은혜로 말미암아 너희 각 사람에게 말하노니 마땅히 생각할 그 이상의 생각을 품지 말고 오직 하나님께서 각 사람에게 나누어 주신 믿음의 분량대로 지혜롭게 생각하라."

다른 말로 하면, 바울이 지금 문제 삼는 것은 우리의 사고방식(mindset)입니다. 2절에서 "이 세대를 본받지 말고 오직 마음을 새롭게 함으로 변화를 받으라"고 말했기 때문입니다. 2절에서 "마음을 새롭게 하라"고 했으니 3절에서는 "그 새로워진 마음으로 자신을 너무 높게 생각하지 말고 믿음과 은혜와 은사에 대해 지혜롭게 판단하라"고 말하는 것입니다.

우리의 사랑과 은사를 바르게 사용하려는 목적으로

이러한 새로워진 마음과 바른 생각, 지혜로운 판단의 목표는 그리스도의 몸을 위해 우리의 은사를 바르게 사용하는 것입니다. 즉, 목표는 사랑입니다. 이것이 6-8절의 요지입니다. "우리에게 주신 은혜대로 받은 은사가 각각 다르니 혹 예언이면 믿음의 분수대로, 혹 섬기는 일이면 섬기는 일로, 혹 가르치는 자면 가르치는 일로, 혹 위로하는 자면 위로하는 일로, 구제하는 자는 성실함으로, 다스리는 자는 부지런함으로, 긍휼을 베푸는 자는 즐거움으로 할 것이니라." 그 외에도 많습니다. 우리의 은사를 몸의 유익을 위해 잘 사용하려면 믿음의 분량이 각기 다르다는 사실을 지혜롭게 판단할 수 있어야 합니다. 겸손하게 사랑으로 몸의 유익을 위해 은사를 사용하고 싶으면, 자신을 너무 높게 생각해서는 안 되고 자신의 은사와 은혜와 믿음에 대해 지혜롭게 생각해야 합니다.

따라서 오늘은 새로워진 마음이 갖는 지혜로운 판단에 대해 집중적으로 다루겠습니다. 이러한 판단은 우리가 은사를 제대로 사용하도록 도와주기 때문입니다.

교회와 관련해서 이 본문은 의미하는 바가 있습니다. 교회는 주로 그저 와서 듣는 곳입니까? 아니면 주로 만나서 여러 모임에 참여하는 곳입니까? 제가 '주로'라고 말씀드린 것은, 이것 아니면 저것이라는 식으로 대답할 문제는 아니기 때문입니다. 하지만 지금까지 살펴본 내용과 오늘 살펴볼 내용으로 볼 때, 교회가 된다는 것의 주된 의미는 모든 구성원이 몸 안에서 자신만이 할 수 있는 미덕을 다른 신자들에게 베풀고, 교회 밖에 있는 사람들에게는 자신만이 할 수 있는 증인으로서의 역할을 감당하며, 하늘에 계신 하나님께 자신만이 할 수 있는 감사를 드리는 능력이 자라는 것이라고 생각합니다. 오늘 본문 말씀에서 이것을 확인해 보겠습니다.

우리가 가져야 할 지혜로운 판단이란

우리의 믿음과 은혜와 은사를 그리스도의 몸 안에서 서로를 위해 사용하도록 도와줄 지혜로운(분별 있는) 판단이란 무엇일까요?

이것은 교만의 반대이고, 우리의 은혜와 믿음과 은사는 하나님이 거저 주신 선물임을 자각하는 것입니다. 우리가 서로 다른 것은 그분이 하신 일이기에 결코 자랑의 근거가 되지 않으며 오히려 몸을 하나 되게 하는 일에 쓰입니다. 더 짧게 말하자면, 지혜로운 판단이란 하나님이 은혜를 각 사람에게 다양하게 나눠 주실 자유와 우리의 겸손을 기준으로 내리는 판단이라고 할 수 있습니다.

바울은 이를 세 가지 방식으로 보여 줍니다.

1. 바울의 생각은 따라야 할 본이다

먼저 바울은 자기를 겸손히 생각하는 태도를 몸소 본으로 보여 줍니다.

"내게 주신 은혜로 말미암아"

3절은 이렇게 시작합니다. "내게 주신 은혜로 말미암아 너희 각 사람에게 말하노니 마땅히 생각할 그 이상의 생각을 품지 말고." 바울은 자신의 권위로 그들을 교훈하지 않습니다. 바울은 온 교회에 행동 규범을 가르치는 자로서, 자신에게 올지도 모를 영광을 피하며 이렇게 말합니다. "내게 주신 은혜로 말미암아." 자신의 지혜나 권리 혹은 권위를 내세우지 않습니다. 하나님이 주신 특별한 은혜를 강조합니다.

바울은 로마서 15장 15절에서도 똑같이 말합니다. "그러나 내가 너희로 다시 생각나게 하려고 하나님께서 내게 주신 은혜로 말미암아 더욱 담대히 대략 너희에게 썼노니." 그가 담대하게 교회를 향해 무엇을 생각하고 무엇을 할지에 대해 말할 수 있는 것은 자신 안에 있는 어떤 본성이나 자신의 행위 때문이 아닙니다. 그것은 특별한 은혜 때문입니다. 그리스도는 값없이 바울을 부르셨고 그분이 원하시는 바를 행하도록 은혜를 베푸셨습니다. 바울은 그리스도의 권세와 능력으로 행했습니다. 그래서 그는 자신을 높게 생각할 수 없었고 자신이 받은 놀라운 은혜를 생각할 수밖에 없었습니다.

3절과 6절을 비교하기

이제 바울의 이 증언과 6절을 비교해 보십시오. "우리에게 주신 은혜대로 받은 은사가 각각 다르니." 여기에도 3절과 같이 "주신 은혜"라는 구절이 나옵니다.

- 3절: 내게 '주신 은혜'로 말미암아 너희 각 사람에게 말하노니.
- 6절: 우리에게 '주신 은혜'대로 받은 은사가 각각 다르니.

여기서 바울은 사도인 자신조차도 교회의 다른 구성원들과 다르지 않다고 말하고 있습니다. 그의 은사와 그들의 은사는 모두 하나님께서 은혜로 값없이 주신 것입니다.

이것이 2절이 말하는 새로워진 마음과 3절이 말하는 지혜로운 판단을 특징짓는 첫 번째 단서입니다. 즉, 하나님이 우리에게 하라고 요구하시는 것이 무엇이든 그 일을 행하게 하시는 그분의 은혜에 모든 것이 기반하고 있음을 분명히 자각하는 것입니다.

이러한 사고방식이 갖는 세 가지 효과

이러한 사고방식은 적어도 세 가지 효과가 있습니다. 먼저, 마음에 평화를 줍니다. 은혜는 하나님이 우리를 위하시고 적대하지 않으심을 의미합니다. 나의 나 된 것이 하나님의 은혜라면(고전 15:10), 그리스도의 몸 안에서 은혜가 제 역할을 하고 있다면, 우리 자신에게나 그리스도의 몸에 가장 최선의 상태인 것입니다. 그리고 우리는 하나님의 선하심 안에서 쉴 수 있습니다. 은혜란 '하나님이 우리에게 주신 것은 우리에게 꼭 필요하고 선한 것'임을 의미합니다. 이러한 사실은 우리에게 마음의 평화를 줍니다.

두 번째로 은혜는 우리를 겸손하게 합니다. 은혜는 하나님이 우리를 위하신다는 의미뿐 아니라, 우리가 은혜를 노력해서 얻을 수 있거나 받을 만한 자격이 있는 것이 아님을 의미합니다. 값없이 주십니다. 그것이 은혜입니다. 로마서 11장 6절은 "만일 은혜로 된 것이면 행위로 말미암지 않음이니 그렇지 않으면 은혜가 은혜 되지 못하느니라"고 말합니다. 이 정의에서 알 수 있듯이, 은혜는 우리가 노력해서 얻을 수 없는 것이고 그러므로 자랑할 수 없음을 의미합니다. 은혜에 가장 합당한 반응은 겸손입니다. 따라서 지혜롭게 생각한다는 것은 이 점을 온전히 자각한다는 의미입니다. 즉, 우리의 역할을 은혜로 받아들이며 자랑으로 여기지 않는 것입니다. 따라서 지혜로운 판단은 겸손한 판단입니다.

우리가 감당하는 역할이 은혜의 선물임을 알 때 세 번째로 경험하는 효과는 능력입니다. 평화, 겸손, 그리고 세 번째가 능력입니다. 이유는 간단합니다. 하나님의 은혜는 강력합니다. 그것은 곧 하나님의 능력이기 때문입니다. 은혜는 단지 섬기라는 허락이 아닙니다. 은혜는 하나님이 우리 안에 임재하셔서 죄의 능력으로부터 자유케 하여 그리스도의 몸을 섬기게 하는 능력입니다.

그래서 바울은 3절에서 지혜롭게 생각하는 방법을 가장 먼저 보여 줍니다. 즉, 바울은 자신이 권위를 가지고 말할 수 있는 유일한 이유는 은혜가 자신에게 임하여 평화와 겸손과 능력이(이 모든 것이 하나님이 행하시는 일인데) 주어졌기 때문이라고 말함으로써 스스로를 겸손하게 여기는 본을 보여 줍니다.

2. 믿음이라는 선물

바울은 두 번째로 믿음이 선물이라고 말함으로써 이러한 지혜로운 판단이 갖는 겸손함을 보여 줍니다. 3절입니다. “내게 주신 은혜로 말미암아 너희 각 사람에게 말하노니 마땅히 생각할 그 이상의 생각을 품지 말고 오직 하나님께서 각 사람에게 나누어 주신 믿음의 분량대로 지혜롭게 생각하라.”

모든 자랑이 배제된다

하나님이 각기 다른 분량으로 믿음을 주신다는 사실을 인정하게 되면 지혜롭게 판단하여 생각하게 되고 마땅히 생각할 그 이상의 생각을 품지 않게 될 것입니다. 예나 지금이나 어떤 교회에서나 그렇듯이, 로마의 교회에서도 몇몇 사람은 이렇게 말한 것이 분명했습니다. “은혜는 선물일지 모르지만, 믿음은 그 선물을 받아서 사용하는 나의 행위입니다. 그러니 믿음에 대해서는 자랑할 수 있고 나의 공로로 여길 수 있습니다.”

하지만 바울은 이렇게 말합니다. “그것은 지혜롭게 생각하는 것이 아니다. 그것은 마땅히 생각해야 할 이상으로 생각하는 것입니다.” 비록 믿음이 실제로 사람의 마음이 하는 행위라 하더라도, 그보다 먼저 하나님으로부터 받은 선물이기 때문입니다. 3절입니다. “하나님께서 각 사람에게 나누어 주신 믿음의 분량대로.” 하나님께서 은혜를 주실 뿐 아니라 그 은혜를 받을 믿음도 아울러 주십니다. 모든 자랑이 배제됩니다. 이 점을 깨닫기 위해서는 마땅히 생각할 이상의 생각을 품지 말고 지혜롭게 생각해야 합니다.

사람마다 믿음의 분량이 다르다

어떤 사람은 이렇게 말할지도 모릅니다. "하나님께서 모든 사람에게 처음에 일단 믿음을 주시는 것은 맞지만, 우리 믿음이 서로 다른 것은 각자 하기에 달려 있는 거 아닐까요? 어떤 사람은 믿음이 적고 어떤 사람은 믿음이 큰 것은 하나님이 그렇게 하신 것이 아닙니다."

그렇지 않습니다. 이런 주장은 3절 말씀에 맞지 않습니다. "하나님께서 각 사람에게 나누어 주신 믿음의 분량대로." 문자 그대로 하면, "하나님께서 정하신 믿음의 분량대로 각자에게 나누어 주신다"는 말입니다. 더 정확하게 말하면, 하나님께서 각 사람에게 저마다 다른 분량의 믿음을 주신다는 것입니다. 이것은 6절에서 예언의 은사를 시작으로 여러 은사들을 열거할 때도 언급되어 있습니다. 바울은 이렇게 말합니다. "우리에게 주신 은혜대로 받은 은사가 각각 다르니 혹 예언이면 믿음의 분수대로." 이 말은 하나님이 각자에게 주신 믿음의 분량을 다시 언급한 말입니다(3절).

따라서 바울은 첫 번째로, 우리가 교회 안에서 각자의 역할을 완수하는 것은 오직 우리에게 주신 은혜로만 가능하다고 말하면서 지혜로운 판단의 출발점이 무엇인지 밝혔습니다. 두 번째로, 우리가 각기 다른 믿음의 분량은 가진 것은 하나님께서 각기 다른 믿음의 분량을 주셨기 때문이라고 말합니다.

따라서 우리가 가진 모든 것은 은혜로 받은 것이며, 심지어 그 은혜를 받고 사용하기 위한 믿음조차 선물이기에 우리는 필요 이상으로 자신을 높게 생각할 수 없습니다. 바울은 고린도전서 4장 7절에서 이렇게 말합니다. "누가 너를 남달리 구별하였느냐? 네게 있는 것

중에 받지 아니한 것이 무엇이냐? 네가 받았은즉 어찌하여 받지 아니한 것같이 자랑하느냐?"

3. 몸에 대한 하나님의 계획

마지막으로, 바울은 우리 은사가 저마다 다른 것은 하나님이 그렇게 계획하셨기 때문이고 우리는 경기를 하는 경쟁자가 아니라 몸의 일부로서 서로 연결되어 있음을 말함으로써, 지혜롭게 생각하는 것이 무엇인지를 보여 줍니다.

6절입니다. "우리에게 주신 은혜대로 받은 은사가 각각 다르니 혹 예언이면 믿음의 분수대로." 은혜가 다양하다는 것은 은사가 다양하다는 것을 의미합니다. 그리고 은혜에 따라 은사가 다르기 때문에 우리는 그것을 자랑할 수 없고 다만 그것을 받아 기뻐하며 서로를 섬기기 위해 사용합니다.

바울은 4-5절에서 몸에 대해 설명하면서 이 점을 말합니다. "우리가 한 몸에 많은 지체를 가졌으나 모든 지체가 같은 기능을 가진 것이 아니니 이와 같이 우리 많은 사람이 그리스도 안에서 한 몸이 되어 서로 지체가 되었느니라."

여기서 요지는 우리의 은사가 다르고 은혜가 다르고 믿음이 다른 것은 서로를 이기려 애쓰는 경쟁자들 간의 차이로서가 아니라 서로를 섬기려 애쓰는 몸의 다른 지체로서의 차이로 이해해야 한다는 것입니다. 이것은 스스로를 높게 생각하는 것에서 나오지 않고 지혜롭게 생각할 때 가능합니다. 즉, 은혜와 믿음과 은사는 결코 자신을 높이는 근거가 되지 않고 오직 하나님을 높이는 근거가 될 뿐임을 아는 데서 가능합니다.

이제 처음 시작할 때 제기했던 문제로 돌아가 보겠습니다. 하나님은 우리 모두에게 똑같이 큰 믿음과 같은 은혜와 같은 은사를 주실 권세와 능력이 있으신데, 왜 누구에게는 작은 믿음을, 다른 누구에게는 큰 믿음을 나눠 주시는 방식으로 다양한 믿음과 은혜를 주시는 걸까요?

하나님은 왜 이런 다양성을 의도하실까?

제가 믿기로는, 이 질문에 대한 답은, 하나님은 이미 완전해진 개인들을 통해 영광을 받으시기보다, 사람들이 서로를 향해 자신들의 은사를 사용함으로써 서로 지식과 믿음과 소망과 사랑 안에서 자라 가도록 돕는 과정을 통해 하나님의 역사에 동참함으로써 그분께 영광을 돌리기 원하시기 때문입니다.

마치 제 아내 노엘이 짜는 양탄자와 비슷합니다. 노엘은 천을 세로로 길게 잘라서 길이를 똑같이 맞춰서 일렬로 놓습니다. 그런 다음 그 천들을 서로 나란히 붙이거나 꿰매서 양탄자를 만들 수도 있는데, 아내는 그렇게 하지 않습니다. 노엘은 잘라 놓은 천을 위아래, 안팎으로 엮습니다. 그렇게 일일이 한 줄 한 줄 엮어 갑니다. 그냥 바느질을 하거나 붙이는 것보다 훨씬 속도는 느립니다. 하지만 마지막에 완성된 모습을 보면 정말 아름답습니다. 한 줄 한 줄이 서로에게 엮여 있어서 쉽게 풀리지 않고 서로를 받쳐 줍니다.

중요한 것은 하나님께서 누구에게는 큰 믿음을 주시고 누구에게는 작은 믿음을 주신 것은, 각자가 개별적인 목표를 가지고 혼자 전진하도록 하려는 것이 아니라 더 가진 사람이 덜 가진 사람을 섬기고, 덜 가진 사람은 더 가진 사람만큼 자라 가며 서로 엮이도록 하기 위함입니다. 이것이 하나님께서 그리스도의 몸으로 연합된 교회라는 태피스트리를 직조하시는 방식입니다. 또한 하나님께서 가장 큰 영광을 받으시는 방식이기도 합니다.

19장

그리스도 예수 안에서 정죄함이 없고 한 몸을 이룬다

로마서 12:3-13

내게 주신 은혜로 말미암아 너희 각 사람에게 말하노니 마땅히 생각할 그 이상의 생각을 품지 말고 오직 하나님께서 각 사람에게 나누어 주신 믿음의 분량대로 지혜롭게 생각하라. 우리가 한 몸에 많은 지체를 가졌으나 모든 지체가 같은 기능을 가진 것이 아니니 이와 같이 우리 많은 사람이 그리스도 안에서 한 몸이 되어 서로 지체가 되었느니라. 우리에게 주신 은혜대로 받은 은사가 각각 다르니 혹 예언이면 믿음의 분수대로, 혹 섬기는 일이면 섬기는 일로, 혹 가르치는 자면 가르치는 일로, 혹 위로하는 자면 위로하는 일로, 구제하는 자는 성실함으로, 다스리는 자는 부지런함으로, 긍휼을 베푸는 자는 즐거움으로 할 것이니라. 사랑에는 거짓이 없나니 악을 미워하고 선에 속하라. 형제를 사랑하여 서로 우애하고 존경하기를 서로 먼저 하며 부지런하여 게으르지 말고 열심을 품고 주를 섬기라. 소망 중에 즐거워하며 환난 중에 참으며 기도에 항상 힘쓰며 성도들의 쓸 것을 공급하며 손 대접하기를 힘쓰라 _롬 12:3-13

로마서 8장 1절과 오늘 우리가 살펴볼 12장 5절은 똑같이 "그리스도 안에[서]"(in Christ)라는 짧은 구절을 사용하고 있다는 연결점이 있습니다. 로마서 8장 1절은 "'그리스도 예수 안에' 있는 자에게는 결코 정죄함이 없나니"라고 말하고, 로마서 12장 5절은 "이와 같이 우리 많은 사람이 '그리스도 안에서' 한 몸이 되어 서로 지체가 되었느니라"고 말합니다.

하나의 유기적 통일체 그리고 서로에게 지체가 되다

12장 5절 말씀이 의미하는 바는 교회는 팔과 다리, 손과 발, 눈과 혀, 코와 목을 가진 인간의 몸과 같다는 말입니다. 인간의 몸이 여러 지체와 기관들로 이루어진 하나이듯, 교회는 다양성 속에서 연합합니다. "이와 같이 우리 '많은' 사람이 한 몸이 됩니다."

하지만 바울이 교회를 몸이라고 말한 것에는 그 이상의 의미가 있습니다. 다양성을 가지고 연합을 이룬다는 의미뿐 아니라 서로 깊숙히 연결되어 있다는 의미도 있습니다. 바울은 이렇게 말합니다. "이와 같이 우리 많은 사람이 그리스도 안에서 한 몸이 되어 '서로 지체가 되었느니라.'"

"서로 지체가 되었다"는 것은 성도의 연합이 그저 같은 몸에 속해 있다는 것 이상으로 깊은 의미가 있습니다. 우리는 '서로에게' 속합니다. 교회의 연합은 같은 유기적 통일체의 일부가 되는 것 이상의 의미가 있습니다. 이는 서로의 일부가 되는 것입니다. "서로 지체가 되었느니라." 이것은 내 왼쪽 어깨와 오른손은 단순히 같은 몸의 '일부'가 아니라는 의미입니다.

한 몸에서 유기적으로 연결된다는 것은 더 깊은 연합을 포함하는데, 바울은 이것을 어깨가 손의 일원이 되고 손이 어깨의 일원이 되는 것으로 표현합니다.

제가 왼쪽 어깨에 총을 맞았다고 생각한다면 이것이 무엇을 의미하는지 쉽게 알 수 있습니다. 제 오른손은 즉시 본능적으로 왼쪽 어깨로 갈 것입니다. 마치 제 손이 직접 고통을 느끼는 것처럼 즉시 말입니다. 제 몸의 지체들은 서로의 고통과 슬픔을 온전히 같이하기 때문에 서로의 지체입니다. 캄캄한 밤에 비가 와서 창문을 닫으러 가다가 엄지발가락을 탁자에 세게 부딪히면 제 손과 다리와 눈이 모두 반응합니다. 야구공이 시속 150킬로미터로 날아오는 것을 눈이 본다면, 제 등과 배의 근육도 자동적으로 피하려 합니다.

이런 모든 반응들은, 왜 그것이 도움이 되는지에 대해 오랜 시간 토론을 벌이거나 변론을 통해 얻은 결과가 아닙니다. 한 지체가 고통이나 위험, 즐거움을 느끼면, 자연스레 나머지 다른 지체들은 마치 자기가 당하는 일처럼 느낍니다.

그래서 5절은 다음의 두 가지를 가르칩니다. 첫째로는, "우리 많은 사람이 그리스도 안에서 한 몸이 된다"는 것이고, 그렇기 때문에 우리는 "서로에게 지체가 된다"는 것입니다. 우리는 하나의 통합된 유기체로 속해 있습니다. 또한 우리는 서로에게 속해 있습니다. 우리는 하나의 유기적 통합체의 일부이면서 서로의 일부입니다.

지체마다 그리스도의 몸을 위한 은혜의 은사가 있다

그런 다음 6절에서 바울은 이러한 깊은 상호 연결이 어떻게 사역으로 이어지는지 말합니다. 그는 "우리에게 주신 은혜대로 받은 은사가 각각 다르다"고 말합니다. 다른 말로 하면, 한 지체로부터 다른 지체로 흘러가는 유익은 그 지체가 갖고 있는 독특한 형태의 은사로 전달됩니다. 한 지체가 다른 지체에게 베푸는 유익의 상당 부분은 그 지체의 재능에 따라 결정됩니다. 제 손이 아픈 어깨를 섬기는 것은 발이 어깨를 섬기는 방식과 다르고 눈이 어깨를 섬기는 방식과도 다릅니다. 손은 발과 눈과는 다른 은사를 갖고 있습니다.

바울은 6-8절에서 일곱 가지 은사를 나열합니다. 예언, 섬김, 가르침, 위로, 구제, 다스림, 긍휼입니다. 이 목록에서 놀라운 사실은 이 가운데 적어도 네 가지는 모든 그리스도인이 반드시 갖춰야 하는 덕목이라는 점입니다. 순종하는 그리스도인이 되기 위해 반드시 갖춰야 하는 덕목이라 할 수 있습니다.

- 섬김. 바울은 모든 그리스도인에게 "사랑으로 서로 종노릇하라"(갈 5:13)고 요구합니다.
- 위로. 히브리서 3장 13절은 모든 그리스도인에게 "매일 피차 권면"할 것을 요구합니다.
- 구제. 바울은 모든 그리스도인에게 "가난한 자에게 구제"(엡 4:28)하라고 요구합니다.
- 긍휼. 예수님은 모든 그리스도인에게 "너희 아버지의 자비로우심같이 너희도 자비로운 자가 되라"(눅 6:36)고 말씀하십니다.

이것은 우리에게 어떤 교훈을 줍니까? 은사는, 한 사람이 어떤 은사를 가졌다면 다른 사람은 전혀 갖지 않는 식으로 주어진 것이 아니라는 점입니다. 오히려 은사는 하나님이 다양한 분량에 따라 주시는 은혜이며, 사람마다 각각 그 분량이 다릅니다. 6절에 나오는 '은혜'라는 핵심 단어에서 이를 볼 수 있습니다. "우리에게 주신 은혜대로 받은 은사가 각각 다르니." 은사(charismata)는 하나님이 우리에게 주신 은혜(charis)로서 다른 사람을 복되게 하는 하나님의 방법입니다.

하나님은 우리가 긍휼을 베풀도록 특별히 따스한 마음을 주심으로 은혜를 베푸실 수 있습니다. 아니면 특별히 넉넉한 관대함을 기뻐하는 은사를 주심으로 은혜를 베푸실 수도 있습니다. 아니면 특별히 위로하는 은사를 주심으로 은혜를 베푸실 수 있습니다. 아니면 특별히 섬기는 마음을 주셔서, 배가 고프면 저절로 음식을 향해 가는 것처럼 도움이 필요한 사람을 보면 저절로 그들에게 다가가도록 은혜를 베푸실 수도 있습니다.

중요한 것은, 이 모든 것이 각 개인이 서로에게 복을 주는 형식 혹은 방법이나 통로라는 것입니다. 하나님의 은혜는 하나님으로부터 (말하자면 수직으로) 내려오고 우리는 그것을 우리 은사를 통해 (수평적으로) 다른 사람들에게 나누어 줍니다(단지 일곱 가지 방식이 아니라 수백 가지 방식으로). 하나님은 적어도 256가지 색깔의 은혜를 갖고 계시고 그 색깔들을 섞어서 교회 안에서 유용하고 복이 되도록 무한히 다양한 조합을 만들어 내십니다.

소그룹이 없다면 이것은 공허한 이론에 불과하다

우리 베들레헴교회가 확신하는 것 중 하나는, 교회 구성원들이 깊이 있게 정기적으로 서로 영향을 주고받는 인격적인 관계를 맺지 않으면 이 모든 것이 공허한 이론에 불과하다는 것입니다. 바로 이런 이유에서 우리 교회는 소그룹 모임을 매우 중요하게 생각합니다. 교회가 일단 30-40명 이상이 되면 한 사람 한 사람에게 신경 써서 사역하는 일이 어려워집니다. 그래서 사람들을 더 작은 그룹으로 나누어야 합니다. 그래야 로마서 12장 5-8절의 내용을 개인이 관계 안에서 경험할 수 있습니다.

"그리스도 안에" 있을 때 주어지는 세 가지 위대한 실재

사람들이 그리스도를 구주요, 왕이요, 보화로 영접함으로 부활하신 주님과 연합할 때 누리는 세 가지 위대한 실재가 있습니다. 이는 우리가 믿음으로 "그리스도 안에" 거할 때 생겨납니다. 그리고 이 세 실재는 서로 연결되어 있습니다.

1. 그리스도 안에서 얻는 칭의

먼저, "그리스도 안에"는 정죄함이 없습니다. 로마서 8장 1절입니다. "그러므로 이제 그리스도 예수 안에 있는 자에게는 결코 정죄함이 없나니." 이를 달리 말하면, 우리가 "의롭다 함을 얻는다"는 말입니다. 즉, 그분 안에 있으면 우리에게 전가된 그리스도의 의 덕분에 우리가 옳고 의롭다고 선포된다는 말입니다. "하나님이 죄를 알지도 못하신 이를 우리를 대신하여 죄로 삼으신 것은 우리로 하여금 그 안에서 하나님의 의가 되게 하려 하심이라"(고후 5:21). 따라서 우리의 칭의(전가된 의)는 "그리스도 안에" 있는 우리에게 가장 처음 오는 실체입니다. 그리고 이것은 그 뒤에 따라오는 모든 그리스도인의 삶의 기반으로서 다른 모든 것과 구별됩니다.

2. 그리스도 안에서 얻는 성화

두 번째로, "그리스도 안에"서 우리는 하나님을 위한 열매를 맺을 힘을 얻고 성령의 도우심으로 다른 사람을 돕습니다. 우리는 "그리스도 안에" 있기 때문에 '칭의'뿐 아니라 '성화'도 이루게 되었습니다. 로마서 7장 4절입니다. "너희도 그리스도의 몸으로 말미암아 율법에 대하여 죽임을 당하였으니 이는 다른 이 곧 죽은 자 가운데서 살아나신 이에게 가서[그리스도와의 연합을 말합니다] 우리가 하나님을 위하여 열매를 맺게 하려 함이라." 우리가 그리스도와 연합할 때 그분의 의가 우리에게 전가되었습니다. 그러면서 그분의 능력이 우리에게 나누어져(imparted) 죄와 싸우게 되었습니다. 아마도 이것이 로마서 8장 2절이 말하는 내용일 것입니다. "이는 그리스도 예수 안에 있는 생명의 성령의 법이 죄와 사망의 법에서 너를 해방하였음이라."

따라서 우리가 믿음으로 그리스도와 연합할 때, 먼저 즉각적으로 칭의를 얻고 그다음 점진적으로 성화를 얻습니다. 그리스도의 의는 우리에게 전가되고 그리스도의 능력은 우리에게 나누어집니다. 하나는 선포이고, 다른 하나는 해방입니다.

3. 그리스도 안에서 한 몸의 지체가 된다

하나님께서 믿음을 통해 우리를 그리스도 안에 있게 하실 때(고전 1:30) 얻는 세 번째 실재는(이는 처음 두 실재 위에 세워집니다!) 우리가 그리스도 안에서 한 몸의 지체가 되는 것입니다. "이와 같이 우리 많은 사람이 '그리스도 안에서' 한 몸이 되어 서로 지체가 되었느니라"는 로마서 12장 5절 말씀과 그리 다르지 않습니다. 그리스도 안에서 우리는 의롭다 여겨 주시는 의를 발견합니다. 그리스도 안에서 우리는 성화를 이루는 능력을 받습니다. 그리고 그리스도 안에서 우리는 한 몸으로 연합하고 서로 지체가 됩니다.

성경적 소그룹은 치료를 위한 수단이 아닙니다. 심리적 전략이 아닙니다. 조직적 기법도 아닙니다. 그리스도 안에서 초자연적으로 탄생한 새로운 피조물이 생생하게 표현된 것, 즉 그리스도의 몸입니다. 이 그리스도의 몸은, 십자가에 못 박히셨다가 다시 살아나 온 우주의 주님으로 다스리시는 예수 그리스도와의 연합으로부터 의롭다 하는 고귀한 지위를 얻고 실제적인 능력도 얻습니다. 그러므로 우리의 소그룹 사역은 하나님의 의롭다 하시는 역사와 성화시키시는 역사라는 위대한 이중의 실재, 그 단단한 진리의 반석 위에 서 있습니다.

전시 태세의 마음가짐과 생활 태도

지난여름 이 설교에 대해 처음 생각했을 때, 저는 이오지마(일본에서 남쪽으로 960여 킬로미터 떨어진 20제곱킬로미터 크기의 화산섬) 전투 역사를 읽고 있었습니다. 1945년 2월 19일, 800척의 미군 함대가 두 개의 전략

활주로가 있는 이 섬을 공격하려고 집결했습니다. 미 해군은 2차 세계대전 당시 태평양에서 43개월 동안 싸웠는데, 이오지마를 공격한 이 한 달 동안 입은 손실이 전체 손실의 3분의 1에 달했습니다. 미군은 그 섬을 정복하기는 했지만 최다 희생자를 냈습니다. 6,800명의 미군 병사가 전사했으며 대부분 18-20세의 젊은이였습니다.

제가 오늘 설교에 적용해야겠다고 생각한 것은 다음과 같습니다 (그리고 오늘날 우리가 당면한 위기와도 관련이 있습니다). 우리는 전쟁의 실상이 어떠한지 어느 정도는 알고 있습니다. 하지만 제가 말씀드리고 싶은 요지는, 그리스도인들이 정말로 세상을 있는 그대로 본다면 우리는 늘 전쟁중이라는 사실을 인식하고 느낄 것이라는 점입니다. 사탄은 강력한 대적이고 속이는 자요 살인자이며, 우리가 삶에 계획한 모든 좋은 계획과 목적을 빼앗아서 그것을 파괴하려고 합니다. 우리의 육신과 내주하는 죄는 암암리에 이러한 악이 행동할 거점을 마련해 줍니다. 이로 인해 육신이 잠깐 동안 피해를 입을 뿐 아니라, 영원을 잃어버리는 영혼도 있습니다.

평화시의 무감각한 정신 상태로 빠져들지 않으려면, 전시 태세를 갖추고 부지런히 깨어서 우리의 영적 은사들을 능숙하게 사용하는 것이 중요합니다. 제가 말씀드리는 무기는 칼이나 총알이나 폭탄, 탱크, 수류탄 같은 것이 아니라 십자가의 말씀, 기도, 사랑, 그리스도를 위해 받는 고난입니다. 이러한 긴급한 전시의 느낌이 오늘날 얼마나 절실히 필요한지요!

그런 다음 저는 이렇게 질문해 보았습니다. "이 해병들은 어떻게 그렇게 할 수 있었을까? 앞선 병사의 뒤를 따르며 그들은 어떻게 기관총 탄환이 빗발치는 곳으로 진격할 수 있었을까?" 일본군의 저항에 맞서 해변으로 뛰어든 제2대대 소속 1,688명의 젊은 병사들 가운데 1,511명이 전사했습니다. 177명이 생존했으나 그중 91명은 부상을 당했습니다. 무엇이 그들을 버티게 했을까요?

물론 간단히 답할 수 있는 문제는 아닙니다. 하지만 『아버지의 깃발』(*Flags of our Fathers*)이라는 책에서 반복해서 나오는 한 가지 답은 이것입니다. '그들은 내 동료이고 그들에게는 내가 필요하다.' 저자인 제임스 브래들리는 이렇게 평했습니다. "이 소년들은 서로를 위해 죽기까지 싸우려 했다. 그 동기가 그들을 무적으로 만들었다(147쪽)."

오, 하나님께서 우리 소그룹들을 믿음과 사랑, 증언과 섬김이라는 무적의 부대로 만드시길 기도합니다. 곧 가까운 곳에서 불행이 들이닥칠 때, 우리 베들레헴교회에 있는 고통받고 슬퍼하는 모든 성도는 부상을 당하긴 했지만 하나님이 주신 다채로운 은혜를 서로에게 부어 주며 치유하는 사람들로 둘러싸이게 될 것입니다. 이제 베들레헴에서 시무한 지 21년(2001년 당시—편집주)이 흘렀습니다. 제 삶은 수많은 관계들로 풍성합니다. 하나님을 따르는 급진적인 삶을 가능케 하는 소중한 기반입니다! 여기 계신 우리 모두 이런 복을 누리시길 간절히 소원합니다.

올해는 우리 자신의 영혼을 위하여, 다른 사람들의 유익을 위하여, 그리스도의 영광을 위하여 소그룹에 참여하지 않겠습니까?

20장

사랑에는 거짓이 없나니

로마서 12:9

사랑에는 거짓이 없나니 악을 미워하고 선에 속하라. _롬 12:9

아침에 일어나서 하루를 시작하기 전에 성경 몇 장을 읽는다고 가정해 보십시오. 그중 한 장이 로마서 12장입니다. 12장을 쭉 읽어 나갑니다. 이제 9절에서 13절에 나오는 13가지 권면 중에서 무엇이 기억에 남습니까? 2시간이 지나면 기억에 남는 게 있을까요? 또한 그 말씀들이 실제로 효력을 발휘할까요? 약 3분 동안 로마서 12장을 읽고 나면 사랑과 미움, 형제애, 다른 사람을 존경하기, 부지런함, 열심, 섬김, 소망, 기쁨, 인내, 기도, 관대함, 친절함에 어떤 변화가 있을까요? 이 13가지 권면을 언급하는 데 약 13초가 걸리는데, 이렇게 열거한다고 해서 우리 마음이 변화되어 이 권면들에 대해 마음이 불타오르고 갈망이 자랍니까? 이 말씀은 바로 그런 목적으로 기록된 것인데 말입니다.

하지만 보통은 그런 식으로 되지 않습니다. 말씀을 재빨리 한 번 읽는다고 해서 우리 삶에 이런 아름다운 특성들이 생겨나지는 않습니다. 그러면 어떻게 해야 할까요? 어떻게 해야 이런 특성들이 우리 안에 생겨날 수 있을까요?

로마서 15장에 드러난, 우리를 향한 바울의 목표

이에 대해 바울은 로마서 15장 15-16절에서 이렇게 말합니다(그는 로마에 있는 이방인들에게 편지를 쓰고 있습니다. 바울은 이 편지가 그들을 하나님을 예배하는 자들로 변화시키려는 목적을 이루는 데 어떤 도움이 되는지 설명합니다). "내가 너희로 다시 생각나게 하려고 하나님께서 내게 주신 은혜로 말미암아 더욱 담대히 대략 너희에게 썼노니 이 은혜는 곧 나로 이방인을 위하여 그리스도 예수의 일꾼이 되어 하나님의 복음의 제사장 직분을 하게 하사 이방인을 제물로 드리는 것이 성령 안에서 거룩하게 되어 받으실 만하게 하려 하심이라."

여기서 주목할 몇 가지가 있습니다.

1. 바울의 목적은 이방인을 하나님이 "받으실 만한"(acceptable) 제물(16절)이 되게 하는 것입니다. 로마서 12장 2절에서 선하고 "기뻐하시[는]"(acceptable) 하나님의 뜻이라고 했던 것과 같은 말입니다.

2. 이방인을 하나님이 받으실 만한 산 제물(롬 12:1)로 준비시키는 바울의 방법은 편지를 써서 우리가 이미 알고 있는 것들을 다시 담대하게 상기시키는 것입니다.

3. 하지만 편지를 쓰는 것만으로는 성도들 안에 거룩함과 새로움

과 사랑을 만들지 못합니다. 그래서 바울은 16절 끝에서 “성령 안에서 거룩하게 되어”라고 말합니다.

이제 로마서 12장을 읽을 때 우리를 향한 바울의 목적이 무엇인지 알게 되었습니다. 바울은 우리 마음이 변화를 받아 하나님이 기뻐하시는 뜻을 받아들이고 또한 이 모든 일이 성령의 능력으로 일어나게 하려는 목적으로, 우리가 이미 알고 있는 것들을 담대하게 상기시키려고 이 편지를 쓰고 있습니다. 바울의 전략에서 말씀과 성령, 어느 것 하나도 배제할 수 없습니다. 성령 없는 말씀도 안 되고, 말씀 없는 성령도 안 됩니다. 그러므로 로마서 12장 9-13절에 나오는 13가지 권면은, 성령께서 변화시키시고 정결케 하시는 그분의 사역을 위해 이것들을 방편으로 사용하신다는 의미입니다.

로마서 12장을 읽는 몇 가지 방법

이를 통해 로마서 12장을 읽는 몇 가지 방향을 발견할 수 있습니다.

1. 기도하며 읽어야 한다는 의미가 담겨 있습니다. 하나님께 성령을 부어 주셔서 말씀이 우리 삶에서 역사하게 해달라고 기도해야 합니다. 우리는 하나님이 필요하다는 사실을 인정하고 단순히 성경을 읽는 것만으로 거룩한 삶을 살게 되는 것은 아님을 인식하게 됩니다. 말씀이 명령한 바를 실행하기 위해서는 우리 안에서 역사하시는 그분의 역사에 의존해야 합니다. 성 어거스틴처럼 우리도 이렇게 고백해야 합니다. “당신이 뜻하신 바를 명령하시고 당신이 명령하신 것을 허락하소서.”

2. 의식적으로 예수 그리스도를 바라보아야 합니다. 그분이 우리

를 위해 죽으셨고 다시 살아나셨으므로 우리가 이렇게 살지 못한 것에 대해 용서받을 수 있었고 하나님이 우리를 도우시려고 사랑의 눈으로 바라보신다는 소망이 생겼기 때문입니다. 또한 주님을 이러한 삶의 온전한 본을 보여 주신 분으로 볼 수 있게 됩니다. 우리 역시 그 분처럼 살아가면서 영광을 돌리고 싶어집니다.

3. 우리가 예수 그리스도를 로마서 12장이 말하는 기반이자 본이요 목표로 바라봐야 하는 이유는, 성령께서 이 세상에 오신 것도 예수 그리스도를 영화롭게 하기 위해서이기 때문입니다(요 16:14). 우리 영광을 위해 이런 식으로 살려고 하면(성령이 도와주신다 해도) 잘되지 않을 것입니다. 그래서 우리는 성령의 도우심을 구하며, 우리의 본이요 목적이 되시는 분으로 살아가신 그리스도를 바라봅니다. 그리스도를 바라볼 때 성령께서 우리에게 능력을 주셔서 로마서 12장이 권면하는 대로 살 수 있게 됩니다.

우리는 이런 권면들을 묵상하면서 그냥 흘려보내지 말아야 합니다. 그 권면들을 잊지 말고 시간을 두고 곱씹어야 합니다. 그 의미가 무엇인지 묻고 다른 성경 구절과 관련하여 생각해야 합니다. 이러한 권면들이 우리 삶에서 어떤 차이를 만들어 낼지 묻고 그 권면들이 우리에게 영향을 미치는 실질적인 상황들을 생각해야 합니다. 속도를 늦춰야 합니다. 과수원 위 6천 미터 상공을 747기를 타고 시속 900킬로미터로 날아가면서 "와, 정말 멋진 숲이네"라고 말할 수는 없습니다. 정말 멋진 숲이라는 것을 경험하려면 비행기에서 내려 과수원 여기저기를 거닐며 과일도 따먹고 그 맛을 즐겨야 합니다. 다른 말로 하면, 말씀을 묵상하면서 급히 지나치지 말아야 합니다.

제가 생각하는 이 모든 것이 로마서 15장 15-16절 말씀에 함축되어 있습니다. 그래서 이제부터 과수원을 걷기 시작할 것입니다. 그러면서 우리가 보고 먹는 것을 통해 우리를 변화시켜 주시길 하나님께 간절히 기도할 것입니다. 우리를 위해 죽으셔서 우리로 이런 삶을 살게 해주시고(딛 2:14) 그분의 존재와 약속하신 것으로 우리를 만족케 하시는 예수 그리스도께 집중하면서 우리 자신으로부터 시선을 옮기게 될 것입니다. 그리고 이 말씀들을 그저 급히 읽어 내려가지 않고 오래도록 묵상할 것입니다.

첫 번째 권면: 거짓 없는 사랑을 하라

그러므로 우선 집중할 것은 로마서 12장 9절에 나오는 첫 번째 권면입니다. "사랑에는 거짓이 없나니." 문자 그대로 하면, "위선 없이 사랑하라"는 말입니다. 어떤 면에서 9절은 새로운 내용이 시작되는 것 같지만 또 어떤 면에서는 그렇지 않습니다.

새로운 내용이 시작된다고 말한 까닭은, 4-8절이 영적 은사를 사용하는 것에 대한 내용이었다면 여기서 바울은 은사에서 초점을 옮겨 교회 안에서 행해지는 사랑이라는 좀 더 일반적인 측면에 맞추고 있기 때문입니다. 바울은 고린도전서 12장과 13장에서도 이런 방식을 사용했습니다. 고린도전서 12장은 영적 은사에 대한 내용입니다. 하지만 바울은 12장 31절에서 이렇게 말합니다. "너희는 더욱 큰 은사를 사모하라. 내가 또한 가장 좋은 길을(still more excellent way) 너희에게 보이리라." 즉, 바울은 영적 은사에서 사랑이라는 가장 일반적이고 가장 좋은 길로(more excellent way) 이끌어 갑니다. 고린도전서에서 사용한 방식을 여기서도 사용합니다.

하지만 또 다른 의미에서 이 부분은 새로운 내용이 아닙니다. 왜냐하면 바울은 아직도 2절에서 말한, 마음으로 변화를 받는다는 것이 무엇인지, 또한 3절에서 말한 마땅히 생각할 그 이상으로 자신을 높게 생각하지 않고, 하나님께 받은 믿음의 분량대로 그리스도를 높이는 것이 어떤 것인지를 설명하고 있기 때문입니다.

실제로 바울이 6-8절에 나온 목록들과 9절에 나온 사랑에 대한 권면 사이에 어떤 구분을 두어야 한다는 식으로 느꼈으리라고 생각하지는 않습니다. 그렇게 보면, 바울이 8절에서 구제하는 자는 성실함으로, 다스리는 자는 부지런함으로, 긍휼을 베푸는 자는 즐거움으로 하라고 했던 것을 기억하실 겁니다. 그리고 바울은 여기에 단순히 한 가지를 추가합니다. 사랑에는 거짓(hypocrisy)이 없어야 한다는 것입니다.

사랑에 대해 바울이 말할 수 있었던 특징들이 많았을 텐데(예를 들어, 사랑은 위대하고, 진실하고, 즐겁고, 지속적이고, 담대해야 한다, 등) 바울은 "사랑에는 거짓이 없어야 한다"고 말합니다. 그는 왜 이것을 지목하여 말했을까요? 제 생각엔 3절과 연관시켜 볼 수 있을 것 같습니다. 3절은 자신을 너무 높게 생각하지 말고 믿음의 분량대로 생각하라고 말합니다. 즉, 우리의 마음과 생각이 그리스도를 바라봄으로 평안과 만족을 얻으라는 말입니다. 3절은 그리스도를 섬길 때 찾아오는 놀라운 자기 망각에 대해 말합니다. 그런데 이것의 정확한 반대는 위선(거짓)입니다. 왜 그렇습니까? 위선은 전적으로 자기 자신에게 관심이 있기 때문입니다. '내가 남들에게 어떻게 보일까?'가 가장 중요합니다. '어떻게 해야 좋은 인상을 줄까?'가 주요 동기입니다.

따라서 바울은 주제를 바꾼 것이 아닙니다. 바울은 계속해서 그리스도 안에 있는 하나님의 은혜로 말미암아 이 세대를 본받지 않고 새로워진, 즉 자기 자신을 높이는 일에 우선을 두지 않고 그리스도를 높이는 일에 최우선을 두는 변화된 마음에 관해 이야기하고 있습니다. 자신을 높이는 삶의 가치를 뛰어넘는, 그리스도를 높이는 삶의 방식에 대해 말하고 있습니다. 그것이 바울이 추구하는 삶입니다. 그리고 바울은 이제 그것을 일반적인 의미로 사랑이라 부릅니다. 사랑에는 위선이 없어야 합니다. 따라서 이 부분을 좀 더 다루면서 위선이 무엇인지, 사람들이 왜 위선을 행하는지, 위선이 없는 사랑은 어떤 모습인지를 같이 살펴보겠습니다.

위선의 두 가지 형태

위선이란 무엇입니까? 위선은 두 가지 방식으로 자신을 드러냅니다. 하나는, 내면보다 외면을 더 좋게 보이려고 애를 씁니다. 우리는 실제 내면은 그렇지 않으면서 사랑에서 비롯된 것처럼 보이는 행동을 합니다. 바울이 고린도전서 13장 3절에서 말한 것과 같습니다. "내가 내게 있는 모든 것으로 구제하고 또 내 몸을 불사르게 내줄지라도 사랑이 없으면 내게 아무 유익이 없느니라." 사랑이 없으면서도 겉으로 훌륭해 보이는 희생을 할 수 있다는 말입니다.

이러한 형태의 위선에 대한 고전적인 언급은 마태복음 15장 7-8절인데, 예수님은 이렇게 말씀하셨습니다. "외식하는 자들아 이사야가 너희에 관하여 잘 예언하였도다. 일렀으되 이 백성이 입술로는 나를 공경하되 마음은 내게서 멀도다." 겉으로 입술로만 찬양하는 것은 내적으로 마음은 찬양하지 않는 것입니다. 예수님은 이것을 위선이라고 부르셨습니다.

위선만큼 예수님의 분노를 자아냈던 것도 없었습니다. 예를 들어, 마태복음 23장 25절과 27절에서 예수님은 이렇게 말씀하셨습니다. "화 있을진저. 외식하는 서기관들과 바리새인들이여. 너희가 박하와 회향과 근채의 십일조는 드리되 율법의 더 중한 바 정의와 긍휼과 믿음은 버렸도다. 그러나 이것도 행하고 저것도 버리지 말아야 할지니라. … 화 있을진저. 외식하는 서기관들과 바리새인들이여. 회칠한 무덤 같으니 겉으로는 아름답게 보이나 그 안에는 죽은 사람의 뼈와 모든 더러운 것이 가득하도다." 따라서 위선이 그 모습을 드러내는 첫 번째 방식은 도덕적인 외형을 취해 내면의 죄를 숨기는 것입니다.

위선이 그 모습을 드러내는 또 다른 방식이 있습니다. 다른 사람의 허점에 이목을 집중시켜 자신의 허점을 가리는 방식입니다(때로는 자신도 속입니다). 누가복음 6장 42절에서 예수님은 이렇게 말씀하셨습니다. "너는 네 눈 속에 있는 들보를 보지 못하면서 어찌하여 형제에게 말하기를 형제여 나로 네 눈 속에 있는 티를 빼게 하라 할 수 있느냐 외식하는 자여 먼저 네 눈 속에서 들보를 빼라. 그 후에야 네가 밝히 보고 형제의 눈 속에 있는 티를 빼리라."

바울은 진짜 사랑은 이런 식으로 행동하지 않는다고 말합니다. 사랑에는 위선이 없어야 합니다. 위선이라면 그것은 사랑이 아닙니다. 바울은 고린도전서 13장 6절에서 사랑은 "진리와 함께 기뻐한다"고 말했습니다. 하지만 위선은 거짓, 숨김, 속임수, 은폐, 오도, 감추기입니다. 위선은 진리를 사랑하는 것과 정반대입니다. 따라서 위선은 사랑의 반대입니다. 그래서 바울은 사랑에 위선이 없어야 한다고 말합니다. 진정으로 사랑하십시오.

위선의 두 가지 목적

지금까지 위선이 그 모습을 드러내는 두 가지 방식을 살펴보았습니다. 이제 이러한 악이 어디서 나오는지 생각해 보겠습니다. 사람들은 왜 이런 일을 행할까요? 왜 위선을 부립니까? 신약성경에서 적어도 두 가지 이유를 발견할 수 있습니다.

먼저, 다른 사람들의 인정과 칭찬을 얻고 지키려는 목적이 있습니다. 다른 사람들이 우리를 높여 주기를 바라는 마음에서 위선을 행하는 것입니다. 예를 들어, 마태복음 6장 2절에서 예수님은 이렇게 말씀하셨습니다. "구제할 때에 외식하는 자가 사람에게서 영광을 받으려고 회당과 거리에서 하는 것같이 너희 앞에 나팔을 불지 말라. 진실로 너희에게 이르노니 그들은 자기 상을 이미 받았느니라." 그리고 5절에서는 이렇게 말씀하십니다. "또 너희는 기도할 때에 외식하는 자와 같이 하지 말라. 그들은 사람에게 보이려고 회당과 큰 거리 어귀에 서서 기도하기를 좋아하느니라. 내가 진실로 너희에게 이르노니 그들은 자기 상을 이미 받았느니라."

다른 말로 하면, 그들은 사람들의 인정과 칭찬을 갈구했습니다. 그들은 사람들의 인정과 칭찬을 얻었고 그것이 그들이 받은 전부였습니다. 사랑은 그와 같지 않다고 바울은 말합니다. 사랑은 위선적이지 않습니다. 사랑은 사람의 칭찬을 구하지 않습니다. 사랑은 속박에서 벗어납니다. 사실 이것이 사랑의 본질에 가깝습니다. 사랑은 스스로 높게 생각하지 않습니다. 사랑은 자신에 대해 많이 생각하지 않습니다. 사랑은 그리스도에게 시선을 고정하는 것이고 하나님께서 그분 안에서 우리를 위해 예비하신 모든 것에 시선을 고정하는 것입니다. 거짓 없이 사랑하라는 명령은 그리스도를 알고 그리스도를 사랑하고 그리스도 안에서 만족함을 찾았기에 더 이상 사람의 칭찬을 구하지 말라는 명령과 같습니다.

대부분의 경우, 누군가의 위선을 생각할 때 우리는 다른 사람의 칭찬을 받으려는 것과 연결시킵니다. 즉, 일종의 자세나 태도의 문제로 보는 것이지요. 하지만 때로는 위선이 목적하는 또 다른 악이 있습니다. 그것은 더욱 미묘한 부분인데, 어떤 죄들을 덮으려는 목적을 갖고 있습니다. 예를 들어, 누가복음 13장에서 예수님은 18년 동안 허리가 굽어 있어서 몸을 펴지 못하던 여인을 고쳐 주셨습니다. 그날은 안식일이었습니다. 그래서 회당장은 화가 나서 이렇게 말했습니다. "일할 날이 엿새가 있으니 그동안에 와서 고침을 받을 것이요 안식일에는 하지 말 것이니라"(14절). 그러자 예수님은 그에게 이렇게 대답하셨습니다. "외식하는 자들아, 너희가 각각 안식일에 자기의 소나 나귀를 외양간에서 풀어내어 이끌고 가서 물을 먹이지 아니하느냐"(15절).

예수님은 그 사람에게 안식일에 대한 열심을 위선이라고 말씀하셨습니다. 왜 그렇습니까? 그 사람의 행동은 다른 사람의 칭찬을 구하는 행동 같아 보이지는 않습니다. 그 사람이 위선자인 이유는, 그의 종교적인 열정 뒤에 무언가를 감추고 있었기 때문입니다. 그가 감춘 것이 무엇이었습니까? "너희가 각각 안식일에 자기의 소나 나귀를 외양간에서 풀어내어 이끌고 가서 물을 먹이지 아니하느냐?" 밑바닥에는 돈이 있었습니다!(눅 16:14 참조) 그들은 이 여인에게는 전혀 관심이 없었습니다! 오직 자신들의 소와 나귀만 신경 씁니다! 안식일에 대한 그들의 열심은 순전히 위선입니다.

자유주의 위선자들과 근본주의 위선자들

성도 여러분, 우리 종교가 세속성을 숨기는 망토가 되지 않도록 주의하십시오! 가난한 자들과 자유와 환경에 대해 끊임없이 말하면서 한 주 내내 잠만 자는 자유주의자들이 있습니다. 현대 문명의 오점과 세속적 인본주의의 불신앙에 대해 끊임없이 말하면서도 자신들은 안전한 교외(혹은 도심) 주택에 은둔한 채 온갖 유흥을 즐기고 고가의 자동차를 몰고 다니며 가난한 사람들이나 지구촌에서 일어나는 재앙에 대해서는 손도 까딱하지 않는 근본주의자들과 복음전도자들이 있습니다. 우리는 그런 식으로 자유주의 위선자나 근본주의 위선자가 될 수도 있습니다.

하지만 사랑은 그렇지 않습니다. 사랑은 일부러 꾸며서 잘 보이려고 행동하지 않습니다. 사랑은 다른 사람의 허점을 말하지 않습니다. 사랑은 사람의 칭찬을 구하지 않습니다. 그리고 죄를 숨기기 위해 종교적인 행동을 하지 않습니다.

사랑은 자신을 잊고 그리스도를 바라보며, 다른 사람의 필요를 채우는 일에서 그리스도 안에 있는 기쁨을 경험합니다. 그러니 우리에게 필요한 모든 것을 위해 그리스도를 바라봅시다.

21장

악을 미워하고 선에 속하라

로마서 12:9

사랑에는 거짓이 없나니 악을 미워하고 선에 속하라. _롬 12:9

성경의 확고한 진리를 믿고 가르칠 때, 우리 자신뿐 아니라 다음 세대의 자녀들까지 앞으로 계속해서 마주치게 될 수많은 어리석음을 극복할 수 있다는 것은 굉장한 일입니다. 우리가 자기 세대에서 유용한 존재가 되고 싶다 해도, 유행하는 최신 철학이나 진보적 윤리 혹은 심리학에 전문가가 될 필요는 굳이 없습니다. 물론 몇몇 그리스도인들은 이런 것들을 공부하고 거기에 반응하며 살아야 할 필요가 있습니다. 하지만 대다수 그리스도인들은 이런 것들과는 전혀 다른 원리와 체계를 따라 살아가야 합니다.

지극히 평범한 보통의 그리스도인이 해야 할 일은 성경을 깊이 파고들어 그것이 의미하는 바와 그 직접적인 표현들 안에 숨겨진 함의

들을 믿고 받아들이고 가르치는 것입니다. 그렇게 한다면 겉으로는 비록 최신 유행처럼 보이나 종국에 가서는 삶을 파괴하고 말 이런저런 빗나간 세파 속에서 살아남을 수 있습니다.

오늘 우리가 살펴볼 로마서 12장 9절을 묵상해 보면 이것이 사실임을 알 수 있습니다. "사랑에는 거짓이 없나니 악을 미워하고 선에 속하라." 지난 시간에 "사랑에는 거짓이 없나니"에 대해 살펴보았습니다. 오늘은 "악을 미워하고 선에 속하라"는 말에 집중해 보려고 합니다. 제가 말씀드리고 싶은 요지는, 이 직접적인 권고를 있는 그대로 받아들이고 이를 위해 기도하고 순종한다면, 우리는 이 세대(또한 모든 세대)의 많은 어리석음을 피할 수 있다는 것입니다.

우리 함께 이 말씀을 있는 그대로 이해해 봅시다. 의식하지 못했을 수도 있지만 우리에게 강력하고 선한 영향을 끼칠 수 있는 다섯 가지가 눈에 들어옵니다. 성경을 통해 변화받기 위해 꼭 주해 설교자가 될 필요는 없지만, 때로는 본문을 꼼꼼히 분석하다 보면 말씀의 변화시키는 능력으로 더욱 힘을 얻고, 깊은 데로 나아가는 데 도움이 됩니다.

1. 우리 외부에 객관적으로 선하고 악한 것이 있다

"악을 미워하고 선에 속하라"는 말 속에서, 바울은 "내가 미워하는 것이 곧 악한 것이 된다"는 개념을 부정하고 있습니다. 마찬가지로 "내가 굳게 붙잡은 것이 곧 선한 것이 된다"는 개념도 거부합니다. 너무나 단순하고 명백합니다. 자녀들에게 이것을 말해 주신 적이 있습니까? 이런 구절들을 충분히 자주 가르친다면, 자녀들은 매우 유익한 성경적 세계관을 갖게 될 것입니다.

세상에는 선하고 악한 것이 있고, 그 선과 악은 우리 외부에 존재하는 실재(realities)입니다. 그것들은 우리가 어떻게 규정하느냐에 따라 선과 악이 되는 것이 아니라, 객관적으로 선하거나 악합니다. 우리가 원한다고 선이 되거나 악이 되는 것이 아닙니다. 무언가를 좋아한다고 해서 그것이 선이 되거나, 무언가를 미워한다고 해서 그것이 악이 되는 것이 아닙니다. 분명한 실재가 있습니다. 그 실재는 선하거나 악합니다. 우리가 선하게 혹은 악하게 만드는 것이 아닙니다.

이것을 어떻게 알 수 있습니까? 바울이 "악을 미워하고 선에 속하라"고 말하고 있기 때문입니다. 다른 말로 하면, 선과 악이 변하는 것이 아니라 우리가 변합니다. 우리 마음이 원하기 때문에 어떤 것에 붙들릴 수 있거나 또한 원하지 않기 때문에 어떤 것을 강하게 거부할 수 있습니다. 바울은 선이 있고 악이 있다고 말합니다. 이제는 그렇게 객관적으로 존재하는 것에 여러분의 감정과 의지를 맞춰 보십시오. 객관적인 악을 만나면 미워하십시오. 그리고 객관적인 선을 만나면 그것을 붙드십시오.

무엇이 선을 선으로 만듭니까? 그리고 무엇이 악을 악으로 만듭니까? 다른 말로 하면, 어째서 객관적인 선과 악 같은 것들이 존재하느냐는 말입니다. 2절을 다시 볼까요? "너희는 이 세대를 본받지 말고 오직 마음을 새롭게 함으로 변화를 받아 하나님의 선하시고 기뻐하시고 온전하신 뜻이 무엇인지 분별하도록 하라." 객관적인 선이 존재하는 이유는 "하나님의 뜻"에 일치하는 것이 존재하기 때문입니다. 혹은 좀 더 간단하고 심오하게 말해서, 하나님이 계시기 때문입니다. 그리고 좀 더 구체적으로 혹은 좀 더 명확하게 말하자면, 하나님이 예수 그리스도 안에서 자신을 객관적으로 역사적으로 알리셨기 때문입니다.

하나님이 안 계셨다면(그리스도가 없었다면) 선은 객관적이지 않고 주관적이었을 것입니다. 선은 보는 사람의 시각에 따라 다르고, 특히 힘을 가진 사람의 편이었을 것입니다. 힘의 논리가 옳고 그름을 만들었을 것입니다. 하지만 하나님이 계십니다. 선과 진실, 옳고 아름다운 것은 하나님 안에서 객관적인 기반을 갖습니다. 또한 그분이 자신을 드러내신 예수 그리스도 안에서 객관적인 기반을 갖습니다. 이 말은 러시아에 있는 단순무식한 농부나, 독일에 있는 유대인이나, 조지아에 있는 흑인 노예나, 로마 감옥에 있는 그리스도인 죄수가, 가장 강력한 힘을 가진 스탈린이나 히틀러나 백인인 농장 소유주나 황제에게 이렇게 말할 수 있다는 의미입니다. "아닙니다. 이건 옳지 않습니다. 당신에게 권력이 있다 해서 그것을 옳은 것으로 만들 수는 없습니다. 당신 위에 하나님이 계십니다. 그렇기 때문에 옳고 그른 것은 당신과 상관없는 객관적인 실체입니다."

단순하고 확실한 성경의 진리를 우리 자녀에게 가르칠 때 그것은 가장 멋진 선물이 될 것입니다. "악을 미워하고 선에 속하라"는 명령이 함축하는 바는 우리의 생각을 뛰어넘습니다. 이 한 구절 안에 고귀한 진리가 담겨 있습니다.

2. 악 대신 선을 선택하는 것만으로 충분치 않고 내적 열심이 필요하다

바울이 사용한 동사에 주목하십시오. "악을 미워하고(apostungountes)

선에 속하라(kollömenoi)." 바울은 "악 대신 선을 선택하라"고 말하지 않았습니다. 그가 쓴 단어는 매우 강력합니다. "미워하라"는 아주 좋은 번역입니다. "질색하다, 구역질이 나다"(리델&스코트 사전)도 옳은 번역입니다. "선에 속하라"는 선을 받아들이라는 의미입니다. 선을 사랑하라는 의미입니다. 고린도전서 6장 16절에서 성적 연합을 표현하면서 사용한 단어이기도 합니다.

하나님은 의지적 종교나 의지적 도덕성에는 별 관심이 없으십니다. 선택으로는 충분치 않습니다. '선택'만으로는 도덕적으로 깊이 변화되었다는 것을 드러내지 못합니다. 위선의 의미를 기억해 보십시오. 의지적 선택으로 외형을 바꾸는 것이 위선입니다. 바울은 지금 단순히 악을 피하는 수준이 아니라 악을 미워하라고 말합니다. 선을 단순히 선택하는 데서 그치지 말고, 선을 온전히 받아들이라고 말합니다. 선을 사랑하십시오. 그리스도인으로 살아가며 겪는 싸움은 그저 우리의 행동을 바꾸려는 싸움이 아니라 우리의 감정을 변화시키려는 싸움입니다.

여기서 세 번째 관찰로 이어집니다.

3. 우리에게는 감정에 대한 직접적인 통제력이 없는데도 불구하고 성경은 우리의 감정을 변화시키라고 명령한다

좋아하던 것을 즉각적으로 미워할 수는 없습니다. 하지만 "악을 미워하고 선에 속하라"는 말을 통해 바울은 지금 우리 감정이 한 방향을 향하도록 명령합니다. 하나님은 우리 몸이나 의지에 대해서는 이런저런 요구를 하시지만 우리 감정에 대해서는 상관하지 않으신다는 주장에 넘어가지 마십시오. 하나님은 우리에게 선을 선택할 뿐 아니라 선을 사랑하라고 명령하시고, 악을 반대하는 쪽을 선택할 뿐 아니라 악을 미워하고 싫어하라고 명령하십니다.

하지만 우리의 마음이 악을 사랑하고 선을 미워하는 상태에 있으면 어떡합니까? 어떻게 이 명령에 복종하겠습니까? 답은 우리가 '다시 태어나야 한다'는 것입니다. 육체에서 난 것은 육신의 일을 사랑하고, 성령에서 난 것은 성령의 일을 사랑합니다(요 3:3-7; 롬 8:7-8; 고전 2:14-16).

혹은 다른 성경 용어를 사용해서 말해 보면, 우리 감정이 하나님의 선악관과 일치하려면, 그리스도의 보혈로 세우신 새 언약(눅 22:20; 고전 11:25)이 우리 삶에서 성취되어야 합니다. 에스겔 36장 26절입니다. "또 새 영을 너희 속에 두고 새 마음을 너희에게 주되." 우리가 바르게 미워하고 바르게 사랑하기 위해서는 하나님께서 새 마음을 주셔야 합니다. 우리가 새 마음을 얻는 방법은(겔 18:31), 스스로 변화될 수 없음에 좌절하여 하나님께서 굳은 마음을 없애 주시기를 그리스도의 이름으로 간청하는 것입니다. 그리고 그리스도께서 새 마음을 주셔서 그분이 보는 방식으로 세상을 보고 그분이 느끼는 방식으로 느끼게 되었다면, 이제 날마다 변화를 위해 싸움을 계속해야 합니다. "주의 영광을 보매 그와 같은 형상으로 변화하여 영광에서 영광에 이르니"(고후 3:18).

그리스도인의 삶은 그저 선택하는 것이 아닙니다. 격렬하게 악을 미워하고 선을 받아들이는, 감정의 변화가 동반되는 결단입니다.

4. 객관적인 도덕적 선은 우리에게 유익하고 객관적인 도덕적 악은 우리에게 해롭다

오늘 본문 9절을 구성하는 두 부분의 관계를 보면 이 점이 분명히 드러납니다. 9절은 "사랑에는 거짓이 없나니"(Let love be genuine, 영문 성경에는 "거짓 없이 사랑하라"는 명령형으로 표현되어 있다)라는 말로 시작합니다. 그런 다음 새로운 문장을 시작하지 않고 계속 이어서 "악을 미워하고 선에 속하라"고 말합니다. 거짓 없이 사랑하라는 명령과 악을 미워하고 선에 속하라는 명령이 붙어 있습니다. 바울이 사랑에 관해 무언가 핵심적인 이야기를 하고 있는 것처럼 보입니다.

사랑이란 적어도 우리에게 해를 주지 않고 유익하다는 견해에는 모든 사람이 동의합니다. 따라서 바울이 "사랑에는 거짓이 없나니[거짓 없이 사랑하되] 악을 미워하고 선에 속하라"고 말할 때, 저는 악을 미워하고 선에 속하는 것이 곧 사랑하는 일이라는 의미로 받아들입니다. 즉, 하나님이 악하다고 하신 것은 사람들에게 악한[해로운] 것이 분명하고, 하나님이 선하다고 하신 것은 사람들에게 선한[유익한] 것이 분명합니다.

사람들에게 선한 것과 나쁜 것을 우리가 결정하고 사랑을 우리가 규정하는 것이 아닙니다. 하나님이 선한 것과 나쁜 것을 결정하시면 우리는 그것을 따르고 그것을 사랑이라고 부릅니다. 왜냐하면 하나님이 선하다고 말씀하신 것이 사람들에게 유익하고, 하나님이 나쁘다고 말씀하신 것은 사람들에게 해롭기 때문입니다.

요한일서 5장 2절은 이에 대해 분명히 말합니다. "우리가 하나님을 사랑하고 그의 계명들을 지킬 때에 이로써 우리가 하나님의 자녀를 사랑하는 줄을 아느니라." 우리가 사람들을 사랑하는지 어떻게 압니까? 하나님을 사랑하고 그분의 계명을 지킴으로써 알 수 있습니다. 그분의 계명은 객관적인 선을 표현한 것입니다. 그리고 그분이 금지하신 것은 객관적인 악에 대한 표현입니다. 그렇기 때문에 객관적인 악은 사람들에게 해롭고 객관적인 선은 사람들에게 유익합니다.

궁극적이고 객관적인 선은 신이자 인간이신 그리스도 자신이십니다. 그분이 우리의 선이십니다. 그렇기 때문에 우리는 그 궁극적이고 객관적인 선이 우리에게 유익하다는 것을 분명하게 알 수 있습니다. 그리스도보다 더 좋은 것은 우리에게 없습니다. 그분은 무한히 선하시고 우리에게 무한히 좋습니다. 그분 안에서 선과 우리에게 좋은 것이 완벽하게 하나가 됩니다. 다른 좋은 모든 것들은 간접적으로 우리에게 유익합니다. 그것들이 우리에게 좋은 것은 우리를 그분께로 이끌기 때문입니다. 그분만이 우리에게 직접적으로 최고로 좋은 유일한 선이십니다.

이제 다섯 번째이자 마지막 관찰로 이어집니다.

5. 진정한 사랑은 미워해야 한다

사람들을 다치게 하고 그리스도의 영광을 가리는 악이 없는 세상이 있다면, 거기에는 사랑만 있고 미움은 없을 것입니다. 미워할 것이 전혀 없을 것입니다. 하지만 우리가 사는 세상에서는 사랑뿐 아니라 미워하는 것도 필요합니다. 우리의 사랑에는 미움이 포함됩니다.

바울은 이렇게 말합니다. "사랑에는 거짓이 없나니 악을 미워하고." 한 주석가는 이 미움을 "격렬한 내적 거부"라고 부릅니다. 거부하는 것입니다. 내면적입니다. 격렬합니다. 그리고 제가 말하고 싶은 요지는, 이 세상에서 사랑은 악을 미워해야 한다는 것입니다. 악은 사람들을 아프게 하고 하나님의 영광을 가립니다. 그러므로 악을 눈감아 주면서 사람들을 사랑한다고 주장할 수 없습니다.

우리는 이렇게 말하는 실수를 저질러선 안 됩니다. "내가 허용하는 악은 오직 나만 다치게 할 뿐입니다. 그러니 악을 사랑한다 해서 내가 다른 사람들을 사랑하지 않는 것은 아닙니다." 이 말은 완전히 틀렸습니다(요일 5:2 참조). 우리는 다른 사람에게 그리스도의 가치를 드러내도록 지음받았습니다. 그것이 그들에게 좋은 것입니다. 그것이 그들을 사랑한다는 의미입니다. 그런데 우리가 그리스도 안에서 누리는 기쁨과 그리스도를 드러내는 일에 해가 된다면, 우리는 그저 자신에게만 죄를 짓는 것이 아니라 다른 사람에게도 죄를 짓는 셈입니다. 하나님께서 우리를 통해 그들에게 주시고자 했던 것을 빼앗는 꼴이 됩니다.

따라서 다시 말하지만, 다른 사람을 사랑하는 것은 악을 미워하는 것이어야 합니다. 악은 다른 사람을 직접적으로 다치게 할 뿐 아니라, 또한 우리 자신을 다치게 함으로써 간접적으로 다른 사람들을 해롭게 하기 때문입니다. 그리스도는 우리에게 최고의 선(유익)입니다. 최고의 기쁨입니다. 하지만 악은 그리스도의 아름다움을 모호하게 합니다.

결론

크리스마스가 다가오면 선물에 대해 생각하실 텐데, 우리가 다음 세대에게 전해 줄 가장 큰 선물 중 하나는 오늘 본문 말씀처럼 단순하면서도 직접적인 하나님의 말씀을 믿고 가르치는 것임을 기억하십시오. “악을 미워하고 선에 속하라(hold fast to).” 이 속에 얼마나 귀한 진리가 담겨 있습니까! 모든 진리와 모든 선의 총체이자 모든 악을 이긴 승리는 그리스도이십니다. 그러니 이번 대강절 기간에 그리스도를 붙드십시오(hold fast to Christ). 그리고 그분의 영광을 가리는 모든 것을 미워하십시오.

22장

언제 악을 고통으로 갚아도 좋은가?

로마서 12:9-21

사랑에는 거짓이 없나니 악을 미워하고 선에 속하라. 형제를 사랑하여 서로 우애하고 존경하기를 서로 먼저 하며 부지런하여 게으르지 말고 열심을 품고 주를 섬기라. 소망 중에 즐거워하며 환난 중에 참으며 기도에 항상 힘쓰며 성도들의 쓸 것을 공급하며 손 대접하기를 힘쓰라. 너희를 박해하는 자를 축복하라. 축복하고 저주하지 말라. 즐거워하는 자들과 함께 즐거워하고 우는 자들과 함께 울라. 서로 마음을 같이하며 높은 데 마음을 두지 말고 도리어 낮은 데 처하며 스스로 지혜 있는 체하지 말라. 아무에게도 악을 악으로 갚지 말고 모든 사람 앞에서 선한 일을 도모하라. 할 수 있거든 너희로서는 모든 사람과 더불어 화목하라. 내 사랑하는 자들아, 너희가 친히 원수를 갚지 말고 하나님의 진노하심에 맡기라. 기록되었으되 원수 갚는 것이 내게 있으니 내가 갚으리라고 주께서 말씀하시니라. 네 원수가 주리거든 먹이고 목마르거든 마시게 하라. 그리함으로 네가 숯불을 그 머리에 쌓아 놓으리라. 악에게 지지 말고 선으로 악을 이기라. _롬 12:9-21

로마서 12장을 설교하면서 아직 다루지 않은 중요한 문제가 있습니다. 벌하고 보복해야 마땅해 보이는 때와 장소인데, 평화하고 인내하고 사랑하고 복수하지 말라는 요구를 어떻게 순종할 수 있는가의 문제입니다. 문제가 무엇인지 명확히 보기 위해서 큰 그림을 그려보겠습니다.

- 9절 상반절. "사랑에는 거짓이 없나니."
- 10절 상반절. "형제를 사랑하여 서로 우애하고."
- 14절. "너희를 박해하는 자를 축복하라. 축복하고 저주하지 말라."
- 17절. "아무에게도 악을 악으로 갚지 말고 모든 사람 앞에서 선한 일을 도모하라."
- 18절 하반절. "모든 사람과 더불어 화목하라."
- 19절. "내 사랑하는 자들아, 너희가 친히 원수를 갚지 말고 하나님의 진노하심에 맡기라."
- 20절. "네 원수가 주리거든 먹이고 목마르거든 마시게 하라."
- 21절 하반절. "선으로 악을 이기라."

여기서 분명하고 일관된 내용은 원수를 사랑해야 한다는 것입니다. 사랑은 원수에게 악을 악으로 갚지 않고 오히려 마음으로 축복하고, 도움이 필요할 때 도와줌으로써 그들이 마땅히 받을 자격보다 더 잘해 주는 것이라는 의미를 담고 있습니다. 이는 예수님의 가르침과 일맥상통합니다. "그러나 너희 듣는 자에게 내가 이르노니 너희 원수를 사랑하며 너희를 미워하는 자를 선대하며 너희를 저주하는 자를 위하여 축복하며 너희를 모욕하는 자를 위하여 기도하라. 너의 이 뺨을 치는 자에게 저 뺨도 돌려대며 네 겉옷을 빼앗는 자에게 속옷도 거절하지 말라. 네게 구하는 자에게 주며 네 것을 가져가는 자에게 다시 달라 하지 말며 남에게 대접을 받고자 하는 대로 너희도 남을 대접하라"(눅 6:27-31).

원수를 사랑해야 하는 두 가지 주된 이유

그리스도인이 이렇게 행해야 하는 두 가지 중요한 이유가 있습니다. 하나는 그렇게 할 때 하나님의 하나님 되심이 일부 드러나기 때문입니다. 하나님은 자비로우십니다. "이같이 한즉 하늘에 계신 너희 아버지의 아들이 되리니 이는 하나님이 그 해를 악인과 선인에게 비추시며 비를 의로운 자와 불의한 자에게 내려 주심이라"(마 5:45). "우리의 죄를 따라 우리를 처벌하지는 아니하시며 우리의 죄악을 따라 우리에게 그대로 갚지는 아니하셨으니"(시 103:10). "서로 친절하게 하며 불쌍히 여기며 서로 용서하기를 하나님이 그리스도 안에서 너희를 용서하심과 같이 하라"(엡 4:32). 따라서 그리스도인이 이런 식으로 살 때 우리는 하나님이 어떤 분이신지를 일부 보여 주는 것입니다.

두 번째 이유는, 이렇게 할 때 그리스도인의 마음은 하나님으로 만족을 누리고 복수나 자기 과시나 돈이나 세상적인 안전을 갈구하는 마음에 이끌리지 않기 때문입니다. 하나님은 우리에게 모든 만족을 이루시는 보화가 되셨기에 우리는 무엇이 부족하고 불안하다는 생각으로 원수를 대하지 않고 오히려 우리를 만족시키시는 하나님의 영광으로 충만해져서 그들을 대하게 됩니다. 히브리서 10장 34절입니다. "너희가 … 너희 소유를 빼앗기는 것도 기쁘게 당한 것은 [즉 보복하지 않은 것은] 더 낫고 영구한 소유가 있는 줄 앎이라." 복수에 대한 충동이 없어진 이유는 이 세상이 우리 본향이 아니라는 것과 하나님이 우리의 온전히 확실하고 모든 것을 만족시키는 상급이 되심을 깊이 확신했기 때문입니다.

우리가 원수를 사랑할 때, 이처럼 자비로우시고 영광스럽게 모든 것을 만족시키시는 하나님의 하나님 되심이 드러납니다. 자비를 베푸는 궁극적인 이유는 하나님을 영화롭게 하기 위함입니다. 사람들의 눈에 하나님이 위대하게 보이도록 하기 위함입니다.

하나님은 공의로우시다

하지만 여기에는 함정이 있습니다. 하나님은 자비로우신 것 이상이기 때문입니다. 그분은 공의로우신 분이기도 합니다. 19절은 이에 대해 분명히 말합니다. "원수 갚는 것이 내게 있으니 내가 갚으리라고 주께서 말씀하시니라." 잘못을 하면 반드시 벌이 따릅니다. 하나님의 진노는 모든 잘못에 대해 값을 물을 것입니다. 회개하고 그리스도를 믿는 사람들을 위해서는 그리스도의 고통과 죽음을 통해 그 값을 물으시고, 그렇게 하지 않는 사람들에게는 지옥으로 갚으실 것입니다. 따라서 우리가 악을 선으로 갚는 것은 하나님이 자비로우신 분이기 때문만이 아니라 또한 공의로우신 분이기 때문입니다. 우리는 그분의 자비를 드러내고 그분의 공의를 따릅니다.

문제는 하나님께서 그분의 공의(잘못을 벌할 권리)를 사람에게 나누어 주시는가입니다. 하나님께서 이 땅에서 제한된 방법으로 악을 벌할 권리를 우리에게 나누어 주셨기 때문에, 그분의 자비뿐 아니라 공의도 드러내기 위해 우리는 악을 고통으로 갚아도(repay evil with pain) 되는 것입니까?

그렇다고 생각합니다. 제가 그렇게 믿는 주된 이유는 성경에서 이런 경우를 볼 수 있기 때문입니다. 또한 제가 그렇게 믿는 그다음 이유는 성경은 그것이 어떻게 모순이 아닌지를 설명하고 있기 때문입니다. 따라서 성경에서 적절한 인간적 보응을 보여 주는 다섯 가지 예를 들고, 그것이 어떻게 로마서 12장에 나오는 원수를 사랑하라는 정신과 모순되지 않는지 보여 드리겠습니다.

적절한 인간적 보응을 보여 주는 성경의 예

성경은 자녀를 훈계하라고 가르칩니다

즉, 자녀를 용서하거나(시 103:10) 벌하면서 자비(시 103:13)와 공의의 방법을 혼용하라고 가르칩니다. 잠언 23장 13절입니다. "아이를 훈계하지 아니하려고 하지 말라. 채찍으로 그를 때릴지라도 그가 죽지 아니하리라." 잠언 13장 24절입니다. "매를 아끼는 자는 그의 자식을 미워함이라. 자식을 사랑하는 자는 근실히 징계하느니라." 에베소서 6장 4절입니다. "또 아비들아 너희 자녀를 노엽게 하지 말고 오직 주의 교훈과 훈계로 양육하라."

다른 말로 하면, 자녀가 부모의 명예를 훼손할 때 성경은 그저 "너희를 저주하는 자녀를 축복하고 다른 쪽 빰을 대며 결코 스스로 보복하지 말라"고 말하지 않습니다. 오히려 성경은 자녀를 훈계하고 매를 아끼지 말라고 말합니다. 다른 말로 하면, 하나님의 자비뿐 아니라 하나님의 공의도 드러내라고 합니다.

성경은, 가정의 범위를 넘어, 교육에 있어 배움이 부족한데 좋은 점수를 주어서는 안 된다고 가르칩니다

다른 말로 하면, 교육을 평가하는 영역에서는 공의를 따라 절차를 밟아야 한다는 말입니다. 배움에 성실하여 주어진 과제를 잘하면 좋은 평가를 받아야 합니다. 이 말은 간단히 말해서, 교육의 기반은 진리에 있다는 말입니다. 일을 탁월하게 하면 좋은 성적을 받아야 합니다. 일을 엉터리로 하면 낮은 점수를 받게 됩니다. 이것을 진리, 다른 말로는 공의라고 합니다.

이러한 기반이 세워질 때, 자비가 가능해집니다. 선생님은 엉터리로 숙제를 한 학생에게 그에 합당한 점수를 주지만, 방과 후에 시간을 내어 도와줌으로써 공의의 요구를 넘어설 수 있습니다. 진리와 공의의 기반이 없으면 자비는 아무런 의미가 없습니다. 자비는 공의가 요구하는 것을 넘어선다는 의미이기 때문입니다.

성경은 일한 자는 삯을 받을 자격이 있고 게으른 자는 그렇지 않다고 가르칩니다

직원이 계약한 대로 일하지 않으면 해고될 수 있다고 하나님도 인정하실 것입니다. 의무를 이행하지 않는 직원을 여러 번 참아 줄 수는 있습니다. 하지만 결국은 이렇게 말해도 좋습니다. "돈을 지불하지 않고 물건을 가져가는 것이나, 일하지 않고 임금을 받는 것은 하나님께서 정하신 경제 질서를 어기는 일입니다. 모두 도둑질입니다."

성경에서 그런 사례 중 하나가 데살로니가후서에 나옵니다. 바울이 데살로니가에 교회를 세운 지 얼마 안 되어 어떤 사람이 주의 날이 임박했다는 생각을 퍼뜨렸습니다. 그 결과 몇몇 사람이 일하기를 그만두고 게으르게 살기 시작했습니다. 그러면서도 여전히 노동을 하는 사람들에게 부양을 받으려고 했습니다. 바울은 그들에게 확고한 원리를 일깨우고자 편지를 썼습니다. "우리가 너희와 함께 있을 때에도 너희에게 명하기를 누구든지 일하기 싫어하거든 먹지도 말게 하라 하였더니 우리가 들은즉 너희 가운데 게으르게 행하여 도무지 일하지 아니하고 일을 만들기만 하는 자들이 있다 하니 이런 자들에게 우리가 명하고 주 예수 그리스도 안에서 권하기를 조용히 일하여 자기 양식을 먹으라 하노라"(살후 3:10-12).

따라서 예수님과 바울이 악을 선으로 갚아야 한다고 말씀할 때, 그것이 돈을 지불하고 물건을 얻고 정당하게 일한 대가를 받아야 한다는 경제 질서 속에 들어 있는 근본적인 공의의 원리를 어기면서까지 그래야 한다는 의미라고는 생각하지 않습니다. 그 질서대로 하지 않으면 도둑질입니다.

성경은 권세자들이 잘못한 사람들을 벌할 권리가 있다고 가르칩니다

경찰에게는 범죄자를 체포할 권리가 있고, 판사들에게는 흉악범을 구금하고 경범죄를 저지른 사람에게 벌금형을 내릴 권리가 있습니다. 경찰관이 국가 권위를 대표하여 기능을 수행할 때 다른 쪽 뺨을 대는 식으로 해서는 안 됩니다. 로마서 13장 2, 4절 말씀에서 이에 대해 볼 수 있습니다. "권세를 거스르는 자는 하나님의 명을 거스름이니 거스르는 자들은 심판을 자취하리라. … 그는 하나님의 사역자가 되어 네게 선을 베푸는 자니라. 그러나 네가 악을 행하거든 두려워하라. 그가 공연히 칼을 가지지 아니하였으니 곧 하나님의 사역자가 되어 악을 행하는 자에게 진노하심을 따라 보응하는 자니라."

따라서 로마서 12장 19절에서 "원수 갚는 것이 내게 있으니 내가 갚으리라"고 말씀한다고 해서 하나님께서 정당하게 권세자로 임명된 사람들에게 그 권리를 나누어 주신다는 사실을 배제하는 것은 아닙니다.

성경은 교회가 고의적이고 지속적으로 죄를 저지르는 성도를 징계해야 한다고 가르칩니다

예를 들어, 고린도전서 5장 4-5절 말씀은 이렇게 전합니다. "주 예수의 이름으로 너희가 내 영과 함께 모여서 우리 주 예수의 능력으로 이런 자를 사탄에게 내주었으니 이는 육신은 멸하고 영은 주 예수의 날에 구원을 받게 하려 함이라." 또 데살로니가후서 3장 14절은 이렇게 말합니다. "누가 이 편지에 한 우리 말을 순종하지 아니하거든 그 사람을 지목하여 사귀지 말고 그로 하여금 부끄럽게 하라." 다른 말로 하면, 다른 뺨을 돌려 대는 것과는 다른 교회의 징계 방식이 있다는 말입니다. 결국에는 그 사람을 구원하려는 의도에서 그를 거부하고 모질게 대하는 방식이 이에 속합니다.

요약하면 다음과 같습니다.

1. 성경은 자녀를 훈계하라고 가르칩니다.

2. 성경은 교육에 있어 배움이 부족한데 좋은 점수를 주거나 배움이 충분한데 나쁜 점수를 주어서는 안 된다고 가르칩니다.

3. 성경은 일한 자는 삯을 받을 자격이 있고 게으른 자는 그렇지 않다고 가르칩니다.

4. 성경은 권세자들이 잘못을 저지른 사람들을 징계할 권리가 있다고 가르칩니다.

5. 성경은 교회가 고의적이고 지속적으로 죄를 저지르는 성도를 징계해야 한다고 가르칩니다.

이런 경우들은 모두 로마서 12장 20절에서 말하는 "네 원수가 주리거든 먹이라"는 식의 행동 양식과는 다릅니다. 앞에서 말한 다섯 가지 가르침의 요지는 "그들이 받을 자격보다 더 잘 대하라"는 것이 아니라 "그들이 받을 자격대로 대하라"는 것입니다. 그것이 공의입니다. 이 다섯 가지 가르침은 사람들 사이에서 공의가 삶의 일부가 되어야 한다는 점을 강조합니다. 모든 것이 자비의 기반 위에서 기능하는 것은 아닙니다. 어떤 것은 공의의 기반 위에서 그 기능을 다합니다.

이러한 보응의 예들이 왜 자비의 요청과 모순되지 않는가?

따라서 성경에서 가르치는 이러한 다섯 가지 보응의 예가 로마서 12장에 나오는 자비를 베풀라는 요구와 왜 모순되지 않는지를 살펴봐야 합니다.

두 가지 이유가 있다고 생각합니다. 하나는 이 다섯 가지 예 모두 제도에 관한 것이지 단순히 개인에게 적용되는 것이 아니기 때문입니다. 이 다섯 가지 예는 우리가 하나님께 책임을 다해야 할 한 개인으로서가 아니라 하나님께서 만드신 제도를 대표하는 자들로서 어떻게 행동할 것인지를 말하고 있습니다. 또 다른 이유는, 공의를 드러내는 동기가 자비를 베푸는 동기와 같기 때문입니다. 이 두 가지 답변에 대해 조금 더 설명하겠습니다.

이 다섯 가지 예들은 인간적 공의라는 기반이 필요한, 하나님이 정하신 제도들로부터 나옵니다

이 다섯 가지 예들은 모두 인간의 제도와 관련이 있습니다. 가족, 교육, 사업, 국가, 교회가 그것입니다. 이것들은 하나님께서 만드신 제도임을 성경에서 쉽게 확인할 수 있습니다. 이것들은 피조물의 유익을 위해 하나님께서 제정하신 것들입니다.

여기에 열쇠가 있습니다. 일반적으로 하나님이 정하신 제도들은 정의라는 기반이 필요합니다. 즉, 이 제도 안에서는 정의의 관점에서 관계를 맺는 방식이 요구됩니다. 예외적으로 오직 자비로써 맺어진 관계도 존재할 수 있습니다. 하지만 정의의 규칙(공정한 보상의 규칙)에 모두 예외를 둔다면 더 이상 제도는 유지되지 않을 것입니다. 제도는 무너지고 맙니다. 제도의 생명은 기대가 충족되는 데에(맡겨진 일을 하고, 제 시간에 도착하고, 물건을 생산하고, 서비스를 제공하고, 임금을 받는 등) 달려 있습니다. 기대가 충족되지 않는 일이 가끔 일어난다면 용서받을 수 있을지 모릅니다. 하지만 그런 일이 다반사가 된다면 그 제도는 무너지고 맙니다. 하나님께서 그 제도를 만드셨다면, 그 제도를 유지시키는 공의도 지키실 것입니다. 또한 하나님은 실제로 이러한 제도들을 만드셨습니다. 이 제도들은 하나님이 우주와 관계를 맺는 방식을 드러냅니다. 공의는 지켜져야 합니다.

따라서 우리가 이런 제도를 대표하거나 중요 자리를 맡았다면, 공의의 관점에서 행동할 줄 알아야 합니다. 이렇게 하는 것이 두 가지 방식에서 자비와 연결됩니다. 하나는 자비와 공의 모두 하나님에 대한 진리를 드러낸다는 점에서 그렇습니다. 그분은 자비로우시고 공의로우십니다. 그리고 두 번째로 이 제도들 안에서 공의의 기반이 서야 자비를 규정할 배경막이 세워집니다. 공의에 대한 기대가 없다면, 그러한 기대들을 뛰어넘는 자비의 존재를 인식할 수 없을 것입니다.

자비와 공의 모두 같은 동기에서 흘러나와야 합니다

이러한 공의의 방식이 왜 로마서 12장에서 요구하는 자비와 모순되지 않느냐에 대한 두 번째 답변은 자비와 공의 모두 같은 동기에서 나오기 때문입니다. 자비의 행동이나 공의의 행동이 복수라는 두렵고 불만족스럽고 탐욕적이며 안전하지 못한 마음에서 나와서는 안 됩니다. 오히려 이 두 행동은 하나님 안에서 깊이 안도하며 만족하는 마음에서 나와야 합니다. 그리고 하나님의 (자비롭고 또한 공의로운) 성품을 드러내기 즐거워하는 마음과 하나님의 권위에 복종하는 마음에서 흘러나와야 합니다. 우리가 개인적으로 자비를 베풀어야 한다는 요구도 하나님의 권위에 근거해야 하고, 또한 제도의 일원으로서 공의를 보여야 한다고 요구할 때에도 하나님의 권위에 기대야 합니다. 두 경우 모두 우리의 목적은 하나님을 높이는 것이어야 합니다.

자비롭고 공의를 지키며 그리스도를 신뢰하라는 요구

따라서 요약하면 다음과 같습니다. 하나님은 우리에게 자비를 베풀라고(악을 선으로 갚고 대적을 선하게 대하라고) 하시고, 이 모든 일을 통해 사람들에게 하나님이 어떤 분이신지(자비로우시며 우리를 복수와 욕심과 두려움에서 자유케 하시는 분으로서) 드러내도록 요구하십니다.

또한 하나님은 우리가 공의를 붙들도록 하십니다. 이를 통해 다른 사람들에게 하나님이 어떤 분이신지를(자신이 공의로울 뿐 아니라, 우리가 악한 의도 없이 공의를 행하도록 자유롭게 하시는 분) 드러내도록 요청하십니다.

또한 하나님은 그 무엇보다 그리스도를 신뢰하라고 요구하십니다. 그분의 변화시키는 능력이 없다면, 우리는 개인적으로는 자비로우면서 동시에 제도의 일원으로서는 공의로운 존재가 되어야 한다는 이 애매한 경계를 잘 구분할 수 없기 때문입니다. 이 둘은 서로 중첩되기도 하고 뒤엉켜 있기도 해서 지혜의 길이 때로는 불명확합니다. 그러니 우리의 마음을 변화시키시는 그리스도의 능력이 우리에게 얼마나 필요한지요!

우리에게 그리스도를 신뢰하라고 하시는 또 다른 이유는 우리 죄를 위해 그분이 대신 죽으신 일이 없이는 우리는 죄책감에 압도당할 수밖에 없고, 마땅히 사랑해야 하지만 실패할 수밖에 없는 연약함으로 인해 삶이 마비될 것이기 때문입니다. 그러니 공의를 구하고 자비를 구하며 무엇보다 그리스도를 굳게 붙드십시오.

23장

전략적인 환대

로마서 12:9-13

사랑에는 거짓이 없나니 악을 미워하고 선에 속하라. 형제를 사랑하여 서로 우애하고 존경하기를 서로 먼저 하며 부지런하여 게으르지 말고 열심을 품고 주를 섬기라. 소망 중에 즐거워하며 환난 중에 참으며 기도에 항상 힘쓰며 성도들의 쓸 것을 공급하며 손 대접하기를 힘쓰라. _롬 12:9-13

욥은 한창 질병과 싸울 때에도 환대라는 미덕을 한 번도 소홀히 하지 않았다고 말했습니다. 욥기 31장 32절을 보겠습니다. "실상은 나그네가 거리에서 자지 아니하도록 나는 행인에게 내 문을 열어 주었노라."

하나님이 정하신 의무인 환대

하나님은 욥이 하나님을 경외하며 악에서 떠난 사람(욥 1:1)이라고 말씀하셨습니다. 하나님 백성의 역사를 뒤돌아 볼 때, 의인들에게 지우신 의무 중 하나가 이 환대(손 대접, hospitality)였습니다. 여기서 제가 말하는 환대란, 평상시 그곳에 살지 않는 사람을 자신의 집으로 기꺼이 맞아들이는 것을 의미합니다.

신약에서 이 의무는 기독교 공동체를 위해 다시 강조되었습니다. 로마서 12장 13절은 말합니다. "성도들의 쓸 것을 공급하며 손 대접하기를 힘쓰라." 문자 그대로 말하면, "환대에 힘쓰라"는 말입니다. 또한 이 동사는 지속적으로 그렇게 하라는 의미를 함축하고 있습니다. 따라서 로마서 12장 13절에 나오는 명령은 환대가 추수감사절이나 크리스마스 등 1년에 한두 번으로 끝나는 일이 아니라 계속 실천해야 하는 태도라는 의미입니다. 우리의 집과 처소는 지혜로운 환대를 위한 장소로 늘 예비되어 있어야 합니다. 평상시 그곳에 살지 않는 사람들을 언제라도 맞을 준비가 되어 있어야 합니다.

원망 없이 베푸는 환대

베드로전서 4장 8-9절도 이렇게 말합니다. "무엇보다도 뜨겁게 서로 사랑할지니 사랑은 허다한 죄를 덮느니라. 서로 대접하기를 원망 없이 하고."

원망 없이 하라고 하십니다! 이 말은 그렇게 행하기를 좋아하는 사람이 되라는 의미입니다. 다른 말로 하면 "손 대접하기를 힘쓰라"는 명령은 단순히 무언가를 하라는 명령이 아니라는 말입니다. 일정량의 자리를 채우면 형식적으로 완수되는 그런 명령이 아닙니다. 이 명령은 어떤 특정한 종류의 사람이 되라는 명령입니다. 말하자면 환대를 베푸는 삶을 즐거워하는 사람이 되라는 명령입니다. 접시를 더 놓고 침구를 더 마련해야 한다는 사실을 불편해하거나 불평하지 않는 그런 사람입니다. "서로 대접하기를 원망 없이 하고." 그다음 구절(벧전 4:10)이 함축하는 바와 같이, 우리의 환대가 확장되게 하십시오. 하나님의 환대가 우리에게 넘쳐흐르기에 그렇게 하십시오. 하나님의 여러 가지 은혜를 맡은 선한 청지기로서 환대를 베푸십시오.

지속적으로 하고 소홀히 여기지 말라

히브리서 13장 1-2절은 이렇게 말합니다. "형제 사랑하기를 계속하고 손님 대접하기를 잊지 말라. 이로써 부지중에 천사들을 대접한 이들이 있었느니라."

로마서 12장 13절은 우리가 환대하는 일에 늘 준비되어 있어야 한다고 말합니다. 히브리서는 부정적인 방식으로("잊지 말라") 권면합니다. 분명히 이 일은 소홀히 여기기 쉬운 임무입니다. 정말 그렇습니다.

중력은 모든 것을 지구의 중심으로 끌어당깁니다. 이 땅 중심적인 삶으로부터 자유로워지려면 엄청난 힘을 가해서 지구 중심으로부터 우주선을 밀어내야 합니다. 심리적인 중력도 마찬가지인데, 이 힘은 우리의 생각과 선호하는 것을 자신과 자기 집을 중심으로 향하도록 지속적으로 끌어당깁니다.

그러므로 이 세상에서는 손 대접을 경시하는 일이 무척 자연스럽게 일어납니다. 그렇게 살면 저항을 가장 적게 받기 때문입니다. 자기 중심적인 삶이라는 자연스러운 중력에 몸을 맡겨 버리면 환대는 끼어들 여지가 없는, 자아로 가득한 삶을 살아가게 됩니다. 그러다 보면 우리는 손 대접을 소홀히 여기다가 아예 잊어버리고 말 것입니다. 그래서 성경은 단호하게 "그렇게 하지 말라!"고 말합니다. 발사대를 세우십시오. 로켓 엔진을 최대 출력으로 올리십시오. 그리고 자기를 중심으로 살아가는 일상으로부터 벗어나십시오. 손 대접을 소홀히 여기는 일을 멈추십시오. 환대를 행하십시오.

환대가 하나님과 무슨 관계가 있는가?

왜 그래야 합니까? 우리는 지금 성공적인 삶을 위한 세미나를 듣고 있는 것이 아니라 예배를 드리고 있습니다. 환대가 하나님과 무슨 상관이 있습니까? 하나님께 열중하는 그리스도인인지 아닌지의 표시는, 그 사람이 무슨 일을 하든 그것이 예수 그리스도를 통해 알게 된 하나님과 무슨 관계에 있는지를 늘 생각하는가에 있습니다. 만일 환대가 하나님과 상관이 없다면, 하나님 중심적이 되고 하나님으로 충만해지길 원하는 교회는 여기에 관심을 두지 않을 것입니다.

제가 강단을 떠난 뒤에 다른 사람이 이 자리에 선다면, 그가 모든 일을 하나님과 연결시키고 있는지 아니면 그저 도덕성을 기르는 것에 만족하는지를 꼭 질문해 보시기 바랍니다. 또한 그 사람이 하는 모든 말에 기독교 신학이 분명히 녹아 있는지 아니면 그의 설교가 그저 마음이 따뜻한 세속 심리학자의 깊은 통찰력과 같아서 어떻게 하면 잘 지낼 수 있는지를 주로 말하는지 꼭 따져 보시기 바랍니다.

저는 그리스도인들이 왜 그리스도와 관계없는 도덕성이나 정신건강에 그렇게 관심이 있는지 모르겠습니다. 마태복음 23장 15절에 나오는 예수님의 말씀에 따르면, 지옥은 '도덕적'이고 정신적으로 '건강'하지만 그리스도를 사랑하지 않았던 사람들로 대부분 채워질 것입니다("화 있을진저 외식하는 서기관들과 바리새인들이여 너희는 교인 한 사람을 얻기 위하여 바다와 육지를 두루 다니다가 생기면 너희보다 배나 더 지옥 자식이 되게 하는도다.").

환대를 포함해서, 우리가 하는 행동이 그저 소위 말하는 "유대-기독교 윤리"의 일부이기 때문에 옳다 여기려는 유혹을 저는 강력히 거부합니다. 이 땅에서 사는 짧은 시간과 천국에서 살게 될 영원한 시간을 생각할 때, 다른 사람들로 하여금 도덕적 가치는 확신하게 하면서 그리스도 안에서 새로운 피조물이 되도록 만들지는 못했다면 그것이 우리에게 무슨 중요한 가치가 있겠습니까? 불꽃놀이보다 더 빨리 지나가는 50년을(약 4:14) 건강하고 성공적이고 안락하게 살도록 도와주었다고 해도 그들이 지옥에서 영원을 보내게 된다면 우리에게 감사할까요?

영원한 가치를 갖는 유일한 도덕과 유일한 윤리는, 하나님의 뜻으로 만들어지고 하나님의 능력으로 실행되며 예수 그리스도를 통해 하나님께 영광을 돌리려는 목적을 갖고 있습니다. 영원의 저울로 잴 때, 예수 그리스도 없는 도덕은 공기보다 가볍습니다.

따라서 환대하는 습관이 인간적으로 보아서도 기분 좋은 일이라면, 그것이 하나님과 무슨 관계가 있는가를 따져 보아야 합니다. 무엇이 그리스도인의 환대에 영원한 가치를 주고 단순히 유행하는 도덕성과 구별되게 합니까? 이 질문에 대한 답은 우리가 왜 환대를 베푸는가, 우리의 동기는 무엇인가에 대해 답하는 것과 같습니다.

구약의 근거

환대에 대한 하나님 중심적인 동기는 구약에서 시작합니다. 아마 가장 분명한 구절은 레위기 19장 33-34절일 것입니다. "거류민이 너희의 땅에 거류하여 함께 있거든 너희는 그를 학대하지 말고 너희와 함께 있는 거류민을 너희 중에서 낳은 자 같이 여기며 자기같이 사랑하라. 너희도 애굽 땅에서 거류민이 되었었느니라. 나는 너희의 하나님 여호와이니라."

여기서 볼 수 있는 환대에 대한 동기는 무엇입니까?

"나는 너희의 하나님 여호와니라"

"너희도 애굽 땅에서 거류민이 되었었기" 때문에 거류민을 사랑하라고 하십니다. 단지 그들도 한때 거류민이었다는 것 때문에 낯선 외국인 나그네를 사랑해야 합니까? 그렇지는 않습니다. 요지는 그들이 애굽 땅에서 거류민이 되었었지만, 지금은 더 이상 그렇지 않다는 것입니다. 그들이 더 이상 거류민이 아닌 이유가 중요합니다. "나는 너희의 하나님 여호와"이기 때문입니다.

"나는 너희의 하나님 여호와니라"는 말씀은 출애굽기 20장 2절에 나오는 십계명의 첫머리에 등장하는 표현이기에 매우 많은 의미를 담고 있습니다. "나는 너를 애굽 땅, 종 되었던 집에서 인도하여 낸 네 하나님 여호와니라." "나는 너희의 하나님 여호와니라"(이 말은 레위기 19장에 수십 번 나옵니다)는 말씀은 "나는 너희가 애굽에서 이방인으로 압제당할 때 너희에게 와서 너희를 구원한 여호와니라"는 말씀을 줄인 것입니다.

구약에서 하나님의 백성들이 환대해야 할 의무는 바로 하나님이 누구신가라는 사실과 연결됩니다. 이 말씀을 풀어 보면 다음과 같습니다. "나는 너희에게 집을 만들어 주고 온 힘과 마음을 다해 너희를 그곳으로 데려간 너희 하나님이다. 그러므로 너희는 외국인 나그네를 자신과 같이 여기며 사랑해라. 내가 거룩하니 너희도 거룩하라(레 19:2 참고). 너희가 (어떤 존재인지를) 드러내는 가치가 곧 나의 가치다."

하나님의 가치는 무엇인가?

그렇다면 하나님의 가치는 무엇입니까? 하나님은 왜 이스라엘에게 오셔서 그들을 애굽의 속박에서 건져 내시고 젖과 꿀이 흐르는 땅으로 데려가는 환대를 베푸셨습니까? 이스라엘이 도덕적으로 살았기 때문이었습니까? 아니면 아브라함과 이삭과 야곱과 맺은 언약을 지킴으로써 하나님의 이름을 영광받게 하시려는 하나님의 열심 때문이었습니까?

"그들이 내게 반역하여 내 말을 즐겨 듣지 아니하고 그들의 눈을 끄는 바 가증한 것을 각기 버리지 아니하며 애굽의 우상들을 떠나지 아니하므로 내가 말하기를 내가 애굽 땅에서 그들에게 나의 분노를 쏟으며 그들에게 진노를 이루리라 하였노라. 그러나 내가 그들이 거주하는 이방인의 눈앞에서 그들에게 나타나 그들을 애굽 땅에서 인도하여 내었나니 이는 내 이름을 위함이라. 내 이름을 그 이방인의 눈앞에서 더럽히지 아니하려고 행하였음이라"(겔 20:8-9).

"우리가 우리의 조상들처럼 범죄하여 사악을 행하며 악을 지었나이다. 우리의 조상들이 애굽에 있을 때 주의 기이한 일들을 깨닫지 못하며 주의 크신 인자를 기억하지 아니하고 바다 곧 홍해에서 거역하였나이다. 그러나 여호와께서는 자기의 이름을 위하여 그들을 구원하셨으니 그의 큰 권능을 만인이 알게 하려 하심이로다" (시 106:6-8).

하나님의 환대는 자신의 이름을 영광 받게 하시려는 하나님의 흔들림 없는 열심에 의한 것입니다. "내 이름을 그 이방인의 눈앞에서 더럽히지 아니하려고 행하였음이라." 이 점을 보지 못하면 은혜의 의미를 결코 이해할 수 없습니다.

은혜의 의미

은혜는 죄인들을 맞아들이시는 하나님의 환대인데, 그들이 선하기 때문이 아니라 그분의 영광 때문에 그렇게 하시는 것입니다. 부족한 것이 전혀 없으신 하나님께서 자기의 영광을 극대화시키는 것을 선택하시기보다, 대신 능력 있고 도덕적인 자들을 찾아서 자신을 풍성하게 하려 하셨다면, 세상에는 은혜도 환대도 구원도 없을 것입니다. 우리가 영원한 생명을 누리는 것은 은혜로 말미암았기 때문입니다. 은혜는 죄인들에게 환대를 베푸심으로써 그분의 자유와 능력과 부요함을 영화롭게 하시려는 하나님의 성품입니다.

신약에서도 반복된다

신약으로 넘어와 그리스도인들이 환대를 베풀어야 할 동기를 물을 때에도 마찬가지입니다.

그리스도 안으로 들어온 이방인들

"그러므로 생각하라. 너희는 그때에 육체로는 이방인이요 손으로 육체에 행한 할례를 받은 무리라 칭하는 자들로부터 할례를 받지 않은 무리라 칭함을 받는 자들이라. 그때에 너희는 그리스도 밖에 있었고 이스라엘 나라 밖의 사람이라. 약속의 언약들에 대하여는 외인이요 세상에서 소망이 없고 하나님도 없는 자이더니"(엡 2:11-12).

하나님이 이스라엘 백성과 언약을 맺으셨다는 사실은 이방인인 우리에게는 그리 격려가 되지 않습니다. 우리는 여전히 외인이요 이방인이고 구원 밖에 있으며 하나님도 없고 세상에서 소망도 없었기 때문입니다.

하지만 그때 그리스도가 "이 둘로[이방인과 유대인] 자기 안에서 한 새 사람을 지어 화평하게 하시고 또 십자가로 이 둘을 한 몸으로 하나님과 화목하게 하려 … 원수 된 것을 십자가로 소멸하시기" 위해 자기 몸을 바치셨습니다(엡 2:15-16). 그리스도는 이방인과 유대인을 모두 하나님과 화목하게 하려고 오셨습니다. 또한 이방인과 유대인 서로 간에도 화목하게 하려고 오셨습니다. 그 결과가 19절에 나옵니다. "그러므로 이제부터 너희는 외인도 아니요 나그네도 아니요 오직 성도들과 동일한 시민이요 하나님의 권속이라."

하나님의 영광을 위해 베풀어진 최고의 환대

궁극적인 최고의 환대는 믿는 모든 사람이 하나님의 권속이 되게 하시려고 예수 그리스도께서 죄인들을 위해 죽으신 일이었습니다. 우리는 더 이상 이방인이나 거류민이 아닙니다. 우리는 하나님께 속한 자가 되었습니다. 예수님을 믿는 모든 사람은 하나님 안에 거하게 됩니다.

하나님은 왜 그렇게 하셨습니까? 왜 그분의 거룩한 아들을 보내 죽게 하심으로 죄인들이 천국에서 환대받을 수 있게 하셨습니까? 에베소서 1장 5-6절은 이렇게 말합니다. "그 기쁘신 뜻대로 우리를 예정하사 예수 그리스도로 말미암아 자기의 아들들이 되게 하셨으니 이는 그가 사랑하시는 자 안에서 우리에게 거저 주시는 바 그의 은혜의 영광을 찬송하게 하려는 것이라."

하나님은 우리가 그 은혜의 영광을 찬양하게 하시려고 그렇게 하셨습니다. 하나님이 자격 없는 이방인들을 애굽에서 구해 내셨던 것도 바로 그분의 영광을 위해서였습니다. 이것은 구약에서도 은혜였고 신약에서도 은혜입니다.

"너희는 그 은혜에 의하여 믿음으로 말미암아 구원을 받았으니 이것은 너희에게서 난 것이 아니요 하나님의 선물이라"(엡 2:8). 그리스도인이 환대를 베푸는 궁극적인 기반은 부족한 것이 전혀 없으신 하나님께서 자유롭게 베푸시는 은혜의 영광을 더욱 풍성하게 하시려는 하나님의 흔들림 없는 헌신입니다.

환대를 실천하는 우리의 동기

그렇다면 환대를 실천하는 우리의 동기는 무엇이어야 할까요? 과거를 기억하고 미래를 소망하는 데 그 동기가 있습니다.

과거를 돌아보기

과거를 돌아보면, 우리가 생명을 누리는 것은 하나님께서 환대를 베푸셨기 때문임을 기억하게 됩니다. 우리는 한때 죄와 죽음의 애굽 땅에서 이방인이요 외인이었습니다. 하지만 하나님께서 그 아들의 십자가라는 유월절을 통해 우리에게 오셨고(고전 5:7) 우리를 살리셨으며(엡 2:5) 회개라는 홍해를 통과해 우리를 건져 내셨습니다.

미래를 바라보기

시선을 돌려 앞으로의 미래를 바라보십시오. 거기서 우리는 자신의 영광을 드러내는 일에 헌신하신 하나님의 전능하신 능력과 열심에서 비롯된 사랑을 받으며 살아갈 것입니다. 하나님은 광야라는 이 인생길에서 우리의 모든 필요를 채우실 뿐 아니라 요단강을 건너 약속의 땅으로 우리가 무사히 들어가게 하실 것입니다. 그 약속의 땅에서 우리는 그분과의 영원한 사귐에서 나오는 젖과 꿀을 맛보게 될 것입니다.

우리가 환대를 베풀 때 어떤 일이 일어나는가?

그러므로 환대를 베풀 때, 우리는 스스로를 부패시키기만 하는 '막다른 골목'이 되지 않고 하나님의 환대를 전하는 '통로'가 되는 기쁨을 새롭게 경험합니다. 하나님의 환대를 받을 때 경험하는 기쁨은 우리가 다른 사람을 향한 환대로 그 기쁨을 전할 때 더 풍성해지고, 그렇지 않으면 쇠약해지거나 소멸하고 맙니다.

또는 이렇게도 말할 수 있습니다. 환대를 베풀 때, 우리는 하나님의 능력이 우리의 두려움과 더러움, 자기중심성이라는 모든 심리적 중력을 극복하는 전율을 경험하게 됩니다. 그리고 우리는 새롭고 완전히 다른 사람으로 변하여 모든 친절을 통해 우리가 받은 그 환대를 다른 사람에게 베풂으로 그분의 은혜의 영광을 반영하기 원하는 사람이 됩니다. 하나님의 환대로 말미암아 자유케 하는 능력을 경험하는 기쁨보다 더 큰 기쁨은 없습니다.

따라서 믿음으로 인한 기쁨이 더해지고 하나님의 영광을 더 높이기 위해, 전략적인 환대에 대해 몇 가지 구체적인 설명을 드리겠습니다.

전략적인 환대란 무엇인가?

전략적인 환대란 손 대접을 위해 전략적으로 생각하고 이렇게 질문하는 것입니다. "어떻게 해야 더 많은 사람이 우리 집이나 교회를 통해서 하나님의 환대를 경험하게 할 수 있을까? 지금 외로움과 싸우며 도움의 손길이 절실히 필요한 사람은 누구일까? 하나님나라를 위해 우리 집에 맞아들일 수 있는 사람은 누굴까? 어떤 사람들과 함께 우리 집에서 식사를 하며 머리를 맞대고 의논할 때 새로운 사역에 힘을 더할 수 있을까?"

전략적인 환대는 저녁 식사 시간에 늘 같은 사람만 모이는 것에 만족하지 않습니다. 이 자리에 있는 외로운 성도에서부터 라이베리아에 있는 농부에 이르기까지, 어떻게 하면 그들 모두에게 하나님의 환대를 전하고 경험할 수 있게 해줄까를 고민합니다. 우리의 집과 거실이 새로운 생명과 소망과 사역과 선교를 위한 시발점으로서 힘을 발휘할 수 있다는 사실을 간과하지 마십시오.

전략적인 환대에 대한 세 가지 예

세 가지 구체적인 기회를 제시하겠습니다. 하지만 이 세 가지가 전부는 아닙니다. 우리를 위한 하나님의 특별한 전략을 위해 기도하십시오.

1. 각자의 집으로 초대하십시오

지난주일 우리는 캠브리지에 있는 제일침례교회에 갔습니다. 예배가 끝난 후 알마 비요크가 우리 여섯 사람을 모두 저녁 식사에 초대했습니다. 알마는 남편을 잃고 혼자 살고 있어서 우리 여섯(이미 초대했던 여섯 사람을 제외하고도)을 위해 추가로 음식을 준비하는 데 도울 사람이 없었습니다. 하지만 그녀는 아주 전략적으로 생각할 줄 아는 사람이었습니다. 그녀는 위대한 선교사였던 남편을 잃었습니다. 그러니 그녀가 무엇을 하겠습니까? 자기 연민에 빠질까요? 노년을 편하게 지내는 데 관심을 기울였을까요? 아닙니다. 그녀는 자신의 주방과 거실이 어떻게 하면 사역과 선교를 위한 발사대가 될 수 있을지를 전략적으로 생각하기 시작했습니다.

각자의 집으로 초대하십시오. 우리의 저녁 예배는 7시 15분에서 30분 사이에 끝납니다. 만일 여러분이 10시에 잠자리에 든다면, 여러분의 집에서 사람들과 함께할 여유가 두 시간이나 있습니다. 집에 손님을 맞아들이기에 충분한 시간입니다. 교회에 갈 때 대충 치워 놓고 간단한 다과 정도만 준비하면 됩니다.

아시다시피 우리 교회는 전시적(戰時的) 사고를 갖자고 늘 이야기 합니다. 화려한 것은 필요 없습니다. 우리 열세 사람은 알마의 주방에서 식사를 했습니다. 아브라함은 바닥에서 후식을 먹었습니다. 완벽했습니다. 다시 가고 싶습니다! 사람들에게 너무 좋은 인상을 주려고 하지 마십시오. 주일 저녁 식사에는 일회용 접시를 쓰는 게 좋습니다! 주일 오후를 설거지를 하며 보내지는 말아야겠지요.

2. 사람들을 따뜻하게 맞아주십시오

교회에 처음 오는 사람들을 따뜻하게 맞아주십시오. 교회학교에 초대해서 유아부가 어떤 곳인지도 보여 주십시오. 우리의 미소 속에서 하나님의 환대를 읽을 수 있도록 하십시오.

이제 이것을 우리의 예배 전략과 연결시켜 보겠습니다. 주일 아침 예배 시간이 되면 음악이 연주됩니다. 그러면 이곳 예배당에 모인 우리는 모든 대화를 멈추고 오직 하나님과만 대화해야 합니다. 예배 시작 음악은 우리가 예배드릴 준비를 하도록 돕습니다. 예배는 절대 가벼운 일이 아닙니다. 살아 계신 하나님과의 진실된 만남입니다. 음악이 연주되는 동안 기도하지 않는다면 능력 가운데 하나님 만나기를 기대할 수 없습니다. 이 시간은 새로 온 사람들을 맞이하는 시간이 아닙니다. 미소를 띠고 간단하게 인사할 수는 있지만 예배 시작 음악부터 축도가 끝날 때까지는 오직 하나님만을 온전히 바라보아야 합니다. 우리의 초점은 서로가 아닌 하나님께 있어야 합니다.

하지만 축도가 끝나고 나면 (하나님의 말씀을 되씹기 위해 혼자 있어야 할 경우가 아니라면) 다시 환대의 스위치를 켜야 합니다. 예배 후 환대 레이더(Post Worship Hospitality Radar) 말입니다! 성능이 좋은 레이더는 반경 5미터 내에 있는 (어떤 때는 더 멀리도) 새로운 사람이나 고민이 있어 보이는 사람을 파악합니다. 그들 모두에게 다가갈 수는 없지만, 모든 성도가 누군가에게 다가간다면 이 예배당은 예배 후 나누는 환대로 훈훈해질 것입니다. 이때가 바로 대화를 위한 시간입니다. 예배의 감격이 환대의 언어로 넘쳐납니다.

3. 다른 나라 학생들에게 환대를 베풀 꿈과 계획을 마련하십시오

다른 나라에서 온 학생들에게 좀 더 전략적으로 환대를 베풀기 위해 꿈을 꾸고 계획을 세웁시다. 우리 교회에는 수십 명의 청년들이 현재 26개국에서 온 다른 나라 학생들과 함께 지내고 있습니다. 딩키타운 근처의 회관을 임대해서 우리 교회 청년들과 외국 학생들이 함께 기거하고 있습니다. 하나님께서 이 방향으로 움직여 가고 계신 것이 분명합니다.

다른 나라 학생들에게 사역을 확장하는 방법

이러한 환대를 베푸는 사역을 확장하기 위해 다음과 같은 전략적인 방법들이 있습니다.

1. 올 가을, 공항에 도착하는 학생들을 맞으러 가십시오. 우리가 그들을 처음으로 맞아 주는 현지인이 됩시다. 또한 늘 연락을 취해서 그들이 궁금한 점이 있으면 전화할 수 있도록 합시다.

2. 학생들을 식사에 초대하십시오.

3. 방학 기간에는 한두 학생에게 여러분의 집을 개방하십시오. 기

숙사가 문을 닫기 때문에 학생들은 2주 정도 지낼 다른 장소를 구해야 합니다.

거저 받았으니 거저 주십시오. 하나님의 환대 안에 있는 자유케 하는 능력이 우리를 새롭게 하고 온전히 다른 사람으로 바꾸어, 여러 모양으로 다른 사람에게 환대를 베풀고 그분의 은혜를 반영하는 사람이 되는 것보다 더 큰 즐거움이 어디 있겠습니까?

24장

서로 우애하라

로마서 12:9-13

사랑에는 거짓이 없나니 악을 미워하고 선에 속하라. 형제를 사랑하여 서로 우애하고 존경하기를 서로 먼저 하며 부지런하여 게으르지 말고 열심을 품고 주를 섬기라. 소망 중에 즐거워하며 환난 중에 참으며 기도에 항상 힘쓰며 성도들의 쓸 것을 공급하며 손 대접하기를 힘쓰라. _롬 12:9-13

우애

앞서 우리는 이웃을 사랑하기를 자기를 사랑하는 것같이 해야 한다는 내용에 대해 말씀드렸습니다. 우리는 자기를 위하는(self-seeking) 만큼 자기를 내어 주어야(self-giving) 합니다. 내 앞에 있는 다른 사람에게서 나와 동일한 염원과 필요와 갈망이 있음을 말씀드렸습니다. 또 원수를 사랑하고, 우리를 박해하는 자들을 위해 기도하며, 우리를 저주하는 자들을 축복하고, 악을 선으로 갚으라고 말씀드렸습니다.

오늘은 좀더 들어가서, 하나님께서 자기 백성들을 위해 계획하신 '관계를 통한 경험'에 대해 살펴보려고 합니다. 하나님은 우리가 대접받고 싶은 대로 다른 사람을 대접하는 것에 만족하지 않으시고, 다른 신자들을 향해 어떤 특정한 방식으로 느끼기를 원하십시다. 사랑은 감정 이상인 것이 맞습니다. 서로에게 감정이 상해 있을지라도 서로 잘 대해야 하는 것이 맞습니다. 하지만 그렇게 한다고 해서 하나님이 만족하신다고 말할 수는 없습니다.

로마서 12장 9-10절

이 부분을 다른 성경 구절을 함께 보겠습니다. 본문 로마서 12장 9-10절을 먼저 보겠습니다. "사랑에는 거짓이 없나니 악을 미워하고 선에 속하라. 형제를 사랑하여 서로 우애하고(Be devoted to one another in brotherly love) 존경하기를 서로 먼저 하며."

"형제를 사랑하여 서로 우애하고"라는 말을 깊이 생각해 보십시오. "서로 우애하고"라는 표현은 본래의 의미를 다 담아내지 못하고 있습니다. 다른 성경 번역본을 보면 "형제의 사랑으로 서로 사랑하고"(공동번역)라고 말합니다. 본문에서 '사랑'(love)과 '우애'(be devoted)라는 단어는 어떤 특별한 사랑을 가리킵니다. 이 단어는 신약성경에서 오직 여기에서만 사용되었습니다. 하지만 신약성경 밖에서는 그리 드물게 사용되는 단어는 아닙니다. 이 단어는 "따뜻한 애정, 특히 가족 간의 사랑"을 나타냅니다.* 따라서 이 구절이 요구하는 것은 그리스도인들이 "가족 간의 사랑으로 서로에게 따뜻한 애정"을 베풀라는 것입니다.

C. S. 루이스는 자신의 저서 『네 가지 사랑』(*The Four Loves*)에서, 네 가지의 기본적인 사랑에 대해 설명합니다. 네 가지 사랑의 헬라어 이름은 다음과 같습니다. 아가페(agape)는 하나님처럼 자신을 주는 사랑으로 원수까지 사랑하는 사랑입니다. 필리아(philia)는 우정으로서의 사랑입니다. 에로스(eros)는 로맨스와 욕구와 성적 끌림이 있는 사랑입니다. 스토르게(storge)는 어린아이나 강아지나 가장 좋아하는 오래된 낡은 스웨터를 볼 때, 혹은 숲속에 있는 어떤 특정 장소와 자연스럽게 접촉했을 때 갖게 되는 사랑입니다.

로마서 12장 10절에 나오는 단어는 이 마지막 단어 '스트로게'에서 나온 말입니다. 더 구체적으로 말하면, '필로스토르고스'(philostorgos)로 따뜻한 애정, 특히 소중한 가족 구성원들을 향한 애정을 의미합니다. 여기서 가장 중요한 요소는 다정함(affectionateness)입니다. 오늘은 여기에 초점을 두고자 합니다.

신약성경에서 믿는 자들에게 주시는 "서로 사랑하라"는 명령은 그리스도의 몸 안에서 우리가 어떻게 서로 연결되어 있어야 하는지에 대한 명령으로서, 그저 저주하는 자를 축복하라거나 악을 선으로 갚으라거나 우리를 함부로 대하는 사람들을 위해 기도하라거나 남들이 우리에게 해주기를 바라는 대로 남들에게 해주라는 것으로만 이해할 수 있는 명령은 아닙니다. 그 이상의 의미가 담겨 있습니다.

*C.E.B. Cranfield, *Romans*, vol. 2, p. 632.

우리는 서로를 향해 따듯한 감정, 애정을 느껴야 합니다.

베드로전서 1장 22절

이것이 함축하는 내용을 알아보기 전에, 같은 방향을 보여 주는 다른 성경 구절들을 살펴보겠습니다. 예를 들어, 베드로전서 1장 22절입니다. "너희가 진리를 순종함으로 너희 영혼을 깨끗하게 하여 거짓이 없이 형제를 사랑하기에 이르렀으니 마음으로 뜨겁게 서로 사랑하라."

여기서 다시 한 번 다른 사람들을 잘 대하는 것 이상의 무언가가 나옵니다. 마음으로부터 나오는 무언가가 있습니다. 무언가 진실하고, 무언가 열정이 있는 것입니다. 가족 간의 사랑 같은 것입니다.

빌립보서 1장 8절과 고린도후서 6장 11-13절

빌립보서 1장 8절에서 바울은 교회를 향해 이렇게 말합니다. "내가 예수 그리스도의 심장으로 너희 무리를 얼마나 사모하는지 하나님이 내 증인이시니라." 여기서 쓰인 '사모'(affection)라는 단어는 창자 또는 내장을 의미합니다. 즉, '너를 간절히 바라고 그저 의지적으로가 아니라 깊고 간절한 애정을 담아 사랑한다. 보고 싶다. 그립다. 느껴진다'는 뜻입니다. 고린도후서 6장 11-13절에서 바울은 교회에게 이런 사랑을 나누라고 요구합니다. "고린도인들이여 너희를 향하여 우리의 입이 열리고 우리의 마음이 넓어졌으니 너희가 우리 안에서 좁아진 것이 아니라 오직 너희 심정에서 좁아진 것이니라. 내가 자녀에게 말하듯 하노니 보답하는 것으로 너희도 마음을 넓히라."

이 말씀은 신자들끼리 서로 사랑하라는 명령입니다. 좁고 협소한 애정이 아니라 서로 마음을 넓게 열라는 명령입니다.

"거룩한 사랑의 입맞춤으로 서로 문안하라"

그리스도인 간에 이러한 사랑이 필요함을 보여 주는 또 다른 지표는 신약성경에서 그리스도인들에게 "사랑의 입맞춤으로 서로 문안하라"고 말하는 부분이 다섯 번이나 나온다는 사실입니다(벧전 5:14; 살전 5:26; 고후 13:12; 고전 16:20; 롬 16:16). 여기서 우리는 그저 문화적으로 나누는 입맞춤의 악수가 그리스도께서 우리에게 서로를 향해 느끼게 하시려는 의미를 실제로 담고 있는지에 대해 의문이 듭니다.

따라서 제 결론은 하나님의 뜻은 그분의 백성이 서로에게 선을 베풀고 서로를 위해 기도하고 서로에게 친절한 말을 하는 것으로 끝나서는 안 된다는 것입니다(이렇게 하는 것도 중요하고 또한 이렇게 하기 위해서는 성령의 능력이 절실히 필요하지만). 오히려 하나님의 뜻은 그 이상입니다. "형제의 사랑으로 서로 사랑하라." "서로에게 마음을 넓게 열라." "서로에게 따뜻한 애정을 느끼고 그 애정이 거룩한 사랑의 입맞춤으로 자연스럽게 표현되기를 바라라."

주의하라

이 시점에서 우리도 널리 알려진 대중 신학의 영향을 받고 있지는 않는지 점검해 보아야 합니다. 하나님과 우리 자신의 의지와 감정에 대해 이렇게 말하는 대중적인 견해가 있습니다. '하나님은 우리가 도덕적으로 행할 능력이 안 되는 어떤 일을 명하실 리가 없다. 의지적으로 누군가를 즉시 사랑하는 일은 가능하지 않기 때문에 하나님이 우리에게 이런 것을 명하실 리가 없다.' 얼마나 많은 사람이 의식적으로든 무의식적으로든 이런 생각에 사로잡혀 있는지요! 우리는 "서로 우애하라"는 명령을 읽고는 깊이 생각해 보지도 않고, 우리가 현재 시점에서 의지적 행동으로 이런 사랑을 만들어 낼 수 없다는 사실을 근거로 스스로를 변명합니다. 그러고는 이것이 진짜 명령일 리가 없고, 우리 마음에서 일어나는 즉각적인 감정과 애정에 대해 실제로 우리에게 책임이 있는 것은 아니기 때문에 이런 애정을 갖지 않는다고 해서 죄책감을 가질 필요가 없다고 결론을 내립니다.

하나님은 우리가 가져야 할 감정을 명령하신다

이런 생각은 순식간에 일어나기 때문에 거의 눈치챌 수도 없습니다. 그리고 그냥 계속 읽어 내려갑니다. 하지만 여기서 바로 멈추고 다시 생각해 보시기를 권합니다. 아주 심각하게 생각해 보십시오. 이것은 하나님과 우리 자신의 감정에 대해 아주 잘못 생각하는 것입니다. 하나님은 우리가 마땅히 품어야 할 감정에 대해 말씀하시고 그것을 느끼라고 명령하실 권리가 있습니다.

가령 우리가 주님 안에서 기쁨을 누려야 한다면, 하나님은 "주 안에서 기뻐하라"(빌 4:4)고 명령하십니다. 우리가 누군가와 슬픔을 나누어야 한다면, 하나님은 "우는 자들과 함께 울라"(롬 12:15)고 하십니다. 우리가 큰 선물에 감사해야 한다면 "감사하는 자가 되라"(골 3:15)고 명령하십니다. 우리가 죄에 대해 깊이 뉘우쳐야 한다면, "슬퍼하며 애통하며 울지어다"(약 4:9)라고 명령하십니다. 죄에 대한 두려움을 느껴야 한다면, "죽인 후에 또한 지옥에 던져 넣는 권세 있는 그를 두려워하라"(눅 12:5)고 명령하십니다. 그 밖에도 많습니다.

우리 마음이 죄로 너무나 왜곡되어 있어서 마땅히 느껴야 할 감정을 느끼지 못한다고 해서 하나님께서 우리가 느껴야 할 옳고 선하고 합당한 것을 명령하실 수 없는 것은 아닙니다. 우리는 하나님께서 우리에게 느끼라고 명령하신 것을 느낄 책임이 있습니다. 그러니 이런 구절을 읽으면서 무심히 넘기지 말고 더욱 진지하게 읽어 보기를 강권합니다.

이것이 왜 중요한가?

그렇다면 이것이 왜 그렇게 중요할까요? 신자들 사이에 가족 간의 따뜻한 사랑이 있다는 것은 하나님이 우리 아버지라는 진리를 증거하기 때문에 중요합니다. 교회는 우선적으로 인간적인 조직은 아닙니다. 우선적으로는 하나님의 가족입니다. 그리스도인이 된다는 것은 하나님의 가족으로 다시 태어났음을 의미합니다. 처음에는 사람들의 가족으로 태어났고, 두 번째로는 하나님의 가족으로 태어났습니다.

단순히 말만 그런 것이 아닙니다. 놀라운 실재입니다. 하나님은 그분의 모든 자녀가 형제요 자매라는 이 진리를 아주 진지하게 대하십니다. 우리는 모두 한 아버지, 한 조상을 갖고 있습니다. 그리고 하나님은 자녀들이 서로를 향해 느껴야 할 한 가지 방식이 있다고 말씀하십니다. 서로를 향해 단순한 행동을 넘어 느껴야 할 어떠한 감정이 있다고 하십니다. 우리는 서로에게 따뜻한 애정을 품어야 합니다. 왜 그렇습니까? 이러한 사랑이 하나님의 가족이 실재함을 증거하기 때문입니다. 서로를 미워하거나 화내는 것은 물론, 서로에게 무뚝뚝하거나 속 좁게 대하거나 무관심하다면 하나님의 속성과 우리의 참 모습에 위배됩니다. 하나님은 우리 아버지시고, 우리는 그분의 자녀이며 한 가족 안에서 우주에서 가장 위대한 가치를 공유하는 형제요 자매입니다.

따라서 우리가 서로에게 어떻게 느껴야 하는가에 대한 문제는 매우 중요합니다. 하나님이 아버지라는 진리를 우리가 삶으로 살아내는가 아닌가의 문제입니다. 우리의 사랑은 하나님에 대한 진리와 그분이 예수님 안에서 우리 죄를 속하고 우리에게 새 생명과 믿음을 주셨으며 우리를 그리스도의 형제와 자매로, 영원한 가족으로 입양하기 위해 행하신 모든 일을 말해 줍니까? 이것은 작은 문제가 아닙니다. 기독교의 진리가 걸린 문제입니다. 하나님께서 우리에게 요구하시는 "서로 우애하라"는 명령을 진리로 받아들이시겠습니까?

이런 우애를 느끼지 못한다면?

이것이 매우 중요하지만 이렇게 하기가 너무 어렵다면 우리는 이 명령에 어떻게 응답해야 할까요? 오늘 아침 다음과 같은 예수님의 명령을 듣는다고 가정해 보십시오. "따뜻한 애정으로 베들레헴교회의 형제자매들을 사랑하라. 그들에게 네 마음을 넓게 펴라. 그들을 간절히 바라고 즐거워하라." 그리고 그런 방식으로 느끼지 못하는 몇 사람이 생각났다고 해봅시다. 가령 그들은 여러분에 대해 소문을 내고 다녔거나 여러분을 무시했거나 기분을 상하게 했습니다. 그래서 여러분은 이렇게 말합니다. “주님, 당신의 말씀에 순종하겠습니다. 당신의 명령이 옳은 줄 알고 순종하고자 합니다. 하지만 당신은 저를 속속들이 다 아십니다. 저는 그 사람에게 애정이 없습니다. 그저 그를 미워하지 않는 것만도 버겁습니다. 하지만 이것도 내려놓겠습니다. 당신은 제게 이것을 하라고 명하실 권리가 있습니다. 주님이 요구하신 것이 선하고 권세가 있음을 믿습니다. 순종하고 싶습니다.” 이제는 무엇을 해야 할까요?

성령의 능력을 구하십시오

먼저, 성령께서 우리 마음에 능력으로 역사하사 우리 스스로는 할 수 없는 기적을 일으키시길 진심으로 구하십시오. 우리가 말하는 것은 초자연적인 삶입니다. 하나님께서 우리의 마음을 변화시키셔야 합니다. 즉, 다른 형제자매를 향해 새로운 애정을 갖게 해주시거나 옛 사랑을 회복시켜 주셔야 합니다. 그것을 위해 기도하십시오.

천국의 실재와 하나님의 자비하심에 집중하십시오

두 번째로, 세상적인 좌절이 아닌 천국의 실재에 집중하십시오. 우리는 상처 입고 실망한 일에 집중하는 경향이 있습니다. 그러면 우리는 날마다 넘어질 수밖에 없습니다. 우리가 집중해야 할 위대한 실재가 있습니다. 하지만 그 실재에 집중하려면 노력이 필요합니다. 하나님의 아버지 되심에 집중하십시오. 다른 형제자매를 보며 애정을 느끼기 힘들다면 이렇게 생각해 보십시오. “하나님이 저 사람의 아버지시다.” 그리고 또 이렇게 생각하십시오. “그리고 하나님은 나의 아버지시다. 우리의 아버지는 같은 분이다. 예수님은 나도 구원하시고 저 사람도 구원하셨다. 같은 보혈이 나와 저 사람을 구원했다. 같은 성령이 나와 저 사람 안에 역사하신다. 나를 향한 하나님의 사랑이 저 사람에게도 흐른다. 저 사람은 내 자매요 형제다. 우리는 앞으로 영원히 한 가족으로 살 것이다. 우리는 새 땅에서 우리 아버지와 함께 기쁨과 환희 가운데 영원히 살 것이다."

스스로 이렇게 선포하십시오. "진리를 알지니 진리가 많은 잘못된 감정들로부터 나를 자유롭게 할 것이다"(요8:32 참조). 자신이 얼마나 부당한 대우를 받았고 얼마나 실망했는지에 대한 세상적인 생각들로 인해 잘못된 감정을 계속 키우지 마십시오. 하나님이 다 아십니다. 하나님이 다 해결해 주실 것입니다. 하나님이 다 갚아 주실 것입니다. 우리를 그리스도인으로 만드는 위대한 실재들에 마음을 집중하십시오.

로마서 12장 1-2절에서 바울은 이런 모든 불가능한 명령들이 어떻게 성취될 수 있는지에 대한 열쇠를 말했습니다. "그러므로 형제들아 내가 하나님의 모든 자비하심으로 너희를 권하노니 너희 몸을 하나님이 기뻐하시는 거룩한 산 제물로 드리라. 이는 너희가 드릴 영적 예배니라. 너희는 이 세대를 본받지 말고 오직 마음을 새롭게 함으로 변화를 받아 하나님의 선하시고 기뻐하시고 온전하신 뜻이 무엇인지 분별하도록 하라."

우리는 마음을 새롭게 함으로 변화를 받아야 합니다. 옛 방식으로 생각하고 느끼는 것으로는 그리스도인 형제자매를 사랑할 수 없습니다. 반드시 변화가 있어야 합니다. 어떻게 변화됩니까? "하나님의 은혜로" 변화됩니다. 하나님의 은혜에 집중하십시오. 천국과 영원의 실재들에 집중하십시오. 이 세대를 본받아 세상이 상처받고 실망했을 때 하는 방식으로 생각하기를 멈추십시오. 세상은 자신들이 얼마나 큰 상처를 받았는지와 다른 사람이 얼마나 큰 상처를 주었는지만 생각합니다. 하지만 우리는 변화를 받아 이러한 세상적인 사고방식을 따라서는 안 됩니다. 우리를 그리스도인이 되게 하는 위대한 실재들에 시선을 집중하십시오. 하나님께 마음을 집중하십시오. 그분이 나의 아버지입니다. 그분이 저 사람의 아버지입니다. 그분이 우리 아버지입니다. 그리고 우리는 아버지와 영원히 함께할 것입니다. 우리는 계속 적개심을 품을 수 없습니다. 그것은 하나님에 대한 큰 거짓말입니다.

그리스도인의 사랑은 점점 자라는 것임을 기억하십시오

세 번째로, 그리스도인의 사랑은 '모 아니면 도' 식이 아니라 점점 자라는 것임을 명심하십시오. 데살로니가후서 1장 3절에서 바울은 이와 같이 그리스도인들을 칭찬합니다. "형제들아 우리가 너희를 위하여 항상 하나님께 감사할지니 이것이 당연함은 너희의 믿음이 더욱 자라고 너희가 다 각기 서로 사랑함이 풍성함이니." 사랑은 자라는 것입니다. 그래서 현재는 우리가 그 사랑을 어느 정도 갖고 있을 뿐 충분히 갖고 있지 않을 수도 있습니다. 동료 그리스도인에게 어느 정도 애정을 느끼지만 다른 부정적인 감정들과 씨름하는 중일 수도 있습니다. 그렇다고 우리가 그리스도인이 아니라거나 하나님이 우리를 기뻐하지 않으신다는 의미는 아닙니다. 그것은 오히려 성령께서 우리를 만지고 계시다는 증거입니다. 성령께서 이렇게 말씀하시는 것입니다. "이제 다음 단계의 사랑으로 옮겨 가야 할 때다. 움직여라. 존 목사도 불완전하지만 그 종을 통해 네 형제와 자매를 더 사랑하라고 말하는 것이다. 모 아니면 도라는 잘못된 사고방식 때문에 포기하지 마라. 내가 네 안에서 새로운 일들을 시작했다."

관계에 있어 운명론자가 되지 마십시오

네 번째로, 관계에 있어 운명론자가 되지 마십시오. '소망이 없다, 절대 변할 수 없다'는 식으로 생각하지 말라는 말씀입니다. 이렇게 말하는 분이 계실지 모르겠습니다. "전 누구에게도 애정을 느끼지 못해요. 우리 가족은 사랑이라곤 전혀 없어요." 하지만 하나님은 이렇게 말씀하지 않으셨습니다. "네 가족이 사랑을 보여 주었다면, 다른 사람을 사랑해라." 혹은 "네 가족에게서 사랑을 느꼈다면, 다른 사람도 그 사랑을 느끼게 해라."

하나님은 우리의 연약함과 상처를 알고 계십니다. 가브리엘 천사가 마리아에게 와서 처녀가 하나님의 아들을 잉태할 것이라고 말했을 때 뒷걸음쳤던 것처럼, 하나님께서 우리 안에 하나님의 백성을 향한 사랑을 잉태하게 해주겠다고 하실 때에 우리 역시 겁을 먹고 뒷걸음칩니다. 가브리엘은 이렇게 말했습니다. "하나님의 모든 말씀은 능하지 못하심이 없느니라"(눅 1:37). 운명론자가 되지 마십시오. 우리 삶에 역사하시는 하나님의 능력을 부정하지 마십시오.

결론: 비유

말씀을 맺으면서 결혼의 비유를 들어보겠습니다. 결혼한 부부가 늘 서로에게 따뜻한 감정을 느낀다고 생각하십니까? 언제나 부드럽고 따뜻합니까? 그렇지는 않습니다. 하지만 이런 사랑이 이상적입니다. 하나님은 우리에게 이런 사랑을 원하십니다. 하나님이 결혼을 깨뜨릴 수 없게 하시고 "좋을 때나 나쁠 때나, 죽음이 갈라놓을 때까지"라는 맹세로 연합하게 하시는 이유는 우리가 이런 엄격한 약속 안에서 살아야 한다는 것을 아시기 때문입니다. 이런 엄격한 약속 안에서라야, 다시는 애정이 생겨날 수 없다는 절대적인 절망의 감정도 극복될 수 있고, 진실하고 새로운 애정도 되살아납니다. 저는 그렇게 될 수 있음을 압니다. 실제로 그러합니다.

꼭 결혼 생활에만 해당하는 것은 아닙니다. 교회에서도 마찬가지입니다. 여러분도 그렇게 하시길 요청합니다. 함께 그것을 추구합시다. 올 여름 함께 기도하면서, 하나님이 우리 모두의 아버지시라는 위대한 실재에 마음을 집중하고 따뜻한 애정으로 서로를 사랑하는 신자들의 가족 안에서 자라 갑시다.

25장

진리와 생명을 위해 힘을 내어 열심을 품으라

로마서 12:9-11

사랑에는 거짓이 없나니 악을 미워하고 선에 속하라. 형제를 사랑하여 서로 우애하고 존경하기를 서로 먼저 하며 부지런하여 게으르지 말고 열심을 품고 주를 섬기라. _롬 12:9-11

내가 몰랐던 한 단어

제가 오늘 본문을 택한 것은 윌리엄 베넷이 쓴 기사에 나온 한 단어 때문입니다. 그 기사에서 제가 모르는 한 단어를 찾아본 것이 이 설교를 준비한 계기가 되었습니다. 많은 사람이 윌리엄 베넷을 알고 있습니다. 그는 『미덕의 책』(*The Book of Virtues*)과 『도덕 나침반』(*The moral compass*)을 편집한 것으로 유명하고, 레이건 정부에서 교육부 장관을 지냈습니다. 그는 미국 법정이 처음 헌법을 입법한 사람들은 꿈도 꾸지 않았던 다양한 권리들을 헌법에서 어떻게 찾아내고 있는지에 대해 썼습니다. 또한 그로 인해 정치적 토론을 거쳐 해결해야 할 중요한 도덕적 문제들이 대중적 토론 과정을 거치지 않고 헌법에 분명한 근거도 없는 사법부의 임의적인 판결로 결정되고 있다고 했습니다.

오늘날에는 이러한 문제가 미국에서는 별로 중요한 이슈가 되지 못합니다. 그런 다음 제가 찾아봐야 할 단어가 나왔습니다. 그는 이렇게 말했습니다. "문제는 단순히 법정에만 있지 않습니다. 문제는 우리 사회 전반에 있습니다. 제가 보기에는 이것이 문제의 핵심입니다. '무감각'(acedia)의 문화가 20세기 후반 미국 문화에 깊이 뿌리 박혀 있어서, 여기서 묵인(acquiescence)과 수동성(passivity)이 나왔습니다. 우리는 정당하게 분노할 능력을 잃어버린 것일까요? 역겹고 악한 행위들이 퍼져 나가는 것을 반대하며 분연히 일어날 수 있을까요?"*

무감각의 문화

웹스터 사전에서 'acedia'라는 단어를 찾아보았더니 간단하게 "냉담함, 무관심, 무감동"이라고 나왔습니다. 따라서 그의 말은, 지금 우리 사회에는 권태와 무감각이라는 문화가 깊이 자리 잡고 있다는 것입니다. 이것은 두려움과는 다릅니다. 무언가 다른 것에 열정이 있어서 도덕적 문제에는 무관심한 것과도 다릅니다. 이것은 문화적 권태

*William Bennett, *First Things*, January, 1997, No. 69, p. 20.

입니다.

이것은 일종의 사회 분위기인데, 긴장감과 위험과 일촉즉발의 위기와 폭력적이고 대담한 용기로 가득한 비디오 게임, 영화나 스포츠가 왜 이렇게 놀랄 정도로 인기를 끄는지를 잘 설명해 줍니다. 이런 일련의 모든 현상들로부터, 우리는 그저 지루하기 짝이 없는 평범한 일상에서 강렬한 느낌과 짜릿함과 흥분을 찾고 싶은 대중의 문화적 욕구를 읽을 수 있습니다. 마치 우리는 어떤 위대한 일을 위해 영웅적 행위를 벌이고 위험하고 거칠고 과감한 모험에 뛰어들도록 만들어졌지만, 현실에서는 컴퓨터나 뒤죽박죽된 서류 앞에 앉아 있거나 배달을 하거나 버스를 운전하거나 집을 청소하거나 물건을 팔거나 약을 처방하거나 기계를 고치는 일을 하고 있다는 듯이 여긴다는 것입니다.

이럴 경우, 실제 현실의 삶은 우리 내면이 간절히 찾는 삶과 너무나 동떨어져 있어서 우리가 할 수 있는 최선은 인공적인 대체물을 만들어 내는 것에 집중됩니다. 예를 들어, 축구나 야구, 하키, 폭력적인 영화, 충격적인 비디오 게임처럼 우리를 실제 세계의 지루함에서 벗어나 약간이라도 열정과 힘과 전략과 용기를 맛보게 해주는 것들 말입니다(비록 가상세계일지라도). 그런 것들이 다소간은 우리 마음의 간절한 욕구를 채워 주는 것 같습니다.

윌리엄 베넷의 말이 맞는다고 생각합니다. 오늘날 우리 사회에는 깊은 문화적 권태와 무감각과 지루함이 가득합니다. 우리는 여러 가지 놀 거리와 프로그램, 쇼핑, 영화를 즐기며 멋진 시간을 보내는 것처럼 보이지만 그것들은 모두 인공적입니다. 실제 삶은 전혀 흥미롭지 않습니다. 실제 삶에서는 우리로 하여금 용기를 내고, 위험을 무릅쓰거나 모험을 감행하고 전략적이 되며 꿈꾸게 하거나 깊은 우정을 나누게 할 만한 위대한 동기와 직접적으로 관련 있는 것이 없기에, 우리는 즐길 수 있는 주말만 간절히 기다립니다. 그러면서 우리는 관계가 왜 그렇게 얄팍하고 부실해졌는지 그 이유를 궁금해합니다. 마음속 깊은 곳에서는 그 이유를 어느 정도 알고 있습니다. 관계란 목숨을 바칠 만큼 위대한 동기로 서로 연결되어 있을 때 깊어지는 것임을 말입니다. TV나 영화를 같이 본다고 해서 깊은 관계가 생기지는 않습니다.

그래서 저는 'acedia'라는 단어를 더 연구해 보았습니다. 우리가 저지르는 최악의 죄악 중 하나인 낙태와 연관시켜 이 단어를 생각해 보았습니다. 그러면서 깊이 깨달은 것은, 진리와 생명이라는 목표와 관련하여 하나님은 우리가 그리스도와 그분의 나라를 섬기면서 열심과 열정을 갖고 그것들을 실천해 나가기 원하신다는 사실이었습니다. 무감각의 문화는 그리스도인의 사고방식이나 정신 상태와는 정반대입니다. 이런 이유에서 오늘 본문을 로마서 12장 9-11절 말씀으로 택했습니다.

9절 하반절에서 사용된 단어들은 강력한 단어들입니다. 아주 강력합니다. "악을 미워하고 선에 속하라." "미워하고"와 "속하라"는 우리가 일상생활에서 사용하는 좋고 싫은 정도의 감정이 아닙니다. 이것들은 'acedia'와 관련 있는 단어가 아닙니다. 이 단어들은 '일어나라! 생각하라! 봐라! 악한가? 그렇다면, 미워하라. 힘을 다해 그렇게 하라!'고 말하는 것입니다.

사람들을 미워하지 말고 악을 미워하십시오. 악을 미워하십시오! 그리고 선에 속하십시오. "그렇죠. 그건 좋은 거죠. 탄생은 선한 거죠. 생명은 선하죠. 입양은 좋은 거죠"라고 말로만 그치지 마십시오. 선한 것을 붙들고 선한 것을 사랑하십시오. 선한 것을 온전히 받아들이십시오. 선을 소중히 여기십시오. 선에 대해 강력한 끌림을 느끼십시오. 이 말들에서 우리는 무감각과 싸우라는 요청을 들을 수 있습니다. 이 말들은 지루함이나 냉담함과는 어울리지 않습니다. 우리 인격에 질문을 던지도록 요청하는 말들입니다. 우리는 "글쎄요. 전 그렇게 열정적인 사람이 아니라서요"라고 말하며 악과 선에 대해 뜨뜻미지근한 태도를 합리화하려고 할지도 모릅니다. 하지만 그리스도 안에서 우리는 하나님의 형상대로 변화되었습니다. 그리고 하나님은 악과 선에 대해 뜨뜻미지근하지 않으십니다. 기독교는 냉담한 문화, 권태와 무감각의 문화와 정반대입니다.

낙태에 대해 우리가 이미 알고 있는 것

수년 동안 저는 낙태의 악함과 탄생의 선함, 그리고 필요하다면 고생스럽더라도 입양하는 것이 선하다는 설교를 전해 왔습니다.

- 임신은 하나님께서 여자의 자궁 속에 독특한 한 개인을 창조하시는 일이며, 그렇기 때문에 낙태는 온 우주의 왕이신 창조주께서 사람을 지으시는 권리를 공격하는 행위로 악한 것이라고 말씀드렸습니다.
- 범죄를 저지르지 않은 생명을 취하는 것은 인간의 권리가 될 수 없으며, 오직 하나님만이 누리실 수 있는 찬송받으실 권리이기에 낙태는

악하다고 말씀드렸습니다. 제가 '찬송받으실'(blessed)이라고 말한 이유는 열 명의 자녀가 죽었을 때 욥이 그렇게 고백했기 때문입니다. "주신 이도 여호와시요 거두신 이도 여호와시오니 여호와의 이름이 찬송을 받으실지니이다 하고"(욥 1:21).

- 낙태는 하나님의 형상을 가진 아기가 태에서 죽임을 당하는 것이기에 악하다고 말씀드렸습니다. 세례 요한이 어머니 뱃속에 있을 때 성령을 충만하게 받았다는 것은 무척 의미심장합니다(눅 1:15). 그러므로 인간의 생명은 태어났든 태어나지 않았든, 절대 경시해서는 안 되는 존엄함이 있습니다.
- 하나님의 뜻은 약하고 힘없는 자를 보살피는 것이며 그와 같은 이유로 하나님은 약하고 힘없는 우리를 구원하셨기에 낙태는 악하다고 말씀드렸습니다(사 25:4).
- 태어나지 않은 아기를 죽이는 것만이 하나님이 우리에게 허락하실 수 있는 유일한 살 길이라고 생각하는 것은 하나님의 약속을 믿지 못하는 것이기에 낙태는 악하다고 말씀드렸습니다. "여호와께 능하지 못한 일이 있겠느냐?"(창 18:14)
- 낙태를 하는 사람들은 자신이 하는 일을 알고 있고 그중 많은 사람이 그것이 아이를 죽이는 것임을 인정하면서도 그나마 덜 악한 일이라고 말하기 때문에 낙태는 악하다고 말씀드렸습니다.
- 낙태를 통해 무분별한 성관계의 결과로부터 여자들을 자유롭게 (그렇게 한 후 마치 남자들도 자유로워지는 것처럼) 해준다는 점에서 낙태는 악하다고 말씀드렸습니다.

낙태가 악한 이유는 그 외에도 많습니다. 이런 내용들은 지금까지 이미 들어서 잘 알고 있습니다. 공공연히 행해지는 이러한 살인에 무뎌지지 않기 위해서는 이 내용들을 계속 상기해야 합니다.

하지만 오늘 아침 저는 이 설교를 준비하며 스스로 질문해 보았습니다. "낙태가 악한 이유를 더 첨가해야 할까, 아니면 사람들이 그 점에 대해서는 분명히 알고 있다고 전제하고 오히려 약해지지 말라고(무감각의 문화에 빠져들지 말라고) 격려해야 할까?" 그러다가 제가 해야 할 일은 격려하는 것이라고 결론을 내렸습니다.

특히 윌리엄 베넷의 글을 읽고 로마서 12장을 읽으니 그 생각이 더욱 확고해졌습니다. 여러분에게 베넷의 글을 좀 더 읽어드리겠습니다. 여기서 베넷은 우리가 낙태와 관련하여 유약하고 결단력이 부족하며, 무감각에 사로잡혀 있다는 증거를 제시합니다.

부분 출산 낙태

그 전에, 먼저 '부분 출산 낙태'(Partial-Birth Abortion)에 대해 알고 계신지 묻고 싶습니다. 산모의 생명이 위험한 상태가 아닌 이상 이 끔찍한 부분 출산 낙태 수술을 금지하는 법안을 상하원에서 모두 통과시켰습니다. 그런데 1996년 4월 10일, 클린턴 대통령이 이 수술을 예외적으로 허용하는 사유가 지나치게 협소하다는 이유로 법안에 거부권을 행사했습니다. 그러면서 산모의 '건강'을 위해서라는 예외 조건을 달아야 한다고 주장했습니다. 여성의 낙태할 권리가 헌법상 기본권으로 인정된(로우 대 웨이드 사건, 미국에서 낙태를 헌법에 의해 인정한 최고 재판소의 판례) 것과 마찬가지로, 엄마가 원하면 낙태할 권리를 주어야 한다는 논리였습니다.

이것은 어떤 수술인가?

1993년 9월, 13년 경력의 공인 자격을 갖춘 브렌다 샤퍼 간호사는 낙태과로 배정을 받았습니다. 그녀는 낙태 찬성론자였기에 별 문제가 없다고 생각했습니다. 하지만 그녀의 생각이 틀렸습니다. 그녀는 이렇게 말했습니다.

> 저는 의사 옆에서 임신 6개월인 한 여성이 부분 출산 낙태 수술을 받는 것을 지켜보았습니다. 초음파 화면에 아기의 심장박동이 선명하게 드러났습니다. 의사가 아기의 작은 머리만 제외하고 몸과 팔을 다 꺼냈습니다. 아기의 몸이 움직였습니다. 아기는 작은 손을 꽉 움켜쥐고 있었습니다. 연신 발길질을 했습니다. 의사는 가위를 들어 아기의 머리 뒤쪽으로 찔러 넣었습니다. 아기는 마치 넘어지려고 할 때처럼 팔을 움찔하며 소스라쳤습니다. 그런 다음 의사는 가위를 벌렸습니다. 그러고는 고성능 흡입관을 그 구멍에 대고 아기의 뇌를 빨아들였습니다. 아기의 사지가 완전히 축 늘어졌습니다. 저는 그 이후로 다시는 그곳으로 돌아가지 않았습니다. 하지만 아직도 그 작은 아기의 얼굴이 떠오릅니다. 제가 본 가장 완벽하고 천사 같은 얼굴이었습니다.*

* "부분 출산 낙태 금지를 위한 운동"(Campaign to End Partial-Birth Abortions)을 펼치는 홈페이지에서 발췌.

이것이 바로 윌리엄 베넷이 우리가 무감각의 문화에 사로잡혀 있다고 말할 수밖에 없는 이유입니다. 그는 이렇게 말했습니다. 저는 여러분이 이 말을 무겁게 받아들일 수 있길 바랍니다.

> 클린턴 대통령이 '부분 출산 낙태' 금지법에 거부권을 행사했을 때 의회가 이를 무효화시키지 못한 것은 이러한 무감각의 문화를 반증합니다. 낙태라는 주제를 이야기할 때, 물론 쉽게 다룰 수 없는 부분도 있습니다. 하지만 한 가지 분명한 것은, 대통령이 이런 수술을 허용했다는 것은 어떤 의도와 목적을 가졌든, 유아 살해라는 사실입니다. 제가 더 놀란 것은 이에 대해 대중적 반응이 너무나 없다는 점이었습니다. 대부분의 사람은 이 부분 출산 낙태에 대해 모르고 있습니다. 하지만 이 수술을 아는 사람들은 거의 대부분 이 끔찍한 수술을 반대합니다. 그리고 낙태 찬성론자들은 잘못된 정보를 퍼뜨리고 있습니다. 우리는 유아 살해에 관해 국가적으로 토론을 벌여야 했습니다(대통령의 거부권 행사로 인해 유아 살해가 만연해지고 있다는 사실에 대해). 하지만 1996년 대선 당시 공화당 대통령, 부통령 후보와 의회 후보자들은 이 문제에 대해 거의 함구했습니다. 그리고 미국인들은 유아 살해를 용인한 대통령을 많은 표 차이로 재선시켰습니다.*

"게으르지 말고 열심을 품고…"

윌리엄 베넷의 글을 읽으면서 깨달은 것이 있습니다. "형제를 사랑

* *First Things*, January, 1997, p. 20.

하여 서로 우애하고 존경하기를 서로 먼저 하며 부지런하여 게으르지 말고 열심을 품고 주를 섬기라"는 로마서 12장 10-11절 말씀의 내용입니다.

저는 오늘 아침 하나님께서 11절 말씀을 새롭게 깨닫기 원하신다고 믿습니다. 이 말씀은 무감각의 문화를 정면으로 반대하고 있습니다. "게으르지 말고 열심을 품고 주를 섬기라."

모든 삶이 주님을 섬기는 것입니다. 일주일에 하루만 주님을 섬기고 나머지 6일은 다른 신을 섬기지 않습니다. 11절은 삶에 관해 말합니다. 주님을 향해 살아 있는 삶입니다. 모든 삶이 주님께 속했기에 먹든지 마시든지 무엇을 하든지 주님의 이름으로 주님의 영광을 위해 행하는 삶입니다. 여기에는 가족과의 삶, 직장에서의 삶, 여가 시간의 삶, 시민으로서의 삶, 정치적 삶도 다 포함됩니다. 따라서 이 말씀은 우리 사회에서 일어나는 중요한 문제들에 대해 우리가 어떻게 대처하는가를 말하고 있습니다. 하나는 부정적인 방법으로 무감각의 문화에 반대되는 것을 말하고, 또 하나는 긍정적인 방법으로 말하고 있습니다.

먼저 우리는 "게으르지 않게" 주님을 섬겨야 합니다. 문자 그대로 하면, "열심에 있어 게으르지 않다"(not lazy in earnestness)는 말입니다. RSV는 "열정에 있어 나태해지지 말라"고 번역합니다. NIV는 "열정이 바닥나지 않게 하라"고 합니다. 이것은 수동성, 게으름, 권태, 무감각, 냉담함에 대한 질타입니다.

바울은 이런 모습을 우리 안에서 발견할 때 우리가 해야 할 일이 있다고 말합니다. 우리는 성령과 하나님의 말씀과 기도의 능력을 이미 받았습니다. 이것들은 우리 마음속에 무감각이 잠식하는 것을 막을 수 있는 무기들입니다. 그래서 바울은 오늘 아침 우리에게 진리와 생명을 위해 게으르지 말고, 빈둥대지 말며, 아무 생각 없이 TV 앞에 앉아 있지 말고, 그저 주말에 놀 궁리나 하지 말라고 직접적으로 말합니다. 하나님을 향한 열정을 일깨우십시오. 하나님과 진리와 생명을 향한 열정을 불러일으키십시오. 우리가 추구해야 할 위대한 것들이 있습니다. 무감각에 빠지는 것은 하나님의 위대하심과 이 세상을 향한 하나님의 영광스런 목적을 거스르는 신성모독입니다.

두 번째로, 바울은 11절에서 "열심을 내라"고 말합니다. 영어 "fervent"(열렬한)라는 영어 단어는 "끓어오르는"이라는 뜻을 가진 헬라어 "제온테스"(zeontes)에서 나왔습니다. 이것은 긍정적인 측면입니다. 부지런함과 신실함과 열정에서 뒤처지지 말고, 오히려 긍정적으로 영으로 "열심을 내십시오." 이는 "끓어오르다", "열정적이 되다"라는 말로도 표현할 수 있습니다. 그래서 우리 교회의 선교 표어는 "열정"이라는 말에 담긴 성경적 요구를 최대한 담아 냈으면 합니다. 우리는 모든 것 안에서 하나님의 위대하심에 대한 열정을 전파하고자 존재합니다. "열정"이라는 단어는 로마서 12장 11절에 나오는 "열심을 내라"는 말과 정확히 일치합니다.

열심을 내라

그래서 저는 오늘 아침 여러분에게 촉구합니다. 무감각의 문화(특히 낙태와 관련하여)에 물들지 마십시오. 나태와 냉담함과 게으름과 무관심이 여러분을 잠식하지 못하도록 싸우십시오. 하나님의 말씀으로 나아가 영광의 주님께서 우리의 영혼에 생명과 에너지와 소망과 열정과 열심과 부지런함을 불어넣도록 하십시오. 청년과 장년들 모두에게 드리는 말씀입니다.

오늘 아침 이것이 바로 우리를 향한 하나님의 뜻입니다. 우리에게 끓어오르는 영혼이 있다면, 진리와 생명을 위해 우리 삶을 바칠 방법을 발견하게 될 것입니다. 하나님께서는 수천 가지 인공적인 즐거움을 통해 얻을 수 있는 것보다 훨씬 더 큰 의미를 우리의 삶에 부어 주실 것입니다. 기억하십시오. 우리는 그리스도인입니다. 우리의 삶은 믿음으로 예수 그리스도와 연결되어 있고, 그분은 모든 것의 주인이십니다. "만물이 다 그로 말미암고 그를 위하여 창조되었고"(골 1:16).

하나님은 우리의 삶을 위대한 것에 투자하기 원하십니다. 'acedia'라는 단어는 그리스도인에게 어울리지 않습니다. 그리스도는 그보다 훨씬 크십니다. 그리스도와 그분의 나라를 지루해한다는 것은 우리가 아무것도 모른다는 의미입니다. 아침에 눈을 뜰 때마다 주님께서 친히 모든 것 안에서 그분의 위대하심을 향한 열정을 우리 안에 일깨우시도록 해드리십시오. 우리의 지치고 죽어 가는 문화 속에서 진리와 생명을 위해 살도록 주님께서 일깨워 주실 것입니다.

26장

형제를 사랑하여 서로 우애하라

로마서 12:10

형제를 사랑하여 서로 우애하고 존경하기를 서로 먼저 하며. _롬 12:10

오늘은 10절에 나오는 두 가지 권고에 집중해 보겠습니다. “형제를 사랑하여 서로 우애하고 존경하기를 서로 먼저 하며.” 이 말씀은 교회를 향해 주신 것입니다. “서로”란 모든 사람이 아니라 교회 안에 있는 믿는 지체들을 의미합니다. 그렇다고 믿지 않는 사람들을 사랑할 수 없다는 의미는 아닙니다. 당연히 사랑해야 합니다. 또한 믿지 않는 사람들을 존경할 필요가 없다는 의미도 아닙니다. 꼭 존경해야 합니다. 하지만 여기서 초점은 교회에 있습니다. 다른 곳에서처럼 교회에서 사랑하십시오. 다른 곳에서처럼 교회에서 존경하십시오.

서로를 향한 사랑과 존경에 대한 세 가지 질문

여기서 세 가지 질문을 하겠습니다. 무엇을? 왜? 어떻게? 동료 신자들을 향한 사랑은 무엇이고, 서로를 존경한다는 것은 무슨 의미일까요? 왜 이런 명령이 주어졌습니까? 왜 이것이 중요합니까? 그리고 마지막으로 어떻게 이렇게 할 수 있습니까? 좋아하는 마음이 도무지 들지 않는 동료 신자를 어떻게 사랑할 수 있습니까? 그다지 존경스럽지 않은 신자들을 어떻게 존경할 수 있을까요?

1. 무엇을?

사랑이란 무엇입니까? 또한 존경이란 어떤 것입니까? '사랑', '우애'라는 두 단어(10절 상반절)는 감정이 실린 단어입니다. 이 단어들은 '사람을 좋아할 필요는 없지만 사랑해야 한다'는 스토아학파가 주장하는 개념을 즉시 무너뜨립니다. 물론 일면 좋아하지 않는 누군가를 사랑할 수 있는 것은 맞습니다. 즉, 그들을 위해 좋은 일을 할 수 있습니다. 그들을 도울 수 있고 냉담하더라도 존경스럽게 대할 수 있습니다. 하지만 바울이 여기서 말하는 사랑은 그런 것이 아닙니다.

본문에서 사랑을 표현한 이 단어들은 두 가지 내용을 함축하고 있습니다. 하나는(philostorgoi=사랑) 가장 좋아하는 오래된 스웨터나 13년간 같이 지낸 반려견, 또는 수십 년간 앉았던 의자, 또는 대화하다 침묵이 흘러도 의식적으로 대화를 이어 가야 한다는 부담감이 전혀 들지 않는 친구에게 느끼는 그런 편안함입니다.

또한 "형제의 우애"(philadelphia)라는 단어는 오래도록 친근하게 강한 유대감을 느끼는 가족 간의 사랑을 의미합니다. 물론 티격태격할 수도 있고 화를 낼 수도 있지만, 누군가 우리의 동생을 괴롭히면 가족 사랑이 강력하게 드러납니다. 혹은 가족 중에 누군가 중병에 걸리거나 목숨을 잃는다면 다른 사람들을 위해서는 나오지 않는 그런 눈물이 나옵니다.

이것이 바로 교회 안에서 우리가 서로에게 가져야 할 사랑입니다. "난 도저히 그렇게 할 수 없어. 교회에는 정신이 이상하고 괴짜 같고 정서적으로 안 맞는 사람이 너무 많아"라는 식으로 반응하지 마십시오. 하나님의 명령이 우리 자신의 힘으로 할 만한 것이었던 적이 있습니까? "사람으로는 할 수 없으나 하나님으로서는 다 하실 수 있느니라"(마 19:26).

존경하는 것은 어떻습니까? 10절 하반절은 이렇게 전합니다. "존경하기를 서로 먼저 하며." 무슨 의미입니까? 존경은 사랑과 다릅니다. 애정이 없는 사람을 존경할 수는 있습니다. 하지만 바울은 우리가 이 둘 중에서 하나만 선택하기를 원하지 않습니다. 바울은 둘 다 하라고 말합니다. 물론 둘 다 어려운 일입니다. 누군가를 존경한다는 것은 우리의 섬김을 받을 자격이 있는 사람인 것처럼 그들에게 행하고 말하는 것입니다. 존경한다는 것은 그들이 받을 자격이 있는 것보다 더 잘 대해 준다는 의미입니다.

예를 들어, 바울은 그리스도인 종들에게 이렇게 말합니다. "무릇 멍에 아래에 있는 종들은 자기 상전들을 범사에 마땅히 공경할 자로 알지니"(딤전 6:1). 상전이 부도덕한 사람일 수도 있지만 우리는 그들을 마땅히 존경받을 만한 사람으로 '대할 수' 있습니다. 하나님이 우리를 의롭다 여기시는 방식으로 그들을 가치 있는 사람으로 여길 수 있습니다. 그들의 허물을 보지 말라는 뜻이 아닙니다. 다만 그들을 존중하는 마음으로 말하고 행동하라는 것입니다.

또 다른 예는 고린도전서 12장 23절에 나옵니다. 바울은 교회 내의 약한 지체들과 사람의 몸의 지체를 비교합니다. "우리가 몸의 덜 귀히 여기는 그것들을 더욱 귀한 것들로 입혀 주며." 따라서 언제나 존경할 만한 어떤 일이나 어떤 존재가 있어야만 존경을 보이는 것은 아닙니다.

"존경하기를 서로 먼저 하라"는 것은 무슨 의미입니까? "존경받는 것보다 존경하기를 더 좋아하라"는 말로 요약할 수 있습니다. 먼저 존경하려고 애쓰는 것이란, 존경받는 것 이상으로 존경하기를 좋아한다는 의미입니다. 누군가로부터 존경을 받아 자신이 높아지는 것보다 다른 사람을 높이기를 더 좋아하는 것입니다. 그러니 어떻게 하면 존경받을 수 있을지에 너무 집착하지 말고 오히려 어떻게 존경할 수 있을까에 힘을 쏟으십시오. 존경을 구하는 마음을 죽이고, 다른 사람을 존경하는 마음을 기르십시오.

그리고 어떤 특정 부류, 예를 들어 특정 인종 혹은 특정한 사회 경제 계층, 특정한 교육 수준 혹은 성별, 나이, 옷차림, 몸무게, 인품 등 자기 마음에 맞는 사람들만 존경하지 않도록 조심하십시오. 교회에서 이러한 불명예스러운 일을 보실 때 하나님은 정말로 화가 나실 것입니다. 예를 들어, 야고보서 2장 1-6절에서는 이런 방식의 차별 대우가 하나님을 얼마나 실망시키는지 말씀합니다.

"내 형제들아 영광의 주 곧 우리 주 예수 그리스도에 대한 믿음을 너희가 가졌으니 사람을 차별하여 대하지 말라. 만일 너희 회당에 금가락지를 끼고 아름다운 옷을 입은 사람이 들어오고 또 남루한 옷을 입은 가난한 사람이 들어올 때에 너희가 아름다운 옷을 입은 자를 눈여겨보고 말하되 여기 좋은 자리에 앉으소서 하고 또 가난한 자에게 말하되 너는 거기 서 있든지 내 발등상 아래에 앉으라 하면 너희끼리 서로 차별하며 악한 생각으로 판단하는 자가 되는 것이 아니냐. 내 사랑하는 형제들아 들을지어다. 하나님이 세상에서 가난한 자를 택하사 믿음에 부요하게 하시고 또 자기를 사랑하는 자들에게 약속하신 나라를 상속으로 받게 하지 아니하셨느냐. 너희는 도리어 가난한 자를 업신여겼도다."

그러니 베들레헴교회 성도 여러분, 존경받기보다 존경하는 것을 더 좋아합시다. 또한 편견을 가지고 그렇게 하지 않도록 조심합시다.

2. 왜?

이제, 두 번째로 이것이 왜 그렇게 중요한지 알아야 합니다. 우리가 서로 사랑하고 존경하는 것이 왜 중요합니까?

성경이 그렇게 하라고 말하기 때문입니다. 그래서 이제부터 성경에 계시하신 하나님의 마음을 살펴보고 왜 하나님께서 사랑과 존경을 명령하셨는지 이해해 보도록 하겠습니다.

2.1. 하나님은 우리에게 애정을 가지고 '사랑'하고 서로 '존경'하라고 명하십니다. 그 이유는 이 두 가지 경험이 (로마서 12장에 나오는 다른 것들과 함께) 그리스도 안에 있는 우리의 새로운 본성이 어떤 것인지를 보여 주기 때문입니다. 다른 말로 하면, 이런 행동은 중생을 경험

하고 성령이 그 안에 내주하며 믿음으로 의롭다 여겨지고 그리스도를 가장 소중히 여기고 하나님의 영광을 소망하는 사람들에게 가장 자연스럽고 어울리는 행동이라는 말입니다. 이것은 열매가 맺히는 것과 같습니다. 그렇다고 이렇게 자연스럽고 열매처럼 당연히 맺히는 것이라면 명령할 필요도 없지 않느냐는 식으로 이해하지는 마십시오.

자연스럽게 사랑하게 된다는 것은, 우리 모두 한 가족으로 새롭게 태어났다는 의미에서 그렇습니다. 우리 모두는 한 아버지를 가졌고 하나님 안에서 형제요 자매입니다. 요한일서 5장 1절은 이렇게 말합니다. "낳으신 이를 사랑하는 자마다 그에게서 난 자를 사랑하느니라." 다른 말로 하면, 아버지를 향한 사랑은 자연히 그 자녀들을 향한 사랑으로 나타난다는 말입니다. 하나님을 향한 사랑이 그 자녀들을 향한 사랑을 불러옵니다. 우리는 최고로 좋은 관계 속에서 함께 영원을 보내게 될 것입니다. 천국에는 의심도 적의도 분노도 비난도 없을 것입니다. 하나님은 우리에게 지금 그러한 가족으로서 살라고 명령하십니다.

또한 존경받기보다 존경하기를 더 좋아하는 것도 자연스러운 열매로, 그런 사실은 우리가 하나님께 믿을 수 없을 정도로 존중을 받았다는 것과 그 본성이 우리 안에 있음을 드러냅니다. 우리는 하나님과의 관계에서 전혀 존경받을 만하지 않은 존재입니다. 우리 자체는 하나님께 영원히 불명예스럽습니다. 우리는 하나님을 너무나 적게 사랑했고 하나님보다 다른 것들을 더 사랑했기에 하나님께 큰 불신을 안겨 드렸습니다. 그럼에도 불구하고 하나님은 우리가 아직 죄인이었을 때(롬 5:6), 즉 아직 하나님을 불명예스럽게 하고 있을 때 우리를 위해 그 아들을 내주셨고 죄와 죽음과 지옥과 사탄으로부터 구하셔서 함께 식탁에 앉게 하심으로써 우리를 존중해 주셨습니다. 그리고 우리의 이해를 뛰어넘는 사랑으로, 전능하신 하나님의 아들이 이 땅에 계실 때 우리 발을 씻어 주심으로 우리를 존중해 주셨습니다(요 13장). 또한 누가복음 12장 37절에서는 그분의 재림을 이렇게 묘사하고 있습니다. "주인이 띠를 띠고 그 종들을 자리에 앉히고 나아와 수종 들리라."

그 은혜로 인해 우리는 지금까지 측량할 수 없을 정도로 많은 존중을 받았습니다. 그러므로 우리가 존중받은 것처럼 다른 사람을 존경하는 일을 좋아하지 않는다면 우리가 경험한 구원을 등지는 것이나 다름없습니다.

애정을 가지고 사랑하고 존경하기를 더 좋아하는 것은, 이것들이 그리스도 안에 있는 우리의 새로운 본성을 보여 주기 때문에 중요합니다. 이것이 하나님의 자녀들이 서로를 대하는 방식입니다. 우리의 영적 DNA 안에 그것이 있습니다.

2.2. 두 번째로, 하나님이 우리에게 애정을 가지고 사랑하고 서로 존경하기를 더 좋아하라고 명령하시는 이유는 이렇게 할 때 우리가 애정을 가지고 사랑하고 존경하는 사람들의 믿음을 더 굳세고 단단하게 해주기 때문입니다. 그리스도의 몸 안에서 은혜로 존중받고 사랑받는다면, 그 사람은 자신이 정말로 가족의 일원임을 확신하게 됩니다. 하나님은 우리가 행하는 모든 것을 통해 이러한 확신과 기쁨

(고전 14:26)이 확고해지기를 원하십니다.

2.3. 세 번째로, 하나님이 우리가 애정을 가지고 사랑하고 존경받기보다 존경하기를 더 좋아하라고 하시는 이유는 이것이 그리스도의 영광을 보여 주기 때문입니다. 그리스도가 우리를 이런 식으로 살아가도록 해주시는 분이고 또한 이것이 그분의 성품이기 때문입니다. 에베소서 4장 32절은 이렇게 말합니다. "서로 친절하게 하며 불쌍히 여기며 서로 용서하기를 하나님이 그리스도 안에서 너희를 용서하심과 같이 하라." 우리가 서로를 불쌍히 여길 수 있는 것은 그리스도 안에 있는 하나님의 긍휼하심 때문입니다. 그리고 우리가 종이 됨으로써 누군가를 높일 때 우리는 그리스도가 우리 가운데 거하셨던 방법을 직접 실천하는 것입니다. 따라서 애정을 가지고 사랑하고 존경하기를 더 좋아하는 것은 그리스도의 영광을 드러내는 일입니다.

2.4. 네 번째로, 하나님이 우리에게 애정을 가지고 사랑하고 서로 존경하라고 하시는 이유는, 이를 통해 세상이 하나님뿐 아니라 하나님이 그리스도 안에서 세상을 위해 준비하신 모든 것을 사랑하도록 자극하기 때문입니다. 애정을 가지고 그리스도인들을 사랑하고 서로 존경하기를 먼저 하려고 애쓰면서 그리스도를 높일 때, 세상이 이것을 보고 하나님께 영광을 돌리게 될 것입니다(마 5:16). 스테판 닐이 쓴 『기독교 선교 역사』(*History of Christian Missions*)를 보면, 초대교회가 로마 제국 아래서 놀랍게 성장할 수 있었던 것은 그들이 만들어 낸 공동체 때문이었음을 확인할 수 있습니다. 초대교회는 신실하고, 사

랑으로 맺어지고, 겸손하고, 애정이 바탕이 되고, 존경하고, 희생하는 관계로 이루어진 공동체였습니다. 두려워하고 분열되어 있던 이교도들이 그 공동체를 보고 끌렸습니다.*

다른 말로 하면, 이런 이유들로 바울은 우리에게 애정을 가지고 서로 사랑하고 서로 먼저 존경하기를 힘쓰라고 명령합니다. 이것들은 믿음이라는 나무에 달린 크리스마스 장식이 아닙니다. 믿음이라는 나무의 가지요, 열매입니다. 이것들은 그리스도 안에 있는 사람들의 본성입니다.

3. 어떻게?

마지막 질문은 '어떻게'입니다. 어떻게 좋아하지 않는 신자들에게 애정을 가질 수 있습니까? 불명예스러운 일을 하는 신자들을 어떻게 존경할 수 있습니까?

성경의 모든 것이 이 질문에 답하기 위해 쓰여 있습니다. 제 설교도 전부 이 질문에 대한 답을 목표로 합니다. 하나님이 행하신 모든 것은 그 자녀들을 마땅히 되어야 할 존재로 만들기 위함입니다. 그러니 하나님이 주시는 모든 것을, 서로 우애하고 사랑하며 먼저 존경하게 하는 은혜의 수단으로 받으십시오.

여기서는 몇 가지 실천 사항만 말씀드리고, 가장 기본이 되는 원칙을 한 문장으로 요약하겠습니다. 애정을 가지고 신자들을 사랑하

*Stephen Neill, *History of christian Missions,*(Penguin Books, 1966), pp. 41-43.

고, 존경받는 것보다 존경하는 것을 더 좋아하는 사람이 되기 위해서는 하나님이 이것을 명령하셨음을 알아야 합니다. 즉, 이런 것들이 그리스도 안에서 갖게 된 새로운 본성임을 알아야 합니다. 또한 하나님이 그렇게 만들어 주시지 않는 한 우리 혼자서는 이런 사람이 될 수 없다는 것을 알아야 합니다(우리 힘으로는 참된 애정과 진정한 존경이 가능하지 않습니다). 또한 그렇기 때문에 우리는 규칙적이고 간절하게 기도하여 하나님이 우리를 이러한 존재로 만들기 위해 필요한 일을 하시도록 내어 드려야 합니다. 이것이 성경이 말하는 기본 원칙입니다. 여기에 이제 실천 사항들을 더해 보겠습니다.

3.1. 다른 신자들이 아무리 불완전해도 우리의 아버지이신 하나님의 자녀임을 스스로에게 선포하십시오. 그들은 영원히 우리의 형제요 자매라는 진리를 스스로에게 선포하십시오. 그리스도가 그들을 위해 피를 흘리셨음을 상기시키십시오. 우리를 화나게 만드는 모든 부분에 대해 그들은 용서를 받았습니다. 오직 믿음으로 의롭다 칭함을 받았습니다. 그 교리를 말로는 주장하면서 행동으로는 부정하지 마십시오. 하나님이 그들을 그리스도의 의로 옷 입히셨다면 우리도 그들을 그리스도의 의로 옷 입혀야 합니다. 물론 그들은 잘못된 행동을 합니다. 나쁜 습관도 있습니다. 아직 성숙하지 못해 신경을 거스릅니다. 하지만 그 모든 것을 덮는 그리스도의 보혈을 헛되게 하지 마십시오. 그리스도가 이미 끝내신 일을 그들에게 실제로 적용함으로써 그 일을 영화롭게 하십시오. 그런 다음 사랑이 자라게 하십시오.

3.2. 허점이 보이는 그들의 삶에서 은혜의 증거를 찾으십시오. 모든 신자에게 은혜의 증거가 있습니다. 하나님은 모든 신자 안에서 일하십니다. 육신의 일에 대해 불평하여 하나님의 역사를 헛되게 하지 마십시오. 은혜의 증거들을 찾으십시오. 마지막 심판 때에 하나님이 우리를 위해 그렇게 하실 것입니다. 하나님은 우리의 삶에 있는 D학점과 F학점을 모두 모아서 태우실 것입니다. 그런 다음 C학점과 B학점을 보시며 우리 삶에 드러난 은혜의 증거들을 기뻐하실 것입니다(A학점은 그리 많을 것 같지 않고 A+는 분명 없을 것 같습니다). 그때 하나님이 우리에게 하실 일을 지금 다른 사람에게 행하십시오. 모든 은혜의 증거들을 기뻐하십시오. 자녀들에게 이렇게 하십시오. 서로에게 이렇게 하십시오. 은혜가 많음으로 인해 사랑이 더욱 커지게 하십시오.

3.3. 우리도 한때는 하나님과 완전히 멀어져서 소망 없이 분리되어 있었음을 기억하십시오(엡 2:12). 우리는 하나님의 사랑과 하나님의 존중을 받을 자격이 전혀 없었습니다. 하지만 하나님은 예수 그리스도 안에서 사랑과 존중 두 가지를 다 주셨습니다. 빌립보서 2장 3절에서 바울은 겸손 혹은 낮아짐이 "자기보다 남을 낫게 여기는" 비결이라고 말합니다. 그래야만 그들이 섬김을 받을 자격이 있음을 비로소 보게 됩니다. "겸손한 마음으로 각각 자기보다 남을 낫게 여기고." 그러니 우리도 자격이 없었던 것을 잊지 마십시오. 이것이 다른 사람을 진정으로 사랑할 수 있는 씨앗입니다.

"어떻게 해야 이런 사람이 될 수 있을까?"라는 질문에 대한 가장 중요한 대답은 아마도 이것일 것입니다. 바로 정신을 차리고 우리가 받은 하나님의 자비하심이 얼마나 소중한 것인가를 깨닫고 느끼는 것입니다.

로마서 12장이 어떻게 시작되었는지 기억해 보십시오. "그러므로 형제들아 내가 하나님의 모든 자비하심으로 너희를 권하노니"(롬 12:1). 그렇습니다. 하나님의 자비하심으로 우리는 형제의 사랑으로 서로를 사랑할 것입니다. 하나님의 자비하심으로 서로 존경하기를 먼저 할 것입니다. 불타는 건물이나 침몰하는 배에 갇히거나 중병에 걸렸다가 건짐을 받으면 모든 것이 소중하게 보입니다. 특히 사람이 그렇습니다. 방금 해변에서 죽다 살아났다면 그 주변에 있는 사람들이 얼마나 사랑스러워 보이겠습니까! 우리가 바로 이런 상태입니다. 그 사실을 깨달으십시오. 그 안에서 즐거워하십시오. 자비하심으로 인해 즐거워하십시오. 그러면 하나님의 백성을 향한 사랑이 자라날 것이고 우리는 그들을 존경하고 사랑하게 될 것입니다.

27장

그리스도를 위해 열심을 품으라

로마서 12:11

부지런하여 게으르지 말고 열심을 품고 주를 섬기라. _롬 12:11

지난 번 설교 때 로마서 12장 11절을 다루기에 앞서 12절을 다루면서, 그리스도께서 죄와 질병과 사탄과 파괴가 있는 이 세상으로 들어오셔서 우리를 대신해 이 모든 것들을 짊어지셨고 우리를 이것들로부터 구원(지금은 부분적이지만 부활 때에는 완성될)하시기 위해 죽으셨다는 사실을 말씀드렸습니다. 그래서 그것이 우리 소망의 근거가 됩니다. 12절입니다. "소망 중에 즐거워하며 환난 중에 참으며 기도에 항상 힘쓰며." 이 소망으로 인해 우리는 즐거워합니다. 이 기쁨 안에서 우리는 환난을 견딥니다. 이 인내로 우리는 사랑하기 힘들 때에도 사랑하고, 이 사랑으로 하나님을 영화롭게 합니다.

그런 다음 이런 질문을 드렸습니다. "소망이 모든 그리스도인의 삶의 기반이라면, 어떻게 이 소망을 일깨우고 유지할 수 있습니까?" 우리는 이렇게 대답했습니다. "기도에 항상 힘쓰며." 또한 성경 말씀을 묵상하라고 말씀드렸습니다(롬 15:4). 이제 11절로 돌아가서 영적 전투의 이 두 가지 전략이 이 구절의 기반이기도 하다는 사실을 확인해 보려 합니다. 11절은 이렇게 말합니다. "부지런하여 게으르지 말고 열심을 품고 주를 섬기라." 바울은 이미 로마서 12장에서 이 점을 강조했습니다. 8절입니다. "다스리는 자는 부지런함으로." 이제 11절에서는 우리 모두에게 "부지런하여 게으르지 말라"고 말합니다.

따라서 12절에 나오는 '기뻐하고 인내하고 기도하라'는 명령과 11절에 나오는 명령의 관계를 바라보는 한 가지 방법은, 11절이 12절의 명령을 포함한 모든 것을 열정을 가지고 행하라는 말이라고 보는 것입니다. 11절은 12절 말씀에 '강도'를 더하고 '초점'을 제시하고 있습니다. "게으르지 말고 열심을 품고"라는 표현이 강도를 더합니다. 또한 주 예수 그리스도에게 초점을 맞추고 있습니다. 모든 것을 그분을 섬기기 위해 행하라는 것입니다.

1. 강조: 부지런하여 게으르지 말고 열심을 품고

"부지런하여 게으르지 말고 열심을 품고." 이 표현은 한 가지 내용을 부정적인 방식과 긍정적인 방식으로 표현한 것입니다. 부정적으로는 부지런하여 게으르지 말라는 것입니다. 긍정적으로는 열심을 품으라는 것입니다. 한 마디로 하자면, 그리스도를 위하여 많은 일을 열정적으로 행하라는 것입니다.

이 두 표현은 각자의 내용을 오해하지 않도록 분명히 하고 보호하는 역할을 합니다. “부지런하여 게으르지 말고”는 분주하게 활동적이 되라는 의미로 받아들일 수 있습니다. 일하고, 수고하면서 감정이나 느낌을 걱정하지 말라는 것입니다. 일을 성사시키는 것이 중요합니다. 일을 완수하는 데 열정과 열심을 다합니다. 게으름은 큰 악입니다. 최고의 선은 효율성과 열심히 일하는 것입니다.

하지만 다른 한쪽, 즉 긍정적인 표현인 “열심을 품고”라는 말을 보면 이런 생각이 얼마나 균형을 잃는 것인지 알 수 있습니다. ‘열렬한’(fervent)이라는 단어는 라틴어 ‘페르벤스’(fervens)에서 온 말로 “끓어오르는”이라는 의미입니다. 이 단어에 해당하는 헬라어(zeontes)도 바로 이런 의미입니다. 우리의 영이 끓어오르는 것입니다. 따라서 단순히 일을 열심히 하고 효율적으로 하는 것이 전부가 아님이 밝혀집니다. 일차적으로는 영이 중요하지 몸이 중요하지 않습니다. 느낌이 중요하지 행함이 중요하지 않습니다. 따라서 이 두 항목을 함께 놓고 보면, 요지는 그저 많이 행하지만 말고, 많이 느끼라는 의미가 됩니다.

그리고 거꾸로 봐도 마찬가지입니다. 두 번째 권고인 “열심을 품고”만 읽으면 그리스도인의 삶은 마음으로 열정을 품는 것이라는 결론을 내리게 됩니다. 행함과 효율성은 그다지 중요하지 않습니다. 열심을 품고, 영이 끓어오르는 것이 중요할 따름입니다. 하지만 사실은 그렇지 않습니다. 첫 번째 권고가 이런 편중된 해석을 막아 줍니다. 그저 많이 느끼는 것뿐 아니라 많이 행하라는 의미가 됩니다.

게으름에 대한 경고를 통해 바울은 우리에게 열심히 일하는 것을 바라고 있음을 분명히 합니다. 이에 대한 가장 분명한 언급 중 하나는 바울이 고린도전서 15장 58절에서 한 말입니다. 바울은 15장 전체에서 그리스도의 부활이 우리 부활의 근거임을 쓰고 나서, 그렇게 확실하고 놀라운 소망을 가진 우리가 어떻게 살아야 하는지를 말합니다. "그러므로 내 사랑하는 형제들아 견실하며 흔들리지 말고 항상 주의 일에 더욱 힘쓰는 자들이 되라. 이는 너희 수고가 주 안에서 헛되지 않은 줄 앎이라."

주의 일에 더욱 힘쓴다는 것은 주를 위해 많은 일을 한다는 의미입니다. 이것이 로마서 12장 11절이 말하는 "부지런하여 게으르지 말고 열심을 품고"의 의미입니다. 따라서 11절의 처음 두 부분을 함께 놓고 보면 이런 말이 됩니다. "그리스도를 위해 많은 일을 열정을 다해 행하십시오. 뜨거운 감정을 가지고 그리스도를 위해 일하십시오. 일하면서 많은 것을 느끼십시오. 사업가처럼 효율적으로 일하십시오. 그러면서도 시인처럼 혹은 연인처럼 감성적이 되십시오. '나는 실용주의자야'라고 말하지 마십시오. 더 열정적인 사람이 되려고 노력하십시오. '나는 실용적인 것에는 별 관심이 없어'라고 말하지 마십시오. 더 효율적인 사람이 되려고 애쓰십시오."

조나단 에드워즈는 젊은 시절에 70가지 결심문을 작성했습니다. 그중 여섯 번째 결심은 이렇습니다. "사는 동안 온 힘을 다해 살 것을 결심했다." 이 결심은 바울이 "게으르지 말고 열심을 품고"라고 한 말의 의미를 잘 드러내고 있습니다.

예수님은 그분을 뜨뜻미지근하게 사랑하는 사람들을 향해 무서운 경고를 하십니다. 요한계시록 3장 15-16절입니다. "내가 네 행위를 아노니 네가 차지도 아니하고 뜨겁지도 아니하도다. 네가 차든지 뜨겁든지 하기를 원하노라. 네가 이같이 미지근하여 뜨겁지도 아니하고 차지도 아니하니 내 입에서 너를 토하여 버리리라."

최고의 계명은 이것입니다. "네 마음을 다하며 목숨을 다하며 힘을 다하며 뜻을 다하여 주 너의 하나님을 사랑하라"(눅 10:27). 그리고 하나님은 우리가 미적지근한 마음이 아니라 전심으로 그분을 찾을 때 만나게 될 거라고 약속하십니다. 예레미야 29장 13-14절입니다. "너희가 온 마음으로 나를 구하면 나를 찾을 것이요 나를 만나리라. 이것은 여호와의 말씀이니라."

성경은 반복해서 강도(強度)가 중요하다고 말합니다. 열정이 중요합니다. 온 마음을 쏟는 것이 중요합니다. 대충 그저 그런 상태에 만족하지 마십시오. 우리는 하나님의 탁월하심을 향한 열심을 전하기 위해 존재합니다. 우리에게 그런 열정이 없다면 전할 수도 없습니다. 꾸준한 기도로 하나님께 그 열정을 구하고 그리스도를 향한 열정을 일깨우는 놀라운 일들을 하나님의 말씀에서 샅샅이 찾으십시오. 이것이 11절에서 전하는 열심의 강도입니다.

2. 초점: 주를 섬기라

이제 초점 부분을 살펴보겠습니다. 11절은 12절에 나오는 소망과 즐거움과 인내와 사랑의 요청에 강도를 더하고 초점을 제시한다고 말씀드렸습니다. 강도를 더하는 부분은 "부지런하여 게으르지 말고 열심을 품고"입니다. 사는 동안 온 힘을 다해 사십시오. 그리고 그 초점이 되는 부분은 "주를 섬기라"는 대목입니다. 이 모든 강도를 더하는 초점은 바로 그리스도를 섬기는 것입니다. 열정이 향하는 곳은 바로 그리스도입니다.

바울은 지금 열정이라는 성품이 그 자체로 가치가 있다고 말하는 것이 아닙니다. 그리스도를 섬기는 일에 있어서 뜨뜻미지근함과 게으름과 나태는 완전히 부적절하다는 말을 하는 것입니다. 예수 그리스도께서 우리를 구원하시는 일은 세상에서 가장 위대한 일입니다. 영생을 갖는 것을 의미합니다. 사망이 없습니다. 넘치는 기쁨 속에서 영원히 살게 될 것입니다. 어떤 것도 우리를 그리스도에게서 떼어낼 수 없습니다. 모든 것이 우리의 유익을 위해 작용합니다. 모든 고통과 슬픔이 영원한 영광을 만들어 냅니다. 이런 일에 열정을 갖지 않는다는 것은 진리를 전혀 보지 못하거나 감정적으로 느낄 능력이 없다는 표시입니다.

그리스도를 섬기는 일은 우주에서 인간이 누릴 수 있는 최고의 특권입니다. 그러니 이것이 의미하는 바를 깊이 묵상해 봅시다. 그리스도를 섬기는 것을 다른 세 가지 우상을 섬기는 것과 비교하면서 그 의미를 깊이 생각해 보겠습니다. 그렇게 비교하다 보면 그리스도를 섬긴다는 것이 무엇인지, 왜 그것이 세상에서 누리는 최고의 특권인지를 알게 될 것입니다.

2.1. 배가 아니라 예수님을 섬겨라

먼저, 바울은 배가 아니라 예수님을 섬기라고 말합니다. 로마서 16장 17-18절 말씀입니다. "형제들아 내가 너희를 권하노니 너희가 배운 교훈을 거슬러 분쟁을 일으키거나 거치게 하는 자들을 살피고 그들에게서 떠나라. 이 같은 자들은 우리 주 그리스도를 섬기지 아니하고 다만 자기들의 배만 섬기나니 교활한 말과 아첨하는 말로 순진한 자들의 마음을 미혹하느니라."

말 그대로, 그들은 자신들의 배만 섬깁니다. 따라서 그리스도를 섬기는 것은 배를 섬기는 것(자신의 욕구를 섬기는 것)과 대조됩니다. 자신의 욕구를 즐거움이 주는 최상의 제안으로 받아들인다면 우리는 욕구를 섬기는 것입니다. 그리스도는 우리에게 자기 통제와 순결과 마음의 정결함을 요구하시지만, 욕구는 자기 탐닉과 성적 방탕과 불결한 생각을 요구합니다. 따라서 우리가 그리스도 대신 자기 욕구를 따른다면, 우리는 욕구를 섬기는 것이지 그리스도를 섬기는 것이 아닙니다. 그리스도를 섬기는 것보다 자신의 욕구가 더 거부할 수 없는 즐거움을 제안한다고 인정하는 셈입니다. 이것은 아주 심각한 일입니다.

욕구를 섬기는 것과 그리스도를 섬기는 것을 이렇게 대조함으로써, 그리스도를 섬기는 것은 음식을 먹는 것보다 낫고, 그리스도를 섬기는 것은 성적 즐거움(성행위나 포르노 혹은 성적 공상이나 자위행위)보다 나으며, 그리스도를 섬기는 것은 게으름이 주는 즐거움보다 낫다는 사실을 보게 해줍니다. 따라서 그리스도를 섬기는 것은 자신의 욕구가 제안하는 것보다 그분의 가치와 아름다움, 그분과의 교제를 훨씬 더 저항할 수 없는 즐거움으로 또한 바람직한 것으로 경험하는 것을 의미합니다.

2.2. 사람이 아니라 예수님을 섬겨라

두 번째로, 바울은 사람이 아니라 예수님을 섬기라고 말합니다.

물론 어떤 의미에서 우리는 사람들을 섬겨야 합니다. 갈라디아서 5장 13절은 이렇게 전합니다. “형제들아 너희가 자유를 위하여 부르심을 입었으나 그러나 그 자유로 육체의 기회를 삼지 말고 오직 사랑으로 서로 종노릇하라.” 우리는 서로에게 선을 행하고 서로의 필요를 충족시킨다는 의미에서 서로를 섬겨야 합니다.

하지만 때로 완전히 잘못된 방법으로 사람을 섬기는 경우가 있습니다. 그리고 바울은 그렇게 하지 않는 것이 그리스도를 섬기는 것이라고 말합니다. 예를 들어, 에베소서 6장 6-7절에서 바울은 종들에게 “눈가림만 하여 사람을 기쁘게 하는 자처럼 하지 말고 그리스도의 종들처럼 마음으로 하나님의 뜻을 행하고 기쁜 마음으로 섬기기를 주께 하듯 하고 사람들에게 하듯 하지 말라”고 말합니다.

사람을 섬기는 잘못된 방법은 사람의 인정을 받는 일에 종이 되는 것입니다. 이것은 많은 사람이 범하는 큰 악이고 큰 속박입니다. 사람들은 타인이 자신을 어떻게 생각하느냐에 많이 흔들립니다. 자신을 어떻게 생각하느냐에 따라 살아갑니다. 다른 사람들의 생각과 말에 따라 행복이 크게 좌우됩니다. 하지만 그런 섬김은 궁극적으로 오직 한 분 예수 그리스도에게만 드려야 합니다. 이 한 분의 청중이 가장 중요합니다.

따라서 이런 의미에서 예수님을 섬기는 것은 큰 자유입니다. 우리는 변덕스러운 사람들의 생각에서 자유로워집니다. ‘하늘과 땅의 주인이신 예수 그리스도가 지금 내가 하는 말과 행동을 인정하실까?’ 이것만 신경 쓰면 됩니다.

따라서 사람을 섬기는 것과 주님을 섬기는 것을 이런 식으로 비교해 보면, '그리스도를 섬기는 것이 사람의 인정을 받는 것보다 더 낫다'는 사실을 깨닫게 됩니다. 그리스도를 기쁘게 하는 것이 사람을 기쁘게 하는 것보다 무한히 더 중요합니다. 그리스도를 섬긴다는 것은, 그리스도께 인정받는 것이 사람에게 인정받는 것보다 훨씬 귀한 것이라고 여기고 그러한 확신 위에서 행동하는 것을 말합니다.

2.3. 율법이 아니라 예수님을 섬겨라

세 번째로, 바울은 율법이 아니라 예수님을 섬기라고 말합니다. 로마서 7장 6절은 이렇게 전합니다. "이제는 우리가 얽매였던 것에 대하여 죽었으므로 율법에서 벗어났으니 이러므로 우리가 영의 새로운 것으로 섬길 것이요 율법 조문의 묵은 것으로 아니할지니라." 바울은 율법 조문의 묵은 것으로 섬기는 것과 영의 새로운 것으로 섬기는 것을 대조합니다. 의롭다 함을 얻으려고 율법이 요구하는 것들에 관심을 집중할 때 우리의 섬김은 죽은 것과 같았습니다. 율법의 행위로 의롭다 함을 받을 사람은 한 명도 없습니다(롬 3:20). 하지만 그리스도가 오심으로 우리는 율법과 율법의 요구에 초점을 맞추던 것에서 죽었고 그리스도와 생명을 주시는 그분의 영에 초점을 맞추게 되었습니다(롬 7:4).

그리스도를 섬기는 것은 새로운 법을 따르는 것이 아닙니다. 율법이 서 있던 곳에 지금은 한 인격이신 예수 그리스도가 서 계십니다. 그리고 예수님은 우리에게 율법을 요구하시지 않고 몸소 율법을 완성하셨습니다. 이런 의미에서 그분은 모세와 완전히 다릅니다. 예수님은 "우리가 이와 같이 하여 모든 의를 이루는 것이 합당하니라"(마

3:15)고 말씀하셨습니다. "그리스도께서 우리를 위하여 저주를 받은 바 되사 율법의 저주에서 우리를 속량하셨으니"(갈 3:13). 그분은 완전하게 율법을 성취하시고 완전하게 저주를 담당하십니다. 그러므로 그리스도를 섬기는 것은 율법을 섬기는 것과는 완전히 다릅니다. 요구를 섬기는 것과 요구하기 전에 이미 그 요구를 충족시킨 분을 섬기는 것은 전적으로 다릅니다.

따라서 율법이 아니라 그리스도를 섬기는 것은, 하나님의 아들이요 메시아이신 그분을 믿는 것이고 나를 완전하게 용서하시고 완전하게 의롭게 하시기 위하여 그분이 행하신 일을 믿는 것이며, 온 힘을 다해 그분 안에서 우리가 행해야 할 일을 실천하고자 애쓰는 것입니다. 이러한 섬김은 위대한 자유입니다. 우리의 의가 되시는 그리스도께 이렇게 매이는 것은 자유이고 기쁨입니다.

지금까지 우리는 주님을 섬기는 것의 의미가 다음의 세 가지임을 살펴보았습니다. 1) 주님을 섬기는 것은 우리 욕구가 제안하는 모든 것보다 주님을 더 귀하게 여기는 것입니다. 2) 주님을 섬기는 것은 주님의 인정을 사람의 인정보다 더 귀한 것으로 여기고 그 기준 위에서 행동하는 것입니다. 3) 주님을 섬기는 것은 그리스도가 우리를 위해 죽으셨고 우리를 위해 율법을 완성하셨기에 이제 우리의 모든 섬김은 그분이 성취하시고 피로 값 주고 사신 것을 선물로 받는 일임을 믿는 것입니다.

바울은 우리가 그리스도를 섬길 때 얼마나 열심히 집중하여 열정적으로 일해야 하는지 적어도 세 번 이상을 보여 줍니다. 또한 그렇게 우리가 행하는 모든 섬김은 실제로는 그리스도가 피로 값 주고 사신 것을 우리에게 주시는 것이고 그분이 우리를 섬기는 것임을 깨닫게 됩니다. 예를 들어, 로마서 15장 18절은 이렇게 말합니다. "그리스도께서 이방인들을 순종하게 하기 위하여 '나를 통하여 역사하신 것' 외에는 내가 감히 말하지 아니하노라." 바울은 실제로 온 힘을 다해 섬겼고 이 과정에서 많은 고난을 받았습니다. 하지만 바울은 그리스도가 자신을 통해 일하심으로써 모든 것이 그분의 역사였다고 말합니다. 바울의 섬김은 그를 향한 그리스도의 섬김을 받는 것이었습니다. 이처럼 그리스도인으로서 우리의 삶은 신뢰하고 의지하고 받는 것의 연속입니다.

바울은 골로새서 1장 28-29절에서 다시 한 번 말합니다. "우리가 그를 전파하여 각 사람을 권하고 모든 지혜로 각 사람을 가르침은 각 사람을 그리스도 안에서 완전한 자로 세우려 함이니 이를 위하여 나도 '내 속에서 능력으로 역사하시는 이의 역사를 따라' 힘을 다하여 수고하노라." 바울은 수고하고 애쓰며 분투합니다. 하지만 그의 섬김과 수고와 애씀과 분투는 그를 섬기는 분으로부터 받는 선물입니다. 그리스도를 섬기는 것은 그분을 신뢰하고 의지하며 그분에게서 받는 것입니다.

그리고 마지막으로 바울은 고린도전서 15장 10절에서 이에 대해 다시 한 번 말합니다. "그러나 내가 나 된 것은 하나님의 은혜로 된 것이니 내게 주신 그의 은혜가 헛되지 아니하여 내가 모든 사도보다 더 많이 수고하였으나 내가 한 것이 아니요 오직 나와 함께하신 하나님의 은혜로라." 바울은 열심히 일하고 게으르지 않았습니다. 하지만 그의 모든 일과 섬김은 그리스도가 그를 섬겨 주신 결과입니다.

그리스도를 섬기는 것은 세상에서 최고의 특권이라고 말씀드렸는데, 그 말이 왜 진실인지 이제 더 확실해졌습니다. 우주에서 가장 위대하신 인격체가 그분을 섬기도록 우리를 부르셨을 뿐 아니라 우리의 종이 되어 주셨기 때문에 우리의 섬김은 곧 신뢰하고 의지하고 받는 것이라는 의미에서 그렇습니다.

그리고 그분이 이렇게 하신 이유는, 주는 분이 영광을 받으시기 위해서입니다. 그분이 무언가가 필요해서 우리의 섬김을 받으셔야 한다면 우리가 영광을 받을 것입니다. 하지만 베드로전서 4장 11절이 말하듯이 "하나님이 공급하시는 힘으로" 그분을 섬기는 것이라면 그분이 영광을 받으십니다.

이것이 최고의 삶입니다. 그러므로 부지런하여 게으르지 말고 열심을 품고 주를 섬기십시오.

28장

소망의 열매: 기쁨

로마서 12:11-12

부지런하여 게으르지 말고 열심을 품고 주를 섬기라. 소망 중에 즐거워하며 환난 중에 참으며 기도에 항상 힘쓰며. _롬 12:11-12

"그리스도인의 소망"이라는 주제로 말씀드리면서 지금까지 네 가지 질문을 다뤘습니다.

1. 그리스도인의 소망을 정의해보라.
답: 좋은 것이 올 것이라는 확실한 기대(히 6:11).
2. 그리스도인의 소망의 근거는 무엇인가?
답: 하나님의 주권적인 은혜(살후 2:16). 그리스도가 죄인들을 위해 죽으셨다는 복음(골 1:23).
3. 그리스도인의 소망을 불러일으키는 원인은 무엇인가? 무엇이

이 소망을 불러오고 지속시키는가?

답: 거듭나게 하시는 하나님의 역사(벧전 1:3). 성경 말씀 안에 있는 하나님의 약속들(롬 15:4).

4. 그리스도인의 소망의 내용은 무엇인가? 우리는 무엇을 소망하는가?

답: 예수 그리스도의 나타나심(딛 2:13). 우리 몸의 구속(롬 8:23). 우리 의의 완성(갈 5:5). 하나님의 영광을 함께함(롬 5:2). 영생을 상속함(딛 1:2, 3:7).

이제 여기에 한 가지 질문을 덧붙여 보겠습니다. 그 질문은, "그리스도인의 소망의 열매는 무엇인가?"입니다. 소망에서 무엇이 나옵니까? 소망은 우리 삶에서 무엇을 만들어 냅니까?

소망이라는 나무

앞에서 말한 것들을 한눈에 보기 위해 그림을 연상해 봅시다. 소망을 나무라고 생각해 보십시오. 소망이 자랄 수 있는 땅은 하나님의 은혜와 그리스도의 복음입니다. 나무에 새싹이 돋는 것, 소망이 시작되는 것은 거듭남, 즉 새롭게 태어나는 것을 통해 일어납니다. 이러한 새로운 소망을 유지하고 건강하게 자라게 하는 영양 공급은 하나님의 말씀, 특히 약속들을 통해 이루어집니다. 우리가 언젠가는 그리스도의 얼굴을 대면하여 만날 것이고, 결코 병들지 않는 새로운 몸을 얻게 될 것이며, 죄와의 싸움에서 완전히 자유로울 것이고, 하나님의 영광을 함께하게 될 것이며, 새로운 생명은 영원히 지속될 것입니다. 그러므로 잃을 것을 두려워할 필요가 없다는 확실한 기대감이 나무의 몸통을 이루는 강력한 섬유질에 해당됩니다.

이제 한 가지 질문이 남습니다. 이 나무는 열매를 맺습니까? 신약성경의 대답은 '그렇다'입니다. 이제 우리는 소망의 열매 네 가지를 알아보려고 합니다.

1. 소망은 기쁨의 열매를 맺습니다.
2. 소망은 사랑의 열매를 맺습니다.
3. 소망은 담대함의 열매를 맺습니다.
4. 소망은 인내의 열매를 맺습니다.

혹은 달리 표현하면, 그리스도인에게 소망이 없다면 그리스도인의 삶에서 기쁨이나 사랑이나 담대함이나 인내가 열릴 수 없다는 말입니다. 하나님을 소망하지 않는 사람들에게도 기쁨과 사랑과 용기와 인내가 있지만, 하나님을 영화롭게 하고 영혼을 구원하시는 하나님의 역사를 증거하는 그리스도인에게 속한 은혜는 이와 다릅니다. 은혜와 진리라는 땅에 심겨진 소망의 나무에서 자라지 않은 기쁨과 사랑과 담대함과 인내는 영적이지 않고 영원한 가치도 없습니다.

기쁨과 소망에 관한 세 가지 질문

오늘은 소망의 첫 번째 열매에 집중해 보겠습니다. 로마서 12장 12절 상반절입니다. "소망 중에 즐거워하며." 이 말을 다음과 같이 풀어서 말할 수 있습니다. "여러분의 소망에서 기쁨이 흘러나오게 하십시오." 또는 이렇게 말할 수 있습니다. "소망이라는 가지에 기쁨의 열매를 맺으십시오." 또는 이렇게 말할 수 있습니다. "소망을 가졌으니 기뻐하십시오." 본문에서는 기쁨과 소망을 확실히 연관 짓고 있습니다.

오늘 본문을 해석하기 위해 세 가지 질문을 하겠습니다.

1. 그리스도인의 기쁨이란 무엇인가?(이전에 "소망이란 무엇인가?"라는 설교에서 이미 답을 했습니다.)

2. 이 기쁨은 명령으로 얻을 수 있는가?

3. 우리는 이 명령에 어떻게 순종할 수 있는가? 실제 경험에서는 기쁨과 소망이 서로 어떻게 연결되는가?

1. 그리스도인의 기쁨이란 무엇인가?
감정적인 경험을 말로 표현한다는 것은 매우 어려운 일입니다. 하지만 세 가지(기쁨이 아닌 것 세 가지와 기쁨인 것 세 가지)를 대조하면서 적어도 올바른 방향을 잡아 보도록 하겠습니다.

그리스도인의 기쁨은 의지의 행위가 아니다

먼저, 그리스도인의 기쁨은 의지로 하는 행동이 아니라 마음에서 솟아나는 감정적인 반응입니다. 그리스도인이든 아니든 기쁨이란 의지로 하는 행동이 아니라는 점에서는 의견이 일치할 것입니다.

바울이 베드로전서 1장 8절에서 마지막 구원을 기대하며 "말할 수 없는 영광스러운 즐거움으로" 기뻐하라고 말할 때, 바울은 어떤 결심을 하라는 것이 아닙니다. 그는 우리가 기뻐하면 감정적으로 폭발한다는 말을 하고 있습니다. 이를 닦을지, 알레르기 주사를 맞을

지 말지는 결심할 수 있지만, 동일한 방식으로 기뻐하기로 결심할 수는 없습니다. 기쁨을 줄 수 있는 일들(야외로 드라이브를 간다거나, 친구를 만난다거나, 시를 읽는 등)을 하기로 결심할 수는 있지만 실제로 기쁨은 우리의 힘으로 생기는 것이 아닙니다. 아무리 노력해도 기쁨이 생기지 않을 수도 있습니다.

이런 의미에서 기쁨은 솟아나는 것이라고 말씀드렸습니다. 기쁨을 위해 준비는 할 수 있습니다. 고요한 바다 위를 항해하는 것처럼 말입니다. 하지만 바람이 불게 할 수는 없습니다. 성령은 임의로 불며, 기쁨은 성령의 열매입니다(갈 5:22). 이것이 첫 번째 대조입니다. 그리스도인의 기쁨은 의지력에 기반한 행동이 아닙니다. 마음에서 자연스레 생겨나는 감정적인 반응입니다.

그리스도인의 기쁨은 피상적이거나 얄팍하지 않다

두 번째로, 그리스도인의 기쁨은 피상적이거나 얄팍하지 않으며 깊고 견고합니다. 이런 이유에서 사람들은 기쁨을 행복이나 즐거움과 구분하고 싶어 합니다. 물론 피상적인 행복과 피상적인 즐거움도 있습니다. 하지만 성경은 "주의 오른쪽에는 영원한 즐거움이 있나이다"(시 16:11)라고 말하기도 하고 "여호와를 자기 하나님으로 삼는 백성은 복(happy)이 있도다"(시 144:15)고도 합니다. 따라서 행복과 즐거움이라는 단어가 꼭 피상적인 것은 아닙니다. 기쁨과 같은 의미로 사용될 수 있습니다.

그렇지만 그리스도인의 기쁨은 피상적이고 얄팍하기보다 깊고 견고하다는 말은 사실입니다. 이것을 아는 이유는, 성경이 그리스도인의 기쁨을 고난과 고통 중에서 흘러나오는 것으로 묘사하기 때문입니다. 로마서 5장 3절입니다. "우리가 환난 중에도 즐거워하나니." 데살로니가전서 1장 6절입니다. "또 너희는 많은 환난 가운데서 성령의 기쁨으로 말씀을 받아." 고린도후서 8장 2절입니다. "환난의 많은 시련 가운데서 그들의 넘치는 기쁨과 극심한 가난이 그들의 풍성한 연보를 넘치도록 하게 하였느니라."

이것은 분명히 매우 특이한 감정으로 고난 중에도 계속될 뿐 아니라 더욱 풍성해지는 것으로 보입니다. 바울이 고난 중에도 기뻐했을 뿐 아니라 슬픔 중에도 기뻐할 수 있었다는 말을 들으면 정말 놀랍습니다. 고린도후서 6장 10절에서 바울은 자신을 이렇게 묘사합니다. "근심하는 자 같으나 항상 기뻐하고 가난한 자 같으나 많은 사람을 부요하게 하고 아무것도 없는 자 같으나 모든 것을 가진 자로다."

그리스도인의 기쁨은 피상적이거나 얄팍하지 않으며 깊고 견고하다는 말을 통해 바로 이런 기쁨이 있음을 말씀드리고 싶었습니다. 저도 바울이 말하는 이런 기쁨을 조금이나마 경험한 적이 있습니다. 예를 들어, 제 어머니가 1974년 불의의 사고로 돌아가셨을 때, 저는 정말 많이 울었습니다. 하지만 그 울음은 소망 없는 사람들의 울음과는 달랐습니다(살전 4:13). 소용돌이치는 제 삶의 저 밑바닥에는 전능하신 하나님의 손 안에서 모든 것이 잘될 거라는 흔들림 없는 확신의 물결이 있었습니다.

이것이 그리스도인의 기쁨을 이해하도록 돕는 두 번째 대조입니다. 먼저, 그리스도인의 기쁨은 의지적 행동이 아니고 마음에서 솟아나는 감정적 반응입니다. 두 번째로, 그리스도인의 기쁨은 피상적이거나 얄팍하지 않고 깊고 확고합니다.

그리스도인의 기쁨은 자연적인 것이 아니다

세 번째로, 그리스도인의 기쁨은 자연적인 것이 아니라 영적인 것입니다. 이 점이 그리스도인의 기쁨을 다른 모든 기쁨들과 구별합니다. 성경에서 영적이라 함은, 그것이 성령으로부터 나온 것이고 성령의 속성을 가진 것이라는 의미입니다. 영과 관련이 있다고 무조건 '영적인' 것이라 생각하거나 육체나 물질적인 것들과 관련이 있다고 해서 자연적인 것이라고 생각하지 마십시오.

교만은 자연적인 것이지만 인간의 영 안에 있습니다. 시기도 자연적인 것이지만 인간의 영 안에 있습니다. 그리고 질투와 분노, 갈등과 자기 연민, 적의와 반감, 탐심과 증오, 이기심도 마찬가지입니다. 이런 것들은 전부 인간의 내면에서 나오는 것이지만 성경은 영적이라고 말하지 않습니다. 특별히 초자연적인 성령의 영향으로 이것들을 만들어 내는 것이 아닙니다. 그러므로 이것들은 자연적인 것입니다. 우리 본성이 이것들을 만들어 냅니다. 따라서 이것들은 자연적인 것입니다.

하나님 영의 특별한 영향 아래서 만들어지고 하나님 영의 속성을 가질 때 비로소 영적인 것이 됩니다. 따라서 그리스도인의 기쁨이 자연적이지 않고 영적이라고 말할 때의 의미는, 그것이 하나님의 영에 의해 만들어지고 하나님이 주시는 기쁨이라는 의미가 됩니다.

갈라디아서 5장 22절은 말합니다. "성령의 열매는 사랑과 희락과 화평과…." 또한 데살로니가전서 1장 6절은 그리스도인들이 "많은 환난 가운데서 성령의 기쁨으로 말씀을 받[았다]"고 말합니다. 로마서 14장 17절은 "하나님의 나라는 … 오직 성령 안에 있는 의와 평강과 희락이라"고 말합니다. 그리고 예수님은 자신의 기쁨이 제자들 안에 충만하기를 원한다고 여러 차례 말씀하셨습니다(요 15:11, 17:13).

따라서 그리스도인의 기쁨은 그저 인간의 영혼이 즐거운 상황에 반응하여 만들어지는 것이 아니라는 성경의 증거들이 많습니다. 이것은 단순히 인간의 기쁨이 아닙니다. 하나님 영의 산물 혹은 열매입니다. 우리 안에 충만해진 그리스도의 기쁨입니다.

거짓 기쁨에 대한 경고

이 사실을 아는 것이 중요한 실제적인 이유가 있습니다. 이것이 우리에게 거짓 기쁨이 있음을 경고하기 때문입니다. 겉으로 보기에 영적인 일들에서도, 많은 사람이 영적인 기쁨이라고 착각하지만 사실은 자연적인 기쁨들이 있습니다. 예를 들어, 네 가지 씨앗 비유에서 예수님은 돌밭에 심겨진 씨앗에 대해 이렇게 해석하셨습니다.

"돌밭에 뿌려졌다는 것은 말씀을 듣고 즉시 기쁨으로 받되 그 속에 뿌리가 없어 잠시 견디다가 말씀으로 말미암아 환난이나 박해가 일어날 때에는 곧 넘어지는 자요"(마 13:20-21).

하나님의 말씀을 듣고 기뻐하지만 이것은 영적인 기쁨이 아니고 진정한 회심이 일어났다는 증거도 아닙니다. 이것은 내주하시는 하나님 영의 역사가 아닙니다. 그리스도의 기쁨이 갖는 속성이 없습니다. 고난이라는 뜨거운 태양이 떠오르자 이슬처럼 사라지는 기쁨입니다.

왜 이 기쁨은 그렇게 쉽게 사라질까요? 왜 이 기쁨은 피상적이고 얄팍할까요? 하나님 안에 있는 기쁨이 아니라 그저 하나님이 주셨을지 모를 어떤 위로를 통해 얻은 기쁨이기 때문에 그렇습니다. 고난과 박해와 어려운 시기가 오고, 그 위로가 사라지면 기쁨도 사라집니다. 성령의 열매가 아니기 때문입니다. 그 기쁨은 외부 환경과 상관없이 하나님 안에서 기뻐하는 그리스도의 기쁨이 아니었습니다.

그렇다면 이제 첫 번째 질문으로 돌아가 보겠습니다. 그리스도인의 기쁨이란 무엇일까요?

1. 먼저, 그리스도인의 기쁨은 의지적 행동이 아니라 마음에서 솟아나는 감정적 반응입니다.

2. 두 번째로, 그리스도인의 기쁨은 피상적이거나 얄팍하지 않으며, 깊고 견고합니다.

3. 세 번째로, 그리스도인의 기쁨은 자연적인 것이 아니라 영적인 것입니다.

이제 이 모든 것을 고려하면서 두 번째 질문으로 넘어가 보겠습니다.

2. 이 기쁨은 명령으로 얻을 수 있는가?

기쁨이 의지적 행동이 아니라 마음에서 저절로 생겨나는 감정적 반응이고, 자연적 원천에서 생겨나는 것이 아니라 성령의 열매라고 한다면, 하나님께서 우리에게 '기뻐하라'고 명령하실 수 있을까요? 이에 대한 성경의 대답은 '그렇다'는 것입니다. 그렇습니다. 하나님은 명령하실 수 있고, 그러하기에 명령하십니다.

성경 전체에 걸쳐 나오는 기뻐하라는 명령들

마태복음 5장 12절입니다. "기뻐하고 즐거워하라. 하늘에서 너희의 상이 큼이라." 데살로니가전서 5장 16절입니다. "항상 기뻐하라." 빌립보서 4장 4절입니다. "주 안에서 항상 기뻐하라. 내가 다시 말하노니 기뻐하라." 베드로전서 4장 13절입니다. "오히려 너희가 그리스도의 고난에 참여하는 것으로 즐거워하라." 그리고 로마서 12장 12절에서 기쁨이라는 단어가 분사형으로 쓰이긴 했지만("rejoicing in hope"), 그 의미는 분명히 명령형입니다. "소망 중에 즐거워하며 환난 중에 참으며 기도에 항상 힘쓰며." 이것은 우리가 해야 하는 일이 분명합니다. 로마서 12장 15절에 나오는 표현도 모든 성경 번역본이 명령으로 해석하고 있는 것을 보면 더욱 분명해집니다. "즐거워하는 자들과 함께 즐거워하라!"

따라서 답은 '그렇다'입니다. 하나님은 자기 백성에게 기뻐하라고 명령하실 수 있고 그렇게 명하십니다. 기쁨이 우리 의지로 조절되는 것이 아니고 우리의 자연적인 원천을 뛰어넘는 하나님 영의 열매이긴 하지만, 그럼에도 불구하고 하나님은 우리에게 기쁨을 경험하라고 명하실 수 있습니다.

왜 우리는 기뻐하라는 명령을 받아야 하는가?

왜 그렇습니까? 하나님은 우리가 무한히 기뻐할 만한 분이시기에 그렇습니다. 그리고 기뻐하라는 하나님의 명령과 기뻐하는 우리 경험 사이를 막아서는 유일한 것이 우리의 죄악된 마음(하나님 안에서보다 세상의 것들을 더욱 기뻐하는 마음)이기 때문에 우리는 명령을 받아야 합니다. 그리고 "기뻐하라"는 하나님의 명령에 우리가 "저는 도저히 하나님을 기뻐할 수 없어요. 제 마음은 죄악되거든요"라고 말하며 자신의 불순종을 변명하려 한다면, 그 말로 인해 우리는 용서받을 수 없게 됩니다. 그 말들이 우리를 정죄할 것이기 때문입니다.

요약하면, 하나님은 피조물에게 하나님을 깊게 영적으로 기뻐하라고 명령할 권리가 있으십니다. 하나님이 우리에게 거듭나라고 명령하시고(요 3:3) 새로운 마음을 가지라고 명령하실(겔 18:31) 권리가 있는 것과 마찬가지입니다. 우리가 악하다고 해서 의를 행할 의무가 없어지는 것은 아닙니다.

이제는 마지막 질문으로 이어집니다.

3. 우리는 이 명령에 어떻게 순종할 수 있는가?

또한 오늘 본문에서 "소망 중에 즐거워하라"고 말하기 때문에 우리는 이렇게 질문할 수 있습니다. "이 명령에 순종하는 일에 있어 소망은 어떤 역할을 할까요?" 우리는 지금까지 그리스도인의 기쁨이 성령의 열매라는 것을 살펴보았습니다. 따라서 이렇게 질문해야 합니다. "우리의 기쁨을 만들어 내는 일에 성령과 소망은 서로 어떻게 연결되어 있을까요?"

기쁨과 소망과 성령이 한꺼번에 나와서 이들이 서로 어떻게 연결되는지를 보여 주는 말씀이 로마서에 두 군데 나옵니다(5:2-5, 15:13). 이 중에서 한 군데만 살펴보겠습니다.

기쁨, 소망, 성령

로마서 5장 2-5절 말씀을 보겠습니다. "또한 그로 말미암아 우리가 믿음으로 서 있는 이 은혜에 들어감을 얻었으며 하나님의 영광을 바라고 즐거워하느니라. 다만 이뿐 아니라 우리가 환난 중에도 즐거워하나니 이는 환난은 인내를, 인내는 연단을, 연단은 소망을 이루는 줄 앎이로다. 소망이 우리를 부끄럽게 하지 아니함은 우리에게 주신 성령으로 말미암아 하나님의 사랑이 우리 마음에 부은 바 됨이니."

2절에서 바울은 자신이 로마서 12장 12절에서 명령한 바로 그것을 행한다고 말합니다. 즉, 소망 중에 즐거워합니다. 특별히 그는 하나님의 영광을 소망하면서 즐거워합니다.

그런 다음 3절에서는 환난 중에도 즐거워한다고 말합니다. 왜 그렇습니까? 그것이 소망 중에 즐거워하는 또 다른 방법이기 때문입니다. 바울의 생각의 흐름을 따라가 보면 이렇습니다. 우리가 환난 중에도 즐거워하는 이유는 환난이 인내를 낳고 인내는 연단을 낳고 연단은 소망을 낳기 때문입니다! 따라서 그가 환난 중에 즐거워한다고 말할 때 더욱 큰 소망이 그 앞에 있기에 즐거워합니다. 소망은 바울의 삶에서 기쁨의 가장 큰 원천입니다.

매튜 헨리는 이 부분에 대해 로마서 15장 13절 주석에서 이렇게 말합니다.

> 믿는 자들의 기쁨과 평화는 주로 그들의 소망에서 생겨난다. 현재는 아무것도 없지만 그들을 위해 예비된 것이 많다. 그러므로 소망이 클수록

더 기쁘고 더 평안하다. … 그리스도인들은 풍성한 소망을 갈망해야 하고 좇아야 한다.

하지만 로마서 5장 2-4절에 나오는 소망과 즐거움은 어떻게 성령의 역사와 연결됩니까? 바울은 5절에서 이렇게 말합니다. "소망이 우리를 부끄럽게 하지 아니함은 우리에게 주신 성령으로 말미암아 하나님의 사랑이 우리 마음에 부은 바 됨이니."

5절은 우리의 소망 저변에는 그 소망이 흔들리지 않게 붙들어 주는 하나님의 사랑이라는 기반이 있다고 말합니다. 그리고 성령님은 하나님의 사랑을 우리 마음에 부어 주시고 우리가 그 사랑을 알고 깨닫게 하시며 그 사랑에 감사하게 하십니다.

이제 여러 조각들을 하나로 모아 보겠습니다. 먼저 우리를 선택하시고 우리를 부르시고 우리를 의롭다 하시고 우리에게 하나님의 영광을 함께하도록 보증하시는 하나님의 사랑이 있습니다. 그런 다음, 하나님의 사랑을 우리 마음에 부어서 우리로 그것을 깨닫고 감사하게 하시는 성령님의 역사가 있습니다. 그런 다음, 하나님의 사랑을 이렇게 깊이 경험하는 것을 통해 환난 중에도 흔들리지 않는 소망이 자라납니다. 그리고 마지막으로 이 소망 안에서 우리는 기뻐합니다.

매일의 삶에서 기쁨을 위해 어떻게 싸울 것인가?

그렇다면 우리는 기뻐하라는 명령에 어떻게 순종합니까? 희노애락이 교차하는 매일의 삶에서 어떻게 기쁨을 위해 싸워야 할까요? 먼저, 본성상 우리는 죄인이며, 도움 없이는 자신의 영광을 하나님의 영광보다 더 즐거워할 수밖에 없는 무기력한 사람들이라는 사실을 인정합시다.

둘째, 소망의 하나님께 그분의 성령을 보내사 우리 마음에 하나님의 사랑을 부어 주시기를 간구합시다.

셋째, 회개하는 죄인들을 향한 하나님의 사랑을 말하고 증거하는 성경 말씀에 우리 마음을 집중합시다. 예를 들어, 로마서 8장 35-39절 말씀입니다. "누가 우리를 그리스도의 사랑에서 끊으리요. 환난이나 곤고나 박해나 기근이나 적신이나 위험이나 칼이랴. 기록된 바 우리가 종일 주를 위하여 죽임을 당하게 되며 도살당할 양같이 여김을 받았나이다 함과 같으니라. 그러나 이 모든 일에 우리를 사랑하시는 이로 말미암아 우리가 넉넉히 이기느니라. 내가 확신하노니 사망이나 생명이나 천사들이나 권세자들이나 현재 일이나 장래 일이나 능력이나 높음이나 깊음이나 다른 어떤 피조물이라도 우리를 우리 주 그리스도 예수 안에 있는 하나님의 사랑에서 끊을 수 없으리라."

그리고 마지막으로, 하나님의 사랑이 하나님의 영광을 바라는 소망으로 우리를 가득 채울 때, 그 소망 중에 우리는 즐거워합니다. 이제 여러분에게 다시 한 번 말합니다. "기뻐하십시오!"

29장

기도에 항상 힘쓰라

로마서 12:12

소망 중에 즐거워하며 환난 중에 참으며 기도에 항상 힘쓰며. _롬 12:12

오늘 아침 제가 이 설교를 통해 이루려는 단순하면서도 인간의 힘으로는 불가능한 목표가 있습니다. 곧 다가올 새해에는 우리 모두가 기도에 온전히 힘쓰게 되는 것입니다. 성경이 우리에게 그렇게 하라고 요구하고 있습니다. 오늘 본문은 긴 권고의 일부인 로마서 12장 12절입니다. "소망 중에 즐거워하며 환난 중에 참으며 기도에 항상 힘쓰며(devoted, 헬라어 proskarterountes)."

우리가 가진 성경에는 "기도에 항상 힘쓰라"(constant in prayer) 또는 "꾸준히 기도하라"(faithful in prayer)로 번역되어 있을 것입니다. 모두 맞는 말입니다. "바쳐지다"(devoted) 역시 좋은 번역입니다. 이 단어는 마가복음 3장 9절에도 쓰였습니다. "예수께서 무리가 에워싸 미는 것을 피하기 위하여 작은 배를 '대기하도록'(마련하도록, proskartere) 제자들에게 명하셨으니." 무리가 에워싸고 밀칠 경우 예수님을 태울 목적으로 배 한 척이 따로 떼어 구별(바쳐진 바)되었습니다. 이 말씀에서처럼 "대기하다"(devoted)라는 것은 '어떤 일을 위해 헌신하다 또는 그 일을 위해 지명받다'는 의미입니다. 배들은 있어야 할 자리에 있습니다.

하지만 사람들은 그런 식으로 자신을 '헌신하지' 않습니다. 이 단어가 사람에게 적용될 때는, '지명받고 임명받다'는 의미뿐 아니라 '지명받은 일을 행하고 계속 매진한다'는 의미가 더해져 '헌신하고 바쳐진다'는 의미를 갖습니다. 예를 들어, 로마서 13장 6절에서 바울은 정부의 역할에 대해 이런 식으로 말합니다. "너희가 조세를 바치는 것도 이로 말미암음이라. 그들이 하나님의 일꾼이 되어 바로 이 일에 항상 힘쓰느니라(devoting)." 즉, 그들은 하나님께 일을 임명받았을 뿐 아니라 그 일에 항상 힘씁니다.

놀라운 점은, 이 단어가 신약성경에 열 번 나오는데 그중 다섯 번이 기도에 적용되었다는 사실입니다. 로마서 12장 12절 외에 다른 구절들을 읽어 드리겠습니다.

사도행전 1장 14절입니다. 예수님이 승천하신 후 제자들은 예루살렘에서 성령을 기다리고 있었습니다. "여자들과 예수의 어머니 마리아와 예수의 아우들과 더불어 마음을 같이하여 오로지 기도에 '힘쓰더라.'"

사도행전 2장 42절입니다. 예루살렘에서 초기에 회심한 자들에 대한 말씀입니다. "그들이 사도의 가르침을 받아 서로 교제하고 떡을 떼며 오로지 기도하기를 '힘쓰니라.'"

사도행전 6장 4절입니다. 사도들이 말합니다. "우리는 오로지 기도하는 일과 말씀 사역에 '힘쓰리라.'"

골로새서 4장 2절입니다. 바울이 우리 모두에게 말합니다. "기도를 계속하고 기도에 감사함으로 '깨어 있으라.'"

이러한 신약의 말씀들을 볼 때, 정상적인 그리스도인의 삶은 기도에 힘쓰는 삶이라 말할 수 있습니다. 그렇기 때문에 새해로 넘어가는 이때에 우리는 이렇게 자문해 봐야 합니다. "나는 기도에 힘쓰는가?" 그렇다고 기도가 우리가 해야 하는 일의 전부라는 의미는 아닙니다. 아내에게 헌신하는 것과 아내와 온종일 시간을 함께 보내는 것은 별개의 문제입니다. 헌신은 삶의 모든 영역에 영향을 미치고 남편은 여러 가지 방식으로 아내에게 자신을 주게 됩니다. 따라서 기도에 힘쓴다는 것은 오직 기도'만' 한다는 의미는 아닙니다(바울이 다른 곳에서 "쉬지 말고 기도하라"고 말하긴 했지만).

기도에 힘쓴다는 것은 기도에 헌신했다는 사실을 보여 줄 만한 일정 형태의 기도가 있다는 의미입니다. 그것은 사람마다 동일하지 않습니다. 하지만 기도에 힘쓴다는 사실을 드러내는 무언가 의미 있는 내용이 있습니다. 기도에 힘쓰는 것과 기도에 힘쓰지 않는 것은 분명히 다릅니다. 그리고 하나님은 그 차이를 아십니다. 하나님은 우리에게 기도에 힘썼는지 물어보실 것입니다. 우리 삶에는 명확히 "기도에 힘쓴다"고 말할 만한 구체적인 모습(방식)이 있습니까?

대부분의 사람들이 동의하는 "기도에 힘쓴다"고 말할 수 없는 방식들이 있습니다. 삶에 위험이 찾아올 때만 기도하는 것은 기도에 힘쓰는 형태가 아닙니다. 식사 때만 기도하는 것도 마찬가지입니다. 하루를 마치고 잠들기 전에 짧게 드리는 기도 역시 기도에 힘쓰는 것은 아닙니다. 주차할 자리를 찾으면서 "주님, 도와주세요!"라고 요행을 바라며 기도하는 것도 그렇습니다. 이런 기도들도 나쁘지는 않습니다. 하지만 바울이 "기도에 힘쓰라"고 말할 때는 그리스도를 따르는 자들에게 무언가 다른 더 중요한 것을 기대한다는 사실에 모두 동의하리라 생각합니다.

무엇보다 우리는 그리스도의 십자가(죄인 대신 그분이 죽으신 것)가 모든 기도의 기반이 된다는 사실을 잊지 말아야 합니다. 그리스도가 우리 대신 죽지 않으셨다면 우리가 왜 기도해야 하고 어떻게 기도해야 하는지에 대한 납득할 만한 답을 찾을 수 없습니다. 이런 이유에서 우리는 "예수님의 이름으로" 기도합니다.

기도에 대한 장애물들을 살펴보면, 일부는 "왜 기도하는가?"에 걸리고 일부는 "어떻게 기도하는가?"에 걸립니다. 오늘 아침은 '어떻게'에 집중해 보겠습니다. '왜'라는 질문이 중요하지 않아서가 아니라, '왜 기도하는가'에 신학적 대답을 전부 할 수 있다 해도 여전히 기도 생활에 나태하고 부주의할 수 있기 때문입니다. 그래서 '왜'라는 질문에는 짧게 대답하고 좀 더 실제적인 문제인 '어떻게 기도하느냐'에 초점을 맞추어 보겠습니다. 그래서 바라기는 새해에는 우리 모두 "기도에 힘쓰는" 수준까지 과감히 올라갈 수 있었으면 합니다.

왜 기도하는가?

왜 기도에 힘써야 하는지에 대해 세 가지 짧은 답변을 드리겠습니다.

1. 성경이 우리에게 기도하라고 말하고 우리는 하나님이 말씀하신 것을 행해야 하기 때문입니다. 오늘 본문뿐 아니라 많은 다른 성경 구절들이 "기도에 힘쓰라"고 말합니다. 그렇게 하지 않으면 우리는 말씀에 불순종하는 것입니다. 어리석고 위험합니다. 기도가 쉽지 않다면, 우리 역시 다른 사람들과 마찬가지로 타락한 죄인이기 때문에 그렇습니다. 이 문제에서 영적 전투를 하십시오. 스스로를 훈련하십시오. 죄와 연약함과 세속적인 성향이 자신을 지배하도록 내버려두지 마십시오. 하나님께서 "기도에 힘쓰라"고 말씀하십니다. 이를 위해 싸우십시오.

2. 자신과 가족의 필요들, 우리 교회와 다른 교회들의 필요들, 세계 선교를 위한 필요들, 우리 문화 전반에 걸친 거대하고 절실한 필요들이 있습니다. 많은 경우 천국이냐 지옥이냐, 믿음이냐 불신이냐, 삶이냐 죽음이냐의 문제가 걸려 있습니다. 로마서 9장 2절에서 멸망하는 동족들을 위해 슬퍼하고 고통스러워하는 바울의 모습과 로마서 10장 1절에서 그들을 위해 간절히 기도하는 바울의 모습을 기억하십시오. "형제들아 내 마음에 원하는 바와 하나님께 구하는 바는 이스라엘을 위함이니 곧 그들로 구원을 받게 함이라."

우리가 기도할 때 구원의 저울추가 움직입니다. 삶이 전쟁이라는 것을 알기 전까지는 기도가 왜 필요한지 모를 것입니다. 기도의 가장 큰 장애물 중 하나는 자기의 삶이 일상적으로 너무나 평온하다는 것입니다. 전쟁은 다른 나라 이야기이고, 평화롭고 만족스러운 나의 작은 세계는 모두 괜찮습니다. 오, 하나님께서 우리의 눈을 열어 주변의 필요와 기도의 절실함을 깨닫게 해주시길 기도합니다.

3. 기도해야 할 세 번째 이유는, 우리가 기도할 때 하나님이 일하시기 때문입니다. 우리가 하나님 없이 5년 걸려 할 수 있는 일을 하나님은 5초 안에 그보다 더 많은 일을 하실 수 있습니다. 이것은 오랜 세월을 통해 배운 진리입니다. 설교를 준비하면서, 위기에 처한 사람을 상담하면서, 영적인 대화를 나누면서, 혹은 만남을 계획하면서 하나님께 머리 숙여 기도하고 간구했을 때 하나하나 어려움을 극복해 나가는 경험은 얼마나 멋진 일인지요! 할 일은 많은데 어떻게 해야 할지 몰라 초조하고 다급할 때, 오히려 성경에 의지하고 시간을 따로 떼어 기도의 무릎을 꿇으면 문제를 해결할 아이디어가 떠오르고 설교의 가닥이 잡히고 위기를 해결하게 되고 신학적인 문제를 해결하는 경우가 많았습니다. 이는 얼마나 중요한 교훈인지요! 기도하는 그 짧은 시간을 통해 받은 영감과 깨달음을 자기 힘으로 얻으려고 많은 시간을 낭비하지 않아도 되고 좌절한 나머지 머리를 벽에 박지 않아도 되니 얼마나 좋습니까! 하나님께서 힘든 일을 면하게 해주신다는 의미가 아닙니다. 우리 혼자 힘으로 할 때보다 기도할 때 5,000배 더 결실을 맺는다는 말입니다.

이 외에도 기도해야 할 이유들은 더 있지만 이 세 가지로 마치겠습니다. 1) 하나님이 우리에게 기도하라고 명하십니다. 2) 필요가 크고 절실한 영적인 일들이 걸려 있습니다. 3) 우리가 기도할 때 하나님이 일하시고, 우리가 몇 시간 혹은 몇 주 혹은 몇 년이 걸려 할 일을 하나님은 몇 초 안에 더 많이 행하십니다.

기도에 대해 답해야 할 질문들이 많지만 여기서 다 다룰 수는 없습니다. 제가 쓴 『하나님을 기뻐하라』(*Desiring God*), 『하나님의 기쁨』(*The Pleasures of God*), 『열방을 향해 가라』(*Let the Nations Be Glad*)에 기도에 관한 내용들이 많이 있고, 『하나님께 굶주린 삶』(*A Hunger for God*)은 전체가 기도에 대한 책입니다. 특히 사람들의 구원을 위한 기도가 하나님의 무조건적인 선택과 어떻게 조화를 이루는지 고민하고 계시다면 『하나님의 기쁨』을 읽어 보십시오.

어떻게 기도할 것인가?

이제는 '어떻게' 기도할 것인가에 집중해 보려고 합니다. 항상 기도에 힘쓰려고 마음먹었더라도, 어쩌면 여러분이 한 번도 생각해 본 적이 없었거나 혹은 시도했다가 꾸준히 하는데도 실패했을지 모를, 실제적이고 성경적인 가능성들을 일깨워 드리고자 합니다.

우리는 모두 다릅니다. 각자의 일정도, 가족 구성원도, 삶의 단계도 다 다르기에 그날그날 필요한 것도 같은 것이 없습니다. 영적 성숙도도 다르며, 며칠 만에 눈에 띄게 성장하는 사람은 찾기 어렵습니다. 기도에 힘쓰면서 지난 시절에 해왔던 일들을 돌아보면 어떻게 그 어려운 시기를 헤쳐 나왔는지 놀랄지도 모릅니다. 하지만 우리 모두는 앞으로 나아갈 수 있습니다. 바울은 자신이 세운 교회들에 편지를 써서 "여러분은 잘하고 있습니다. 더욱 그렇게 행하기 바랍니다"(빌 1:9; 살전 4:1, 10)라는 식으로 말하기를 좋아합니다. "더욱 그렇게 행하라"는 말은 기도에도 곧장 적용됩니다.

이러한 실제적인 제안들을 알파벳 "F/A/D/E/S"로 시작하는 다섯 쌍으로 제시해 보겠습니다. 'fades'에 기도와 관련된 특별한 의미는 없습니다. 하지만 굳이 여기에 의미를 부여하자면, 이것을 실천하지 않으면 기도에 대한 헌신이 '사그라든다'(fades)고 말할 수 있습니다.

F: 자유롭게(Free) 그리고 형식에 맞춰(Formed)

여기서 제가 생각한 것은 체계적인 기도와 비체계적인 기도의 차이입니다. 기도에 힘쓴다는 것은 어느 때는 자유롭고 비체계적으로 기도해야 하지만 또 어느 때는 형식에 맞춰 기도해야 한다는 의미입니다. 늘 자유롭게만 기도한다면 우리의 기도는 아마 깊이가 없고 금방 진부해질지도 모릅니다. 혹은 형식에 매인 기도만 한다면, 우리의 기도는 기계적이고 공허할 수 있습니다. 두 가지 기도 방식 모두 중요합니다. 둘 중의 하나가 아니라 둘 다 필요합니다.

제가 자유롭다고 말한 것은, 주기적으로 하나님께 영혼을 쏟아 놓듯이 자유롭게 기도하라는 의미입니다. 여기에는 어떤 정해진 원고나 안내 책자, 기도 목록이나 책이 필요 없습니다. 정해진 형식 없이 자유롭게 튀어나오는 많은 필요들이 있습니다. 좋은 일입니다. 이런 기도가 없다면 하나님과 바른 관계를 맺고 있는지 의심해 보아야 합니다. 모든 대화를 목록이나 책을 보고 하거나 외운 대로 읊는 결혼 생활이나 우정을 과연 상상할 수 있겠습니까? 있다 해도, 극도로 작위적인 관계일 것입니다.

또 한편으로는 자신은 영적으로 깊고 풍성하고 훈련을 잘 받았기에 어떤 형식의 도움도 필요치 않다고 생각하지 않길 바랍니다. 모두에게 권하고 싶은 네 가지 형식이 있습니다.

형식 1. 성경

성경으로 기도하십시오. 성경에 나오는 기도문을 따라 기도하십시오. 이번 주에 우리 베들레헴교회는 에베소서 3장 14-19절에 나오는 기도를 중심으로 기도하고 있습니다. "이러므로 내가 하늘과 땅에 있는 각 족속에게 이름을 주신 아버지 앞에 무릎을 꿇고 비노니 그의 영광의 풍성함을 따라 그의 성령으로 말미암아 너희 속사람을 능력으로 강건하게 하시오며 믿음으로 말미암아 그리스도께서 너희 마음에 계시게 하시옵고 너희가 사랑 가운데서 뿌리가 박히고 터가 굳어져서 능히 모든 성도와 함께 지식에 넘치는 그리스도의 사랑을 알고 그 너비와 길이와 높이와 깊이가 어떠함을 깨달아 하나님의 모든 충만하신 것으로 너희에게 충만하게 하시기를 구하노라."

이 말씀을 외워서 자주 기도하십시오. 주기도문을 외워 각 구절을 자기의 말로 바꾸고 기도해 줄 사람들에게 그 말씀을 적용시키십시오. 성경의 명령을 따라 다음과 같이 기도하십시오. "저와 제 아내와 자녀와 교회의 어른들과 우리 교회 선교사들이 온 마음과 뜻과 힘을 다해 하나님을 사랑하도록 도와주십시오." 성경의 약속을 따라 다음과 같이 기도하십시오. "오! 주님, 하늘과 땅의 모든 권세가 주님의 것이오니 오늘도 세상 끝날까지 함께하시겠다는 그 약속을 우리 선교사들이 기뻐하게 하소서." 성경의 경고를 따라 다음과 같이 기도하십시오. "주님, '네 눈이 너를 범죄하게 하거든 빼버리라 한 눈으로 하나님의 나라에 들어가는 것이 두 눈을 가지고 지옥에 던져지는 것보다 나으니라'고 말씀하셨던 그 위기 의식을 갖고 정욕과 싸우게 하소서." 성경을 앞에 펼치고 두 손을 모아 회개나 찬양이나 감사나 간구를 담은 모든 본문을 가지고 기도하십시오.

형식 2. 기도 목록

기도 목록을 정해 기도하십시오. 기도해야 할 사람들의 목록과 기도가 필요한 사안들을 적으십시오. 목록 없이도 기도해야 할 모든 사람과 모든 필요를 다 외울 수 있다면 여러분은 하나님일 겁니다. 저는 목록이 꼭 필요합니다. 일부는 머리에 암기하고 일부는 종이에 적습니다. 저는 매일 기도해야 할 사람 70명 정도를 외우고 있습니다. 하지만 저와 제 아내는 매일 밤 목록을 적어서 따로 기도하는 사람들도 있습니다. 또한 목록을 적어서 기도하는 선교사들도 있습니다. 제 영혼과 우리 가족과 교회와 세계를 위해 매주 바뀌는 기도 제목들도 물론 있습니다.

그래서 여러분에게 권합니다. 사람들의 이름과 기도 제목을 적으십시오. 휴대용 컴퓨터에 기도 폴더를 만들어 저장하십시오. 제가 지금 '자유롭게 그리고 형식에 맞춰'라는 한 쌍에서 형식 부분만 말하고 있다는 점을 잊지 마십시오. 자유롭게 기도하는 것도 중요합니다. 둘 중의 하나가 아니라 둘 다 중요합니다.

형식 3. 서적들

『세계기도정보』(*Operation World*) 같은 책들을 가지고 기도하십시오. 날마다 혹은 이틀에 한 번씩 각기 다른 나라를 위해, 그 나라에 그리스도가 전해지기를 위해 기도하십시오. 세계를 품고 하나님의 위대하심이 드러나기를 꿈꾸는 강력한 방법입니다! 『주를 위해 죽다』(*Extreme Devotion*) 같은 책을 놓고 기도하십시오. 각 페이지마다 환난당하고 박해받는 교회들이 소개되어 있어 1년 내내 매일 기도할 수 있습니다. 제 책 『열방을 향해 가라』도 사용하십시오. 92-100쪽을 펴면 초대교회가 서로를 위해 기도했던 36가지 사항이 나오는데 그것을 보며 기도할 수 있습니다. 청교도 기도모음집인 『영혼을 일깨우는 기도』(*The Valley of Vision*)를 참고해서 과거 위대한 성도들처럼 기도해 보십시오. 좋은 책들의 도움 없이도 필요한 기도를 놓치지 않을 수 있고 성경이 말하는 모든 내용을 알 수 있다고 생각하는 것은 어리석습니다.

형식 4. 기도의 양식(樣式)

기도의 무릎을 꿇을 때, 처음에는 무엇을 위해 기도할지 그다음에 또 무엇을 위해 기도할지를 알려 주는 기도 양식을 정해 놓으십시오. 말씀드렸듯이 주기도문의 모든 간구를 따라 우리의 기도를 작성하는 것이 한 가지 양식입니다. 저는 매일 제 영혼을 시작으로 해서(제가 가장 민감하게 느끼는 필요와 죄) 우리 가족에게로, 그다음엔 교회 동역자와 장로님들, 그다음엔 교회 모든 직원들, 그다음엔 우리 선교사들, 그리고 그리스도의 몸 된 교회들과 선교 사역과 문화의 전반적인 필요들을 위해 기도하는 동심원 형태의 기도를 합니다. 이런 식으로 어떤 형태나 양식 없이는 기도하는 것이 막막하고 무엇을 어떻게 기도해야 할지 헤매게 됩니다.

이처럼 기도의 첫 번째 쌍은 '자유롭게 그리고 형식에 맞춰'입니다. 어떤 형식 없이 자연스럽게 필요와 감사와 찬양을 올려드릴 수 있습니다. 성경이나 목록이나 책이나 양식의 도움을 받아 체계적으로 기도할 수 있습니다. 여러분이 "기도에 힘쓰는" 사람이라면, 기도 생활에서 '자유롭게 그리고 형식에 맞춰' 둘 다 구해야 합니다.

A: 혼자(Alone) 그리고 모여서(Assembled)

기도에 힘쓴다는 것은 규칙적으로 혼자 기도하고, 규칙적으로 다른 그리스도인들과 모여서 기도하는 것을 의미합니다.

예수 그리스도를 통해 홀로 하나님을 만나는 일은 얼마나 중요한지요! 예수님을 통해 하나님과 개인적으로 신뢰 관계를 쌓고 영적으로 교감하는 것이 없다면 기독교가 아닙니다. 이것이 없다면 모두 쇼이고 껍데기이고 허식입니다. 16명의 아이를 키우던 수잔나 웨슬리는 부엌에서 앞치마를 머리에 뒤집어쓰곤 했는데, 아이들은 이것이 부엌에서 조용히 해야 한다는 의미라는 걸 알았습니다. 아이들은 엄마와 아빠가 예수님과 거룩한 시간을 보낸다는 것과 그럴 때는 방해해서는 안 된다는 것을 알았습니다. 장소를 찾으십시오. 시간을 정하십시오. 아이들에게 가르치십시오.

하지만 다른 신자들과 함께 기도하는 일은 혼자 기도하는 것보다 더 소홀히 여겨지는 경향이 있습니다. 혼자서도 기도하고 모여서도 기도해야 합니다. 신약성경은 합심하여 기도하는 이야기로 가득합니다. 사실 신약에 나오는 대부분의 모임은 '기도회'라고 봐도 좋습니다. 사도행전 1장 14절입니다. "여자들과 예수의 어머니 마리아와 예수의 아우들과 더불어 마음을 같이하여 오로지 기도에 힘쓰더라." 신약에 나오는 전형적인 기도입니다. 사도행전 12장 12절입니다. 베드로가 감옥에서 나왔을 때, "마가라 하는 요한의 어머니 마리아의 집에 가니 여러 사람이 거기에 모여 기도하고" 있었습니다. 기도 모임은 늘 있었고 제 생각엔 초대교회의 표준적인 모습이었던 것 같습니다.

신약성경에서 기도에 힘쓴다는 것에는 분명 하나님의 사람들과 함께 기도한다는 의미가 포함되어 있습니다. 여러분은 어떻습니까? 이것은 기독교의 수준이 올라가야 가능한 것이 아닙니다. 기독교의 본질에 속합니다. 이번주에 우리 교회에는 30분씩 기도하는 모임이 12번 있고, 금요일 밤에는 8시간 밤새 기도하는 모임이 있습니다. 이렇게 여러 번 기도 모임이 계획된 것은 새로운 도약을 하기 위함입니다. 1년 내내 매주 6일 동안은 아침에 30분 기도가 있고 수요일 저녁에는 5시 45분에 저녁 기도가 있습니다. 또한 기도와 사역을 위해 모이는 여러 소그룹들이 있습니다. 주일 아침에도 기도와 찬양으로 모입니다. 우리의 기도 생활에 기도 모임이 포함되어 있지 않다면, 올해를 시작의 해로 삼으십시오. '자유롭게 그리고 형식에 맞춰', '혼자 그리고 모여서' 둘 다 필요합니다.

D: 절박하게(Desperate) 그리고 즐겁게(Delighted)

기도에 힘쓴다는 것은 종종 절박하게 그리고 종종 즐겁게 기도로 하나님께 나아간다는 의미입니다. 간단하게 말하면, 기도는 우리의 가장 깊고 아픈 마음이 하나님과 만나는 장소이고, 또한 최고로 즐겁고 감사한 마음이 하나님을 만나는 장소이기도 합니다. 날마다 아버지 앞에 무릎을 꿇을 때 사용하는 방식은 눈물로 얼룩져 있어야 합니다. 또한 하나님은 기도를 들으시는 분이시기에, 우리는 사도 바울과 같이 "근심하는 자 같으나 항상 기뻐[한다]"(고후 6:10)고 말할 수 있어야 합니다. 많은 경우 그 기쁨은 타락한 세상의 무거운 짐들을 이겨 내고(마땅히 그래야 하듯) 우리를 뛰고 싶게 만들 것입니다. 하나님 아버지는 이 모든 때에 우리를 만나기 원하십니다. 절망 중에도, 기쁨 중에도(금식할 때도 잔치를 벌일 때도) 늘 기도에 힘쓰십시오. 둘 중의 하나가 아니라 둘 다입니다.

E: 폭발적인(Explosive) **그리고 연장된**(Extended)

이 말은 짧게 또 길게 기도하라는 의미입니다. 짧게(short), 길게(long)라는 말로는 첫 글자가 동일하지 않아 이런 식으로 표현했습니다. 또한 폭발적이라는 단어는 기도의 모습이 어떠해야 하는지를 좀 더 생생한 표현으로 명확하게 보여 줍니다. 기도에 힘쓰다 보면 찬양과 감사와 간구가 갑자기 봇물 터지듯 아주 짧은 시간 동안(몇 초정도) 입에서 터져 나오는 때가 있습니다. 또한 기도에 힘쓰다 보면 주님께 더 오랜 시간 기도하며 머물러 있게 될 때도 있습니다. 어느 때는 아내와 짧게 통화할 때도 있지만 저녁 내내 오랜 시간을 보낼 때도 있는 것과 마찬가지입니다. 그리스도를 사랑하고 모든 것을 그분께 의지하고 그분을 다른 무엇보다 최고로 소중히 여긴다면, 폭발적인 기도로 그분을 만날 때도 있고 오랜 시간 기도하며 만날 때도 있습니다.

S: 즉흥적인(Spontaneous) **그리고 계획적인**(Scheduled)

"자유롭게 그리고 형식에 맞춰" 그리고 "폭발적인 그리고 연장된"과 이것이 다른 점이 무엇일까요? "자유롭게 그리고 형식에 맞춰"는 기도의 내용에 관한 것입니다. 무엇을 기도하는가의 문제였습니다. "폭발적인 그리고 길게 확장된"은 기도하는 시간에 관한 것입니다. 이제 '즉흥적인 그리고 계획적인'이라는 말을 통해서는 '기도의 때'에 관해 말씀드리려고 합니다.

우리가 기도에 힘쓴다면 하루 종일 수시로 기도하게 될 것입니다. 바울이 말한 대로 쉬지 않고 기도하게 됩니다. 그리스도와 영적 교제를 지속하면서 성령과 동행하고 그분이 우리의 삶에 늘 임재하신다는 것을 압니다. 그분과 대화하는 데는 특별한 계획이 필요하지 않습니다. 하루에도 수십 번 기도할 수 있습니다. 이것은 정상이고 좋은 일입니다. 이것이 기도에 힘쓰는 것입니다.

하지만 이렇게만 기도한다면, 그리 오래가지 못할 것입니다. 시도 때도 없이 수시로 기도하는 이러한 열매는 계획을 세우는 훈련을 통해 잘 다듬어진 정원에서 자라납니다. 따라서 기도 시간을 별도로 정해서 하기를 권합니다. 올해의 기도 계획을 작성하십시오. 언제 하나님을 정기적으로 만나겠습니까? 얼마의 시간을 따로 떼어 두겠습니까? 매일 이런 식으로 시작해 보길 권합니다. 혼자 또는 친구나 배우자와 함께 하루나 이틀 시간을 내어 4시간이나 8시간 정도 기도에 힘써 보시지 않겠습니까? 방법은요? 성경책을 읽고 그 내용을 기도로 바꾸면 됩니다. 아내와 저는 가장 좋은 때를 골라서 성경에서 짧은 책을 정한 후 한 장을 읽고 잠시 묵상하고 그 내용을 우리 가족과 교회에 적용해 기도합니다. 그리고 그다음 장을 읽고 또 기도하기를 반복합니다. 하지만 이것은 그냥 되지 않습니다. 꼭 계획을 세워야 합니다. 그냥 즉흥적으로 되지는 않습니다. 계획이 필요합니다. 그렇지만 무척 영광스러운 일입니다.

자, 이제 모두 말씀드렸습니다. 오늘 우리에게 주시는 하나님의 말씀은 "기도에 항상 힘쓰라"입니다. 기도를 쉬지 마십시오. 기도에 충실하십시오. 왜 그렇습니까? 하나님께서 명하신 일이고, 기도해야 할 많은 필요들이 있으며, 영원이 걸린 문제이고, 우리가 5년 걸려 할 수 있는 일을 하나님이 움직이시면 5초 안에 더 많이 하실 수 있기 때문입니다.

그리고 어떻게 기도에 항상 힘쓸 수 있습니까? 다음과 같이 정리할 수 있습니다. 이런 것들이 없다면 기도는 사그라집니다(FADES). 우리의 기도가 이렇게 되게 하십시오.

F- 자유로운 기도와 형식에 따르는 기도를 함께 드리십시오.

A- 혼자 하는 기도와 모여서 하는 기도를 함께 드리십시오.

D- 절박하게 기도하고 또 기뻐하며 기도하십시오.

E- 폭발적으로 쏟아 붓는 기도와 오래 머물며 하는 기도를 함께 드리십시오.

S- 수시로 하는 기도와 계획을 짜서 하는 기도를 함께 드리십시오.

이번 기도 주간뿐 아니라 1년 내내 하나님께서 우리에게 은혜의 영과 기도의 영을 부어 주시길 기도합니다.

30장

소망 중에 즐거워하며, 환난 중에 참으며, 기도에 항상 힘쓰며

로마서 12:12

소망 중에 즐거워하며 환난 중에 참으며 기도에 항상 힘쓰며. _롬 12:12

오늘 본문은 그리스도인의 삶이 어떠한지에 대해 설명합니다. 즉, 소망 중에 즐거워하며 환난 중에 참으며 기도에 항상 힘쓰는 것이 그리스도인의 삶입니다. 그리고 로마서라는 더 넓은 본문을 통해 본다면, 이 즐거움은 예수님 안에 있는 즐거움이고, 이 소망은 예수님을 향한 소망이며, 이 참음은 예수님으로부터 나오는 인내고, 이 환난은 예수님과 함께 당하는 환난이며, 이 지속적인 기도는 예수님을 통해 아버지이신 하나님께 드리는 기도임을 우리는 잘 압니다. 따라서 이 구절을 예수님의 탄생 사건(예수님의 탄생뿐 아니라 그분의 삶과 죽음과 부활, 그리고 지금 천국에서 하나님 우편에서 다스리시는 이 모든 것의 목적)

과 연결 짓는 것은 그리 어렵지 않습니다(이 설교는 성탄절을 앞두고 선포되었음-편집주).

이 모든 것은 사랑을 위한 것

환난과 소망과 즐거움과 참음과 기도에 대해 말하기 전에, 이것들을 9-11절의 핵심 요지와 연결시켜 보겠습니다. 9절은 사랑에 초점이 맞추어져 있습니다. "사랑에는 거짓이 없나니." 악을 미워하고 선에 속하는 것이 사랑의 핵심입니다. 10절은 그 사랑에 대한 요구를 가족 간의 사랑이라는 강력한 단어로 더욱 강조하고 있습니다. "형제를 사랑하여 서로 우애하고." 또한 존경하기를 서로 먼저 하는 것이 그러한 사랑의 일부분임을 보여 줍니다. 11절에서는 우리 사랑이 부지런하여 게으르지 말아야 한다는 것과 그 사랑이 주를 섬기는 것임을 말하고 있습니다.

여기 12절에서도 사랑이라는 주제가 크게 울려 퍼집니다. 이 사랑은 2절에서 말한 하나님 뜻의 핵심입니다. 이 사랑 때문에 우리는 마음을 새롭게 함으로 변화를 받아야 합니다. 즉, 우리가 살면서 부딪히는 각각의 상황 속에서 사랑이 어떤 모습으로 드러나야 하는지를 알기 위해서 말입니다(이것은 쉬운 일이 아닙니다. 왜냐하면 사랑이 필요한 사람은 늘 한 명 이상인데, 대개는 우리가 한 사람에게 사랑을 주면 다른 사람에게 사랑을 주는 것이 어려워지기 때문입니다). 오, 사랑의 길을 바르게 찾고 제대로 따라가려면 우리는 얼마나 깊이 변화되어야 하는지요!

로마서 12장은 우리가 그렇게 할 수 있도록 돕기 위해 쓰였습니다. 따라서 12절은 "이 모든 것이 사랑을 위한 것이다!"라는 현수막을 내건 것과 같습니다. 이 모든 것이 사랑을 위한 것입니다! "소망 중에 즐거워하며 환난 중에 참으며 기도에 항상 힘쓰며." 이 모든 것이 서로 사랑하기 위함이고 또한 원수도 사랑하기 위함입니다. 이런 방식으로 모든 것의 기반이자 목표이신 그리스도가 세상 속에서 더욱 드러나게 되고 더욱 실재가 되고 더욱 설득력 있는 존재가 됩니다.

그렇다면 이 모든 것, 즉 사랑, 기쁨(혹은 즐거움), 소망, 인내(혹은 참음), 환난, 지속적인 기도는 서로 어떻게 연결되어 있습니까?

환난

환난부터 시작해 보겠습니다. 환난은 이 목록에서 독특합니다. 사랑, 기쁨, 소망, 인내는 모두 우리가 행하는 일입니다. 하지만 환난은 우리에게 일어나는 일입니다. 사랑, 기쁨, 소망, 인내는 모두 미덕으로서, 하나님의 은혜로 우리 영혼 안에 생겨 나는 무언가 도덕적으로 무언가 좋은 것입니다. 하지만 환난은 미덕이 아닙니다. 영혼의 도덕적 행위의 범주에 속하지 않습니다. 따라서 환난은 다릅니다.

제가 환난에서 시작한 이유는, 환난이 이 모든 미덕들이 생겨나는 환경이기 때문입니다. 환난은 이생에서 그리스도인들이 일상적으로 경험하는 것입니다. 어떤 환난은 믿지 않는 사람들도 당하는 것이고(질병이나 불행, 죽음) 어떤 환난은 믿는 자들만 당하는 것입니다(그리스도를 위해 당하는 박해와 같은). 하지만 여기서 제가 말씀드리려는 요지는 환난은 정상적인 것이고, 이 세상에서 당연히 찾아올 수 있다는 점입니다. 환난은 우리의 사랑과 기쁨과 소망과 인내와 기도의 무대가 됩니다. 고통은 우리의 거처입니다. 지금 당장은 아니더라도 그렇게 될 것입니다. 이것이 정상임을 알면 실제로 고난이 찾아올 때 큰 유익을 얻을 것입니다.

예수님은 최고의 인간이셨습니다. 우리 중 누구도 예수님이 당하셨던 고난보다 덜한 고난을 경험할 권리는 없습니다. 만일 우리가 고난을 덜 경험한다면 그것은 은혜입니다. 우리는 평화로운 삶을 살 자격이 없습니다. 그것은 은혜로 받은 선물입니다. 예수님의 경우에는 시작부터 고난이었습니다. 예수님의 탄생은 수치스러웠습니다. 결혼 전에 잉태되었고 말구유에서 나셨습니다. 정치 세력들(헤롯)의 살해 위협을 받았으며 증오의 대상이었습니다. 아기였을 때 간신히 죽음을 피해 이집트로 피난을 가야 했습니다. 가이사에 저항했다는 선동죄를 선고받아 십자가에 못 박히실 때까지 상황은 줄곧 비슷했습니다.

기독교는 이렇게 시작되었습니다. 예수님은 말씀하셨습니다. "누구든지 자기 십자가를 지고 나를 따르지 않는 자도 능히 내 제자가 되지 못하리라"(눅 14:27). "집 주인을 바알세불이라 하였거든 하물며 그 집 사람들이랴"(마 10:25). 바울은 자신이 세운 신생 교회들에게 이렇게 말했습니다. "우리가 하나님의 나라에 들어가려면 많은 환난을 겪어야 할 것이라"(행 14:22). 베드로는 교회들에게 이렇게 가르쳤습니다. "사랑하는 자들아 너희를 연단하려고 오는 불 시험을 이상한 일 당하는 것같이 이상히 여기지 말고"(벧전 4:12). 그러니 환난은 이상한 일이 아닙니다. 정상입니다. 타락하고 죄악 되고 허무한 세상에서 자연히 따라오는 일입니다. "그뿐 아니라 또한 우리 곧 성령의 처음 익은 열매를 받은 우리까지도 속으로 탄식하여 양자 될 것 곧 우리 몸의 속량을 기다리느니라"(롬 8:23).

우리 삶에 찾아오는 고난은 암에서부터 죽음까지 폭넓습니다. 이 모든 것이 정상이고 하늘나라에 가기까지 맞닥뜨려야 할 현실입니다. 그래서 바울은 오늘 본문 12절에서 "환난 중에 참으라"고 말합니다.

이제 성탄절을 축하하는 절기를 맞이하는 우리는 성경적으로 바른 관점을 가져야 합니다. 성탄은 분명 큰 기쁨의 좋은 소식입니다(눅 2:10). 구주가 나셨습니다. 그리스도는 주님이십니다! 하지만 이것은 그리스도와 함께 고난을 받으라는 요청이기도 합니다. 아기 예수님이 자라서 이렇게 말씀하셨습니다. "내가 세상에 화평을 주러 온 줄로 생각하지 말라. 화평이 아니요 검을 주러 왔노라. 내가 온 것은 사람이 그 아버지와, 딸이 어머니와, 며느리가 시어머니와 불화하게 하려 함이니 사람의 원수가 자기 집안 식구리라"(마 10:34-36).

따라서 천사들이 선포한 "큰 기쁨"은 다분히 싸워서 얻어 내는 기쁨입니다. 이 기쁨은 쟁취해야 하는 기쁨이고 늘 공격당하는 기쁨입니다. 늘 환난의 위협을 받습니다. 또한 로마서 12장 12절의 요청은 환난이 없어서 기뻐하라는 것이 아니라, 환난에도 불구하고 기뻐하고 오히려 환난 때문에 기뻐하라는 것입니다.

로마서 5장 1-6절

이러한 연결은(소망, 기쁨, 환난, 인내) 오늘 본문뿐 아니라 로마서 5장 1-6절 말씀에도 나옵니다. 바울이 로마서 12장 12절에서 다시 한 번 상기하는 이 중요한 구절들을 다 함께 읽어 보겠습니다.

"그러므로 우리가 믿음으로 의롭다 하심을 받았으니 우리 주 예수 그리스도로 말미암아 하나님과 화평을 누리자. 또한 그로 말미암아 우리가 믿음으로 서 있는 이 은혜에 들어감을 얻었으며 하나님의 영광을 바라고 즐거워하느니라. 다만 이뿐 아니라 우리가 환난 중에도 즐거워하나니 이는 환난은 인내를, 인내는 연단을, 연단은 소망을 이루는 줄 앎이로다. 소망이 우리를 부끄럽게 하지 아니함은 우리에게 주신 성령으로 말미암아 하나님의 사랑이 우리 마음에 부은 바 됨이니 우리가 아직 연약할 때에 기약대로 그리스도께서 경건하지 않은 자를 위하여 죽으셨도다"(롬 5:1-6).

여기서 그리스도인의 기쁨과 소망과 인내는 환난이 없는 것이 아니라 환난에도 불구하고 심지어 환난 덕분에 가능한 것임이 분명히 드러납니다. 3절입니다. "우리가 환난 중에도 즐거워하나니 이는 환난은 인내를…." 바울은 환난을 그저 견뎌야 하는 것이 아니라 그리스도인들을 위해 섬기는 것으로 만듭니다. 주인이 아니라 종으로 만듭니다. 사탄이 우리를 망가뜨리기 위해 의도한 것을 하나님은 우리를 위한 선으로 바꾸십니다. 사탄은 우리 기쁨을 파괴하려고 시도하다가 도리어 그 기쁨이 하나님 안에 더욱 뿌리내리도록 돕는 존재가 됩니다.

우리 기쁨은 소망에 뿌리내린다

이 기쁨의 뿌리를 자세히 살펴보겠습니다. 기쁨과 소망을 구별하고 이것들이 어떻게 연결되는지를 보면 이를 알 수 있습니다. 로마서 12장 12절은 "소망 중에 즐거워하라"고 말합니다. 소망은 기쁨이 심긴

토양 혹은 반석입니다. 즉, 기쁨이 자라는 토대입니다. 지금 살펴보고 있는 로마서 5장 2절에도 비슷한 구절이 나옵니다. "또한 그로 말미암아 우리가 믿음으로 서 있는 이 은혜에 들어감을 얻었으며 하나님의 영광을 '바라고 즐거워'하느니라." 우리의 기쁨은 소망에 뿌리를 두고 있습니다. 이 점이 중요합니다!

이것이 의미하는 바는 무엇입니까? 지금의 일들이 나쁘게 돌아간다고 해도 그리스도인에게서 기쁨을 빼앗아 갈 수 없다는 뜻입니다. 그 기쁨은 소망의 기쁨입니다. 그리스도인에게는 장래에 또한 죽음 후에 그리스도와 함께할 소망이 있습니다. 이로 인해 그리스도인은 건강하고 평화롭고 안전할 때뿐 아니라 환난 중에도 즐거워합니다. 환난은 기쁨의 뿌리를 소망으로 향하게 합니다. 장래의 기쁨이 현재로 흘러들어 모든 짐을 가볍게 합니다.

그리스도인의 소망의 근거와 목표

환난 중에도 기뻐할 수 있게 하는 그리스도인의 소망의 근거와 목표는 무엇입니까? 제가 "근거와 목표"라고 한 의미를 아시겠습니까? 만일 우리가 남북전쟁 때 북군 소속이었다면 "승리를 위한 우리 소망은 그랜트 장군입니다"라고 말했을 것입니다. 이 문장에서 그랜트 장군이 소망의 근거이고, 승리가 그 소망의 목표입니다. 이런 의미에서 "근거와 목표"라는 단어를 사용했습니다. 이런 차원에서 그리스도인의 소망의 근거와 목표는 무엇일까요?

소망의 근거: 칭의 안에 있는 그리스도의 의

로마서 5장 1절이 명확한 답을 줍니다. "그러므로 우리가 믿음으로 의롭다 하심을 받았으니 우리 주 예수 그리스도로 말미암아 하나님과 화평을 누리자." 이것이 우리 소망의 근거입니다. 하나님은 그리스도의 보혈과 의를 근거로 우리를 의롭다 선포하십니다. 6절입니다. "우리가 아직 연약할 때에 기약대로 그리스도께서 경건하지 않은 자를 위하여 죽으셨도다." 이것이 우리 소망의 근거입니다.

언젠가 하나님의 얼굴을 어떻게 대면하시겠습니까? 뭐라 간청하시겠습니까? 그날에 어떤 비명이 나올지 우리의 양심이 속삭입니다. "저는 자격이 없습니다!"라는 비명이 나올 것입니다. 하나님께 받아들여질 수 있는 근거는 오직 하나입니다. 하나님이 받아 주시는 유일한 길, 영생을 소망할 수 있는 유일한 길은, 바로 그리스도로 인해 오직 믿음으로 얻은 칭의입니다. 이것이 로마서 5장 1-6절의 요지입니다. 이것이 우리 소망의 근거입니다.

소망의 목표: 예수 그리스도의 얼굴에 있는 하나님의 영광

우리 소망의 목표 또는 목적은 2절 끝부분에 나옵니다. "하나님의 영광을 바라고 즐거워하느니라." 인간 마음의 궁극적인 소망은 용서나 칭의나 천국이나 병에서 벗어나는 것이 아닙니다. 모든 마음의 궁극적인 소망은 하나님의 영광입니다. 우리는 하나님의 영광을 보고 맛보도록 지음받았습니다. 성탄절이 생기고, 성금요일이 생기고, 부활절이 생긴 것은 죄인들이 하나님의 아름다움을 목도하고 맛보아 더욱 큰 기쁨을 누리게 하기 위함입니다. 로마서 12장 12절은 "소망 중에 즐거워하라"고 말합니다. 로마서 5장 2절은 "하나님의 영광을 바라고 즐거워하느니라"고 말하면서 마무리를 짓습니다.

이것은 모든 눈물을 닦아 줄 궁극적인 경험입니다. 이 경험은 모든 잘못을 바로잡을 것입니다. 이 경험을 통해 우리는 어떤 환난을 받든 그것으로 족하다고 말하게 될 것입니다. 바울은 고린도후서 4장 17절에서 이렇게 표현합니다. "우리가 잠시 받는 환난의 경한 것 [즉 이생의 모든 환난]이 지극히 크고 영원한 영광의 중한 것을 우리에게 이루게 함이니." 이것이 바울이 환난 중에도 계속해서 즐거워할 수 있었던 그 소망이었습니다. 그는 스스로에게 이렇게 선포했습니다(우리도 그래야 합니다). "이 환난은 의미 없는 것이 아니다. 애매하지도 않다. 잔인하지도 않다. 목적이 없는 것이 아니다. 오히려 이 고난은 이 생애에서 당하는 모든 고통의 크기와 그 순간들을 압도할 하나님의 영광을 경험하게 해준다."

이것이 우리 소망입니다. 이 소망의 근거는 그리스도의 보혈과 의로서 우리는 이것을 통해 믿음으로 의롭다 함을 받습니다. 이 소망의 목표는 언젠가 우리가 예수 그리스도를 만날 때 경험하게 될 하나님의 영광입니다.

소망 중에 즐거워하라

그런 다음 바울은 로마서 12장 12절과 5장 2절에서 이렇게 말합니다. "소망 중에 즐거워하라." 그리스도인의 기쁨은 이 소망에서 흘러나옵니다. 또는 그리스도인의 기쁨은 이 소망을 향해 흐르고 있다고 말할 수도 있습니다.

이것이 너무 제한적이라고 생각할지도 모르겠습니다. 당장에 무언가 다른 좋은 일이 생기면 즐거워해야 하지 않겠습니까? 이 질문에 두 가지로 답할 수 있다고 생각합니다. 목자들의 방법과 동방박사들의 방법입니다. 목자들은 가진 것이 아무것도 없었습니다. 동방박사들은 황금과 유향과 몰약이 있었습니다. 아무것도 가진 것이 없을 때 소망 중에 즐거워하는 방법이 있습니다. 또한 많은 것을 가졌을 때 소망 중에 즐거워하는 방법이 있습니다.

목자들의 방법은 이렇습니다. 환난 중에 있을 때, 바울은 현재의 좋은 일들이 아니라 소망에서 기쁨이 나온다는 점을 강조해야 했습니다. 다시 말하지만, 우리에게 당장 환난이 없다 해도 언젠가는 닥칠 수 있습니다. 그리고 삶이 어려울 때, 우리는 기뻐하기를 포기하거나 소망에서 기쁨을 발견하거나 둘 중 하나를 선택할 수 있습니다. 바울은 기쁨을 포기하지 않았습니다. 바울은 반복해서 이렇게 명령했습니다. "주 안에서 항상 기뻐하라. 내가 다시 말하노니 기뻐하라" (빌 4:4). 소망 중에 기뻐하라는 말에는 삶이 어렵고 환난은 당연하다는 바울의 확신이 담겨 있습니다. 하지만 그 모든 것을 보상해 줄 영광이 오고 있습니다.

동방박사들은 이 구절을 또 다른 방식으로 설명합니다. 즐거움이 넘치는 좋은 시절을 지나더라도 이 모든 것이 그리스도를 가리키고 있음을 아는 것입니다. 그리스도는 장래에 온전히 경험될 분입니다. 우리는 현재 그분과의 교제를 어느 정도 경험합니다. 하지만 나중에는 얼굴과 얼굴을 대면하게 될 것입니다(고전 13:12). 장래의 모든 기쁨은 그리스도 안에서 발견될 것입니다. 또한 현재의 모든 기쁨도 그리스도 안에 있는 장래의 온전한 기쁨을 가리키고 있습니다. 그렇지 않다면 그것은 우상입니다. 따라서 저도 바울과 같이 고통 중에 있든 기쁨 중에 있든 "소망 중에 즐거워하라"고 말하겠습니다. 그리스도를 만날 때 하나님의 영광을 보게 되리라는 그 소망으로 즐거워하십시오.

이제 마지막으로 나머지 세 가지, 즉 인내와 사랑과 서로를 위한 기도를 소망 중에 즐거워하는 것과 연결시켜 보겠습니다. 로마서 12장 12절은 말합니다. "환난 중에 참으며." 히브리서 12장 2절은 이것이 소망과 기쁨과 사랑과 관련이 있음을 보여 줍니다. "믿음의 주요 또 온전하게 하시는 이인 예수를 바라보자. 그는 그 앞에[여기에 소망이 있습니다] 있는 기쁨[여기에 기쁨이 있습니다]을 위하여 십자가[여기에 사랑이 있습니다]를 참으사 부끄러움을 개의치 아니하시더니 하나님 보좌 우편에 앉으셨느니라." 이처럼 역사상 최고의 사랑 행위(우리와 같은 죄인들을 위해 예수님이 죽으신 일)는 장래에 지속될 기쁨, 즉 소망 중에 즐거워했기에 가능했습니다. 주님도 그 앞에 있는 기쁨을 위하여 십자가를 참으셨습니다.

요약

따라서 로마서 12장 12절을 다음과 같이 요약해 보겠습니다. 이 타락한 세상에서 살다 보면 언제라도 환난(문제, 재앙, 갈등, 암, 죽음 등)을 만날 수 있습니다. 하지만 그리스도께서 성탄절에 오셨습니다. 그분은 우리 환난을 벗겨 자신이 짊어지셨습니다. 그분은 우리 죄를 짊어지고 우리 저주를 당하셨으며 하나님의 진노의 잔을 마셨고 우리 의가 되셨으며 죽음과 지옥과 사탄을 이기셨고 그분을 믿는 모든 사람들을 위해 천국 문을 여셨습니다. 그분은 낙원의 중심에 자신의 영광이 있게 하셔서 우리가 최고의 즐거움을 누리게 하셨습니다(요 17:24). 이 소망 안에서 우리는 말할 수 없는 영광스러운 즐거움으로 기뻐합니다(벧전 1:8). 소망의 뿌리로부터 우리 기쁨을 떼어 내려는 환난에도 불구하고, 심지어 그 환난으로 인해 우리는 즐거워합니다. 그리고 이 소망 안에서 우리는 예수님과 함께 사랑의 모든 수고를 하며 인내합니다.

장래의 기쁨, 현재에 흘러들다

따라서 장래에 받게 되고 장래에도 지속될 기쁨이 현재에는 아무 소용이 없다고 생각해서는 안 됩니다. 그 기쁨은 현재에도 효력을 발휘합니다. 미래가 영광스럽고 확실하다면(그리스도 안에서 진실로 그러합니다!), 우리는 결코 돈이나 권력이나 명예를 위해 살지 않습니다. 세월의 흐름 앞에 속절없이 사라져 버리는 즐거움을 움켜쥐려고 좇아가지도 않습니다. 마음껏 다른 사람들을 위해 살게 됩니다. 이 세상을 위해 사는 삶이 아니라, 전혀 다른 삶을 살게 됩니다. 우리의 소망이 영광스럽고 확실하다면, 먼저 하나님의 나라와 그분의 의를 구하게 될 것이고 그러면 모든 것이 우리에게 더해질 것입니다(마 6:33). 우리의 사랑은 거짓 없는 사랑이 될 것입니다. 우리 앞에 놓인 기쁨 때문에 우리는 파격적이고 위험을 무릅쓰며, 희생하는 사랑을 하게 될 것입니다.

기도

기도는 어떻습니까? 로마서 12장 12절은 "항상 기도에 힘쓰라"는 말로 끝납니다. 다음 주는 우리 교회의 신년 기도주일입니다. 그래서 이에 대한 답은 그때까지 남겨 두겠습니다. 기도를 통해 우리 소망의 위대함과 소중함을 알고 맛보게 될 것이라는 말로 족하리라 생각합니다(엡 1:18).

이제 성탄절에 함께 모이실 때, 여러분 자신과 사랑하는 사람들과 세계를 위해 기도하십시오. 그러면 하나님께서 우리뿐 아니라 우리가 사랑하는 다른 사람들과 세상을 향해 "그의 부르심의 소망이 무엇이며 성도 안에서 그 기업의 영광의 풍성함이 무엇인지"를 드러내실 것입니다. 그렇게 할 때 우리의 기쁨은 더욱 커질 것입니다. 기쁨이 인내하게 할 것입니다. 인내가 사랑을 가져올 것입니다. 그리고 그리스도의 영광이 이 성탄절에 크게 빛날 것입니다.

31장

소망의 기쁨을 위해 항상 기도하라

로마서 12:12, 에베소서 1:15-23

소망 중에 즐거워하며 환난 중에 참으며 기도에 항상 힘쓰며. _롬 12:12

이로 말미암아 주 예수 안에서 너희 믿음과 모든 성도를 향한 사랑을 나도 듣고 내가 기도할 때에 기억하며 너희로 말미암아 감사하기를 그치지 아니하고 우리 주 예수 그리스도의 하나님, 영광의 아버지께서 지혜와 계시의 영을 너희에게 주사 하나님을 알게 하시고 너희 마음의 눈을 밝히사 그의 부르심의 소망이 무엇이며 성도 안에서 그 기업의 영광의 풍성함이 무엇이며 그의 힘의 위력으로 역사하심을 따라 믿는 우리에게 베푸신 능력의 지극히 크심이 어떠한 것을 너희로 알게 하시기를 구하노라. 그의 능력이 그리스도 안에서 역사하사 죽은 자들 가운데서 다시 살리시고 하늘에서 자기의 오른편에 앉히사 모든 통치와 권세와 능력과 주권과 이 세상뿐 아니라 오는 세상에 일컫는 모든 이름 위에 뛰어나게 하시고 또 만물을 그의 발 아래에 복종하게 하시고 그를 만물 위에 교회의 머리로 삼으셨느니라. 교회는 그의 몸이니 만물 안에서 만물을 충만하게 하시는 이의 충만함이니라. _엡 1:15-23

지난주에 저는 로마서 12장 12절 마지막 부분인 "기도에 항상 힘쓰라"를 남겨 두었습니다. 이 말씀은 오늘을 위해 아껴두었는데, 오늘부터 기도 주간이 시작되기 때문입니다. 소망하기는 이 설교를 계기로, 기도는 소망과 기쁨과 인내와 사랑으로 나아가는 하나님의 방법이라는 새로운 믿음과, 홀로 혹은 가족과 함께 그리고 교회 성도들과 함께 따로 시간을 내어 정기적으로 기도할 시간을 내겠다는 새로운 결심으로 한 해를 시작하셨으면 합니다.

"기도에 항상 힘쓰라"는 무슨 의미인가?

먼저, "항상"이라는 말의 의미에 대해 말해 보겠습니다. 그런 다음 항상 기도하라는 이 요청과 우리가 지난주에 살펴보았던 12절의 나머지 부분을 서로 연결시켜 보겠습니다. 그런 다음 에베소서 1장 말씀에 비추어 그 내용을 정리해 보겠습니다.

여기서 "항상"은 모든 시간을 기도로 보내라는 의미는 아닙니다. 꾸준히 기도한다는 의미입니다. 기도에 인내심을 가지십시오. 기도에 머무십시오. 기도에 힘을 내십시오. 포기하거나 게으름을 피우지 마십시오. 습관으로 삼으십시오. 산발적으로, 이따금씩, 간헐적으로 내키면 하는 것과는 반대입니다. 다른 말로 하면, 바울은 모든 그리스도인에게 규칙적이고, 습관적이고, 반복되고, 훈련된 기도를 통해 그것을 삶의 일부로 만들라고 요청합니다. 밥 먹고 잠자고 일하는 것이 우리의 일상이듯, 자연스럽게 기도하십시오. 마구잡이로 하지 마십시오. 다른 것을 하다 짬이 나면 하는 것이라 생각하지 마십시오. 급할 때 도움을 요청하면 들어주는 대상이 아닌, 그 이상의 존재로 하나님을 대하십시오.

물론 하나님은 어느 때나 다가갈 수 있는 분입니다. 또한 하나님은 어느 때나 우리를 돕고 싶어 하십니다. 하지만 그분께 집중하기 위해 하루 중 특별한 시간을 구별하지 않을 때 하나님의 영광이 가려집니다. 정기적으로 서로에게 집중하는 시간 없이는 어떤 관계든 건강하게 맺어지지 못합니다. 바울은 우리 모두에게 기도를 통해 하나님을 만나는 시간을 정기적으로 따로 떼어 놓으라고 요청합니다. 하나님과 만나는 시간에 그분을 찬양하고 그분이 행하신 일에 감사하고 도움을 구하고 사랑하는 사람들과 세상의 필요를 구하십시오.

그러니 새해에는 항상 기도에 힘쓰십시오. 하나님께 도움을 구하십시오. 그 일을 하는 데에 우리의 성화된 의지를 사용하겠다고 결심하십시오. 시간과 장소와 방법을 정하십시오(어떻게 항상 기도할 수 있는지에 대한 실질적인 방법들은 저의 책 『하나님을 기뻐할 수 없을 때』를 참조하십시오).

항상 기도하라는 요청과 12절은 어떻게 연결되는가?

이제 이 지속적인 기도에 대한 요청과 12절의 나머지 내용들이 어떻게 연결되고, 지난주에 어떤 내용을 살펴보았는지 다시 한 번 정리해 보겠습니다. 로마서 12장 12절은 이렇게 말합니다. "소망 중에 즐거워하며 환난 중에 참으며 기도에 항상 힘쓰며." 문단의 전체 문맥을 통해, 사랑이란 소망 중에 즐거워하는 것이 가시적으로 드러나는 것임을 보았습니다. 따라서 정리해 보면 다음과 같습니다.

먼저, 환난은 우리가 사는 일반적인 환경입니다. 환난은 이 타락한 세상에서 우리가 뿌리내리고 있는 토양입니다. 욥기 5장 7절은 말합니다. "사람은 고생을 위하여 났으니 불꽃이 위로 날아가는 것 같으니라." 욥기 14장 1절입니다. "여인에게서 태어난 사람은 생애가 짧고 걱정이 가득하며." 혹시 이런 경험을 하지 못했다면 앞으로 그렇게 될 것입니다. 이 세상에서 환난은 그리스도인에게 정상적인 것임을 알아야 합니다.

두 번째로, 그리스도께서 우리의 환난 속으로 들어오셨고(갈 4:4-6) 우리의 흔들림 없는 소망의 근거이자 목표가 되셨습니다. 그분은 인간이 되셨고 우리의 모든 환난을 대신 감당하셨습니다. 그분은 그 모든 환난을 선택하시고 다 짊어지셨습니다. 그리고 자신의 죽음과 부활 안에서 그것들을 이기셨습니다. 모든 것을 이기셨습니다. 도덕적인 악뿐 아니라 물리적인 악도 이기셨습니다. 그리스도께서 우리 대신 죽으시고 다시 살아나심으로 죄, 사탄, 질병, 파괴를 모두 파하셨습니다. 이러한 승리를 통해 그리스도는 자기 백성들(그분을 신뢰하는 모든 자들)을 죄에서 자유하게 하셨고 사탄으로부터 자유하게 하셨고 질병에서 자유하게 하셨고 파괴로부터 자유하게 하셨습니다. 지금은 이 자유함을 부분적으로 누리지만 미래에는 온전히 누릴 것입니다. 다른 말로 하면, 예수 그리스도가 우리 소망의 근거가 되셨습니다. 그리고 그분 자신이 우리 소망의 목표가 되셨습니다(롬 5:1-2, 6).

세 번째로, 그러므로 우리는 환난 중에도 기뻐할 수 있고 기뻐합니다. 예수 그리스도를 알고 신뢰하는 사람들에게, 환난은 기쁨을 파괴하지 못하며 오히려 기쁨이 소망 안에 더욱 깊숙이 뿌리내리게 만듭니다. 그래서 바울은 "소망 중에 즐거워하라"고 말합니다. "근심하는 자 같으나 항상 기뻐하는"(고후 6:10) 것은 훈련된 그리스도인의 삶에서 발견되는 모든 기쁨의 영성입니다.

많은 위대한 찬송시들이 고난 중에 탄생했고, 이 세상에서 환난을 당하는 것은 당연하며, 이 토양에서 기쁨이 더욱 깊이 뿌리내린다는 진리를 담고 있습니다. 예를 들어, 찬송가 "곧 오소서 임마누엘"의 1절 가사가 얼마나 모순적인지 생각해 보셨습니까? 이 가사는 교회를 이 세상에서 포로 생활을 하는 진정한 이스라엘로 묘사하고 있습니다.

곧 오소서 임마누엘
오 구하소서 이스라엘
그 포로 생활 고달파
메시아 기다립니다.
기뻐하라 이스라엘
곧 오시리라 임마누엘.

지금 우리는 모든 눈물을 닦아 줄 완벽한 천국과는 너무나 멀리 떨어진 곳에서 포로 생활로 고달파합니다. 하지만 지금도 "기뻐합니다!" 왜 그렇습니까? 흔들림 없는, 확실한 소망 때문입니다! "임마누엘 하나님이 오실 것입니다!" 그분은 예전에 오셔서 우리를 모든 죄와 사탄과 질병과 파괴로부터 자유하게 하셨습니다. 또한 그분의 소유가 된 참된 이스라엘을 위해 그 자유를 완성하려고 다시 오실 것입니다. 이 소망 안에서 우리는 즐거워합니다.

네 번째로, 이 즐거움은 인내를 가능하게 합니다. 12절은 말합니다. "소망 중에 즐거워하며 환난 중에 참으며." 소망 중에 즐거워함으로 인내가 가능합니다. 소망과 소망으로부터 흘러나오는 기쁨이 없다면, 우리는 환난 중에 인내할 수 없습니다.

다섯 번째로, 소망 중에 즐거워하며 환난 중에 참으면 사랑이 요구하는 희생을 할 수 있습니다. 이를 가장 잘 보여 주는 것이 히브리서 12장 2절에 나오는 예수님의 모습입니다. "그 앞에 있는 기쁨을 위하여 십자가를 참으사." 지금까지 행해진 가장 위대한 사랑의 행위도 이러한 소망의 기쁨으로 인해 가능했습니다. "그 앞에 있는 기쁨을 위하여." 그분은 우리를 위해 죽으셨습니다. 우리는 어떻게 예수님처럼 계속해서 사람들을 사랑하고 그들의 유익을 위해 희생할 수 있습니까? 우리 앞에 놓인 기쁨이 현재로 흘러들어와 우리의 힘이 되기 때문입니다(느 8:10). 그러니 소망 중에 즐거워하고 그 소망을 통해 계속 즐거워하고 사랑의 길을 걸으며 환난 중에 인내하십시오.

또한 기도는 여기에 어떻게 연결됩니까? 기도는 소망을 일깨우고 유지시키기 위해 하나님이 정하신 방법입니다. 사랑을 하려면 인내가 필요하고, 그렇게 인내하려면 기쁨이 있어야 하며, 환난 중에 즐거워하기 위해서는 소망이 필요합니다. 그러므로 소망을 여는 열쇠인 기도가 그리스도인이 살아가는 데 기반이 됩니다. 기도가 어떻게 우리의 소망을 일깨우고 유지시키는지 성경이 보여 주는 예를 한 가지 살펴보겠습니다.

바울의 소망을 일깨우고 유지시키는 기도

에베소서 1장 15절 이하는 바울의 기도입니다. "이로 말미암아 주 예수 안에서 너희 믿음과 모든 성도를 향한 사랑을 나도 듣고 내가 기도할 때에 기억하며 너희로 말미암아 감사하기를 그치지 아니하고." 즉, 바울은 그리스도인들을 위해 기도합니다. "너희 믿음과 모든 성도를 향한 사랑을 나도 듣고 내가 기도할 때에." 여기서 정신을 차리고 집중합시다. 그는 하나님이 영감을 주시는 기도에 대해 말하고 있습니다. 이것이 우리가 기도해야 할 내용입니다. 먼저 감사하고, 그다음에 필요한 것을 구하십시오.

여기서 바울은 무엇을 구합니까? 모든 그리스도인의 깊은 필요는 무엇입니까? 바울은 17절에서 한 가지 간구를 하고 나서 다시 그것을 세 가지 구체적인 간구로 잘게 쪼개어 모두 소망과 연결시킵니다.

먼저 17절에 나오는 일반적인 간구 한 가지를 보십시오. "우리 주 예수 그리스도의 하나님, 영광의 아버지께서 지혜와 계시의 영을 너희에게 주사 하나님을 알게 하시고." 모든 사람의 가장 깊은 필요는 하나님을 아는 것입니다. 그분에 대해 알 뿐 아니라 그분을 우리의 창조주요 구원자요 재판관이요 친구로서, 개인적으로 아는 것입니다. 그래서 그의 첫 번째 간구는 "지혜와 계시의 영을 너희에게 주사 하나님을 알게" 해달라는 것입니다.

우리는 하나님을 알고 있습니까? 정말로 그분을 알고 있습니까? 하나님을 아는 지식이 자라나고 더 깊어지고 있습니까? 바울은 기도할 때 그렇게 될 수 있음을 보여 줍니다. 바울은 한두 번이 아니라 항상 기도합니다. "내가 기도할 때에 기억하며 너희로 말미암아 감사하기를 그치지 아니하고 … 하나님을 알게 하시고." 이 기도를 계속하십시오! 우리 자신을 위해 계속 이렇게 기도하십시오. 가족을 위해 이렇게 기도하십시오. 교회와, 특별히 지도자들을 위해 이렇게 기도하십시오.

17절에서 바울은 좀 더 구체적으로 "지혜와 계시의 영을 … 주사" 하나님을 알게 해달라고 기도합니다. 우리는 성령의 도우심 없이는 하나님을 알 수 없습니다. 성령은 우리 영을 깨우고 변화시켜 하나님이 그 사도들과 선지자들에게 주셨던 지혜와 계시를 보고 맛볼 수 있게 하십니다. 그분은 지혜와 계시의 영 자체이실 뿐 아니라 그러한 영을 창조하십니다.

성경을 읽거나 성경의 뜻을 그대로 담은 설교를 들을 때, 우리는 하나님의 지혜와 계시를 듣는 것입니다. 이때 무슨 일이 일어납니까? 우리는 어떤 영향을 받습니까? 감동이 됩니까? 하나님을 더욱 알고 싶어집니까? 하나님의 지혜와 계시가 아름다워 보입니까? 그 맛이 느껴집니까? 시편 기자와 함께 "주의 말씀의 맛이 내게 어찌 그리 단지요 내 입에 꿀보다 더 다니이다"(시 119:103)라고 말할 수 있습니까?

그렇지 않다면, 첫 번째 치료책은 기도입니다.

> 아버지, 제게 지혜와 계시의 영을 허락하사 당신을 알게 하소서. 저를 그냥 내버려 두지 마소서. 저는 너무나 세속적입니다. 제 생각과 감정은 신령하지 못합니다. 어떤 경외감이나 떨림이나 아름다움이나 달콤함이나 영광을 느끼지 못합니다. 자비를 베푸사 당신의 영으로 제 안에 지혜와 계시의 영을 깨우사 당신의 지혜와 당신의 계시를 보고 들을 때 그 경이로움을 들을 귀를 주시고 볼 눈을 주시옵소서(시 119:8 참고).

자신을 위해 이렇게 기도하십시오. 계속해서 이렇게 기도하십시오. 우리가 꿈꾸었던 것보다 더 많은 것을 보여 주실 것입니다. 우리가 알아가고 보고 맛보는 모든 것(모든 하나님의 지혜와 계시)의 초점은 하나님 자신이십니다. 그렇기 때문에 첫 번째 간구는 그분을 알게 해 달라는 것입니다. "지혜와 계시의 영을 너희에게 주사 하나님을 알게 하시고."

"지혜와 계시의 영"을 다른 표현으로 하면 "깨달아서 아는 마음의 눈"이라고 할 수 있습니다. 따라서 바울은 18절에서 이렇게 기도합니다. 그는 에베소 성도들에게 자신이 하나님께 "너희 마음의 눈을 밝히사 … 너희로 알게 하시기를" 구한다고 말합니다. 그런 다음 바울은 그들이 마음의 눈으로 세 가지를 알아야 한다고 요청합니다.

그 내용으로 넘어가기 전에 "마음의 눈"(eyes of the heart)이라는 표현을 살펴보겠습니다. 마음의 눈이란 하나님의 영광을 보는 눈이 열리는 것입니다. 하나님의 지혜와 계시 안에 있는 그분의 영광은 육신의 눈으로는 볼 수 없습니다. 기진맥진할 때까지 하나님의 계시를 읽고 들을 수는 있지만, 마음의 눈이 깨달음을 얻지 못하면 하나님의 지혜와 계시의 아름다움과 달콤함을 발견하고 맛볼 수 없습니다. 결국 하나님을 알지 못할 것입니다.

이를 위해서는 우리에게 무슨 일이 일어나야 합니다. 영적인 실재를 알아보는 마음이 생겨야 합니다. 이것은 하나님으로부터 오는 선물입니다. 그래서 바울은 그것을 위해 기도합니다.

안타깝게도 우리에게 가장 필요한 것들은 우리 힘으로 얻을 수 없습니다. 그래서 그리스도인의 삶에서 기도가 무척이나 중요합니다. "난 기도하지 않아도 잘 지내요"라고 한다면, 그들은 자신이 무언가를 놓치고 있다는 것을 모르는 것입니다. 그들은 지금 무언가를 놓치고 있을 뿐 아니라 영원히 놓칠지도 모릅니다. 우리가 지금 자기 힘으로 무언가를 얻는다면 죽을 때 그것을 잃게 될지도 모릅니다. 그것은 그리 큰 가치가 없는 것입니다. 하지만 지금 우리 힘으로 얻을 수 없는 것을 위해 기도한다면 하나님이 그것을 주십니다. 지혜와 계시의 영을 주사 그분을 알게 하십니다. 즉, 마음의 눈을 일깨워 그분을 알게 하십니다. 이것은 죽어서도 잃어 버리지 않습니다. 또한 현재에도 달콤한 기쁨을 주고 영원토록 다함없는 기쁨을 줄 것입니다. 우리는 이것을 구해야 합니다.

이제 소망과의 연결점에 주목하십시오. 바울이 우리가 마음의 눈으로 보고 알 수 있게 해달라고 구한 세 가지는 1) "그의 부르심의 소망"(18절 중간), 2) "성도 안에서 그 기업의 영광의 풍성함"(하나님 자신과 하나님이 성도들에게 주는 기업, 18절 마지막), 3) "그의 힘의 위력으로 역사하심을 따라 믿는 우리에게 베푸신 능력의 지극히 크심"(19절)입니다. 그의 힘의 위력은 소망으로 주신 약속의 일부입니다. 이러한 신적 능력 없이는 우리가 그것을 기업으로 삼을 수 없기 때문입니다. 하나님은 우리를 위해 천국에서 그 기업을 지키시고 또한 우리가 환난 중에 소망을 잃거나 포기하지 않고 그 기업을 얻도록 우리를 지키십니다(벧전 1:4-5).

환난 중에 소망하고 즐거워하는 길

이제 마지막으로 이렇게 질문하고 싶습니다. 우리는 다가오는 새해에 사람들을 어떻게 사랑해야 합니까? 어떻게 빛을 비추어 사람들이 우리의 착한 행실을 보고 하늘에 계신 아버지께 영광을 돌리게 하겠습니까? 그에 대한 답은 이것입니다. 환난 중에도 참음으로써 그렇게 할 수 있습니다.

그리고 한 해 동안 어려운 일에 부딪혀서 혼자 고립된 채 고통을 곱씹으려는 유혹에 빠질 때, 어떻게 인내할 힘을 얻습니까? 주님을 기뻐함으로써 그렇게 할 수 있습니다. 느헤미야 8장 10절은 "여호와로 인하여 기뻐하는 것이 너희의 힘이니라"고 말합니다. 저는 기쁨의 힘으로 인내할 것입니다.

그리고 어떻게 환난 중에도 계속 기뻐할 수 있습니까? 환난이 내 기쁨의 뿌리를 흔들도록 두지 않고 주께서 피로 값 주고 사신 소망(모든 성도 가운데 있는 하나님의 영광스런 기업의 풍성함)에 더욱 깊숙이 뿌리내림으로써 그렇게 할 것입니다. 저는 "소망 중에 즐거워"할 것입니다.

그리고 날마다 성적 충동에 시달리고 탐심과 욕망에 이끌리고 인정받으려는 헛된 욕심에 끌려다니면서 세상으로부터 우겨쌈을 당해 영적 갈급함이라는 작은 씨앗마저 거의 죽은 것처럼 보이는 죄인인 우리가, 어떻게 소망이라는 살아 있는 감정을 일깨우고 유지할 수 있을까요? 그리스도께서 우리의 보화가 되시도록 하기 위해 무엇을 할 수 있습니까? 우리 마음이 하늘의 기업을 죄의 즐거움보다 더 귀한 것으로 여기고 맛보도록 하기 위해 무엇을 할 수 있습니까? 답은 기도하는 것입니다. 우리 자신과 가족과 교회와 친구들을 위해 바울처럼 기도할 수 있습니다. 다음과 같은 기도를 지속적으로 할 수 있습니다.

"오 하나님, 당신을 향한 제 소망을 일깨우시고 지속시켜 주소서. 하나님이 저의 보화이자 영원한 기업이 되어 주소서. 제 마음의 눈을 열어 주님의 경이로움을 보게 하시고, 하나님께서 우리를 위해 예수님 안에 예비하신 것이 세상에 있는 모든 것보다 더 좋은 것임을 맛보아 알 수 있는 영적 미각을 허락하소서. 또한 제 소망을 지속시켜 주소서. 그래서 이 소망으로 환난 중에도 즐거워하게 하시고 이 즐거움으로 인내하게 하시고 이 인내로 사람들을 계속해서 사랑하게 하시고 이 사랑으로 주님을 세상이 거부할 수 없는 아름다운 분으로 드러내게 하소서."

32장

풍성히 베풀고, 환대하고, 그리스도 안에 살라

로마서 12:13

성도들의 쓸 것을 공급하며 손 대접하기를 힘쓰라. _롬 12:13

하나님 아들의 죽으심으로 얻은 하나님의 자비하심이 우리의 과거, 현재, 미래 삶의 원천이라는 것을 알고 느낄 때 우리는 어떻게 살게 될까요? 로마서 12장은 이 질문에 답하고 있습니다. 1절을 다시 보십시오. "그러므로 형제들아 내가 하나님의 모든 자비하심으로 너희를 권하노니 너희 몸을 하나님이 기뻐하시는 거룩한 산 제물로 드리라."

"그러므로" 즉 로마서 1-11장을 통해 보여 주신 하나님의 진노와 자비, 그리스도의 신성과 죽음, 부활과 통치, 우리를 위한 중보, 우리 마음에 사랑으로 부어 주신 성령, 오직 믿음으로 얻는 칭의와 한 사람의 순종으로 우리가 어떻게 의롭다 여겨지게 되었는지, 우주를 통치하시고 모든 것이 합력하여 우리 선을 위해 일하게 하시고 어떤 것도 그리스도의 사랑에서 우리를 떼어 놓지 못하게 하실 하나님의 전능한 능력, 이 모든 것에 근거하는 것이기에, 그러므로 이 모든 자비하심으로 인해 우리의 몸을 하나님께 드리십시오.

로마서 12장은, 우리가 아무 자격이 없고 그저 영원히 비참하게 살 수밖에 없는 존재이지만 오히려 그리스도 덕분에 현재의 고난이 장차 우리에게 나타날 영광과 비교하면 아무것도 아니라는(롬 8:18) 약속을 받았음을 알고 느낄 때 어떻게 살게 되는지를 보여 줍니다.

로마서 12장은, 우리가 죄로 인해 무너져 사도 바울처럼 "오호라 나는 곤고한 사람이로다. 이 사망의 몸에서 누가 나를 건져내랴"(롬 7:24) 하고 고백한 후 하나님이 그리스도 안에서 우리를 위하시지 대적하지 않으신다는 것과, 환난이나 곤고나 박해나 기근이나 적신이나 위험이나 칼이 우리를 그리스도의 사랑과 영원한 기쁨에서 떼어낼 수 없음을 발견했을 때 비로소 살아가게 되는 삶의 방식입니다. 로마서 12장은, 그리스도께서 값을 주고 사신 이 기쁨을 알 때 살게 되는 그러한 삶입니다.

돈과 소유를 어떻게 다룰 것인가의 문제

모든 세대, 특히 21세기의 우리나라처럼 크게 번영한 곳에서 그리스도인들이 부딪히는 가장 큰 문제 중 하나는 돈과 소유에 대해 어떻게 생각하고 어떻게 느끼고 어떻게 다룰 것인가 하는 것입니다. 예수님은 이 문제를 아주 비중 있게 다루셨습니다. 그래서 이 문제에 대해 반복해서 여러 번 말씀하셨습니다. 약속과 경고와 명령을 주셨습니다. 예수님은 사람들이 안일하게 살면서 더욱 큰 곳간을 짓는 데 열중하는 것을 책망하셨습니다. 이 땅에 자신을 위해 소유를 쌓다가는 멸망할 수 있지만, 그것을 나누어 줌으로 하늘에 보화를 쌓을 수 있다고 말씀하셨습니다. 돈과 소유를 어떻게 다루느냐가 하나님을 얼마나 신뢰하고 그리스도를 얼마나 소중히 여기는가를 아는 척도가 됩니다. 우리의 보물이 있는 곳에 우리의 마음도 있습니다.

따라서 바울이 13절에서 이 큰 주제로 돌아오는 것은 그리 놀라운 일이 아닙니다. "성도들의 쓸 것을 공급하며 손 대접하기를 힘쓰라." 제가 다시 돌아왔다고 말한 것은 바울이 이미 8절에서 이렇게 말했기 때문입니다. "구제하는 자는 성실함으로 … 긍휼을 베푸는 자는 즐거움으로 할 것이니라."

이제 바울은 이 이야기를 좀 더 구체적으로 하고 있습니다. 즉, 도움이 필요한 다른 사람들과 나누기 위해 우리의 돈과 소유를 사용해야 할 뿐 아니라 사람들을 즐거운 마음으로 환대할 수 있어야 합니다. "성도들의 쓸 것을 공급"하라는 말씀은 도움이 필요한 사람들을 위해 자신의 소유물을 사용하라는 것입니다. "손 대접하기를 힘쓰라"는 말씀은 사람들을 집으로 초대해 대접을 할 뿐 아니라, 거처가 필요한 사람들을 일정 기간 머물게 하라는 것입니다. 정부로부터 박해받던 초대교회 시절에 이런 권면은 굉장히 위험하고 실천하기 어려웠습니다. 어떤 사람에게는 지금도 그렇습니다. 이것은 예전이나 지금이나 혁신적인 삶의 방식입니다. 초대교회에서는 그런 의미로 이 말씀을 받아들였습니다.

매순간 하나님의 넘치는 은혜가 자격 없는 우리를 지키고 영화롭게 한다는 것을 알고 느끼는 사람들이라면 그렇게 살아갑니다. 그러므로 형제자매 여러분, 하나님의 모든 자비하심으로 여러분에게 권합니다. 성도들의 쓸 것을 공급하며 손 대접하기를 힘쓰십시오. 하나님은 우리의 필요를 후하게 채우고 공급하실 뿐 아니라, 우리를 손님이 아닌 자녀로 삼아 환대해 주십니다.

손 대접에 대해 좀 더 생각해 보겠습니다. 하나님께서 우리 마음에 깊이 역사하사 우리를 세상에서 가장 행복하고, 가장 관대하며, 가장 친절하게 베푸는 자로 만드시리라는 이 성경적 사실을 기도하며 묵상해 봅시다. 먼저, '이것은 성경에서 정말로 중요한 문제인가? 그리스도인 삶의 중심인가, 아니면 주변적인 사안인가?'라고 질문해 보겠습니다. 두 번째로, 우리가 더 잘 베풀고 대접하는 것을 가로막는 것은 무엇인지 질문해 보겠습니다. 세 번째로, 부요함의 정도를 떠나 우리가 어떻게 해야 후하게 베풀고 환대할 줄 아는 자유와 기쁨을 맛볼 수 있을까요? 네 번째로, 우리가 이런 자유함을 누릴 때 따르는 상급은 무엇일까요?

친절과 베푸는 삶은 얼마나 중요한가?

이것은 얼마나 중요합니까? 13절에서 말하듯, 성도의 쓸 것을 공급하고 손 대접하기를 힘쓰는 것이 그리스도 안에서 살아가는 데 중심적인 문제일까요?

신약성경에 그 예가 나옵니다. 먼저 주는 것에 대한 본문입니다. 예수님은 마태복음 6장 19-21절에서 이렇게 말씀하셨습니다. "너희를 위하여 보물을 땅에 쌓아 두지 말라. 거기는 좀과 동록이 해하며 도둑이 구멍을 뚫고 도둑질하느니라. 오직 너희를 위하여 보물을 하늘에 쌓아 두라. 거기는 좀이나 동록이 해하지 못하며 도둑이 구멍을 뚫지도 못하고 도둑질도 못하느니라. 네 보물 있는 그곳에는 네 마음도 있느니라." 어떻게 하라는 것입니까? "너희 소유를 팔아 구제"(눅 12:33)하라는 것입니다.

초대교회 성도들은 자신이 들은 대로 실천했습니다. 자신의 모든 소유가 실제로 자기 것이 아니라 하나님의 것이므로 서로의 필요를 채우기 위해 기쁘게 사용해야 한다고 생각했습니다. 그래서 사도행전 4장 34-35절은 이렇게 전합니다. "그중에 가난한 사람이 없으니 이는 밭과 집 있는 자는 팔아 그 판 것의 값을 가져다가 사도들의 발 앞에 두매 그들이 각 사람의 필요를 따라 나누어 줌이라." 이것이 바로 기독교 초기에 로마서 12장 13절의 말씀을 행했던 방식입니다.

바울은 모든 교회마다 이것을 가르쳤습니다. 디도에게는 이렇게 썼습니다. "또 우리 사람들도 열매 없는 자가 되지 않게 하기 위하여 필요한 것을 준비하는 좋은 일에 힘쓰기를 배우게 하라"(딛 3:14). 고린도 교인들에게는 이렇게 썼습니다. "각각 그 마음에 정한 대로 할 것이요 인색함으로나 억지로 하지 말지니 하나님은 즐겨 내는 자를 사랑하시느니라"(고후 9:7). 그리고 에베소 교인들에게는 이렇게 말했습니다. "도둑질하는 자는 다시 도둑질하지 말고 돌이켜 가난한 자에게 구제할 수 있도록 자기 손으로 수고하여 선한 일을 하라"(엡 4:28). 다른 말로 하면, 그리스도인이 지향하는 바는 "소유하기 위해 일하는 것"이 아니라 "주기 위해 일하는 것"입니다. 랜디 알콘은 이에 대해 제대로 말했습니다. "하나님은 우리 삶의 수준을 끌어올리는 방식이 아니라 우리의 베푸는 수준을 끌어올리는 방식으로 우리를 번영케 하신다."*

그런 다음 바울은 이러한 관대함이 즉흥적이거나 충동적인 것이 아니라 훈련되고 조직적인 것이 되도록 가르쳤습니다. 그래서 바울은 가난한 자들을 위한 연보를 모을 때 고린도 교인들에게 편지를 썼습니다. "성도를 위하는 연보에 관하여는 … 매주 첫날에 너희 각 사람이 수입에 따라 모아 두어서 내가 갈 때에 연보를 하지 않게 하라"(고전 16:1-2). 바울에게는 훈련과 규칙성이 기쁨과 비례했습니다. 하나님은 즐거이 내는 자를 사랑하십니다. 하나님은 훈련된 규칙성으로 기쁨이 흘러넘치는 것을 보고 싶어 하십니다.

이제 손 대접은 어떻습니까? 예수님은 자신의 이름으로 열두 사도를 보내시며 이렇게 말씀하셨습니다. "너희 전대에 금이나 은이나 동을 가지지 말고 여행을 위하여 배낭이나 두 벌 옷이나 신이나 지팡이를 가지지 말라. 이는 일꾼이 자기의 먹을 것 받는 것이 마땅함이라. 어떤 성이나 마을에 들어가든지 그중에 합당한 자를 찾아내어 너희가 떠나기까지 거기서 머물라"(마 10:9-11). 하나님의 사자들을 환대하는 것은 처음부터 선교에 속한 일입니다. 이렇게 환대할 때 얻게 되는 영광을 강조하시며 예수님은 이렇게 말씀하십니다. "너희를 영접하는 자는 나를 영접하는 것이요 나를 영접하는 자는 나를 보내신 이를 영접하는 것이니라"(마 10:40). 그리스도를 위하여 환대하는

*Randy Alcorn, *The Treasure Principle* (Sisters, Oregon: Multnomah, 2001), p.71. 『천국 보화의 원리』, 생명의말씀사.

것은 하나님을 영접하는 것입니다.

심판 날에 예수님은 우리가 그리스도를 사랑한 증거로 이러한 환대(손 대접)가 있었는지를 보신다고 합니다. 이는 그리 놀랄 일이 아닙니다. 마태복음 25장 34-35절 말씀입니다. "그때에 임금이 그 오른편에 있는 자들에게 이르시되 내 아버지께 복받을 자들이여 나아와 창세로부터 너희를 위하여 예비된 나라를 상속받으라. 내가 주릴 때에 너희가 먹을 것을 주었고 목마를 때에 마시게 하였고 나그네 되었을 때에 영접하였고." 즉, 우리가 나그네를 위해 집을 개방했다면, 그리스도는 그것이 주님을 높이는 환대라고 여기십니다.

히브리서 기자도 손 대접에 대해 비슷한 이야기를 합니다. "손님 대접하기를 잊지 말라. 이로써 부지중에 천사들을 대접한 이들이 있었느니라"(히 13:2). 그리고 베드로는 손 대접이 마지막 때에 매우 중요한 덕목이라고 말합니다. "만물의 마지막이 가까이 왔으니 그러므로 너희는 정신을 차리고 근신하여 기도하라. 무엇보다도 뜨겁게 서로 사랑할지니 사랑은 허다한 죄를 덮느니라. 서로 대접하기를 원망 없이 하고"(벧전 4:7-9). 이런 손 대접을 즐거이 행하십시오. 주님은 즐겨 환대하는 자를 사랑하십니다.

바울은 교회 지도자의 자격에 관해 쓴 글에서 이 부분을 두 군데 목록(딤전 3:2; 딛 1:8)에 다 포함시켰습니다. "감독[장로]은 책망할 것이 없으며 한 아내의 남편이 되며 절제하며 신중하며 단정하며 나그네를 대접하며 가르치기를 잘하며." 장로들의 집은 사람들이 들락거리느라 문턱이 닳아야 합니다.

따라서 첫 번째 질문에 대한 답은 '그렇다'입니다. 후하게 베풀고 손님을 사랑하는 것은 그리스도인으로 살아가는 의미의 핵심에 가깝습니다. 저는 하나님의 자비하심으로 여러분에게 권합니다. 후하게 베풀고 성도를 환대하여 집으로 맞아들이십시오.

베풀고 환대하는 것을 가로막는 것은 무엇인가?

후하게 베풀고 환대해야 하는 영역들은 무엇일까요? 가령 교회에 헌금하는 것이나 성도들의 다양한 필요를 채워 주는 베풂이 있습니다. 특히 교회의 여러 사역과 복음을 전하는 선교는 그리스도인인 우리가 행하는 베풂의 핵심이라 할 수 있습니다. 물론 우리가 만나는 사람들 중에 우리의 환대가 필요한 자들이 많습니다. 그 밖에도 우리가 베풂으로써 관대함을 보여 줄 경로는 많습니다.

이렇게 후하게 베풀고 환대해야 하는 일들이 많은데 그러지 못하도록 가로막는 것들은 무엇일까요? 네 가지 정도를 생각해 볼 수 있습니다.

1. 무지. 어떤 이유에서건, 자기 소유를 정기적으로 구제하는 데 써야 한다는 생각을 못했을 수 있습니다. 베풀고 환대하는 것이 예배의 일부(1절)라는 것을 몰랐을 수 있습니다. 그런 사람들이 생각하는 최고의 미덕은 "도둑질하지 말라"입니다. 좋은 출발점입니다. 하지만 하나님은 우리에게 신약의 명령을 들으라고 요구하십니다. 단순히 남의 것을 빼앗지 않는 차원이 아니라 자기 것을 주라고 하십니다. "성도들의 쓸 것을 공급하라." "구제하는 자는 성실함으로 하라." 이런 일에 더 이상 무지해서는 안 됩니다.

2. 무관심. 전혀 모르는 것은 아닐 수 있습니다. 이것이 그리스도를 사랑하는 사람들이 해야 할 일임을 알고는 있습니다. 그런데 얼마나 구제하고, 언제, 어디서 구제할지 계획을 세우는 일에는 별 관심이 없습니다. 그냥 되는 대로 소유를 사용합니다. 하나님은 오늘 설교를 통해 그분과 동행하는 우리 삶에 새로운 변화를 일으키고 싶어 하십니다. 무관심에서 벗어나십시오. 사려 깊게 생각하십시오. 베푸는 일에 관심을 기울이십시오.

3. 욕심. 이것은 필요한 것보다 더 가지려는 욕구를 말합니다. 욕심의 영은 베풀 때 괴로워합니다. 욕심의 영은 우리가 베풀지 않으면 얻을 수 있는 것들을 생각나게 합니다. 이러한 욕심의 영에 대해 성경은 단지 훈련을 통해 욕심을 억누르라는 대안을 제시하지 않습니다. 진정한 대안은 욕심의 굴레에서 벗어난 새로워진 마음과 기쁨을 갖는 것입니다. 받는 것보다 주는 것이 더 복되다는 것은 즐거운 경험입니다(행 20:35). 욕심의 굴레에 매여 살지 마십시오. 자유하십시오.

4. 두려움. 주다 보면 정작 내게 필요한 것을 잃을 거라는 두려움이 있습니다. 두려움은 욕심의 이면입니다. 욕심은 아직은 없지만 갖고 싶은 것에 초점을 맞춘다면, 두려움은 가져야 하는 것을 갖지 못했을 때 생기는 결과들을 주목합니다. 욕심을 이길 방법은 그리스도의 임재를 즐거워하는 것이고, 두려움에 대한 답은 그리스도의 약속을 확실히 붙드는 것입니다. 두려움 속에 살지 마십시오. 그리스도로 인해 만족하고 그분의 약속을 믿으십시오.

우리가 마땅히 대접해야 하는데도 그렇지 못하게 막는 것이 바로 두려움입니다. 사람들이 와서 일정 시간 머물게 되면 시간을 너무 많이 뺏길 거라고 두려워합니다. 사람들이 집을 보고 제대로 청소하지 않았다고 생각할 거라고 두려워합니다. 그들이 옷장을 열어 보거나 아이들 방을 볼지도 모른다고 생각합니다. 손님들이 와서 집(멋진 카페트, 좋은 가구, 여러 장식품)을 어지럽힐 거라는 염려가 앞섭니다. 모였을 때 대화가 막히거나 분위기가 어색할까 봐 두렵습니다. 두려워 하는 것은 이 외에도 많습니다. 많은 그리스도인이 이러한 두려움의 굴레에 매여 있습니다. 로마서 12장 13절은 우리에게 새로운 삶의 방식을 제공합니다. 자유로운 삶입니다. "성도들의 쓸 것을 공급하며 손 대접하기를 힘쓰라."

어떻게 두려움을 벗어나 후하게 베풀며 살 수 있을까?

그래서 이제 세 번째로, 우리가 어떻게 이러한 두려움의 굴레를 벗어나 자유함 가운데 후하게 베풀고 환대하는 삶을 살 수 있을까요?

성경이 말하는 근본적인 대답은 이것입니다. '예수님은, 만물의 주인이신 전능한 하나님을 믿는 모든 자에게 이러한 아낌없이 주는 삶, 환대하는 삶을 살도록 하기 위해 죽으셨고 또한 부활하셨습니다.' 이것이 로마서 12장 1절부터 이어지는 내용입니다. "그러므로 형제들아 내가 하나님의 모든 자비하심으로 너희를 권하노니 … 성도들의 쓸 것을 공급하며 손 대접하기를 힘쓰라." 예수님의 보혈은 우리에게 하나님의 자비하심을 가져왔고, 아침마다 새로운 관대함과 환대를 우리는 경험합니다. 이것이 우리가 관대하고 환대할 수 있는 방법입니다. 우리는 베풀고 환대하면서 하나님의 풍성한 도우심을 즐기고 기대합니다.

로마서 8장 32절은 핵심 구절입니다. "자기 아들을 아끼지 아니하시고 우리 모든 사람을 위하여 내주신 이가 어찌 그 아들과 함께 모든 것을 우리에게 주시지 아니하겠느냐." 바울은 빌립보서 4장 19절에서 우리를 위해 이것을 적용합니다. "나의 하나님이 그리스도 예수 안에서 영광 가운데 그 풍성한 대로 너희 모든 쓸 것을 채우시리라." 그리고 고린도후서 9장 8절에서 다시 말합니다. "하나님이 능히 모든 은혜를 너희에게 넘치게 하시나니 이는 너희로 모든 일에 항상 모든 것이 넉넉하여 모든 착한 일을 넘치게 하게 하려 하심이라." 하나님이 우리의 모든 것을 만족시키는 보화가 되신다고 약속하셨습니다. 그러므로 우리는 다른 사람에게 관대하고 환대할 수 있습니다.

우리는 매년 교회에 베풀어 주시는 하나님의 자비하심과 신실하심을 목도해 왔습니다. 저는 작년에 예산이 21퍼센트 증액되자 솔직히 두려웠습니다. 그런데 연말 마지막 주일에 결산을 보니 수입과 지출이 비등했습니다. 하나님이 우리의 모든 필요를 채워 주신 결과입니다. 우리가 바랐던 대로가 아니라 우리에게 필요한 대로였습니다. 이와 관련하여 하나님은 계속해서 우리를 시험하십니다. 돈이 완전히 바닥났다고 생각하면 어느새 생각지도 않았던 돈이 들어왔습니다. 그리고 돈이 많다고 생각할 때면 예기치 않은 지출이 생겼습니다. 후하게 베풀고 자신의 집을 개방하는 사람들에게는 이것이 전혀 무관한 이야기라고 생각하십니까? 하나님의 공급하심은 하나님이 주신 약속의 요지입니다. 그러니 그분을 신뢰함으로 사역을 키워 나가고, 줄 수 있다고 생각하는 것들을 기꺼이 베푸십시오.

후하게 베풀고 자기 집을 개방하는 것에 대한 상급

마지막으로 네 번째 질문입니다. 우리가 하나님의 약속을 믿고 후하게 베풀고 서로에게 그리고 필요한 사람들에게 집을 개방할 때의 상급은 무엇입니까?

1. 성도들의 고난이 위로를 받거나 적어도 경감될 것입니다. 13절에서 "성도들의 쓸 것을 공급하며"라고 말할 때 의미한 것이 바로 이것입니다. 짐을 덜어 줍니다. 스트레스를 덜어 줍니다. 소망을 더합니다. 이것이 상급입니다!

2. 하나님의 영광이 드러납니다. 마태복음 5장 16절입니다. "이같이 너희 빛이 사람 앞에 비치게 하여 그들로 너희 착한 행실을 보고 하늘에 계신 너희 아버지께 영광을 돌리게 하라." 후하게 베풀고 환대하는 일은 우리 삶에 드러난 하나님의 영광과 선하심과 가치를 드러냅니다. 하나님께서 우리에게 주신 돈과 집을 사람들을 위해 사용함으로써 돈과 집이 우리의 하나님이 아님을 보여 줄 수 있습니다. 하나님이 우리 하나님이며, 우리 보화이십니다.

3. 하나님께 더 많은 감사가 흘러갑니다. 고린도후서 9장 12절입니다. "이 봉사의 직무가 성도들의 부족한 것을 보충할 뿐 아니라 사람들이 하나님께 드리는 많은 감사로 말미암아 넘쳤느니라." 하나님은 그저 우리에게 감사하게 하려고 돈과 집을 주신 것이 아닙니다. 우리의 관대함과 환대를 통해 많은 사람이 하나님께 감사하도록 하기 위해 주셨습니다.

4. 하나님을 향한 우리의 사랑과 우리 안에 있는 그분의 사랑이 확고해집니다. 요한일서 3장 17절입니다. "누가 이 세상의 재물을 가

지고 형제의 궁핍함을 보고도 도와줄 마음을 닫으면 하나님의 사랑이 어찌 그 속에 거하겠느냐." 다른 말로 하면, 우리가 후하게 베풀고 환대할 때 하나님의 사랑이 우리 삶 속에 확고해진다는 말입니다. 그렇게 살아가는 우리는 무늬만이 아니라 진짜 그리스도인입니다.

5. 마지막으로, 하늘에 보화를 쌓게 됩니다. 누가복음 12장 33-34절입니다. "너희 소유를 팔아 구제하여 낡아지지 아니하는 배낭을 만들라. 곧 하늘에 둔 바 다함이 없는 보물이니 거기는 도둑도 가까이 하는 일이 없고 좀도 먹는 일이 없느니라. 너희 보물 있는 곳에는 너희 마음도 있으리라."

후하게 베풀고 환대하는 것은 그리스도 안에 있는 삶의 핵심에 가깝습니다. 우리가 지갑과 가정을 자주 열지 않는 이유는 두려움과 욕심의 굴레에 매여 있기 때문입니다. 그 치료책은 그리스도의 임재를 즐거워하고 그리스도의 약속을 확실히 붙드는 것입니다. 하나님은 그리스도 예수 안에 있는 풍성한 영광대로 우리의 모든 필요를 채우실 것입니다. 우리의 상급은 하나님의 영광을 드러내는 것과 다른 사람을 유익하게 하는 것, 그리스도를 영원히 소중히 여기는 기쁨에 있습니다. 그러므로 여러분에게 촉구합니다. "성도들의 쓸 것을 공급하며 손 대접하기를 힘쓰십시오."

자유를 위한 기도

오 주님, 두려움과 욕심에서 자유로운
날개를 가진 새처럼 자유로운

아무것도 필요 없는 백합 같은
그런 삶을 살기 원합니다.

세상적인 것들을 사랑하는 사슬을 끊고
세상에 묶인 영혼을 깨워
독수리 날개 치듯 우리 영혼이 솟구쳐 오르게 하소서.

오 하나님, 자유로이 베풀게 하소서.
봄날이라 해도 하나님의 따스한 미소가 비추지 않는 한
생명이 자랄 수 없음을 가르치소서.

그리스도께서 우리에게 주신 자유로
오, 유혹에 빠지지 않게 하시고
다만 그리스도를 소중히 여기게 하소서.
그럴 때 주님이 예비하신 영광을 보게 될 것입니다.

_존 파이퍼

33장

너희를 박해하는 자를 축복하라

로마서 12:14-21

너희를 박해하는 자를 축복하라. 축복하고 저주하지 말라. 즐거워하는 자들과 함께 즐거워하고 우는 자들과 함께 울라. 서로 마음을 같이하며 높은 데 마음을 두지 말고 도리어 낮은 데 처하며 스스로 지혜 있는 체하지 말라. 아무에게도 악을 악으로 갚지 말고 모든 사람 앞에서 선한 일을 도모하라. 할 수 있거든 너희로서는 모든 사람과 더불어 화목하라. 내 사랑하는 자들아, 너희가 친히 원수를 갚지 말고 하나님의 진노하심에 맡기라. 기록되었으되 원수 갚는 것이 내게 있으니 내가 갚으리라고 주께서 말씀하시니라. 네 원수가 주리거든 먹이고 목마르거든 마시게 하라. 그리함으로 네가 숯불을 그 머리에 쌓아 놓으리라. 악에게 지지 말고 선으로 악을 이기라 _롬 12:14-21

바울은 이 단락에서 같은 내용을 반복해서 말합니다. 14절입니다. "너희를 박해하는 자를 … 저주하지 말라." 17절입니다. "아무에게도 악을 악으로 갚지 말고." 19절입니다. "너희가 친히 원수를 갚지 말고." 21절입니다. "악에게 지지 말고." 이번에는 긍정적인 측면입니다.

14절입니다. "너희를 박해하는 자를 축복하라." 18절입니다. "모든 사람과 더불어 화목하라." 20절입니다. "네 원수가 주리거든 먹이고 목마르거든 마시게 하라." 21절입니다. "선으로 악을 이기라."

그래서 이 비슷한 명령들을 한꺼번에 묶어서 '원수를 사랑하라'는 제목으로 다루고 싶기도 합니다. 하지만 적어도 두 가지 이유에서 이런 유혹을 거부하겠습니다. 첫째는, 이 명령들이 우리 삶의 구체적인 상황에서 각각 다르게 적용되기 때문입니다. 이 명령들을 구체적으로 하나씩 살펴보는 대신 하나로 묶어 좀 더 일반적으로 말하면 이런 차이들을 놓치게 됩니다. 둘째는, 이 명령들 중간중간에 이 구조에 맞지 않는 다른 명령들이 끼어 있기 때문입니다. 이것들을 무시한다면 바울이 말하려는 바를 놓치게 됩니다.

그래서 이 구절들을 순서대로 하나하나 살펴보려고 합니다. 오늘은 14-15절을 이해하고 적용해 보겠습니다. "너희를 박해하는 자를 축복하라. 축복하고 저주하지 말라. 즐거워하는 자들과 함께 즐거워하고 우는 자들과 함께 울라."

14절과 15절은 어떻게 어울리는가?

이 두 구절을 한데 묶으면 서로 어떤 관련이 있는지 즉시 궁금증이 생깁니다. 무슨 관련이 있습니까? 생각보다 많습니다. 예를 들어, 우는 자들과 함께 울지 않는 이유가 무엇이겠습니까? 한 가지 이유로는 그들이 우는 것이 우리에게는 즐겁기 때문일 것입니다. 그들에게 화가 나 있어서 그들에게 나쁜 일이 생기면 기뻐하게 된다는 말입니다. 이것이 14절 말씀과 어떤 관련이 있습니까? 14절은 이런 의미입니다. "너희를 박해하는 자를 저주하지 말라." "그들이 저주받는 것을 기뻐하지 말라." "그들이 울 때 기뻐하지 말라." "그들을 축복하라." 따라서 14절과 15절은 아주 밀접한 관련이 있습니다.

모든 즐거움에 대해 즐거워하고 모든 슬픔에 대해 슬퍼하는가?

하지만 또 다른 질문이 생깁니다. 우리는 모든 즐거움에 대해 즐거워하고 모든 슬픔에 대해 슬퍼합니까? 즐거움도 종류가 다르고 슬픔도 종류가 다르지 않습니까? 어떤 슬픔에 대해서 우리는 즐거워해야 합니다. 그리고 어떤 즐거움에 대해서는 매우 슬퍼해야 합니다. 예수님이 누가복음 6장 25절에서 "화 있을진저 너희 지금 배부른 자여. 너희는 주리리로다. 화 있을진저 너희 지금 웃는 자여. 너희가 애통하며 울리로다"라고 말씀하셨기 때문에 우리는 이것을 압니다.

반면, 우리가 기뻐해야 하는 슬픔, 즉 생명으로 이끄는 슬픔이 있지 않습니까? 바울은 고린도후서 7장 10절에서 이렇게 말합니다. "하나님의 뜻대로 하는 근심은 후회할 것이 없는 구원에 이르게 하는 회개를 이루는 것이요." 그러므로 거룩한 슬픔은 분명 좋은 것입니다. 고통스럽긴 하지만 소망과 생명으로 가득합니다! 그 순간에는 눈물이 흐르지만 그 눈물은 새로 태어난 아기를 바라보는 어머니의 눈물과 같습니다. 따라서 우리는 모든 슬픔에 같이 슬퍼하지 않고 모든 기쁨에 같이 기뻐하지도 않습니다.

14절과 15절을 연결하는 뿌리가 있습니다. 즉, 한편으로는 마음 깊이 공감하고, 다른 한편으로는 자신을 저주하는 자를 축복하는 이 둘을 연결하는 뿌리가 있습니다. 14절과 15절의 명령들이 나오는 구체적인 기독교적 맥락과 근원을 분명히 이해한다면 이 뿌리를 볼 수 있습니다.

근본적으로 변화된 행동의 뿌리와 그 의미는 무엇인가?

사실 14-21절에 나오는 모든 명령들은 무언가 더 심오한 일이 일어났음을 전제합니다. 이 모든 명령들은 병적인 자기중심성, 자기 우월감, 자기 도취로부터 자유로워져야만 가능합니다. 그리고 그것보다 훨씬 중요하게(그것도 중요하지만) 이 명령들은 그리스도 중심성, 그리스도 우월성, 그리스도 고취에 그 뿌리를 두고 있습니다. 지난번과 같은 방식으로 이 주장을 펼칠 수도 있습니다. 1절로 돌아가 "내가 하나님의 모든 자비하심으로 너희를 권하노니"라는 표현을 보면서, 이 12장이 로마서 1-11장에 기록된 그리스도 안에 있는 하나님의 자비하심에 온전히 감동되었을 때 맺게 되는 열매라는 것을 보여 주는 방식 말입니다. 그렇게 해도 정확할 것입니다.

하지만 여기서는 그렇게 하는 대신 바울이 3절에서 이 명령들에 대해 우리를 어떻게 준비시키고 있는지를 상기해 보겠습니다. 바울은 그리스도인으로 사는 것은 마음을 새롭게 함으로 변화를 받아 하나님의 뜻을 분별하고 받아들이는 것이라고 말했습니다. 그런 다음 오늘 본문에서 바울은 마음이 변화되고 새로워진 가장 심오한 수준을 보여 줍니다. 즉, 이는 우리가 하나님의 뜻을 행하게 될 때 일어나는 일들인데, 예를 들어 우리를 박해하는 자를 축복하고 우는 자들과 함께 울고 웃는 자들과 함께 웃게 된다고 말합니다.

그리고 바울은 3절에서 이렇게 말합니다. "내게 주신 은혜로 말미암아 너희 각 사람에게 말하노니 마땅히 생각할 그 이상의 생각을 품지 말고 오직 하나님께서 각 사람에게 나누어 주신 믿음의 분량대로 지혜롭게 생각하라." 이 말씀은 앞에서 많은 시간을 할애하여 살펴본 바 있습니다. 그래서 간략하게만 정리하겠습니다. 바울이 생각하기에 자신을 지나치게 높이는 것에 대한 대안은 무엇입니까? 답은 자신을 낮게 생각하는 것이 아닙니다(출발점이 되기에는 좋긴 하지만). 대안은 "하나님께서 각 사람에게 나누어 주신 믿음의 분량대로 지혜롭게 생각"하는 것입니다. 자신을 너무 높게 생각하는 것(자기중심성, 자기 우월, 자기 도취와 같은 모든 죄의 뿌리)의 대안은 거울에 비친 자기 모습에 대한 생각의 변화에 있지 않습니다. 대안은 거울을 창문으로 삼아 그 너머에 계신 그리스도의 영광을 보는 것입니다.

이것이 믿음이고, 믿음이 하는 일입니다. 믿음이 거울 앞에 설 때, 거울은 창문이 되어 건너 편에 계신 그리스도의 영광을 보여 줍니다. "내가 전부야"라고 말하는 것에 대한 결정적인 대안은 "나는 아무것도 아니야"라고 말하는 것이 아니라 "그리스도가 전부이셔"라고 하는 것입니다. 믿음은 자신이 아니라 그리스도를 바라봅니다. 심지어 새로워진 자아도 그렇습니다. 새로운 자아는 그리스도를 구주요, 주님이요, 보화요, 기쁨이요, 만족으로 바라봅니다.

그리고 3절에서 또 하나 주목할 것이 있는데, 이것은 "너희를 박해하는 자들을 축복하라"(14절)와 "우는 자들과 함께 울라"(15절) 같은 명령들과 깊은 관련이 있습니다. 3절 하반절은 "하나님께서 각 사람에게 나누어 주신 믿음의 분량대로 지혜롭게 생각하라"고 말합니다. 다른 말로 하면, 우리가 가진 믿음의 분량이 '하나님의 선물'

이라는 말입니다. 하나님이 우리에게 믿음을 나누어 주셨습니다. 물론 믿음은 우리 영혼의 행위입니다. 하지만 그런 행동을 하려는 성향은 하나님의 선물입니다. "너희는 그 은혜에 의하여 믿음으로 말미암아 구원을 받았으니 이것은 너희에게서 난 것이 아니요 하나님의 선물이라"(엡 2:8).

이제 자만하는 인간의 마음에서 자랑의 두 가지 근거가 제거됩니다. 먼저, 내가 스스로 구원할 수 있다거나 스스로 만족할 수 있다는 자랑이 깨지고, 믿음에 의해 그리스도가 나의 전부(나의 구원자, 주님, 위로자, 친구, 보화, 기쁨)로 발견됩니다. 나 자신에게서 눈길을 돌려 그분 안에서 만족합니다.

두 번째로, 자랑의 또 다른 근거가 제거됩니다. 믿음으로(또한 마음으로 경험하여) 자기가 아닌 그리스도를 바라보게 되는 것도 선물임을 깨닫습니다. 나는 예수님을 믿을 정도로 똑똑하다거나 현명하다거나 영적이라거나 거룩하다거나 겸손하다고 자랑할 수조차 없습니다. 그분이 나의 모든 저항을 이기실 만큼 충분히 다정하시고 강하셨던 것입니다. 그분의 전능한 자비하심을 찬양합시다!

성부 하나님은 세상의 기초를 놓으시기 이전에 우리를 죄와 지옥에서 구할 계획을 세우셨습니다. 성자 하나님은 십자가에서 피를 흘리심으로 우리를 용서하고 변화시키기 위한 값을 지불하셨습니다. 성령 하나님은 우리의 모든 자기중심성과 자기 우월감, 자기 도취를 이기셨고, 우리의 눈을 열어 그리스도의 아름다움이 우리가 봐야 할 전부임을 깨닫게 하셨습니다. 이런 조건에서 우리는 오늘 세 종류의 사람을 만납니다. 우리를 박해하는 사람, 기뻐하는 사람, 슬피

우는 사람입니다.

바울은 그들을 어떻게 대해야 하는지 하나님의 권위로 우리에게 말합니다. 여기 그리스도가 전부인 사람, 자신의 보좌에서 내려온 사람이 살아가는 방식이 있습니다. 로마서 12장 14-15절입니다. "너희를 박해하는 자를 축복하라. 축복하고 저주하지 말라. 즐거워하는 자들과 함께 즐거워하고 우는 자들과 함께 울라."

이런 행동이 얼마나 근본적인 변화를 보여 주는지 주목하십시오. 단순히 복수하지 말라는 말이 아닙니다. 의지력으로 그렇게 하지 않을 수도 있습니다. 마음으로는 증오하고 분노하고 복수심에 불타면서도 복수하지 않을 수 있습니다. 하지만 요지는 겉으로 드러나는 행동이 아니라 마음입니다. "너희를 박해하는 자를 축복하라. 축복하고 저주하지 말라"는 말에서 이를 확인할 수 있습니다.

이 말은 누가복음 6장 28절에서 하신 예수님의 말씀을 일부 인용한 것입니다. "너희를 저주하는 자를 위하여 축복하며 너희를 모욕하는 자를 위하여 기도하라." 행동이 문제가 아닙니다. 기도는 간절히 바라는 바를 하나님께 표현하는 것입니다. 누군가를 축복하는 것은 그저 그를 대하는 행동 방식이 아니라 그를 향한 열망을 포함하고 있습니다. 그리고 예수님은 그 열망이 저주가 아니라 누군가의 유익을 위한 것이어야 한다고 말씀하십니다. 이것이 '축복'에 담겨 있는 의미입니다. 그들을 축복하고 그들을 위해 기도하십시오. 무엇을 위해 기도해야 합니까? 현재와 영원을 위한 그들의 유익입니다. 그리고 이렇게 할 때 얻게 되는 최고의 유익은 그리스도를 끊임없이 알고 경험하고 드러낼 수 있게 된다는 것입니다.

따라서 그리스도인의 삶은 근본적으로 변화되는 것입니다. 우리 존재의 뿌리뿐 아니라 우리가 열망하던 것의 뿌리까지 잘라 냅니다. 우리는 이제 이러한 혁신적인 행동이 어디서 나오는지 또한 그것이 의미하는 바가 무엇인지 알 수 있습니다. 그것은 그리스도를 믿는 믿음에서 나옵니다. 또한 그것은 그리스도가 우리의 모든 만족이 되신다는 의미입니다. 우리가 마땅히 생각할 그 이상으로 자신을 높이지 않고 하나님이 주신 믿음의 분량대로 지혜롭게 생각하는 데서 이런 행동이 나옵니다(3절).

그리스도로 인해 부당한 대우를 받고 심지어 부당하게 공격당하더라도 우리 대적을 축복하고 위하여 기도하려면, 본래부터 갖고 있던 자기중심성, 자기 우월감, 자기 도취가 죽어야 합니다. 하지만 그 죽음 자체로 무언가가 이루어지지는 않습니다. 그것은 그리스도 중심성, 그리스도 우월감, 그리스도 고취로 대체되어야만 합니다. 그것이 믿음입니다. 그리스도를 우리의 모든 것을 만족시키는 보화로 바라보고 받아들이는 것입니다.

그리스도에 대한 믿음은 어떻게 대적을 축복하게 하는가?

따라서 그리스도에 대한 믿음이 이렇듯 근본적으로 변화된 행동의 뿌리라 할 수 있습니다. 이 믿음이 박해하는 자들을 저주하지 않는 뿌리가 되고, 그들을 축복하고 위하여 기도하고 그들의 영원한 유익을 바라는 뿌리가 됩니다.

그리스도를 믿는 것은, 우리 본성적인 자아(몸을 포함해서)가 우리에게 만족과 안전을 보장하는 원천이 아님을 아는 것입니다. 따라서 이런 의미에서 자아는 죽습니다. 폄하하는 말이나 고통이나 죽음으로 이 자아를 협박해도, 더 이상 궁극적인 위협이 되지 못합니다. 옛 자아는 더 이상 우리의 생명이나 보물이 아니며, 우리에게 가장 크고 지속적인 기쁨도 주지 못합니다. 그래서 우리는 전에 있던 옛 자아의 보복하고 싶은 충동에서 자유로워집니다.

동시에 그리스도를 믿는 것은, 더 중요한 무언가를 행한다는 의미입니다. 우리는 본성적인 자아를 만족과 안전의 원천으로 보지 않을 뿐 아니라, 눈을 돌려 그리스도를 바라봅니다. 믿음은 그리스도를 바라보고 그리스도를 온전한 만족이자 안전으로 받아들입니다. 이렇게 그리스도를 바라보기 시작할 때, 우리는 세 가지 이유 때문에 대적을 축복하고 우는 자들과 함께 울고 웃는 자들과 함께 웃는 따스한 마음을 가진 사람들이 됩니다.

첫째, 믿음이 바라보고 받아들이는 그리스도는 자신을 저주한 사람들을 축복하셨습니다. 예수님은 십자가에 달리셨을 때 이렇게 말씀하셨습니다. "아버지 저들을 사하여 주옵소서. 자기들이 하는 것을 알지 못함이니이다"(눅 23:34). 믿음은 그리스도를 바라보고 받아들이는 것이라고 할 때 당연히 그리스도의 이런 모습도 포함합니다. 우리는 "그리스도는 아름다운 삶을 사셨지만, 나를 박해하는 자를 축복하는 것은 어리석은 일이에요"라고 말할 수 없습니다. 그리스도 안에 있는 자비하심을 보고 경험했다면, 우리 역시 자비를 행해야 합니다.

둘째, 믿음이 바라보고 받아들이는 그리스도는 일반적인 의미에서 대적들을 그저 축복하신 것이 아니라 바로 나를 위해 그렇게 하셨습니다. 저와 여러분을 위해서입니다. 로마서 5장 6절입니다. "우리가 아직 연약할 때에 기약대로 그리스도께서 경건하지 않은 자를 위하여 죽으셨도다." 예수님을 대적하여 자격 없던 우리가 은혜로 그리스도의 축복을 받았다면, 돌이켜 우리를 박해하는 자를 저주할 수는 없습니다.

셋째, 믿음이 바라보고 받아들이는 그리스도는 우리를 위해 죽으시고 다시 살아나심으로 우리 미래를 영원히 보장해 주셨습니다. 그러므로 우리를 박해하는 자들이 우리를 멸망시킬 수 없고, 우리는 이 땅에서 최종 결정권을 가질 필요가 없습니다. 하나님이 최종 결정권자가 되실 것입니다.

> 몸은 죽여도 영혼은 능히 죽이지 못하는 자들을 두려워하지 말고 오직 몸과 영혼을 능히 지옥에 멸하실 수 있는 이를 두려워하라. 참새 두 마리가 한 앗사리온에 팔리지 않느냐. 그러나 너희 아버지께서 허락하지 아니하시면 그 하나도 땅에 떨어지지 아니하리라. 너희에게는 머리털까지 다 세신 바 되었나니 두려워하지 말라. 너희는 많은 참새보다 귀하니라(마 10:28-31).

이렇듯 그리스도가 행하셨던 급진적인 사랑은 자신에 대해서는 죽고 그리스도와 그분이 행하신 일과 베푸신 약속을 즐거워하는 것에서 출발합니다. 쓴뿌리와 복수심으로 고통받고 있다면 그리스도께 더욱 가까이 나아가십시오. 그분을 더욱 깊이 알고 그분이 행하셨던 모습 그대로 그분을 받아들이고 사랑할 수 있을 때까지 날마다 그리스도에게로 나아가십시오.

15절은 박해와 어떻게 연결되는가?

그러면 15절은 어떻습니까? "즐거워하는 자들과 함께 즐거워하고 우는 자들과 함께 울라." 다음 시간에 이에 대해 더 살펴보겠습니다. 하지만 이 구절이 그저 14절에 이어 나온 말씀일 뿐이며 박해를 겪는 상황과는 상관없다는 생각이 든다면, 〈순교자의 목소리〉(Voice of the Martyrs) 2월호에 실린 글을 읽어 보십시오. 라오스의 소수민족 크무족 여인 쿤의 상황을 소개한 글입니다. 그녀의 남편은 그리스도를 전했다는 이유로 감옥에 갇혀 있습니다.

> 쿤은 서방 그리스도인들에게 자신의 남편 캄세이와 가족들을 위해 기도해 달라고 간청한다. 또한 케이지 지역 사람들과 그리스도인들이 지방 정부 관리들의 방해 없이 공개적으로 믿음을 드러낼 수 있도록 더 많은 자유를 얻게 해달라고 기도를 부탁한다. 비록 문화는 다르지만 우리는 그리스도의 몸 안에서 하나다. 쿤은 담대하게 이런 생각을 나누었다. '우리 일이 여러분의 일이고 우리 상처가 여러분의 상처이고 우리 행복이 여러분의 행복입니다.'
>
> 사도 바울은 이렇게 썼다. "만일 한 지체가 고통을 받으면 모든 지체가 함께 고통을 받고 한 지체가 영광을 얻으면 모든 지체가 함께 즐거워하느니라"(고전 12:26). 쿤의 가족이 그리스도를 위해 고난을 받을 때 우리도 그들과 함께 고난을 받는다. 감옥에서 또 다른 죄수가 예수님을 믿어 그로 인해 캄세이가 기뻐할 때 우리도 그와 함께 기뻐한다.*

이 편지야말로 로마서 12장 15절에 대한 가장 설득력 있는 주석이 아닐까요! 오늘은 이쯤에서 마치겠습니다. 박해당하는 상황에 처할 때 우리를 박해하는 자들을 축복하고 고난을 이기는 자들과 함께 즐거워하며, 고난으로 인해 우는 자들과 함께 우십시오.

*Nate Gary Lane, "Walking With Christ in Laos," *Voice of the Martyrs*(Feb. 2005); pp. 4-5.

34장

할 수 있거든 모든 사람과 더불어 화목하라

로마서 12:14-18

너희를 박해하는 자를 축복하라. 축복하고 저주하지 말라. 즐거워하는 자들과 함께 즐거워하고 우는 자들과 함께 울라. 서로 마음을 같이하며 높은 데 마음을 두지 말고 도리어 낮은 데 처하며 스스로 지혜 있는 체하지 말라. 아무에게도 악을 악으로 갚지 말고 모든 사람 앞에서 선한 일을 도모하라. 할 수 있거든 너희로서는 모든 사람과 더불어 화목하라. _롬 12:14-18

지난 시간에 저는 즐거워하는 자들과 함께 즐거워하고 우는 자들과 함께 울지 못하는 이유 중 하나는 그들이 슬퍼하는 것이 기쁘거나 그들이 기뻐하는 것을 참지 못하기 때문이라고 말씀드렸습니다. 다른 말로 하면, 그들 때문에 화가 나 있어서 그들에게 나쁜 일이 생기길 바란다는 말입니다. 그래서 그들에게 나쁜 일이 생기면 기뻐합니다. 그들에게 나쁜 일이 생기지 않고 좋은 일이 생기면 슬그머니 화가 납니다.

이런 모습은 "너희를 박해하는 자를 축복하라. 축복하고 저주하지 말라"는 14절의 요구와 정반대 상황임을 보았습니다. 이 맥락에서 하나님은 우리에게 다른 차원의 사람이 되라고 요구하십니다. 원수에게 문제가 생기길 바라는 사람이 아니라 원수가 축복받기를 바라는 사람이 되라고 하십니다. 그리고 이것은 피상적이고 외적인 변화가 아니라 근본적인 내적 변화임을 기억하십시오. 문제는 우리의 몸이나 입으로 무엇을 하는가가 아니라 우리 마음이 무엇을 느끼는가입니다. "축복하고 저주하지 말라"는 것은 "그들이 현재뿐 아니라 영원히 잘되기를 마음으로부터 원하라"는 의미입니다.

즐거워하는 자들과 즐거워하지 못하고 우는 자들과 울지 못하는 이유

즐거워하는 자들과 함께 즐거워하지 못하고 우는 자들과 함께 울지 못하는 또 다른 이유들이 있다고 말씀드렸습니다. 여섯 가지 정도가 있습니다. 먼저 그 여섯 가지를 말씀드리고 나서, 앞에서 말한 근원적인 문제가 어떻게 이 나머지 이유를 불러오는지 살펴보겠습니다.

1. 우리는 너무나 자신 안에 갇혀 있어서 다른 사람과 함께 즐거워하거나 울지 않습니다. 너무나 자기중심적이라서 다른 사람의 마음에서 일어나는 일은 우리에게 전혀 영향을 미치지 못합니다.

2. 우리는 자신이 보통 사람들의 일반 정서와는 다르게 살아간다고 느낍니다. 아이들은 웃습니다. 여자들은 웁니다. 그런데 나는 남자입니다. 굳이 남성성을 그런 감정적 차별화의 이유로 들 필요는 없습니다. 아마도 우리는 매우 교양 있는 사람이기 때문일 겁니다. 지식인이라면 당연히 보통 사람들과는 다른 감정 생활을 해야 한다고

느낍니다. 그들과 함께 웃거나 함께 울면 그들과 같은 수준이 된다고 생각하고, 우리는 좀 더 세련되고 귀족적이며 문화적 수준이 높아야 한다고 생각합니다.

3. 우리는 지나치게 비판적이고, 감정에 대해서는 주로 분석적인 입장을 취하면서 그것이 갖는 왜곡이나 과장 혹은 나쁜 성향이나 얄팍한 뿌리들을 지적하길 좋아합니다. 지나치게 비판적이고 분석적인 마음은 감정에 대해 일정 거리를 두게 하고 다른 사람의 감정에 공감하는 것을 막습니다.

4. 다른 사람은 즐거운데 우리는 그렇지 않을 때 화가 나거나 시기합니다. 자신이 무시당하고 부당한 대우를 받았다고 느낍니다. 따라서 시기심이 있으면 사람들과 함께 즐거워하지 못합니다.

5. 우리는 감정을 잘 표현하지 않습니다. 어떤 것에 대해 기뻐하거나 슬퍼하지 않습니다. 그렇기 때문에 다른 사람과 함께 울거나 즐거워하지 않습니다. 이는 부모 탓일 수 있습니다. 혹은 큰 정신적 충격을 받은 경험으로 그럴 수도 있습니다. 혹은 어떤 신체적 조건 때문일 수도 있습니다.

6. 감정적으로 우울하거나 무감각한 상태일 수 있습니다.

마지막 두 가지도 죄에 뿌리를 두고 있지만, 나머지 네 가지처럼 즉각적으로 죄와 연결되지는 않습니다. 나머지 네 가지보다는 좀 더 인내심을 가지고 싸워 나가야 합니다. 다른 사람과 함께 기뻐하거나 슬퍼하지 못하는 나머지 네 가지 이유들의 기저를 들여다보면 교만이 자리하고 있습니다. 다른 사람과 함께 진정으로 울거나 웃지 못하는 가장 근본적인 이유는 교만입니다.

교만한 사람들의 세 가지 유형

교만은 여러 형태로 드러납니다. 그중 세 가지를 살펴보겠습니다. 이 세 가지는 양상이 점점 심해지면서도 서로 중첩되는 경향이 있습니다.

먼저, 자기 몰두형이 있습니다. 이런 사람들은 끊임없이 자기를 생각합니다. 겉으로는 잘 드러나지 않고 겸손해 보일 수도 있습니다. 하지만 내면은 온통 자기 생각뿐입니다. 심지어 자기를 싫어하는 사람일 수도 있습니다. 그러나 여전히 자기가 관심의 중심입니다. 자기 혐오는 겸손을 만들어 낼 힘이 없고 그저 자만심을 불쌍하고 비참하게 만들 뿐입니다. 이것은 교만이 아주 미묘하고 치명적으로 드러난 형태로, 다른 사람과 함께 울거나 웃으며 공감하지 못하게 합니다.

두 번째로, 자기애에 빠진 사람이 있습니다. 이런 사람은 자기에 대해 정말 좋게 생각합니다. 그는 자기만 알 뿐 아니라 자기가 관심의 중심에 있는 것을 좋아하고 다른 사람도 그것을 좋아한다고 생각합니다. 이런 사람들은 사교적일 수도 있고 아닐 수도 있는데, 자기가 쾌활하거나 지적이거나 잘생겼거나 현명하다고 생각하고 아무도 좋아하지 않는데도 자기를 꾸미는 것을 좋아합니다.

세 번째로, 자기를 높이는 사람이 있습니다. 이런 사람들은 자기 몰두형이나 자기 애착형 사람들보다 자기의 능력을 과시하기 위해 더 적극적입니다. 다른 사람이 보고 칭찬하는 것에 신경을 씁니다. 칭찬 듣는 것을 좋아합니다.

이런 사람들은 즐거워하는 자들과 함께 즐거워하고 우는 자들과 함께 우는 마음의 자유를 누리지 못합니다. 이들은 정치적인 성향이 짙은 사람(교회, 정치계, 사업계에서)으로, 우는 자들과 함께 울고 즐거워하는 자들과 함께 즐거워하는 것이 정치적으로 유리하다는 것을 배워서 알기 때문에 그렇게 할 수도 있습니다. 하지만 배우가 흘리는 눈물과 따스한 마음이 흘리는 눈물이 다르다는 것을 우리는 잘 압니다.

교만의 반대가 될 수 있는 두 가지

공감하고 동정하며 다른 사람을 위해 즐거워하고 다른 사람을 위해 슬퍼하는 감정을 차단하는 이 교만의 반대는 무엇입니까? 교만의 반대는 두 가지로 표현됩니다. 하나는 당연히 겸손입니다. 겸손은 자기를 지나치게 생각하지 않습니다. 겸손은 자기에게 열중하지 않으며 여러 방식으로 다른 사람에게 관심을 갖고 그들의 훌륭한 점을 발견합니다. 겸손은 자기를 높이는 대신 다른 사람 높이기를 좋아합니다. 겸손은 교만의 반대를 표현하는 한 가지 방식입니다.

하지만 교만의 대안을 이런 식으로 표현할 때 한 가지 문제가 있습니다. 그 안에 하나님이 없다는 것입니다. 그리스도가 없습니다. 엄격히 말해, 이러한 겸손은 무신론적입니다. 교만에 대한 성경적이고 기독교적인 대안은 자연적인 의미의 겸손이 아니라 우주의 창조주이자 구원자이신 예수 그리스도를 믿는 믿음입니다. 자기중심적이고 자기를 사랑하고 자기를 높이는 것에 대한 기독교적인 대안은 그리스도 중심적이고 그리스도를 사랑하고 그리스도를 높이는 것입니다. 그러므로 마땅히 생각할 그 이상으로 자기를 생각하는 것에 대한 기독교적 대안은 믿음입니다. 즉, 자기에게 향하던 시선을 돌려 그리스도를 바라보는 것입니다. 그리스도를 더 많이 생각하고 그리스도를 높이는 것입니다.

왜 믿음이 공감을 가로막는 교만의 대안이 되는가?

좀 더 구체적으로 살펴보겠습니다. 믿음이 공감을 가로막는 교만의 기독교적 대안이 되는 이유는 이것입니다. 믿음이란 그리스도 안에서 겸손히 쉬는 것(이것이 믿음의 핵심입니다)이기 때문입니다. 믿음은 자기를 잊고 그리스도로 만족하는 것입니다. 믿음은 자기 자신이 아닌 그리스도가 우리 전부임을 고백하는 것입니다. 따라서 겸손은 단순히 믿음에 더해진 무언가가 아니라, 믿음에서 자라난 열매이고 믿음의 일부입니다.

이것을 좀 더 강조해서 말해 보겠습니다. 그리스도에 대한 믿음이 없으면, 우리에게 겸손이란 있을 수 없고 교만만 있을 뿐입니다. 만일 제가 자기중심적이고 자기를 사랑하고 자기를 높이는 행동을 하지 않고, 다른 사람에게 관심을 보이고 다른 사람을 사랑하고 다른 사람을 높이는데 그 안에 그리스도가 없다면, 저는 여전히 교만의 감옥에 갇혀 있는 것입니다. 왜 그렇습니까? 나의 기쁨을 위해 나를 닮은 다른 사람을 바라보고 있을 뿐, 나의 창조주요 하나님이신 그리스도를 바라보지 않고 모든 것이 그분을 통해 그리고 그분을 위해 존재한다는 것을 보지 못하기 때문입니다(골 1:16). 우리의 창조주요 구원자께 의존하지 않고, 그분이 영광을 받으시게 하려는 의도 없이 겸손히 행동하려는 사람들에게 딱 맞는 말이 있습니다. 바로 교만입니다. 그들이 아무리 다른 사람을 위하는 것처럼 보여도 그들은 교만하다고 할 수 있습니다.

따라서 예수 그리스도에 대한 믿음을 단순히 교만에 대한 성경적이고 기독교적인 대안으로만 볼 수는 없습니다. 믿음은 교만에 대한 유일한 대안입니다. 예수 그리스도가 유일한 우주의 주요 구원자시기 때문입니다. 우리가 만일 바울에게 "그리스도에 대한 믿음이 겸손의 핵심이라면 왜 15절에서 이 부분을 말하지 않았습니까?"라고 묻는다면, 아마 이렇게 대답할 것입니다. "저는 로마서 1-11장에서 우리 의로움의 근거로 이러한 믿음, 즉 하나님 중심적이고 그리스도를 높이며, 성경이 녹아 있고 십자가가 명령하며, 보혈의 능력에 힘입고 성령이 힘을 주시는 믿음의 기초를 놓았습니다. 믿는 자들이 어떻게 살아야 하는지를 말할 때마다 이것을 반복할 수는 없지요."

16절에 나오는 교만에 대한 바울의 두 가지 공격

지금까지, 우는 사람과 함께 울지 못하고 즐거워하는 사람과 함께 즐거워하지 못하는 근본 원인이 교만임을 장황하게 설명한 이유는, 16절에서 바울이 말하려는 핵심이 바로 이것이기 때문입니다. "서로 마음을 같이하며 높은 데 마음을 두지 말고 도리어 낮은 데 처하며 스스로 지혜 있는 체하지 말라." 15절에 이어서 16절은 거의 대부분 교만과 겸손에 대해 말하고 있습니다. 그래서 지금까지 이 근본적인 문제에 대해 길게 다룬 것입니다.

지금까지 16절을 살펴본 것이나 다름없기에, 여기서는 한 가지만 덧붙이겠습니다. 바로 바울이 두 가지 방식으로 교만을 공격한다는 점입니다. 바울은 어떤 특정한 일과 사람과 관련된 교만의 태도에 대해, 그리고 자아에 대한 교만의 태도에 관해 경고합니다. 16절에서 교만에 대해 언급된 한 쌍의 내용은 문자적으로 볼 때 이런 말입니다. "마음을 높이지 말고 초라한 것 혹은 비천한 일 혹은 신분이 낮은 사람들과 함께하십시오." 여기서 바울이 말하려는 바를 가장 정확하게 보여 주는 예를 든다면, 기저귀 가는 일을 비천한 일로 생각하지 말라는 것입니다.* 심부름을 하거나 타자를 치거나 바닥을 청소하거나 그 외에도 우리 문화가 비천하게 혹은 단순하게 여기는 일들에 대해 생각을 바꾸라는 말입니다.

오히려 바울은 이렇게 말합니다. "단순하고, 비천하고, 일상적이고, 사소한 일들을 기쁨으로 행하고, 또한 그런 일을 하는 사람들과 함께하십시오." 근본 하나님의 본체시나 하나님과 동등됨을 취할 것으로 여기지 아니하시고 오히려 자기를 비워 종의 형체를 가지사 사

* 마르틴 루터는 믿음과 기저귀 가는 일의 관계에 대해 이렇게 말했습니다.

"영리한 매춘부와 같은 우리의 (본성적인) 이성은 결혼 생활에 대해 이렇게 말한다. '세상에! 아기를 안고 흔들어 줘야 하고 기저귀를 갈고 잠자리도 마련해 줘야 하고 똥오줌 냄새도 맡아야 하고 밤새 잠도 못자고 울면 달래 줘야 하고 발진도 치료해 줘야 하고….'
그렇다면 믿음은 뭐라고 말할까? 믿음은 성령 안에서 이 모든 하찮고 성가시고 경멸스러워 보이는 일들이 하나님이 허락하신 귀한 일임을 깨닫는다. 믿음은 이렇게 말한다. '오, 하나님! 주님이 저를 남자로 만드셨고 저를 통해 이 아기를 주셨음을 확실히 알기에 주님이 이 아기를 바라보시며 정말 기뻐하신다는 것 또한 확실히 압니다. 고백하건대, 저는 이 아기를 안아주거나 기저귀를 갈거나 아기를 맡아 보호할 자격이 없습니다. 오, 아무 공로 없이 당신이 만드신 이 아기를 보살피고 당신의 고귀한 뜻을 행할 수 있으니 얼마나 감사한지요! 이 일들이 보잘것없어 보여도 더욱 기쁘게 행할 수 있습니다. 이것이 주님 보시기에 기쁜 일이라는 것을 확신하기 때문입니다. 당신의 모든 천사들과 피조물들이 미소 짓고 있습니다. 아빠가 단지 기저귀를 갈고 있기 때문이 아니라 그가 그리스도인의 믿음으로 그렇게 하고 있기 때문입니다."

Luther's Works, American Edition, ed. Jaroslav Pelikan and Helmut T. Lehmann, 55 vols. (Philadelphia: Muhlenberg Press, 1955-1973), 45:39-40.

람들과 같이 되셨고 사람의 모양으로 나타나사 자기를 낮추시고 죽기까지 복종하셨으니 곧 십자가에 죽으신 예수 그리스도의 마음을 품으라는 말입니다(빌 2:5-8). 그리스도인이 되는 것은 그리스도를 의지하고 그리스도를 본받아 낮은 데 처하는 것입니다.

낮은 데 처하라

16절에 나오는 "낮은 데 처하라"는 구절은 정말 충격적입니다. 말 그대로 하면 "천한 일을 하거나 천한 사람들과 함께하라"는 말입니다. 그리고 '처하다'(carried away with)라는 표현은 신약성경에서 여기 외에 오직 두 곳에서만 나옵니다. 갈라디아서 2장 13절(바나바도 그들의 외식에 '유혹되었느니라'[carried away with])과 베드로후서 3장 17절(무법한 자들의 '미혹에 이끌려'[carried away with])입니다.

달리 말하면, 바울이 이 단어를 선택한 것은 우리에게 단지 충격을 주려는 것만이 아니라 우리가 어떤 토대 위에서 행동해야 하는지를 강조하기 위해서입니다. 우리는 낮은 자들과 함께하기로 선택할 뿐 아니라 그렇게 이끌립니다. 영향을 받고, 감동을 받습니다. 우리 안에서 우리를 흔들고 움직여 가는 어떤 일이 일어납니다. 이것이 그리스도인이 된다는 의미입니다. 그저 새로운 선택을 하는 것만이 아닙니다. 새로운 피조물이 되는 것입니다. 내면으로부터 그리스도를 닮은 모습으로 변해 가는 것입니다.

이러한 변화(16절에 나오는 아름답고, 자유롭고, 그리스도 의존적이고, 그리스도를 높이는 겸손)는 우리 자신을 생각하지 않고 아름답고 존경할 만한 것을 생각하도록 이끕니다. 그리고 그 결과 17절처럼 살아갑니다

모든 사람이 보기에 도덕적으로 아름답고 선한 일을 행하라

17절을 보십시오. 바울은 "아무에게도 악을 악으로 갚지 말고"라고 한 뒤에 "모든 사람 앞에서 선한 일을 도모하라"고 말합니다. 이것이 자기중심적인 성향에서 벗어난 그리스도인들이 행할 일입니다. 그들은 존경받을 만한 일에 관심을 기울입니다. 도덕적으로 아름다운 일이기에 영예롭기도 하다는 의미입니다. 그리스도인의 마음은 자아(self)라는 안개 끼고 질병에 찌든 저지대의 연무를 벗어나 아름답고 선한 것들로 이루어진 밝고 청명한 하늘로 올라갑니다(때로는 치솟아 오릅니다). "무엇에든지 참되며 무엇에든지 경건하며 무엇에든지 옳으며 무엇에든지 정결하며 무엇에든지 사랑받을 만하며 무엇에든지 칭찬받을 만하며 무슨 덕이 있든지 무슨 기림이 있든지 이것들을 생각하라"(빌 4:8). 이것이 겸손하고 자유롭고 그리스도께 의존하는 마음이 하는 일입니다.

바울이 "모든 사람 앞에서 선한 일을 도모하라"고 말할 때, 타락한 인간이 기독교 미덕의 최종 결정자라는 의미로 말한 것이 아닙니다. 즉, 사람들이 좋아하지 않으면 하지 않아도 된다는 의미로 말한 것이 아닙니다. 그것은 완전히 잘못 보는 것입니다. 바울은 고린도후서 8장 21절에서 같은 표현을 사용합니다. "이는 우리가 '주 앞에서뿐 아니라' 사람 앞에서도 선한 일에 조심하려 함이라." 다른 말로 하면, '주님이 먼저'라는 말입니다.

주님의 생각이 가장 중요합니다. 우리는 예수님이 "그들로 너희 착한[로마서 12장 17절의 '선한'과 같은 단어입니다] 행실을 보고 하늘에 계신 너희 아버지께 영광을 돌리게 하라"(마 5:16)고 말씀하신 것이 이

루어지기를 소망하고 계획하고 기도합니다. 겸손한 마음은 다른 사람의 마음을 상하게 하지 않습니다. 다른 사람의 마음을 기쁨으로 얻고자 합니다. 그래서 하나님과 사람들에게 아름답고 선해 보이는 일들을 도모합니다.

할 수 있거든 너희로서는 모든 사람과 더불어 화목하라

이제 18절에서 평화롭게 지내기 위한 분별력 있고 신중하고 균형 잡힌 현실적인 표현을 접하게 됩니다. "'할 수 있거든' 너희로서는 모든 사람과 더불어 화목하라." 그리스도 의존적이고 그리스도를 높이는 겸손은 최선을 다해 모든 사람 앞에서 선한 일을 생각합니다. 즐거워하는 자들과 함께 즐거워합니다. 우는 자들과 함께 웁니다. 악을 악으로 갚지 않습니다. 박해하는 자들을 축복합니다. 평화를 사랑합니다. 그러나 그렇게 노력한 결과가 평화로 나타날 거라는 보장은 없습니다. 불가능할 수도 있습니다. 그러므로 바울은 말합니다. "'할 수 있거든' 너희로서는 모든 사람과 더불어 화목하라."

우리가 가족이나 소그룹, 교회나 교단, 도시나 국가 안에 속해 살아가면서, 진리 안에서 또한 '선한' 일의 범위 안에서 최선을 다하지만, 여전히 평화롭게 지내지 못할 수도 있습니다. 평화의 왕이신 예수님도 이렇게 말씀하셨습니다. "내가 세상에 화평을 주려고 온 줄로 아느냐? 내가 너희에게 이르노니 아니라 도리어 분쟁하게 하려 함이로라. 이 후부터 한 집에 다섯 사람이 있어 분쟁하되 셋이 둘과, 둘이 셋과 하리니"(눅 12:51-52).

여기서 요지는 평화가 소중하지 않다거나 그것을 바라고 구하지 말라는 의미가 아닙니다. 복음의 진리(십자가에 못 박히시고 다시 살아나셨으며 다스리시는 그리스도의 진리와, 그분을 믿는 믿음의 필요성)가 인간적 평화보다 더 귀하다는 의미입니다. 복음은 하나님과 화목하게 합니다. 그리고 복음은 겸손한 평화를 사랑하는 사람들과 그 평화를 위해 일하는 사람들을 만들어 냅니다. 하지만 예수 그리스도를 십자가에 못 박은 세상은 그분이 주신 평화를 늘 원하는 것은 아닙니다.

예수님이 주시는 평화의 조건들을 받아들여라

여러분에게 세상은 이렇지 않기를 바랍니다. 하지만 만일 그렇다 해도, 저는 예수님이 요구하시는 평화를 이루도록 여러분을 초청하고 싶습니다. 예수님은 유일하신 참 하나님의 아들이시고 하나님과 인간 사이의 중보자이십니다. 그분은 우리를 하나님과 화평하게 해줄 유일한 분이십니다. 그리고 우리가 하나님과 화평하게 될 때, 겸손(그리스도 의존적이고 그리스도를 높이는 겸손)은 자기중심적이고 자기를 사랑하고 자기를 높이는 성향을 없애고, 우리를 자유롭게 하여 즐거워하는 자들과 함께 즐거워하고 우는 자들과 함께 울게 하고, 모든 사람 앞에서 선한 것을 도모하게 하며, 악을 선으로 갚게 하고, 박해하는 자를 축복하게 할 것입니다. 우리 주 예수 그리스도를 통해 하나님과 화평을 누릴 때 얻게 되는 자유는 얼마나 놀라운지요! 와서 그분이 원하시는 평화를 위해 결단하십시오. 자신으로부터 돌아서서 구주를 신뢰하십시오. 아멘.

35장

친히 원수를 갚지 말고 하나님의 진노하심에 맡기라

로마서 12:16-20

서로 마음을 같이하며 높은 데 마음을 두지 말고 도리어 낮은 데 처하며 스스로 지혜 있는 체하지 말라. 아무에게도 악을 악으로 갚지 말고 모든 사람 앞에서 선한 일을 도모하라. 할 수 있거든 너희로서는 모든 사람과 더불어 화목하라. 내 사랑하는 자들아, 너희가 친히 원수를 갚지 말고 하나님의 진노하심에 맡기라. 기록되었으되 원수 갚는 것이 내게 있으니 내가 갚으리라고 주께서 말씀하시니라. 네 원수가 주리거든 먹이고 목마르거든 마시게 하라. 그리함으로 네가 숯불을 그 머리에 쌓아 놓으리라. _롬 12:16-20

현대 서구 세계에서 자라난 우리는 생명과 자유와 행복 추구라는 양도할 수 없는 권리를 당연하게 여깁니다. 권리는 법으로 보호받아야 하고 필요하다면 무력을 써서라도 그렇게 해야 한다고 생각합니다. 그리고 권리를 침해당했는데 아무 조치도 행해지지 않으면 당혹감과 더불어 말할 수 없는 분노를 느낍니다.

물론 이런 권리들은 실제로 존재하며, 주로 기독교 세계관 때문에 생겨났습니다. 기독교 세계관은 한때 서구 문화에 상당 부분 깊숙이 녹아 있었으나 현재는 쇠퇴하고 있습니다. 하지만 이러한 권리들은 1세기 당시만 해도 감히 생각할 수 없는 것들이었습니다. 기독교는 전체주의가 지배하던 세상에서 태어났습니다. 300년 동안 기독교는 법적으로 인정받지 못했고 보호받지 못했습니다. 다른 이방 종교에서 기독교로 개종하고 예수님을 주님이라 부르는 일은 목숨을 거는 행동이었습니다. 이것은 이상한 일이 아니었습니다. 그때가 신약성경이 쓰인 시기였습니다. 베드로는 이렇게 기록합니다. "사랑하는 자들아 너희를 연단하려고 오는 불 시험을 이상한 일 당하는 것같이 이상히 여기지 말고"(벧전 4:12). 다른 말로 하면, 박해당하는 것이 이상한 일이 아니었다는 말입니다. 역사적으로 볼 때 오히려 우리가 박해를 받지 않는다는 사실이 이상할 정도입니다.

세계에서 일어나는 그리스도인 박해에 대한 뉴스 기사들

하지만 세계 많은 곳에서는(아마도 대부분일 것입니다) 그리스도인이 되겠다고 공개적으로 밝힐 때 박해가 따릅니다. 세계에서 일어나는 뉴스 기사들을 보십시오(2005년).

> 인도. 2월 18일. 지난 해 납치당한 인도인 목사의 아내 마눌라반 디나나에 관해 새로운 소식이 들어왔습니다. 디나나는 다르메쉬 니나마 목사와 결혼했는데, 2004년 5월 힌두 근본주의자들이 이끄는 단체에 납치를 당했습니다.

이란. 2월 17일. 어제 테헤란 군사법정은 이란인 목사인 하미드 푸르만드를 징역 3년형에 처하면서 테헤란의 악명 높은 에빈 감옥으로 즉시 이송시킬 것을 명했습니다.

에리트레아. 2월 16일. 지난 10일 동안 에리트레아의 그리스도인들 31명이 추가로 감옥에 갇히면서 '불법적으로' 기독교 활동을 한 이유로 체포된 사람들은 2005년 2월까지 총 187명에 이르렀습니다. 아디 테켈잔 지역에 있는 케일 히왓 교회 성도 14명은 목사의 집에서 성경 공부를 하다가 체포되었습니다.

인도네시아. 1월 11일. 인도네시아 자바 서쪽 지역에 있는 30개가 넘는 교회들은 2004년 무슬림 이웃들이 강제로 교회 문을 닫게 한 이후 지금까지 예배를 드릴 수 있는 장소를 물색하고 있습니다.

나이지리아. 2월 3일. 무슬림 무장단체들은 2004년 11월 전도 활동을 했다는 이유로 공립학교에서 쫓겨난 5명의 그리스도인 학생들에게 사형을 구형했습니다. 그중 하나투 하루나 알칼리라는 여학생과 아브라함 아다무 미살이라는 학생의 가족들은 1월 26일 무장 단체의 공격을 받았습니다.

콜롬비아. 1월 19일. 콜롬비아 혁명군 게릴라들이 지난 달 존경받던 가톨릭 사제를 납치하고 총살하여 땅에 묻은 후 그 시체를 돌려주지 않고 있습니다.

세계 전역에서 박해받는 교회들을 위해 우리는 정말로 열심히 기도해야 합니다. 이들은 우리의 형제요 자매입니다. 이들은 믿지 않는 미국인 이웃이나 동료들보다 우리와 더 가까운 사람들입니다. 우리는 특히 그들이 로마서 12장 17절 말씀에 순종할 수 있도록 기도해야 합니다.

17절은 "악을 악으로 갚지 말라"고 말하고, 19-20절은 이렇게 말합니다. "내 사랑하는 자들아, 너희가 친히 원수를 갚지 말고 하나님의 진노하심에 맡기라. 기록되었으되 원수 갚는 것이 내게 있으니 내가 갚으리라고 주께서 말씀하시니라. 네 원수가 주리거든 먹이고 목마르거든 마시게 하라. 그리함으로 네가 숯불을 그 머리에 쌓아 놓으리라." 그들뿐 아니라 우리도 그리스도를 위해 이런 혁명적인 삶을 살도록 변화시키는 은혜와 겸손한 믿음과 그리스도를 닮은 사랑을 간절히 구해야 합니다.

그레이엄 스테인즈

하나님은 역사적으로 또한 우리 시대에도 로마서 12장의 삶을 그대로 보여 주는 놀라운 사람들을 보내 주셨습니다. 예를 들어, 1999년 1월 그레이엄 스테인즈와 두 아들 필립(10살)과 티모시(6살)가 인도 오리사 주 모로하르푸르에서 힌두교 과격분자들에 의해 둘러싸여 차에 갇힌 채로 불에 타 죽은 사실을 기억하실 것입니다. 새까맣게 탄 세 명의 시체는 서로 부둥켜안고 있었습니다. 그레이엄 스테인즈는 34년 동안 예수님의 이름으로 인도 사람들을 섬겼습니다. 그는 오리사 주 바리파다에서 나환자 선교회(LeProsy Mission)를 이끌고 있었습니다.

그는 아내 글래디스와 딸 에스더를 남겨 두고 떠났습니다. 글래디스의 반응이 인도의 모든 신문에 실려 그리스도의 영광을 드러냈던 사실을 기억하실 것입니다. 그녀는 남편과 아들들이 순교한 지 며칠이 지난 후 이렇게 말했습니다. "저는 인도 국민들에게 오직 한 가지 소식만 전합니다. 저는 슬프지 않습니다. 화가 나지도 않았습니다. 단 한 가지, 큰 소망이 있습니다. 이 나라의 모든 국민이 그들의 죄를 위해 목숨을 내어 주신 예수 그리스도와 인격적인 관계를 맺는 것입니다. … 우리 함께 증오를 불태우고 그리스도 사랑의 불꽃을 전파합시다."

모든 사람이 그녀가 호주로 돌아갈 거라고 생각했습니다. 그러나 아니었습니다. 그녀는 하나님께서 그들을 인도로 부르셨기 때문에 돌아가지 않겠다고 했습니다. 글래디스는 이렇게 말했습니다. "제 남편과 아이들은 이 나라를 위해 목숨을 바쳤습니다. 인도가 제 집입니다. 저는 여기 머물며 계속해서 가난한 자들을 섬기고 싶습니다." 그리고 아마도 가장 놀랄 만한 대목이 되겠는데(십대 여러분은 모두 귀를 쫑긋 세우고 들어보십시오), 딸 에스더에게 아빠와 동생들이 죽은 것에 대해 어떻게 생각하느냐는 질문을 하자 13살짜리 소녀는 이렇게 대답했습니다. "저희 아빠가 하나님을 위해 죽기에 합당하다고 여겨 주신 주님을 찬양합니다."

베들레헴교회 성도 여러분, 우리도 이렇게 되고 자녀들도 이렇게 되어 하나님의 위대한 자비와 공의를 만방에 알리려는 열정을 가져야 하지 않겠습니까?

인간의 삶과 역사 속에 자비와 공의는 어떻게 뒤섞여 있는가?

인간의 삶과 역사 속에 자비와 공의가 어떻게 뒤섞여 있는지 알아가는 것은 우리에게 큰 도전이 됩니다. 19절부터 저와 함께 다시 읽어 보겠습니다. "내 사랑하는 자들아, 너희가 친히 원수를 갚지 말고 하나님의 진노하심에 맡기라. 기록되었으되 원수 갚는 것이 내게 있으니 내가 갚으리라고 주께서 말씀하시니라. 네 원수가 주리거든 먹이고 목마르거든 마시게 하라. 그리함으로 네가 숯불을 그 머리에 쌓아 놓으리라."

여기서 여러분은 자비와 공의, 두 가지를 모두 볼 수 있습니까? 부당한 대우를 받은 자들이 스스로 공의를 세우지 않고, 보복하지 않습니다. 이 말은 공의를 행하지 않거나 복수하지 않을 거라는 의미입니까? 아닙니다. 19절은 "하나님의 진노하심에 맡기라"고 말합니다. 복수가 있습니다. 공의가 있습니다. 모든 것을 바로잡을 것입니다. 우리의 대적이 지옥에서 그 빚을 갚게 될 수도 있습니다. 아니면 회개하고 그리스도를 믿어 그 빚이 십자가에서 지불될 수도 있습니다. 모든 잘못은 벌을 받을 것입니다. 하나님이 용서하신다는 의미가 어떤 죄악에 대해서는 벌을 내리지 않는다는 것은 아닙니다. 어떤 죄악은 대속자가 고난을 받음으로 그 벌을 받게 된다는 뜻입니다. "여호와께서는 우리 모두의 죄악을 그에게 담당시키셨도다"(사 53:6). 만일 철천지원수가 회개하고 예수님을 믿으면 천국에서 그를 만날 수도 있습니다. 이런 대적에게 증오를 쌓는 일을 하지 맙시다.

하지만 우리에게 너무나 심하게 잘못한 사람들, 예를 들어 부모와 형제들을 죽인 사람들이 회개하지 않고 믿지도 않는다면 어떻게 될까요? 그들의 죄(형벌)는 예수님이 대신 지지 않으십니다. 그들은 대속자를 거부했습니다. 그들은 스스로 하나님의 진노를 받아야 할 것입니다. 예수님은 자기 안에 거하는 사람들을 위해 하나님의 진노를 대신 받으셨습니다. 하지만 그리스도를 거부한 사람들은 자기들의 죄책을 스스로 감당해야 합니다. 이 얼마나 무서운 일입니까!

하나님의 진노에 대해서는 조만간 따로 다루겠습니다. 오늘은 하나님의 진노가 이미 약속되어 있기 때문에 진노는 실재하고 반드시 올 것이라는 점에 주목하려고 합니다. 복수는 하나님의 진노에 맡기십시오. 왜냐하면 "원수 갚는 것이 내게 있으니 내가 갚으리라"고 주께서 말씀하셨기 때문입니다. 성경에 기록되었고, 하나님께서 말씀하셨습니다. 공의가 이루어질 것은 분명합니다. 벌이 내려질 것입니다. 잘못이 일일이 드러날 것입니다. 복수가 행해질 것입니다.

바울은 신명기 32장 35절의 "원수 갚는 것은 내가 하는 일"(새번역성경)이라는 말씀을 인용합니다. 하나님은 우주에서 유일하게 복수할 수 있는 권리를 가진 분입니다. 하나님은 유일하게 합법적인 판사이시고 간수요 집행자입니다. 누군가 이런 책임을 감당하고 있다면, 하나님께서 그에게 그 권리를 주셨기 때문입니다. 몇 주 후에 함께 살펴볼 텐데, 바울은 "하나님께서 정하신"(롬 13:1) 권세에 대해 로마서 13장 4절에서 다음과 같이 표현합니다. "그는 하나님의 사역자가 되어 네게 선을 베푸는 자니라. 그러나 네가 악을 행하거든 두려워하라. 그가 공연히 칼을 가지지 아니하였으니 곧 하나님의 사역자가 되어 악을 행하는 자에게 진노하심을 따라 보응[19절에 나오는 '원수 갚는 것'이라는 단어와 동일한 단어]하는 자니라."

복수가 하나님께 속했다는 말에 담긴 심오한 의미를 놓쳐서는 안 됩니다. 이 말은, 하나님은 이 현실이라는 구조(우주와 세상의 모습) 속에서 그러한 공의가 실현될 수 있도록 절대적으로 헌신하고 계신다는 뜻입니다. 죄로 인해 하나님의 영광을 가린 모든 수치는 벌을 받을 것입니다. 그리하여 하나님 영광의 무한한 가치는 유지되고, 온 우주에서 궁극적으로 선하고 궁극적으로 가치 있는 탁월한 분이자 보화로서 밝히 드러날 것입니다.

모든 죄에 대해 복수하시는 이러한 궁극적인 헌신은 하나님의 본성에서 흘러나옵니다.

나훔 1장 2절입니다. "여호와는 질투하시며 보복하시는 하나님이시니라. 여호와는 보복하시며 진노하시되 자기를 거스르는 자에게 여호와는 보복하시며 자기를 대적하는 자에게 진노를 품으시며."

신명기 32장 43절입니다. "주께서 그 종들의 피를 갚으사 그 대적들에게 복수하시고."

이사야 59장 17절입니다. "공의를 갑옷으로 삼으시며 구원을 자기의 머리에 써서 투구로 삼으시며 보복을 속옷으로 삼으시며 열심을 입어 겉옷으로 삼으시고."

이것이 하나님의 본성인 그분의 의입니다. 하나님은 자신에게 있는 영광의 무한한 가치를 더럽힌 모든 것에 대해 복수하고자 부단히 열심을 내십니다. 모든 죄에 대해 복수하려는 하나님의 열심이 없다면 십자가도 없었을 것이고 지옥도 없었을 것입니다. 하지만 십자가가 있었습니다. 그리고 그 십자가를 거부하는 자들을 위한 끝없는 고통이 예고되어 있습니다.

요한계시록 6장 10절에서 천국에 있는 순교자들(그레이엄 스테인즈와 그의 두 아들 필립과 티모시도 포함하여)이 "거룩하고 참되신 대주재여 … 우리 피를 갚아 주지 아니하시기를 어느 때까지 하시려 하나이까?"라고 울부짖습니다. 또한 요한계시록 19장 2절에서는 "그의 심판은 참되고 의로운지라. 음행으로 땅을 더럽게 한 큰 음녀를 심판하사 자기 종들의 피를 그 음녀의 손에 갚으셨도다"라고 말합니다.

심판이 다가오고 있습니다. 심판은 분명하게, 끔찍하게 다가오고 있습니다!

하나님의 진노가 분명히 내릴 것이라는 사실이 우리에게 미치는 영향

하나님의 끔찍한 진노가 분명히 예비되어 있다는 사실이 우리에게 도덕적으로 어떤 영향을 미칠까요? 19절 중반에 나오는 "왜냐하면"(for)이라는 단어(우리말 성경에는 따로 번역되어 있지 않음—옮긴이)에 주목하십시오. "내 사랑하는 자들아, 너희가 친히 원수를 갚지 말고 하나님의 진노하심에 맡기라. [왜냐하면](for) 기록되었으되 원수 갚는 것이 내게 있으니 내가 갚으리라고 주께서 말씀하시니라."

여기서 바울이 "왜냐하면"이라는 단어를 사용한 이유가 무엇입니까? 우리가 악을 악으로 갚지 않고 오히려 원수를 축복하고 섬기는 한 가지 동기가, 그들이 회개하지 않을 때 하나님이 벌을 내리신다는 확신이 있음을 뜻하기 때문입니다.

그렇다고 하나님이 그들에게 벌을 내리실 때 짐짓 기뻐하거나 미묘한 증오심으로 잔뜩 기대하는 모습을 생각하면 안 됩니다. 잠언 24장 17-18절은 이에 대해 경고합니다. "네 원수가 넘어질 때에 즐거워하지 말며 그가 엎드러질 때에 마음에 기뻐하지 말라. 여호와께서 이것을 보시고 기뻐하지 아니하사 그의 진노를 그에게서 옮기실까 두려우니라."

우리 대부분은 아마 누군가에게 불의한 일을 당했고 그에 대한 사과나 정당한 보응을 받지 못한 경험이 있습니다. 그리고 우리가 그런 상처와 비통함을 내려놓지 못하는 가장 큰 이유는 공의가 이루어져야 한다는 확신 때문입니다. 사람들이 엄청난 잘못을 저지르고도 모두를 속인 채 교묘히 벌을 피해 간다면 결코 안 될 일이라고 생각해서 용서하지 못하고 원통한 마음을 내려놓지 못합니다. 물론 이것이 전부는 아닙니다. 우리 죄 문제도 있습니다. 하지만 이런 생각은 큰 장애물입니다. 우리가 이런 생각을 내려놓는다면 공의가 이루어지지 않아도 된다고 허락하는 것이나 다름 없다고 여깁니다. 그래서 복수를 내려놓지 못합니다. 계속해서 분노하고 정의 실현에 갈급해 합니다. "그런 일은 일어나서는 안 되는 거였어. 그건 잘못된 일이었어. 내가 이렇게 비참한데 지금 그 사람은 어떻게 행복할 수 있지? 대단히 잘못된 일이야. 정말 말도 안 돼!"

하나님은 우리에게서 이런 짐을 덜어 주시려고 12장 19절에서 "왜냐하면"이라는 단어를 사용하셨습니다. "너희가 친히 원수를 갚지 말고 하나님의 진노하심에 맡기라." 이게 무슨 의미입니까? 분노의 짐을 내려놓으라는 말입니다. 부당한 대우를 받았다는 감정 때문에 계속해서 상처받는 일을 그만두라는 말입니다. 그렇게 한다고 해서 우리가 당한 끔찍한 일이 '없던' 일이 되지는 않습니다. 공의가 이루어지지 않은 채 끝내자는 의미가 아닙니다. 우리의 원한이 풀어지지 않을 거라는 뜻도 아닙니다. 그들이 교묘하게 벌을 피할 거라는 의미는 더더욱 아닙니다. 결코 그렇지 않습니다. 우리가 복수의 짐을 내려놓을 때 하나님께서 그 짐을 대신 지시겠다는 의미입니다.

이것은 교묘한 방식의 복수가 아닙니다. 이것은 수십 년 만에 처음으로 깊이 숨을 들이마시는 것과 같고 마침내 거칠 것 없이 사랑할 자유함을 얻는 것과 같습니다. 저는 우리 모두가 이렇게 사랑할 자유함이 무엇인지 알게 되기를 간절히 소망합니다.

개인적인 예

많은 분들이 알고 계시듯이, 1974년에 제 어머니가 이스라엘에서 돌아가셨습니다. 어머니와 함께 계셨던 분들에게서 듣게 된 이야기를 종합해 보면, 자초지종은 이러했습니다. 술 취한 이스라엘 군인들을 가득 태운 미니밴이 가던 길에서 갑자기 방향을 틀어 우리 어머니와 아버지가 타고 계시던 버스를 들이받았습니다. 10일 후 어머니의 시신이 텔아비브에서 애틀랜타에 도착했을 때 사망 진단서에 이렇게 적혀 있었습니다. "뇌 연수가 완전히 파열됨." 제가 자라난 환경을 모르는 분들은 28세의 나이에 어머니를 잃은 상실이 제게 어떤 의미였는지 잘 모르실 것입니다.

하지만 저는 하나님의 전능한 자비하심에 대한 감사의 표시로 마음으로 이렇게 고백했습니다. "저는 그 군인들을 미워하지 않습니다. 저는 그들이 악한 자들이기를 원하지 않습니다." 사실 그때 제 뇌리에는 그 군인들도 아마 제 나이 정도거나 조금 더 어릴 거라는 생각이 들었습니다. 그래서 그들 중에서 복음을 듣고 그리스도를 믿게 된 사람들이 있다면 저는 천국에서 영원히 그들과 함께 있게 된 것을 큰 기쁨으로 여길 것입니다.

“내가 갚으리라” 하고 주님이 말씀하십니다. 저는 주님께 복수를 맡길 수 있어 행복합니다. 여러분에게 강권합니다. 이것이 정말 멋지게 사는 길입니다. 자유함입니다. 이 자유함 안에 사랑을 위한 거대한 공간이 있습니다.

36장

쓴뿌리라는 불신과의 싸움

로마서 12:17-21

아무에게도 악을 악으로 갚지 말고 모든 사람 앞에서 선한 일을 도모하라. 할 수 있거든 너희로서는 모든 사람과 더불어 화목하라. 내 사랑하는 자들아, 너희가 친히 원수를 갚지 말고 하나님의 진노하심에 맡기라. 기록되었으되 원수 갚는 것이 내게 있으니 내가 갚으리라고 주께서 말씀하시니라. 네 원수가 주리거든 먹이고 목마르거든 마시게 하라. 그리함으로 네가 숯불을 그 머리에 쌓아 놓으리라. 악에게 지지 말고 선으로 악을 이기라. _롬 12:17-21

우리는 모두 분노를 다스리는 법을 배워야 한다

이번 주 매디슨에서 열린 교단 총회에 참석했을 때, 한 목사님이 자기는 쉽게 화를 내고, 성도들이 전혀 눈치 채지 못할 때에도 마음에 분노로 가득 차 있을 때가 많다고 털어놓았습니다.

실은 그분만의 문제가 아닙니다. 어떤 사람은 차분한 겉모습 속에 폭발 직전의 분노를 억누른 상태로 지냅니다. 그리고 아무도 보지 못하는 곳에서 분노를 삭입니다. 어떤 사람은 화가 나면 즉시 밖으로 표출합니다. 어떤 사람은 화가 나면 얼굴을 붉히고 몸을 부들부들 떱니다. 어떤 사람은 무뚝뚝하고 말이 없어집니다. 어떤 사람은 남을 신랄하게 비판하며 상처를 줍니다.

모두 어떤 방법으로든 이 문제를 해결해야 합니다. 분노는 누구나 경험하는 것이고 대부분의 분노는 좋지 않습니다. 야고보서 1장 19-20절 말씀에 근거해서 드리는 말씀입니다. "성내기도 더디 하라. 사람이 성내는 것이 하나님의 의를 이루지 못함이라." 급하게 나오는 것은 대개 불의로 얼룩지기 때문에 성내기를 더디 하는 법을 배워야 합니다. 성내는 것은 거룩하지 않고 지극히 인간적입니다.

하지만 모든 분노가 나쁜 것은 아님을 우리는 압니다. 예수님은 죄가 없으신 분이었지만 마가복음 3장 5절은 이렇게 말합니다. "그들의 마음이 완악함을 탄식하사 노하심으로 그들을 둘러보시고." 시편 7장 11절은 이렇게 말합니다. "매일 분노하시는 하나님이시로다." 그리고 바울은 에베소서 4장 26절에서 이렇게 권면합니다. "분을 내어도 죄를 짓지 말며." 모든 분노가 다 나쁜 것은 아닙니다. 어떤 분노는 선하고 옳고 필요합니다.

그러나 성경은 분노의 위험성에 대해 우리에게 경고하고 있습니다. "… 성내기도 더디 하라. 사람이 성내는 것이 하나님의 의를 이루지 못함이라"(약 1:19-20). "이 모든 것을 벗어 버리라. 곧 분함과 노여움과 악의와 비방과 너희 입의 부끄러운 말이라"(골 3:8). "모든 악독과 노함과 분냄과 떠드는 것과 비방하는 것을 모든 악의와 함께 버리고"(엡 4:31). "육체의 일은 분명하니 … 분쟁과 시기와 분냄과…"(갈 5:19-

20). "형제에게 노하는 자마다 심판을 받게 되고"(마 5:22).

분노는 매우 위험하다

앞서 살펴본 마지막 경고에서 분노가 매우 위험하다는 것을 알 수 있습니다. 분노가 마음에 뿌리를 내려 원한이나 용서하지 못하는 심령으로 굳어지면, 그 분노로 인해 우리는 멸망하게 됩니다. 이것은 예수님이 마태복음 18장에서 용서하지 않는 종의 비유를 들어 말씀하시려던 요지입니다.

종은 주인으로부터 엄청난 빚을 탕감받은 후에도 여전히 친구의 적은 빚은 탕감해 주지 않았습니다. 그래서 주인은 무정한 종을 감옥에 가둡니다. 예수님은 35절에서 다음과 같이 경고하며 비유를 끝맺으십니다. "너희가 각각 마음으로부터 형제를 용서하지 아니하면 나의 하늘 아버지께서도 너희에게 이와 같이 하시리라."

분노는 매우 위험합니다. 분노는 우리의 마음을 장악하여 끝없이 원한을 품고 용서하지 않는 심령으로 바꿔 버립니다. 그에 따른 결과는 심판입니다. 예수님은 마태복음 6장 15절에서 분명히 말씀하셨습니다. "너희가 사람의 잘못을 용서하지 아니하면 너희 아버지께서도 너희 잘못을 용서하지 아니하시리라." 이 경고의 말씀을 세 부분으로 나누어 살펴보겠습니다.

1. 하나님께 용서받지 못한 자는 천국에 가지 못합니다. 천국은 용서받은 죄인들만 가는 곳입니다.

2. 용서하지 않는 자는 용서받지 못합니다.

3. 용서하지 않는 자는 천국에 가지 못합니다.

예수님은 분노를 음욕과 같은 방식으로 다루십니다. 음욕과 싸우지 않으면 천국에 가지 못합니다(마 5:29). 마찬가지로 남을 용서하지 않으면 영광에 이를 수 없습니다(마 6:15).

불신과의 전쟁

그렇다면 이 구원은 행함으로 얻는 구원입니까? 스스로 노력해서 천국에 간다는 의미입니까? 물론 아닙니다. 구원은 은혜에 의하여 믿음으로 말미암아 받는 것입니다(엡 2:8). 그리고 구원의 반대인 심판은 (은혜의 반대인) 불신으로 말미암은 행위에 따라 받는 것입니다. 이것이 예수님이 말씀하신 의미입니다.

따라서 예수님은 용서하지 않는 마음 또는 쓴뿌리가 구원이 아닌 심판으로 이끈다고 가르치시면서, 이 쓴뿌리가 하나의 불신이라고 말씀하십니다. 그래서 우리는 이것과 믿음의 싸움을 싸워야 합니다. 우리 마음에 있는 쓴뿌리와의 싸움은 천국으로 가는 길을 얻으려는 싸움이 아닙니다. 하나님의 말씀을 믿고 그분의 은혜의 약속들에 의지하려는 싸움입니다.

신학교에 다니던 시절, 노엘과 저는 다른 몇몇 커플들과 함께 성경공부를 했습니다. 어느 날인가는 용서와 분노에 대해 토론을 하고 있었는데 한 여성이 어린 시절 어머니가 자기에게 행한 어떤 일에 대해 절대 용서할 수 없고 용서하지도 않겠다고 말했습니다. 우리는 용서하라는 성경의 명령들과 우리가 하나님께 용서받은 것에 대해 이야기했지만, 그녀는 단호했습니다.

그래서 제가 이렇게 말했습니다. "당신은 지금 지옥 불에 떨어질 치명적인 위험에 처해 있습니다. 아시죠? 만일 어머니가 당신에게 저지른 죄를 용서하지 않는다면, 하나님도 당신이 지은 죄를 용서하지 않을 겁니다. 용서하지 않는 사람은 결코 천국에 들어갈 수 없어요." 하지만 그녀는 성경 말씀에 쉽게 순종하는 사람이 아니었습니다. 그녀는 감정에 이끌렸고 분노의 힘은 스스로를 정당화했습니다.

그녀가 영혼을 잃을 위험에 처했던 이유는, 하나님을 위해 열심히 일하지 않았기 때문이 아니었습니다. 그녀를 위해서 열심히 일하시려는 하나님의 의지를 신뢰하지 않았기 때문입니다.

이처럼 쓴뿌리와의 싸움은 불신과의 싸움입니다. 그리고 분노와 쓴뿌리의 자리에 들어오게 될 평강과 안식과 기쁨은 로마서 15장 13절이 말하는 소망의 하나님을 믿을 때 생겨나는 평강과 기쁨입니다.

불신에 맞서 싸우면서 쓴뿌리를 이기는 네 가지 방법

불신에 맞서 싸우면서 쓴뿌리를 이기는 네 가지 방법을 말씀드리고 싶습니다. 오늘 하나님께서 이 설교를 통해 놀라운 일을 행하시기를 기도합니다. 우리는 마음의 쓴뿌리라는 짐에서 자유로워질 것입니다. 적어도 자기 자신과(상대방까지는 아니어도) 관계를 회복할 수 있을 것입니다. 그리스도의 진정한 증인이 되는 것을 막는 장애물 한 가지가 더 제거될 것입니다. 그리고 우리의 믿음을 통해 하나님이 큰 영광을 받으실 것입니다.

1. 의사의 선한 조언을 무시하지 마십시오

쓴뿌리라는 불신과 싸우는 첫 번째 방법은 아주 기본적입니다. 말하자면, 의사의 조언을 유익한 것으로 여기십시오. 훌륭한 의사가 "화를 내지 마세요"라고 말하면, 그 조언을 무시하지 마십시오. 이것을 마음에 새겨 지키려고 결심하십시오. 의사를 신뢰한다면 그렇게 해야 할 것입니다.

리로이 아임스(Leroy Eims)가 분노에 맞선 이야기를 들어보십시오. 리로이는 분노에 맞서는 비결이 의사의 조언을 잘 새겨듣는 것임을 깨달았습니다.

> 그리스도인이 된 지 얼마 되지 않았을 때, 성경공부를 하다가 말씀을 개인적인 상황에 적용해야겠다는 도전을 받았습니다. 제가 처음 공부한 성경은 바울이 골로새 교인들에게 쓴 편지였습니다. 3장을 공부하는데, 성령께서 이 말씀에 시선을 고정시키셨습니다. "이제는 너희가 이 모든 것을 벗어 버리라. 곧 분함과 노여움과 악의와 비방과 너희 입의 부끄러운 말이라"(골 3:8).
>
> 처음에는 그냥 지나치려고 했는데, 성령께서 계속해서 "이 모든 것을 벗어 버리라"는 구절을 생각나게 하셨습니다. 당시 저는 난폭한 성질을 가지고 있어서 화가 나면 문을 주먹으로 힘껏 후려치곤 했습니다. 그로 인해 손에 피가 나는 경우도 자주 있었고 한 번은 아내가 선물로 준, 다이아몬드와 오닉스로 장식된 아름다운 반지가 완전히 박살이 나기도 했습니다. 그럼에도 그런 행동을 멈출 수가 없었습니다. 그런데 하나님이 "분함을 벗어 버리라"고 말씀하셨습니다. 이것은 그저 옛날 골로새 사람

들에게만 주신 권면이 아니라는 것을 저는 분명히 알았습니다. 그 순간 하나님은 제게 말씀하고 계셨습니다.

그래서 그 주에 저는 하나님께 서약을 했습니다. 하나님은 제게 있는 분노라는 죄에 대해 말씀하셨고, 저는 주님께 그 문제를 해결해 보겠다고 약속했습니다. …

제가 처음 한 행동은 그 말씀을 암송하고 몇 주 동안 매일 묵상하는 것이었습니다. [의사의 조언을 무시하지 마십시오. 의사를 신뢰한다면 그의 말을 심각하게 받아들이고 머리와 가슴에 새기십시오.] 제가 흥분을 참지 못해 화를 내는 상황이 발생하면 언제든지 이 말씀이 떠오르게 해달라고 주님께 기도하고 간구했습니다. 그리고 제 아내에게도 기도를 부탁하면서 만약 제가 주님과의 약속을 지키지 못하면 이 구절을 상기할 수 있도록 도와달라고 했습니다. 그 결과 골로새서 3장 8절은 제 삶의 일부가 되었고 하나님은 제게서 그 죄를 서서히 없애 주셨습니다.*

따라서 불신과의 싸움을 시작하면서 쓴뿌리를 없애는 첫 번째 방법은 의사의 조언이 선하다는 것을 믿는 것입니다. 의사의 조언을 신뢰한다면, 그 조언을 머리와 가슴에 새기는 수고를 감수할 것입니다. 그 조언을 무시하지 않거나 거부하지 않을 것입니다.

2. 하나님께 용서받은 것을 소중히 여기십시오

쓴뿌리라는 불신에 맞서 싸우는 두 번째 방법은 하나님께 받은

*Leroy Eims, *The Lost Art of Discipleship*, pp. 78f. 『제자 삼는 사역의 기술』, 네비게이토.

용서를 소중히 여기는 것입니다. 소중히 여기라는 말에 주목하십시오. 바울은 에베소서 4장 32절에서 이렇게 말했습니다. "서로 친절하게 하며 불쌍히 여기며 서로 용서하기를 하나님이 그리스도 안에서 너희를 용서하심과 같이 하라." 다른 말로 하면, 하나님께 용서받았다는 사실이 우리가 다른 사람을 용서하고 원한을 품지 않고 쓴뿌리를 품지 않는 데에 지대한 영향을 미쳐야 한다는 말입니다.

용서받았다는 사실이 어떻게 우리를 용서하는 사람으로 만듭니까? 용서받았음을 믿음으로 그렇게 할 수 있습니다. 그러나 자기 어머니를 용서하지 않겠다던 18년 전에 만난 그 여성도 자신이 용서받았다는 사실은 믿었습니다. 하지만 원한이라는 죄가 그녀에게 있는 구원의 확실성을 흔들지 못하도록 해야 했습니다. 무엇이 잘못된 것일까요?

문제는 그녀가 구원을 얻게 하는 진정한 믿음이 무엇인지 몰랐다는 것입니다. 구원하는 믿음은 용서받았음을 그저 믿는 것이 아닙니다. 구원하는 믿음은 하나님의 용서하심이 엄청난 것임을 믿는 것입니다. 구원하는 믿음은 죄의 무서움을 보고 그다음엔 하나님의 거룩함을 보고 나서 하나님의 용서가 너무나 아름답고 말할 수 없이 영광스러운 것임을 믿는 것입니다. 하나님의 용서를 믿는 것은 그저 벌을 면제받았다고 확신하는 데서 그치지 않습니다. 이것이 세상에서 가장 소중한 것임을 확신하는 것입니다. 그래서 '소중히 여기다'(cherish)라는 단어를 사용했습니다. 구원하는 믿음은 하나님께 용서받은 것을 소중히 여깁니다.

또한 쓴뿌리와 싸우는 것과도 연관이 있습니다. 우리의 믿음이 단순히 곤경에서 벗어난 것만을 의미한다면 여전히 원한은 남아 있을 수 있습니다. 그러나 믿음이 하나님께 용서받은 것을 경외심 속에서 바라본다는 의미라면, 원한을 계속 품을 수는 없습니다. 우리는 하나님의 자비와 사랑에 빠졌습니다. 그것이 우리 삶입니다. 따라서 우리의 죄를 용서하신 하나님을 경외하는 믿음을 위해서라도 쓴뿌리와 싸우게 됩니다.

3. 하나님의 공의가 승리할 것을 믿으십시오

쓴뿌리라는 불신과 싸우는 세 번째 방법은 하나님의 공의가 승리할 것을 믿는 것입니다.

쓴뿌리가 생기는 원인 중 하나는, 누군가가 우리를 부당하게 대했다고 느끼기 때문입니다. 그들은 우리에게 거짓말을 하고, 우리 것을 도둑질하고, 우리를 배신하고 실망시키고 거절했습니다. 그래서 우리는 부당한 대우를 받았다고 느낄 뿐 아니라 그들이 벌을 받아야 한다고 생각합니다. 그 생각이 옳을지도 모릅니다. 그리고 우리는 자기가 옳다는 생각으로 그 부당함을 더욱 곱씹습니다. 계속해서 생각하고 떠올립니다. 그들의 콧대를 꺾을 말을 떠올립니다. 다른 사람들에게 그들의 본색을 드러낼 방법을 찾습니다.

그러나 하나님은 이런 쓴뿌리를 기뻐하지 않으십니다. 하나님이 기뻐하시지 않는 이유는, 그것이 하나님의 공의가 승리할 거라는 확실성을 믿지 않는 것이기 때문입니다.

로마서 12장 19절은 말합니다. "내 사랑하는 자들아, 너희가 친히 원수를 갚지 말고 하나님의 진노하심에 맡기라. 기록되었으되 원수 갚는 것이 내게 있으니 내가 갚으리라고 주께서 말씀하시니라."

이 말씀은 하나님이 친히 모든 잘못을 바로잡을 거라고 약속하셨다는 뜻입니다. 그분의 공의가 승리할 것입니다. 어떤 죄도 그분의 시선을 피해 달아날 수 없습니다. 하나님은 우리보다 그 악함을 훨씬 더 잘 보십니다. 하나님은 우리보다 그 악함을 훨씬 더 싫어하십니다. 그리고 그분은 우리 대신 복수할 권리가 있다고 주장하십니다.

여러분은 이 약속을 믿습니까? 하나님이 우리보다 훨씬 더 공정하게 계산하실 것을 믿습니까? 그렇다면, 복수를 꿈꾸지 않게 될 거라고 오늘 본문은 말합니다. 대신 하나님께 맡길 것입니다. 그렇게 함으로써 우리는 마음껏 악을 선으로 갚을 것이고 우리를 박해하는 자들을 축복할 것입니다(롬 12:14, 20).

쓴뿌리와 복수와의 싸움은, 때가 되면 우리의 정당성을 입증하고 공의가 승리하게 하겠다는 하나님의 약속을 불신하는 것과의 싸움과도 같습니다(시 37:6). 하나님의 약속을 믿는다면, 하나님이 우리보다 더 잘하실 것을 믿는다면, 베드로전서 2장 23절에서 예수님이 행하신 일을 우리도 행하게 될 것입니다.

예수님보다 더 부당한 대우를 받은 사람은 없습니다. 그분보다 더 심하게 푸대접을 받은 사람도 없습니다. 더 심하게 학대당한 사람도 없습니다. 더 심하게 거부당한 사람도 없습니다. 그리고 더 결백한 사람도 없습니다. 그런데 이러한 주님의 마음이 도덕적 분노로 가득 찼을 때 그분은 무엇을 하셨습니까?

"욕을 당하시되 맞대어 욕하지 아니하시고 고난을 당하시되 위협하지 아니하시고 오직 공의로 심판하시는 이에게 부탁하시며"(벧전 2:23). 즉, 예수님은 그 모든 고충을 하나님께 맡기셨습니다. 왜 그렇게 하셨을까요? 그분은 우리와 같은 인간이 되셨고, 복수는 하나님의 것이며 공의는 반드시 이루어질 것을 확신하셨기 때문입니다. 그러한 확신으로 예수님은 마음에 어떤 쓴뿌리도 두지 않으셨습니다. 우리도 예수님처럼 그렇게 해야 합니다.

쓴뿌리와 싸우는 방법은 복수는 주님의 것이고 주님이 갚아 주실 것을 믿는 데 있습니다. 만일 원한이 여전히 남아 있다면 선한 재판관을 의심하는 것입니다.

4. 악을 선으로 바꾸시는 하나님의 목적을 신뢰하십시오

쓴뿌리라는 불신과 싸우는 마지막 방법은, 우리가 분노하는 원인을 선으로 바꾸시는 하나님의 목적을 신뢰하는 것입니다. 베드로전서 1장 6-7절은 이렇게 말합니다. "그러므로 너희가 이제 여러 가지 시험으로 말미암아 잠깐 근심하게 되지 않을 수 없으나 오히려 크게 기뻐하는도다. 너희 믿음의 확실함은 불로 연단하여도 없어질 금보다 더 귀하여 예수 그리스도께서 나타나실 때에 칭찬과 영광과 존귀를 얻게 할 것이니라."

다시 말하면, 하나님은 우리를 매우 화나게 만드는 시험거리들을 우리 삶에 허락하신다는 말입니다. 우리를 화나게 하지 않는다면 시험도 아니었을 것입니다. 하지만 하나님이 그렇게 하시는 이유는, 불로 금을 제련하듯 우리 믿음도 제련하시기 위함입니다.

시험 속에서 쓴뿌리와 싸운다는 것은 다름 아닌 불신과 싸우는 것을 의미합니다. 하나님의 전적인 선하심을 바라보며 연단하는 불을 통해 우리에게 좋은 것을 주시려 한다는 것을 믿으시겠습니까? 아니면 불신에 져서 쓴뿌리를 그대로 자라게 두시겠습니까?

요약

쓴뿌리라는 불신과 싸우는 네 가지 방법을 요약해 보겠습니다.

1. 훌륭한 의사가 말하는 것이 선한 조언임을 믿으십시오. 그가 "분노를 멀리 하라"고 말하면, 그 조언을 무시하지 마십시오. 이것을 마음에 새기고 지키려고 결심하십시오.

2. 우리는 용서받았다는 사실과 한없이 거룩하신 하나님께 용서받은 것은 엄청난 일임을 믿으십시오.

3. 복수는 하나님께 속한 것으로, 하나님께서 잘못한 사람들에게 갚아 주실 것을 믿으십시오.

4. 모든 시험을 허락하시는 하나님의 목적은 분노의 원인을 선으로 바꾸시기 위함임을 믿으십시오.

37장

원수 갚는 것이 내게 있으니 내가 갚으리라

로마서 12:19-21

내 사랑하는 자들아, 너희가 친히 원수를 갚지 말고 하나님의 진노하심에 맡기라. 기록되었으되 원수 갚는 것이 내게 있으니 내가 갚으리라고 주께서 말씀하시니라. 네 원수가 주리거든 먹이고 목마르거든 마시게 하라. 그리함으로 네가 숯불을 그 머리에 쌓아 놓으리라. 악에게 지지 말고 선으로 악을 이기라. _롬 12:19-21

19절에 "하나님의 진노하심"이라는 표현이 나옵니다. "너희가 친히 원수를 갚지 말고 하나님의 진노하심에 맡기라. 기록되었으되 원수 갚는 것이 내게 있으니 내가 갚으리라고 주께서 말씀하시니라." 지난 시간에는 이 말씀이 우리에게 미치는 심리적 영향과, 직접 보복할 때 갖게 되는 부담감으로부터 우리를 어떻게 해방시켜 주는지 알아보았습니다. 19절에 나오는 "왜냐하면"(for)이라는 단어가 함축하는 내용에도 초점을 맞추었습니다. "너희가 친히 원수를 갚지 말고 하나님의 진노하심에 맡기라. [왜냐하면](for) 기록되었으되 원수 갚는 것이 내게 있으니 내가 갚으리라고 주께서 말씀하시니라." 하나님께서 우리의 문제를 맡아 반드시 정의가 구현되도록 하실 것이기에 우리는 마음의 모든 짐을 내려놓아도 됩니다. 분노와 쓴뿌리와 분함과 복수심을 품고 있을 필요가 없습니다. 사실은 감히 그렇게 해서는 안됩니다. 용서하지 않는 마음이 결국 우리를 멸망에 이르게 할 거라고 예수님은 경고하셨습니다(마 6:15, 18:35).

하나님의 진노라는 실재

그러나 오늘 저는 이 말씀이 주는 심리적 영향이 아닌 그러한 심리가 생기게 만드는 신적 실재(divine reality), 즉 하나님의 진노라는 실재에 초점을 맞추고 싶습니다.

바울은 19절에서 이렇게 말합니다. "하나님의 진노하심에 맡기라." 그런 다음, "원수 갚는 것이 내게 있으니"라는 말로 하나님의 진노를 하나님의 복수로 더 넓게 규정합니다. 그래서 진노는 마땅히 되갚아 주어야 할 어떤 일에 대한 하나님의 응답과 연결됩니다. 하나님은 "내가 갚으리라"고 말씀하십니다. 따라서 하나님의 진노란 잘못을 저지른 인간에게 되갚음하시는 것으로 여겨집니다.

이 구절만 따로 떼어 보면, 하나님의 진노를 다음과 같이 정의할 수 있습니다. "하나님의 진노(wrath)는 유죄인 인간에 대한 정당한 복수라는 되갚음으로 표출되는, 죄를 향한 하나님의 변함없이 일관된 분노다."

하나님의 마지막 진노가 갖는 네 가지 특징

진노(wrath)의 의미를 정의하기 위해 분노(anger)라는 단어를 사용한 이유는, 성경 여러 곳에서(수백 군데) 반복적으로 이 두 단어(orge, thumos)를 나란히 사용하고 있기 때문입니다. 그중 몇몇 경우는 매우 흡사한 의미로 함께 쓰이고 있어서 서로 구분하기 힘들 정도입니다. 예를 들면, 시편 6편 1절("여호와여, 주의 분노[anger]로 나를 책망하지 마시오며 주의 진노[wrath]로 나를 징계하지 마옵소서"), 시편 90편 7절("우리는 주의 노[anger]에 소멸되며 주의 분내심[wrath]에 놀라나이다"), 호세아 13장 11절("내가 분노[anger]하므로 네게 왕을 주고 진노[wrath]하므로 폐하였노라"), 로마서 2장 8절("오직 당을 지어 진리를 따르지 아니하고 불의를 따르는 자에게는 진노[wrath]와 분노[anger]로 하시리라") 등입니다.

두 단어를 굳이 구별하려고 한다면, A. T. 로버트슨의 설명이 이에 가장 근접할 것입니다. '하나님의 분노(anger, thumos)는 그분의 격렬한 또는 끓어오르는 화입니다. 반면 그분의 진노(wrath, orge)는 변함없이 일관된 분노입니다.' 다른 말로 하면, 하나님의 분노는 감정적이고 격렬한 강도에 초점이 있습니다. 반면 하나님의 진노는 통제 가능하고, 일관되고, 충분히 숙고했다는 데 강조점이 있고 그것을 적용하는 데 초점이 있습니다.

그러나 우리는 이 둘을 엄격하게 구분하지 못합니다. 하나님의 분노는 결코 그분의 지혜와 의의 통제를 벗어나지 않고, 그분의 진노는 결코 냉담하거나 무분별하지 않고 언제나 지혜롭게 규제된 분노입니다. 하나님의 분노는 완벽한 사법 판결보다 결코 못하지 않습니다. 오히려 언제나 옳고 합당한 분노로 가득 차 있기 때문에 완벽한 사법 판결을 언제나 능가합니다.

그리고 또한 "원수 갚는 것"(vengeance), "갚으리라"(repay)라는 말을 통해 하나님의 진노는 죄에 대한 하나님의 반응임을 알 수 있습니다. 하나님은 죄 없는 자들에게는 원수를 갚지 않으십니다. 하나님이 원수를 갚으실 때는 그곳에 죄(갚아야 할 무언가)가 있다는 의미입니다. 또한 하나님은 완전히 공의로우시기에 그 복수는 합당하고 적절한 복수가 될 것입니다. 하나님의 완전한 공의가 요구하는 것 그 이상도 이하도 아닙니다. 따라서 다시 한 번 정의를 내려 보겠습니다. "하나님의 진노는 유죄인 인간에게 내리신 정당한 복수에서 드러나는, 죄를 향한 하나님의 변함없이 일관된 분노다."

그렇다면 이 진노에 대해 무엇을 말할 수 있을까요? 한 편의 설교로는 한계가 있으므로 몇 가지만 살펴보겠습니다. 마지막 심판 때 인간에게 임할 하나님의 진노에 초점을 맞춘다면 적어도 네 가지를 이야기할 수 있을 것입니다. 1) 영원하다(끝이 없습니다). 2) 끔찍하다(말로 다 할 수 없는 고통입니다). 3) 마땅하다(전적으로 공정하고 옳습니다). 4) 피할 수 있다(저주를 해결하신 그리스도의 죽음을 통해 그리스도를 피난처로 삼아 피할 수 있습니다).

하나님의 마지막 진노는 영원하다

다니엘 12장 2절에서 하나님은 "땅의 티끌 가운데에서 자는 자 중에서 많은 사람이 깨어나 영생을 받는 자도 있겠고 수치를 당하여서 영원히 부끄러움을 당할 자도 있을" 거라고 약속하십니다.

예수님은 여러 가지 방식으로 하나님의 진노의 영원성을 말씀하셨습니다. 그중 세 가지를 보겠습니다. 마가복음 9장 43-48절에서 이렇게 말씀하셨습니다.

"만일 네 손이 너를 범죄하게 하거든 찍어 버리라. 장애인으로 영생에 들어가는 것이 두 손을 가지고 지옥 곧 '꺼지지 않는' 불에 들어가는 것보다 나으리라. 만일 네 발이 너를 범죄하게 하거든 찍어 버리라. 다리 저는 자로 영생에 들어가는 것이 두 발을 가지고 지옥에 던져지는 것보다 나으리라. 만일 네 눈이 너를 범죄하게 하거든 빼 버리라. 한 눈으로 하나님의 나라에 들어가는 것이 두 눈을 가지고 지옥에 던져지는 것보다 나으리라. 거기에서는 구더기도 죽지 않고 불도 '꺼지지 아니'하느니라."

여기서 두 번이나 지옥의 불을 "꺼지지 않는" 불이라고 말씀하십니다. 즉, 지옥 불은 결코 꺼지지 않을 것입니다. 지옥에 가면 영원히 안식이 없을 것을 엄중하고 심각하게 말씀하십니다.

두 번째로 마가복음 3장 29절에서 예수님은 이렇게 말씀하십니다. "누구든지 성령을 모독하는 자는 영원히 사하심을 얻지 못하고 영원한 죄가 되느니라." 무서운 말씀입니다. 이 말씀은, 지옥이 있다 하더라도 죄인들이 충분히 오래 고통을 받은 후에는 언젠가 지옥이 텅 비게 될 거라는 만인구원론(universalism)의 모든 생각을 배제합니다. 아닙니다. 예수님은 그렇게 말씀하신 것이 아닙니다. 예수님은 절대로 용서받지 못할 죄가 있다고 말씀하셨습니다. 결코 구원받지 못할 사람들이 있습니다. 그들은 영원히 구원받지 못할 것입니다.

세 번째로 마태복음 25장에서 예수님은 자기 백성을 구원하시고 믿지 않는 자들을 벌하시기 위해 다시 오실 때 일어날 일을 쉽게 설명하기 위해 양과 염소의 비유를 드셨습니다. "또 왼편에 있는 자들에게 이르시되 저주를 받은 자들아 나를 떠나 마귀와 그 사자들을 위하여 예비된 '영원한' 불에 들어가라"(41절). 여기서 '영원한'이라는 말이 '영존하는'(everlasting)이라는 의미임을 분명히 하기 위해 46절에서 다시 그 단어를 사용합니다. "그들은 영벌에, 의인들은 영생에 들어가리라 하시니라." 따라서 생명이 영원한 것같이 벌도 영원합니다. 둘 다 영원히 끝나지 않는다는 의미입니다. 영원히 존재합니다. 우리가 헤아리기에는 너무나 엄청난 개념입니다. 하지만 그 의미가 온전히 우리에게 영향을 미치도록 하십시오. 예수님은 그냥 지나가는 말로 이렇게 말씀하신 것이 아닙니다.

예수님 이후에는 사도 바울이 데살로니가후서 1장 7-9절에서 이와 같은 방식으로 하나님의 진노가 영원함을 설명합니다. "주 예수께서 자기의 능력의 천사들과 함께 하늘로부터 불꽃 가운데에 나타나실 때에 하나님을 모르는 자들과 우리 주 예수의 복음에 복종하지 않는 자들에게 형벌을 내리시리니 이런 자들은 주의 얼굴과 그의 힘의 영광을 떠나 '영원한' 멸망의 형벌을 받으리로다."

여기서 멸망은 소멸 혹은 영혼 멸절을 의미하지 않습니다. 적군이 멸망했다고 해서 패배한 군인들이 더 이상 존재하지 않는다는 의미가 아닌 것과 같습니다. 여기서 멸망은 그들이 망했다는 의미입니다. 그들은 패했습니다. 그들은 삶을 즐겁게 해주던 모든 것들을 빼앗겼습니다. 그들은 영원히 비참한 상태에 놓이게 됩니다.

마지막으로 위대한 사랑의 사도이자 요한복음 3장 16절에서 달콤한 말씀을 전하던 사도 요한은 하나님의 진노가 영원히 지속된다는 것을 강한 어조로 말했습니다. "그 고난의 연기가 세세토록 올라가리로다 … 밤낮 쉼을 얻지 못하리라"(계 14:11). "그 연기가 세세토록 올라가더라"(계 19:3). 이것은 성경 저자들이 사용할 수 있었던 영원에 대한 가장 강한 표현들입니다.

따라서 그리스도를 구주요 주님으로 받아들이지 않은 사람들에게 종말에 임할 하나님의 진노에 대해 가장 먼저 말해야 하는 것은 그 진노가 영원하며, 결코 끝나지 않는다는 사실입니다.

하나님의 마지막 진노는 말로 다 할 수 없으며 끔찍하다

신약성경에서 하나님의 진노를 표현한 부분들을 생각해 보십시오. 그리고 어리석은 자들의 말을 기억하십시오. "하지만 그것들은 다 상징 아닌가요? 불과 유황은 그저 상징 아닌가요?" 이런 생각을 조심하십시오. 하등의 도움이 되지 않습니다. 불이 상징이라고 칩시다. 사람들이 무서운 상징을 사용하는 것은, 현실이 그 상징보다 덜 무서워서일까요 아니면 더 무서워서일까요? 언어가 무서운 현실을 더 무섭게 만들 수 있기 때문에 상징적 표현을 사용하는 사람은 한 명도 없습니다.

사람들이 공포(또는 아름다움)에 대해 어떤 상징을 사용하는 것은 그들이 표현하려는 현실이 그들이 말로 표현할 수 있는 것보다 더 나쁘기(또는 더 좋기) 때문입니다. 제가 "제 아내는 제 인생의 다이아몬드입니다"라고 말했다면, 저는 사람들이 이 말을 "그건 그저 상징이지. 그러니 저 사람의 아내는 다이아몬드만큼 귀한 존재일 리가 없어"라고 해석하는 것을 원하지 않습니다. 그렇지 않습니다. 제 아내는 보석보다 훨씬 더 소중하기 때문에 제가 생각해 낼 수 있는 가장 가치 있는 보석을 상징으로 사용했을 뿐입니다. 상징을 사용하는 것은 그 상징이 현실을 뛰어넘기 때문이 아니라 현실이 언어를 능가하기 때문입니다.

따라서 성경이 지옥 불을 이야기할 때, "이것은 단지 상징일 뿐이야"라고 말하는 사람에게는 화가 임할 것입니다. 이것이 상징이라면 현실은 그보다 더 나은 것이 아니라 훨씬 더 나쁘다는 의미입니다. '불'이라는 단어는 좋은 것을 나쁘게 들리게 하려고 사용된 것이 아니라 정말로 끔찍한 것을 조금이라도 비슷하게 표현하려고 사용한 것입니다.

예수님은 마태복음 13장 41-42절에서 이렇게 말씀하십니다. "인자가 그 천사들을 보내리니 그들이 그 나라에서 모든 넘어지게 하는 것과 또 불법을 행하는 자들을 거두어 내어 풀무불에 던져 넣으리니 거기서 울며 이를 갈게 되리라." 그런 다음 불 외에 하나님의 진노의 끔찍함을 보여 주는 세 가지 비유를 더 드십니다.

1. 예수님은 하나님의 진노를, 주인이 돌아와 종들이 자기의 명령에 복종하지 않은 것을 결산하는 비유로 설명하십니다. "[종을] 엄히 때리고 외식하는 자가 받는 벌에 처하리니 거기서 슬피 울며 이를 갈리라"(마 24:51). 하나님의 진노는 엄히 때리는 것과 같습니다.

2. 그런 다음 예수님은 하나님의 진노를 어두움으로 묘사합니다. "그 나라의 본 자손들은 바깥 어두운 데 쫓겨나 거기서 울며 이를 갈게 되리라"(마 8:12). 하나님의 진노를 받는 자는 영원히 어두운 데 처하게 됩니다.

3. 마지막으로 예수님은 이렇게 말씀하십니다. "거기에서는 구더기도 죽지 않고 불도 꺼지지 아니 하느니라"(막 9:48). 이 구절은 이사야 66장 24절을 인용한 것입니다. "그들이 나가서 내게 패역한 자들의 시체들을 볼 것이라. 그 벌레가 죽지 아니하며 그 불이 꺼지지 아니하여 모든 혈육에게 가증함이 되리라."

요한계시록 6장 15-16절에서 사도 요한은 하나님의 진노(사실은 예수님의 진노)가 너무나 무시무시해서 모든 인간이 그 진노를 대면하느니 차라리 바위에 깔려 죽게 해달라고 애원하게 될 것이라고 덧붙입니다. "땅의 임금들과 왕족들과 장군들과 부자들과 강한 자들과 모든 종과 자유인이 굴과 산들의 바위 틈에 숨어 산들과 바위에게 말하되 우리 위에 떨어져 보좌에 앉으신 이의 얼굴에서와 그 어린 양의 진노에서 우리를 가리라."

이제 마지막으로 말씀드릴 공포의 상징은 성경에서 마지막으로 나오는 불못(the lake of fire)입니다. 이것은 요한계시록 20장 14절에서 "둘째 사망"으로 불립니다. "사망과 음부도 불못에 던져지니 이것은 둘째 사망 곧 불못이라." 요한계시록 2장 11절은 "이기는 자는 둘째 사망의 해를 받지 아니하리라"고 전하는데, 이것은 예수님을 믿지 않는 자는 둘째 사망의 해를 받을 것을 암시합니다. 요한계시록 20장 15절은 이에 대해 더욱 분명히 말합니다. "누구든지 생명책에 기록되지 못한 자는 불못에 던져지더라." 10절에서는 이렇게 덧붙입니다. "세세토록 밤낮 괴로움을 받으리라."

그러므로 저는 이 표현이 "하나님의 마지막 진노는 말로 다 할 수 없는 고통으로 무시무시할 것이다"라는 말을 점잖게 절제해서 표현한 것이라 생각합니다. 그리고 첫 번째 진리와 두 번째 진리를 한데 묶어 보면 이런 결론이 나옵니다. '이 무시무시하고 말로 다 할 수 없이 고통스러운 진노는 영원히 계속될 것이다.' 탈출구가 없습니다. 지금이 구원의 날입니다. 지금이 하나님의 인내의 날입니다. 죽은 후에는 구원의 제안도 구원을 얻을 방법도 없을 것입니다.

하나님의 진노는 응당한 대가이며, 온전히 공평하고 옳다

바울은 로마서 첫 부분에서 이것을 말하려고 애썼습니다. 바울의 말을 다시 들어 보십시오. "하나님의 진노가 불의로 진리를 막는 사람들의 모든 경건하지 않음과 불의에 대하여 하늘로부터 나타나나니"(롬 1:18). 진노는 이유 없이 오지 않습니다. 받을 만해서 응당한 대가로 오는 것입니다. 하나님의 진리는 알려졌습니다(롬 1:19-20). 그리고 그 진리는 훼방을 받았습니다. 그 열매는 경건하지 않음과 불의입니다. 그 결과로 하나님의 진노가 옵니다(엡 5:6; 골 3:6).

바울은 로마서 2장 5절에서 이에 대해 더욱 분명히 말합니다. "다만 네 고집과 회개하지 아니한 마음을 따라 진노의 날, 곧 하나님의 의로우신 심판이 나타나는 그날에 임할 진노를 네게 쌓는도다." 우리는 책임을 져야 합니다. 그리스도에게 무관심했던 모든 행동으로 진노를 쌓고 있습니다. 하나님보다 다른 것을 더 좋아했습니다. 매 순간 죄에 대해서는 전율을 느끼며 사랑하고 매 순간 하나님에 대해서는 사랑이 무뎌졌습니다.

그런 다음 바울은 로마서 3장 5-6절에서 이에 대해 다시 한 번 말합니다. "우리 불의가 하나님의 의를 드러나게 하면 무슨 말 하리요.

[내가 사람의 말하는 대로 말하노니] 진노를 내리시는 하나님이 불의하시냐? 결코 그렇지 아니하니라. 만일 그러하면 하나님께서 어찌 세상을 심판하시리요?" 감동하심을 입은 사도에게 있어 하나님은 공의로우시고 그 무시무시한 진노로 이 세상을 심판하시리라는 사실보다 더 분명한 것은 없었습니다.

우리의 죄는 이런 진노를 받을 만큼은 아니라고 착각하지 않도록, 다음의 네 가지를 깊이 생각해 보았으면 합니다.

1. 온 세상을 하나님의 심판 아래로 가져오고 모든 사람에게 죽음을 가져온 것은 단 하나의 죄였습니다(창 2:17; 롬 5:12). 하지만 우리는 단지 하나의 죄가 아니라 수만 가지의 죄를 지었습니다.

2. 야고보서 2장 10절을 기억하십시오. "누구든지 온 율법을 지키다가 그 하나를 범하면 모두 범한 자가 되나니." 우리는 수만 가지의 죄를 지었을 뿐 아니라, 죄를 지을 때마다 하나님의 온 율법을 어겼습니다.

3. 갈라디아서 3장 10절을 기억하십시오. "무릇 율법 행위에 속한 자들은 저주 아래에 있나니 기록된 바 누구든지 율법 책에 기록된 대로 모든 일을 항상 행하지 아니하는 자는 저주 아래에 있는 자라 하였음이라." 하나님의 저주의 진노는 모든 명령을 지키지 않아서 내리는 것이 아닙니다. 하나만 실패해도 저주는 임합니다.

4. 무한히 영광스러우시고 무한히 가치 있으신 하나님께 행한 어떤 공격이나 무례는 무한한 공격이나 무한한 무례임을 기억하십시오. 그러므로 무한한 형벌이 마땅합니다.

이제 마지막 요지만 남았습니다. 이 요지는 매우 중대하고 귀중합니다. 또한 영원히 아름답습니다.

종말에 쏟아질 하나님의 완전하고 최종적인 진노는 피할 수 있다

즉, 종말에 있을 하나님의 진노를 지금 피할 수 있다는 의미입니다. 하나님의 아들을 구원자요 주님이요 보화로 받아들이면 하나님의 진노 아래에서 영원을 보낼 필요가 없습니다. 이게 무슨 의미입니까? 어떻게 가능할 수 있습니까? 하나님이 세상을 너무 사랑하셔서 한없이 고귀한 아들을 보내셨고 그 아들 안으로 피하는 모든 자를 대신해 하나님의 한없는 진노를 담당하게 하셨기 때문입니다. 갈라디아서 3장 13절 말씀을 두렵고 떨리는 마음과 감사하는 마음을 갖고 믿음으로 들으십시오. "그리스도께서 우리를 위하여 저주를 받은 바 되사 율법의 저주에서 우리를 속량하셨으니 기록된 바 나무에 달린 자마다 저주 아래에 있는 자라 하였음이라."

그리스도께 나아와 그분을 믿고 그분의 보혈과 의의 피난처 안에서 기뻐하는 모든 사람을 위해 그리스도는 하나님의 진노의 저주를 담당하셨습니다. 오십시오. 오십시오. 그분은 한없이 존귀하신 분이십니다.

38장

하나님의 진노에 대한 두려움이 현재에 미치는 영향

로마서 12:19

내 사랑하는 자들아, 너희가 친히 원수를 갚지 말고 하나님의 진노하심에 맡기라. 기록되었으되 원수 갚는 것이 내게 있으니 내가 갚으리라고 주께서 말씀하시니라. _롬 12:19

오늘 설교의 목적은 단순하고 직설적입니다. 우리가 하나님의 진노를 믿을 때 그것이 감정에 어떤 영향을 미치는지를 성경을 통해 살펴보는 것입니다. 그런 다음 그 믿음과 그 감정이 우리의 예배 방식, 자녀 양육 방식, 그리고 복음 전파와 그리스도 영광을 드러내는 방식에 어떤 변화를 가져오는지를 살펴보고자 합니다.

주님이 다시 오실 때 임할 진노

지난 시간에는 성경을 통해, 하나님의 진노는 영원하고 끔찍하며 응당한 대가이지만, 또한 그리스도의 죽음과 부활로 인해 피할 수 있음을 살펴보았습니다. 사도 요한이 사용한 가장 무시무시한 이미지 가운데 하나를 사용해 하나님의 진노가 얼마나 끔찍하고 영원한 것인지 상기해 보겠습니다.

요한계시록 19장 15절에서 사도 요한은 그리스도의 재림을 이렇게 묘사합니다. "그의 입에서 예리한 검이 나오니 그것으로 만국을 치겠고 친히 그들을 철장으로 다스리며 또 친히 하나님 곧 전능하신 이의 맹렬한 진노의 포도주 틀을 밟겠고." 하나님이 회개하지 않는 자들을 심판하시는 이 끔찍한 장면에서 네 가지를 주목하십시오.

먼저, 하나님은 전능하십니다. 우리는 여기서 단순히 미국 대통령이나 중국의 주석 같은 세상 통치자들을 다루는 것이 아닙니다. 그들은 창조주의 능력에 비하면 아무것도 아닙니다. '전능'이란 하나님이 우주의 모든 힘을 갖고 계시다는 의미입니다. 주님은 모든 원자력, 모든 전자기력, 모든 중력, 우주의 거대한 별들 사이에서 일어났거나 일어나고 있는 거대한 폭발로 생기는 모든 힘을 갖고 계십니다.

두 번째로, 전능하신 하나님이 그분의 진노를 쏟으실 것입니다. 그분은 사랑의 하나님이실 뿐 아니라, 거룩하고 공의로우시며 진노의 하나님이십니다.

세 번째로, 그분의 진노는 맹렬합니다. 요한은 "하나님 곧 전능하신 이의 맹렬한 진노"라고 말합니다. 이 진노는 그저 그런 적의가 아닙니다. 맹렬하게 분노하는 적의입니다.

네 번째로, 그리고 아마도 가장 끔찍한 부분으로, 예수님이 직접 이 맹렬한 진노의 포도주 틀을 밟는 것으로 묘사됩니다. 이것은 반역하고 회개하지 않는 자들은 그리스도 진노의 발아래 있는 포도와 같아서, 포도주 틀에서 포도즙이 나오는 것처럼 으깨어져 피를 흘리게 될 거라는 의미입니다.

거룩한 두려움

오늘 본문의 요지는, 이러한 현실을 믿는 그리스도인의 삶 속에는 모든 것을 변화시키는 마땅한 두려움과 떨림이 생긴다는 것입니다. 이러한 거룩한 두려움을 보여 주는 성경 구절 몇 군데를 읽어 드리겠습니다.

구약성경에서는 시편 114편 7절입니다. "땅이여, 너는 주 앞 곧 야곱의 하나님 앞에서 떨지어다." 시편 119편 120절입니다. "내 육체가 주를 두려워함으로 떨며 내가 또 주의 심판을 두려워하나이다." 이사야 66장 2절 하반절입니다. "무릇 마음이 가난하고 심령에 통회하며 내 말을 듣고 떠는 자 그 사람은 내가 돌보려니와."

신약성경에서는 빌립보서 2장 12절에서 가장 분명하게 드러납니다. "그러므로 나의 사랑하는 자들아, 너희가 나 있을 때뿐 아니라 더욱 지금 나 없을 때에도 항상 복종하여 두렵고 떨림으로 너희 구원을 이루라." 하나님이 거룩하시고 공의로우시며 진노하시고 은혜로우심을 정말로 안다면, 우리는 그분의 임재 안에서 두려워 떨게 될 것입니다. 그리고 이것은 어느 정도 성숙해지면 벗어나게 되는 그런 수준이 아닙니다. 오히려 미성숙한 자들은 이러한 두려움을 느끼도록 성장해야 합니다.

"두려워하지 말라"의 두 가지 의미

"두려워하라고요? 그렇지만 성경은 두려워하지 말라고 가르치지 않습니까? '두려워하지 말라. 내가 너와 함께함이라'와 같은 말씀들 말입니다. 이걸 어떻게 이해해야 합니까?"라고 말하는 분들이 있을 것입니다. 이에 대해서는 두 가지로 말할 수 있습니다.

먼저, 사람을 두려워하지 말고 대신 하나님을 두려워하라는 의미입니다. 두 번째는 하나님을 두려워하되 우리의 적으로 두려워하는 것이 아니라, 한때는 원수였으나 지금은 그렇지 않되 여전히 무한한 힘과 거룩함을 가진 분으로 두려워하라는 의미입니다. 이러한 두 가지 측면의 두려움을 설명해 주는 말씀들이 있습니다.

먼저 마태복음 10장 28절입니다. "몸은 죽여도 영혼은 능히 죽이지 못하는 자들을 두려워하지 말고 오직 몸과 영혼을 능히 지옥에 멸하실 수 있는 이를 두려워하라." 달리 말하자면, 사람을 두려워하지 말고 하나님을 두려워하라는 말씀입니다. 사람을 기쁘게 하지 못할 것을 두려워하지 말고 하나님을 신뢰하지 않는 것을 두려워하라는 말씀입니다. 이사야는 이렇게 말합니다. "그들이 두려워하는 것을 너희는 두려워하지 말며 놀라지 말고 만군의 여호와 그를 … 너희가 두려워하며 무서워할 자로 삼으라. 그가 성소가 되시리라"(사 8:12-14). 사람을 기쁘게 하지 못하는 것을 두려워하지 말고 하나님을 불신하는 것을 두려워하십시오. 그러면 하나님께서 사람의 분노에서 우리를 구하실 것입니다(출 20:20 참조). 따라서 "두려워하지 말라"의 첫 번째 의미는 사람을 두려워하지 말고 하나님을 두려워하라는 것입니다.

두 번째 의미는 이렇습니다. 우리가 하나님의 자녀라면, 하나님을 예전처럼 대적으로서가 아니라 무한한 힘과 거룩함을 가진 분으로 두려워하라는 의미입니다. 바람이 심하게 부는 날 50층 건물 난간에서 있다가 균형을 잃고 떨어지려는 찰나에 누군가가 우리를 붙들어 구해 주었다면, 단지 이제는 안전해졌다는 이유로 두려움이 곧바로 사라지지는 않을 것입니다. 아직 아찔함이 남아 있습니다. 찬바람의 기운이 남아 있습니다. 금방이라도 떨어질 것 같았던 느낌이 여전히 있습니다. 하지만 더 이상의 위험은 없습니다. 절대 안전합니다. 지금의 떨림은 조금 전 난간에 있을 때와는 다릅니다.

성경에서도 이와 비슷한 표현들이 있지 않습니까? 시편 130편 3-4절 말씀을 보십시오. "여호와여, 주께서 죄악을 지켜보실진대 주여, 누가 서리이까? 그러나 사유하심이 주께 있음은 주를 경외하게 하심이니이다." 경외하게 만드는 용서가 있습니다. 예전에는 끔찍한 협곡처럼 죄악이 우리 앞에 놓여 있었습니다. 어느 누가 서겠습니까! 우리는 비명을 질렀습니다. 바로 그때 우리는 은혜로(오직 전능한 은혜로) 구원을 얻었고 지금은 자유로워졌습니다. 용서받았습니다. 그리고 지금 우리가 떠는 것은 하나님이 대적이시기 때문이 아니라 그때 하나님이 우리를 구하지 않으셨더라면 얼마나 끔찍했을지 생생히 느끼기 때문입니다.

그래서 다시 한 번 말씀드리는데, 그리스도인의 삶(용서받았고, 천국을 향하고 있으며, 영원히 안전하고, 성령이 내주하시는 그리스도인의 삶)에는 모든 것을 변화시키는 합당한 두려움과 떨림이 있습니다. 그래서 이제 이것이 변화시키는 몇 가지를 살펴보고자 합니다.

두려움과 떨림은 공예배를 변화시킨다

가장 먼저 말해야 할 것은, 이러한 그리스도인의 두려움과 떨림을 특히 우리가 드리는 공예배에서 느껴야 한다는 것입니다. 공예배는 하나님의 임재 앞으로 모두 함께 의식적으로 나아오는 경험입니다. 이 자리야말로 그리스도인이 합당한 두려움과 떨림을 느껴야 하는 곳입니다. 성경은 예배와 하나님에 대한 두려움을 어떻게 연결시키고 있는지 보겠습니다.

시편 96편 9절입니다. "아름답고 거룩한 것으로 여호와께 예배할지어다. 온 땅이여 그 앞에서 떨지어다!" 요한계시록 14장 7절입니다. "하나님을 두려워하며 그에게 영광을 돌리라. 이는 그의 심판의 시간이 이르렀음이니 하늘과 땅과 바다와 물들의 근원을 만드신 이를 경배하라 하더라." 요한계시록 15장 4절입니다. "주여, 누가 주의 이름을 두려워하지 아니하며 영화롭게 하지 아니하오리이까? 오직 주만 거룩하시니이다. 주의 의로우신 일이 나타났으매 만국이 와서 주께 경배하리이다 하더라."

그러나 여기에 두려움이 변화시키는 위대한 현실이 있습니다. 그리스도인은 예배하며 기쁨으로 노래하는데 무슬림은 그렇지 않은 이유가 바로 이것입니다. 두려움과 떨림은 하나님이 우리 대적이기 때문이 아니라, 그분이 그리스도를 통해 진노로부터 우리를 구원하셨기 때문에 느끼는 것입니다. 우리는 지금 하나님의 거룩함과 공의, 은혜와 진노라는 거대한 폭포 위에 서 있습니다. 말로 다 할 수 없는 경이로움으로 무릎이 후들거리고 손이 떨립니다. 하지만 이것은 밑으로 떨어질까 하는 두려움이 아니라, 경배를 통해 그분의 위대하심을 높이려는 마음 때문입니다.

성경은 이에 대해 매우 역설적으로 말합니다. 하지만 모든 성도는 이 말씀의 진정한 의미를 알고 있습니다. "여호와를 경외함으로 섬기고 떨며 즐거워할지어다"(시 2:11). 이 두려움은 기쁨으로 가득합니다. "그가 여호와를 경외함으로 즐거움을 삼을 것이며"(사 11:3). 이 두려움은 즐거움으로 가득합니다. "주여, 구하노니 귀를 기울이사 … 주의 이름을 경외하기를 기뻐하는 종들의 기도를 들으시고"(느 1:11). 성도들은 이러한 두려움을 기쁨으로 경험합니다.

하나님의 거룩함과 공의, 진노와 은혜를 보았거나 음미해 본 사람들은 결코 예배를 시시하게 여길 수 없습니다. 이런 설교를 듣고 나서도 "그래도 예배는 재미있어야 하지 않나요?"라고 말한다면 정말 슬픈 생각이 듭니다. 그들의 마음은 너무나 좁아서 두려움을 대체하는 것이 재미뿐이라고 생각하기 때문입니다. 저는 예배를 드리는데(혹은 사역에 있어서) '재미'(fun)라는 말을 사용하는 것을 좋아하지 않습니다. 사역을 하거나 예배를 드리고 나서 좋은 경험을 했다는 것을 "재미있었어"라고 표현하는 것은 우리가 얼마나 피상적으로 사역하고 예배를 드렸는지 반증하는 것입니다.

그리스도인은 마음이 편해서는 안 된다는 의미가 아닙니다. 마음이 편하지 않으면 아마 병에 걸리기 쉬울 겁니다. 요지는, 해 아래 있는 모든 것에는 합당한 시기가 있다는 것입니다. 그리고 무한 거룩하신 하나님 앞에서 드리는 공예배의 경험은 놀이공원에서 경험한 것과는 다른 표현을 요구합니다.

우리는 기독교 희락주의자입니다. 우리가 하나님 안에서 가장 만족할 때 하나님이 우리를 통해 영광을 받으신다는 것을 알기에 우리는 온 힘을 다해 기쁨을 추구합니다. 기독교 희락주의자는 지옥 불 냄새를 맡을 수 있습니다. 그리고 우리가 서 있던 50층 건물 난간의 아찔함을 여전히 기억합니다. 또한 우리와 같은 사람들이지만 난간에서 구원받지 못했기에 진노의 낭떠러지로 떨어지는 사람들도 봅니다. 기독교 희락주의자는 하나님의 거룩하심과 진노와 은혜 속에서 기뻐할 수 있음을 간파합니다. 우리는 파멸할 수밖에 없었지만, 하나님께서 신적 능력을 베푸셔서 파멸하지 않고 행복을 누릴 수 있게 하셨음을 압니다.

하나님의 진노를 알고 느낄 때 우리의 예배는 얼마나 달라질까요! 장난, 바보짓, 익살, 사소함, 하찮음, 농담, 경박함은 사라집니다. 찰스 스펄전의 말을 들어 보십시오.

> 우리는(특히 어떤 사람은) 경박한 성향을 이겨 내야 합니다. 미덕인 거룩한 쾌활함과 악덕인 일반적인 경박함은 너무나 다릅니다. 웃을 수 있는 넉넉한 마음이 아닌 모든 것을 시시한 일로 만들어 버리는 경박함이 있습니다. 그런 경박함은 경솔하고 공허하고 거짓됩니다. 진심 어린 웃음은 진심 어린 울음과 마찬가지로 경박하지 않습니다.*

〈디자이어링 갓〉 직원들과 베들레헴교회 직원들은 기독교 희락

* Charles Spurgeon, *Lectures to My Students*, p. 212. 『목회자 후보생들에게』, 크리스챤다이제스트.

주의의 표어로 고린도후서 6장 10절 말씀을 늘 마음에 새깁니다. "근심하는 자 같으나 항상 기뻐하고", "여호와를 경외함으로 섬기고 떨며 즐거워할지어다"(시 2:11). 하나님의 진노를 믿고 느낄 때 공예배에서는 이런 일이 일어납니다.

두려움과 떨림은 부모 역할을 변화시킨다

앞에서, 우리가 하나님의 거룩함과 공의와 진노와 은혜 안에서 하나님이 정말로 어떤 분인지를 알면 그분의 임재 안에서 떨게 될 것이라고 말씀드렸습니다. 그리고 이런 일들은 성장하면서 벗어 버리는 어떤 것들이 아니라고 말씀드렸습니다. 오히려 미성숙한 사람들은 이렇게 되도록 성장해야 한다고 했습니다.

이제 부모님들(특히 아버지들)께 드리고 싶은 말씀은, 자녀들이 하나님의 임재 안에서 기뻐하며 경외할 수 있도록 돕는 부모가 되라는 것입니다. 아버지들께 한 가지만 말씀드리고 싶습니다(그리고 만약 아버지가 안 계시다면 어머니들이 이 말씀을 잘 들으셨다가 아버지 역할을 하시는 분에게 전달해 주시기 바랍니다).

아버지들이여, 자녀들이 여러분을 기뻐하며 경외할 수 있도록 돕는 이가 되십시오. 또한 그런 식으로 자녀들이 하나님을 알도록 도와주십시오. 여러분은 하나님을 대변하는 특별한 자리에 있습니다. 가족에게 하나님의 충만하심을 보여 준다면 자녀들이 우리를 기뻐하며 경외하게 될 것입니다.

자녀들이 우리를 두려워만 하고 기뻐하지 않는다면 그것은 부모 역할을 제대로 못한 것입니다. 자녀들이 우리를 기뻐하기만 하고 두려워하지 않는다면 이것 또한 잘못되었고 문제가 있습니다. 이 두 경우 모두 자녀들이 참 하나님(진노와 자비의 하나님)을 받아들이는 것을 어렵게 만듭니다.

한편 잠언 13장 24절은 아버지들에게 이런 말씀을 전합니다. "매를 아끼는 자는 그의 자식을 미워함이라. 자식을 사랑하는 자는 근실히 징계하느니라." 이유가 무엇입니까? 하나님이 이렇게 하시기 때문입니다. 히브리서 12장 6절은 전합니다. "주께서 그 사랑하시는 자를 징계하시고 그가 받아들이시는 아들마다 채찍질하심이라 하였으니." 그러므로 자녀를 훈계할 때 하나님의 심판을 보여 주십시오.

그러나 다른 한편으로 에베소서 6장 4절은 이런 말씀을 전합니다. "또 아비들아, 너희 자녀를 노엽게 하지 말고 오직 주의 교훈과 훈계로 양육하라." 우리는 지금 하나님이 마련하신 자리에 있습니다. 우리는 지금 주님의 교훈과 훈계로 자녀를 양육하고 있습니다. 자녀들은 그런 우리를 통해 주님이 어떤 분인지 배웁니다.

시편 103편 13-14절은 이렇게 전합니다. "아버지가 자식을 긍휼히 여김같이 여호와께서는 자기를 경외하는 자를 긍휼히 여기시나니 이는 그가 우리의 체질을 아시며 우리가 단지 먼지뿐임을 기억하심이로다." 그러므로 우리가 어찌 그분을 기뻐하며 경외하지 않겠습니까?

우리의 긍휼과 진노가 하나님의 긍휼과 진노를 닮아 자녀들이 우리를 기뻐하며 경외하기를 바랍니다! 자녀들이 이사야처럼 말할 수 있기를 기원합니다! "아버지, 아버지에게 복종하지 않는 것은 참 두려운 일입니다. 하지만 저는 그 사실에 감사합니다. 그럼에도 아버지는 제게 얼마나 은혜로우신지요! 아버지의 힘과 아버지가 주시는 기쁨을 경험하며 살아가는 것이 너무 행복합니다!"

두려움과 떨림은 우리의 복음 증거를 변화시킨다

이제 복음 증거에 대해 생각해 보겠습니다. 하나님의 진노에 대한 두려움과 떨림은 다른 사람들이 그리스도의 영광을 보고 느끼도록 돕는 방식을 어떻게 바꾸어 놓을까요? 우리는 사람들이 그들의 죄 때문에 하나님의 진노 아래에 있음을 보도록 도와주어야 합니다.

선한 의도 가운데 사람들에게 하나님의 사랑을 보여 주려는 많은 시도들이 있습니다. 그런데 그중에는 그리스도 안에 있는 하나님의 사랑이 그분의 '진노로부터' 우리를 구원하는 사랑이라는 깨달음은 전하지 않는 경우가 많습니다. 로마서 5장 8-9절의 말씀을 감사하는 마음으로 주의 깊게 들어 보십시오. "우리가 아직 죄인 되었을 때에 그리스도께서 우리를 위하여 죽으심으로 하나님께서 우리에 대한 자기의 사랑을 확증하셨느니라. 그러면 이제 우리가 그의 피로 말미암아 의롭다 하심을 받았으니 더욱 그로 말미암아 진노하심에서 구원을 받을 것이니."

이 말씀은 선교지뿐 아니라 오늘 우리가 살고 있는 지역에서도 하나님을 단순히 우리를 돌보시는 사랑의 하나님으로만 전해서는 안 된다는 의미입니다. 복음의 핵심이 실리지 않으면 복음이 아닙니다. 진리가 뒷받침되지 않으면 아무 쓸모가 없습니다.

관계가 사람을 구원하지는 못합니다. 관계는 진리와 생명을 전할(복음을 전할) 디딤돌은 될 수 있습니다. 조만간 친구에게 복음을 전할 시간을 얻은 다음, 하나님의 진노와 모든 것에 대해 말해야 합니다. 그 10분이 인생에서 우리의 사랑이 가장 듬뿍 담긴 시간이 될 것입니다.

하나님은 거룩하고 영화로우십니다. 우리는 모두 그분에게 죄를 지었고 그분의 영광에 미치지 못했습니다. 우리는 그분의 공의로운 진노 아래 놓여 있었고 아무 소망이 없었습니다. 하지만 하나님이 세상을 너무나 사랑하셔서 독생자를 보내셨고 그를 믿는 자마다 구원을 받게(진노로부터 구원을 받게) 하셨습니다(요 3:16, 36).

죄수 바울이 총독 벨릭스에게 이야기할 기회를 얻었을 때를 누가는 다음과 같이 전합니다. "바울이 의와 절제와 장차 오는 심판을 강론하니"(행 24:25). 벨릭스는 하나님의 진노에 대해 알아야 했습니다.

복음 증거, 자녀 양육, 공예배(이 모든 것, 모든 삶)는 예수 그리스도의 영광을 가장 온전히 드러내기 위해 존재합니다. 그 영광은 예수님이 우리 죄를 위하여 기꺼이 하나님의 진노를 참고 견디며 십자가에 달리셨을 때 최고의 사랑과 최고의 아름다움으로 이미 드러났습니다. 우리가 복음 증거, 자녀 양육, 공예배를 통해 하나님의 진노를 알리고 두려워하게 할 때, 온전히 그리스도의 영광이 드러날 것입니다. 그때 우리 마음은 사랑과 감사와 기쁨과 떨림으로 가득 차 이렇게 고백하게 됩니다.

"그는 실로 우리의 질고를 지고 우리의 슬픔을 당하였거늘 우리는 생각하기를 그는 징벌을 받아 하나님께 맞으며 고난을 당한다 하였노라. 그가 찔림은 우리의 허물 때문이요 그가 상함은 우리의 죄악 때문이라. 그가 징계를 받으므로 우리는 평화를 누리고 그가 채

찍에 맞으므로 우리는 나음을 받았도다. 우리는 다 양 같아서 그릇 행하여 각자 제 길로 갔거늘 여호와께서는 우리 모두의 죄악을 그에게 담당시키셨도다"(사 53:4-6).

그때나 지금이나 이것은 진리입니다. 장차 다가올 진노에서 우리를 구하시는(살전 1:10) 가장 귀한 보화이신 예수 그리스도를 영접하시기를 간절히 바랍니다.

39장

그리스도처럼 선으로 악을 이기라

로마서 12:20-21

네 원수가 주리거든 먹이고 목마르거든 마시게 하라. 그리함으로 네가 숯불을 그 머리에 쌓아 놓으리라. 악에게 지지 말고 선으로 악을 이기라. _롬 12:20-21

이번 주일이 종려주일이면서 고난 주간의 시작이라는 사실과 로마서 12장이 1-11장에 기반을 두고 있다는 이유로 인해 오늘의 설교 제목을 21절에 나오는 대로 "선으로 악을 이기라"고 하지 않고 "그리스도처럼 선으로 악을 이기라"로 정했습니다. 이렇게 해서 그리스도가 이 땅에서 사신 마지막 날들(고난 주간)에 무엇을 하셨는지에 초점을 맞추고 싶었습니다. 또한 바울이 로마서 1-11장에서 설명한 방식을 통해 우리가 어떻게 하면 선으로 악을 이길 수 있는지 그 기반과 본을 보여 드리고 싶었습니다.

그리스도는 원수를 위해 죽으셨다

이 내용을 이렇게도 표현할 수 있습니다. "그리스도는 원수를 위해 죽으셨다. 그리고 우리는 그분의 제자다."* 여러분은 그리스도인입니까? 그렇다면 원수를 위해 죽으신 그리스도를 따르는 제자입니다. 그리스도인이 아닙니까? 그렇다면 원수를 위해 죽으신 그리스도가 여러분을 찾고 계십니다. 사실 우리가 여기에 있는 것은, 우리와 그리스도 사이의 원수됨을 극복하고 우리를 되찾으시려는 그분이 세우신 계획의 일부입니다.

바울이 우리 그리스도인에게 원수를 사랑하고(롬 12:20) 선으로 악을 이기라고(롬 12:21) 요구하는 것은 그리스도가 우리를 위해 행하신 일에 근거합니다. 그리스도는 원수를 사랑하셨고 선으로 악을 이기셨습니다. 만일 그리스도가 원수를 사랑하는 일을 포기하시고, 그분의 위대한 선(죽음과 부활)으로 악(우리의 불순종과 고집과 자기중심)을 이기지 않으셨다면 우리 중 어느 누구도 그리스도인이 될 수 없었을 것입니다.

로마서 5장 10절은 이에 대해 분명히 전합니다. "곧 우리가 원수되었을 때에 그의 아들의 죽으심으로 말미암아 하나님과 화목하게 되었은즉 화목하게 된 자로서는 더욱 그의 살아나심으로 말미암아 구원을 받을 것이니라." 원래 하나님과 우리 사이에는 적대감(증오심)이 있었습니다. 어느 한편이 아니라, 양편에서 오는 적대감이었습니다

* Charles Bridges, *Proverbs*, 2001, p. 478.

다. 우리 마음은 고집스럽고 반항적이고 순종하지 않았습니다(롬 8:7, 5:6, 8장). 또한 우리의 반항으로 인해 그분의 진노가 우리 위에 놓여 있었습니다(롬 1:18; 요 3:36; 엡 2:3). 그분이 우리에게 진노하시는 것은 당연했고, 우리는 영원한 형벌을 받아 마땅했습니다.

그러나 그때 예루살렘을 향한 여정이 있었습니다. 하나님의 계획이었습니다. 고난 주간에 일어날, 하나님이 계획하신, 끔찍하면서도 영광스러운 사건들이 그분 앞에 놓여 있었습니다. 예수님은 이에 대해 세 번이나 예언하셨고 왜 예루살렘으로 가시려 하는지(실은 왜 이 땅에 오셨는지) 제자들에게 설명하셨습니다. 세 번째 예언은 마태복음 21장에 나오는 승리의 입성 바로 전인 마태복음 20장에 나옵니다. 예수님은 이렇게 말씀하셨습니다. "보라, 우리가 예루살렘으로 올라가노니 인자가 대제사장들과 서기관들에게 넘겨지매 그들이 죽이기로 결의하고 이방인들에게 넘겨주어 그를 조롱하며 채찍질하며 십자가에 못 박게 할 것이나 제삼일에 살아나리라"(마 20:18-19).

오직 그리스도만이 무한한 죄에 대한 무한한 대속물을 주실 수 있다

하지만 왜 그래야 합니까? 이 모든 일의 목적은 무엇입니까? 예수님은 고난 주간에 있을 승리의 입성을 목전에 두시고 이렇게 말씀하십니다. 마태복음 20장 28절입니다. "인자가 온 것은 섬김을 받으려 함이 아니라 도리어 섬기려 하고 자기 목숨을 많은 사람의 대속물로 주려 함이니라." 예수님의 죽음의 의미(고난 주간의 의미)는 대속이었습니다. 이것은 일반적인 평범한 죽음이 아니었습니다. 인자이자 하나님의 아들의 죽음은 '대속물'이었습니다! 치명적인 죄의 권세로부터 사람들을 자유롭게 하기 위해 자기 목숨을 대가로 지불하는 것이었습니다. 그리스도는 자기의 죽음과 부활이라는 선으로 우리의 죄라는 악을 이기셨습니다. "우리가 원수 되었을 때에 그의 아들의 죽으심으로 말미암아 하나님과 화목하게 되었은즉." 대속물을 주심으로 화목하게 되었습니다.

제가 하나님께 진 빚은 무한합니다. 저는 무한히 거룩하고 의롭고 선하신 하나님께 죄를 지었습니다. 제가 이 범죄의 대가를 치르는 방법은 지옥에서 영원히 사는 것입니다. 시편 49편 7-8절은 이렇게 전합니다. "아무도 자기의 형제를 구원하지 못하며 그를 위한 속전을 하나님께 바치지도 못할 것은 그들의 생명을 속량하는 값이 너무 엄청나서 영원히 마련하지 못할 것임이니라." 우리는 자신의 죄로부터 스스로를 구원할 수 없으며, 어느 누구도 우리를 구원할 수 없습니다.

이것이 세상 종교들이 실수하는 부분입니다. 다른 모든 종교에서는 사람이 스스로를 구원할 수 있는 방법을 찾기 위해 노력합니다. 그러나 하나님은 그런 일은 없다고 말씀하십니다. "아무도 자기의 형제를 구원하지 못하며 그를 위한 속전을 하나님께 바치지도 못할 것은."

하지만 그다음 15절에서는 이렇게 전합니다. "그러나 하나님은 나를 영접하시리니 이러므로 내 영혼을 스올의 권세에서 건져내시리로다." 인간은 무한한 속전을 지불할 수 없습니다. 그러나 하나님은 가능하십니다. 그리고 이제 우리는 하나님께서 어떻게 이것을 하셨는지 압니다. 그분은 고난 주간에 그 일을 행하셨습니다. 하나님은 인간이셨던(네, 분명히 인간이셨습니다. 하지만 또한 단순한 인간을 훨씬 넘어서는 분이셨습니다) 당신의 아들을 보내 그 일을 행하셨습니다. 그분은 신인(God-man)이셨습니다. 그분 안에는 신성의 모든 충만이 육체로 거했습니다(골 2:9). 그리고 그렇기 때문에 그분은 자기를 영접하고 용서받은 모든 사람의 죄 값을 지불하실 수 있었고 또한 그렇게 하셨습니다.

그리스도가 선으로 악을 이기신 두 가지 방법

그리스도가 모든 믿는 자들을 위한 대속물로 죽임당하셨을 때, 그분은 사람들을 옭아매는 죄와 죽음의 사슬을 끊으셨습니다. 선으로 악을 이기셨습니다. 죽음과 부활이라는 선으로 죄와 반항과 불순종의 악을 이기셨습니다. 그분은 설득력 있는 말로 악을 이기신 것이 아니었습니다. 사람들이 죄를 짓지 않도록 설득하신 것이 아닙니다. 사람들을 타일러서 변화시킨 것도 아닙니다. 도덕적 변화가 우선이 아니었습니다. 법적인 칭의가 먼저였습니다. 그리스도가 필요한 것을 지불하셨기에, 우주의 재판관으로부터 "의롭다!"라는 판결이 내려졌습니다. 모든 빚이 청산되었습니다. 이것은 하나님과 하나님의 아들 사이의 법적 거래였으며, 우리는 믿음으로 그것을 누립니다. 그리스도로 인해 의롭다고 선포된 후에야 비로소 도덕적 변화가 시작됩니다.

따라서 그리스도는 두 가지 방식에 의해, 선으로 악을 이기십니다. 이것들은 순서대로 일어나며 동일한 것이 아닙니다. 먼저는 우리 스스로는 할 수 없었던 일을 행하심으로(우리 대신 하나님의 요구를 만족시키셨습니다) 우리 죄를 이기셨습니다. 그분이 우리 속전을 지불하셨습니다. 완전한 신적 인간으로 사셨고 희생하셨습니다. 그것 때문에 우리는 지금 하나님 보시기에 의롭습니다. 빚은 청산되었습니다. 천국을 얻을 것이 확실합니다. 그리고 도덕적 변화가 시작됩니다. 이것 역시 그리스도가 하시는 일입니다. 그분은 영으로 오셔서 자기가 흘린 보혈을 근거로 악한 행동과 태도라는 죄에서 우리를 해방시키십니다.

이것이 로마서 12장 20-21절의 토대입니다. 모든 것이 고난 주간에 일어났던 일(완전한 삶을 사신 예수님이 원수들을 위한 대속물로서 죽임당하신 일)에 근거합니다. 우리는 원수들을 위해 죽으신 예수님의 제자입니다. 그래서 이제 하나님은 그 아들의 제자들에게 이렇게 말씀하십니다. "네 원수가 주리거든 먹이고 목마르거든 마시게 하라. 그리함으로 네가 숯불을 그 머리에 쌓아 놓으리라[이것은 잠언 25장 22절을 인용한 것입니다]. 악에게 지지 말고 선으로 악을 이기라."

우리는 이것이 단순히 그리스도를 닮으라는 요구가 아님을 압니다. 이것은 그리스도를 나의 구원으로 신뢰하고, 그 구원의 소망과 능력과 기쁨과 확신 속에서 우리가 살아가는 방식을 통해 다른 사람들에게 그 사실을 증거하라는 요구입니다. 그들의 죄를 위해 대속물이 되어 주실 분은 오직 예수님뿐임을 알려 주십시오. 그들의 빚을 갚아 주시고 자기의 죽음과 부활이라는 선으로 그들의 악을 이기실 유일한 분임을 알려 주십니다.

“악에게 지지 말고 선으로 악을 이기라”

그렇다면 바울이 “악에게 지지 말고 선으로 악을 이기라”고 말한 것은 무슨 의미일까요? 문맥상으로, 원수에게 선하게 대하라는 말 바로 다음에 나온 것으로 보아 저는 “원수의 적개심으로 인해 당신 안에서도 적개심이 생기지 않도록 하라. 오히려 당신의 사랑으로 그 적개심을 이기라”는 의미라고 생각합니다. 악한 것에 지지 마십시오. 그들의 악에 지지 마십시오. 사람들의 악으로 인해 우리도 악을 행하지 않도록 주의하십시오. 너무나 중요한 사실입니다.

대적 때문에 우리가 악하게 행동하고 만다면 결국은 대적이 이긴 것입니다. 다른 사람의 죄 때문에 우리도 어쩔 수 없이 분노나 쓴 뿌리나 좌절감으로 인한 죄를 저지르게 된다면 우리는 악에게 지고 만 것입니다. 바울은 우리가 그런 식으로 악에게 정복당해서는 안 된다고 말합니다. 여기서 바울은 스스로를 희생양으로 삼는 요즘 우리 시대의 경향을 지적하고 있습니다. 즉 사람들이 악한 감정을 품거나 악한 일을 행하고 나서는 다른 사람이 행한 악 때문에 그렇게 되었다고 남을 비난한다는 것입니다. 누군가의 악 때문에 자신도 어쩔 수 없이 악을 저지를 수밖에 없다는 것입니다. 그리고 그 누군가인 다른 사람을 탓합니다.

바울은 우리가 그런 식으로 악에게 져서는 안 된다고 말합니다. 다른 사람들의 악이 우리에게 악한 생각이나 태도, 악한 행동을 불러일으키도록 내버려 두지 마십시오. 그것들에게 그런 힘을 주지 마십시오. 그래서는 안 됩니다. 그리스도는 우리의 왕이십니다. 그리스도는 우리의 지도자요 승리자이고 보화이십니다. 우리의 삶을 다스리는 분은 그리스도이지 악을 행하는 어떤 자들이 아닙니다. 어떤 사람이 우리에게 악을 행할 때 우리는 이렇게 말해야 합니다.

"당신은 내 주인이 아닙니다. 나는 당신에게 휘둘리지 않겠습니다. 당신의 악이 시키는 대로 나의 태도와 생각과 행동이 움직이도록 하지 않겠습니다. 그리스도가 나의 주인이십니다. 그리스도가 나의 태도와 생각과 행동을 주관하십니다."

이것은 대부분의 사람들이 반응하는 방식과 얼마나 다릅니까! 그리스도인은 악을 만날 때, 단순히 악에게 반응하지 않고 그 악을 다루시는 그리스도께 반응하는 자입니다. 그리스도는 그것을 위해 죽으셨습니다. 다른 사람의 악이 아니라 그리스도가 우리 삶을 다스리십니다. 그러므로 악에게 지지 마십시오. 악에게 지배당하지 마십시오. 원수의 적대감이 우리도 똑같은 사람으로 만들지 못하게 하십시오.

대신 선으로 악을 이기십시오. 문맥상으로 보면, "당신의 사랑으로 원수의 적대감을 이기라"는 의미가 됩니다. 무슨 뜻일까요? 원수가 목마를 때 물을 주고 배고플 때 먹을 것을 주면 그가 회개하고 우리의 친구가 될 것이라는 의미입니까?

아닙니다. 바울의 생각은 그런 것이 아님을 우리는 압니다. 예수님의 원수들이 모두 그분의 사랑에 긍정적으로 반응한 것은 아니었습니다. 십자가에 달린 한 강도는 회개했지만, 다른 강도는 저주했습니다. 베드로는 회개했지만, 유다는 스스로 목을 매고 죽었습니다. 백부장은 "이분은 하나님의 아들이셨다"라고 말했지만, 바리새인들은 속이 시원하다고 말했습니다. 그리스도의 사랑이 모든 사람을 회개에 이르게 하지는 않습니다. 우리의 사랑도 그러할 것입니다. 바울은 18절에서 이렇게 말합니다. "할 수 있거든 너희로서는 모든 사람과 더불어 화목하라." 다른 말로 하면, 어떤 일을 하더라도 여전히 몇몇과는 화목하지 못할 것이라는 말입니다.

선으로 악을 이긴다는 것

그러면 "선으로 악을 이기라"는 말은 무엇을 의미할까요? 이 말은 원수의 회개를 통해 우리가 승리하거나, 하나님이 원수를 심판하심으로써 승리하게 된다는 의미입니다. 달리 말하면, 원수를 사랑하고 박해하는 자를 축복하고(14절) 악을 악으로 갚지 않고(17절) 스스로 원수를 갚지 않으면(19절), 원수가 어떻게 반응하든 우리는 이기는 자, 정복자, 승리자가 되리라는 의미입니다.

이에 대해서는 19절("내 사랑하는 자들아, 너희가 친히 원수를 갚지 말고 하나님의 진노하심에 맡기라. 기록되었으되 원수 갚는 것이 내게 있으니 내가 갚으리라고 주께서 말씀하시니라")과 20절의 "숯불"이라는 단어에서 보았습니다. "네 원수가 주리거든 먹이고 목마르거든 마시게 하라. 그리함으로 네가 숯불을 그 머리에 쌓아 놓으리라."

"숯불을 그 머리에 쌓아 놓으리라"

"네가 숯불을 그 머리에 쌓아 놓으리라"는 말은 무슨 의미입니까? 머리에 타는 숯불을 쌓는 것이 축복 또는 회개의 상징이라고 생각할 만한 증거는 없습니다(많은 사람이 이런 식으로 생각합니다). 성경이 쓰인 당시에는 꺼진 불을 다시 붙이기 위해 이웃에게서 벌겋게 단 숯을 빌려 그것을 바구니에 이고 오는 관습이 있었다고 하는 말을 들은 적이 있습니다. 하지만 당시 그런 관습이 있었다는 증거는 전혀 없습니다. 누군가 이 문제를 해결하기 위해 지어낸 이야기로 보입니다. 또한 이 구절을 회개나 뉘우침을 언급하는 표현으로 사용한 구절도 전혀 없습니다.

반대로, 구약성경 안팎으로 "숯불"이라는 단어가 사용된 예를 보면 하나님의 진노나 형벌 또는 악한 욕망의 상징으로 쓰였습니다. 많은 해석자들이 이것을 회개나 후회의 의미로 해석하는 것은 그저 문맥상 가장 어울리는 것처럼 보이기 때문입니다. 따라서 문제는, 그렇다면 이 표현이 사실이냐에 있습니다.

14절은 명백합니다. 그렇습니다. 우리가 원수를 사랑하는 목적은 그를 저주하기 위해서가 아니라 축복하기 위해서입니다. "너희를 박해하는 자를 축복하라. 축복하고 저주하지 말라." 우리가 원수를 향해 가장 우선적으로 긴급하게 소망하는 것은 그들이 축복받는 것입니다. 즉, 그들이 회개하고 그리스도를 믿고 그리스도의 대속이 모든 빚을 지불하고 그들에게 구원을 주는 것입니다. 그렇습니다. 이것이 목표입니다. 이것이 바로 이번 장 전체의 목표입니다. 사람들을 하나님의 자비하심의 즐거움으로 이끌기 위해 살아가십시오.

그러나 이것이 전부가 아닙니다. 왜냐하면 19절에 이런 말씀이 있기 때문입니다. "내 사랑하는 자들아, 너희가 친히 원수를 갚지 말고 하나님의 진노하심에 맡기라. 기록되었으되 원수 갚는 것이 내게 있으니 내가 갚으리라고 주께서 말씀하시니라." 이것은 우리가 원수를 사랑하지만 그들이 회개하지 않고 사랑의 축복만을 받으려 할 때 하나님의 공의가 승리할 것이라는 의미입니다. "내가 갚으리라고 주께서 말씀하시니라." 우리가 재판장이 될 필요가 없습니다. 하나님이 하실 것입니다. 우리는 이 땅에서 승리할 필요가 없습니다. 하나님이 마지막 날에 우리를 위해 승리하실 것입니다.

그리고 20절을 보면 원수를 사랑하는 것은 "숯불을 그들의 머리 위에 쌓아 놓는 것"이라고 전합니다. 문맥상 여기에는 두 가지 현실이 들어 있습니다. 하나는 만일 그들이 회개한다면 자비와 축복을 입을 것입니다. 그리고 다른 하나는 만일 그들이 회개하지 않으면 공의와 진노가 있을 것입니다. "숯불을 그 머리에 쌓아 놓으리라"는 말씀은 자비의 현실보다 공의의 현실을 언급하고 있습니다.

사랑과 심판이 어떻게 서로 같이 갈 수 있는지를 보여 주는 또 다른 구절이 있습니다. 로마서 2장 4-5절입니다. 하나님의 사랑이 거부당했을 때 그 사랑이 원수에게 미치는 영향에 주목하십시오. 그 결과는 숯불과 매우 유사합니다. "혹 네가 하나님의 인자하심이 너를 인도하여 회개하게 하심을 알지 못하여 그의 인자하심과 용납하심과 길이 참으심이 풍성함을 멸시하느냐? 다만 네 고집과 회개하지 아니한 마음을 따라 진노의 날 곧 하나님의 의로우신 심판이 나타나는 그날에 임할 진노를 네게 쌓는도다."

이것이 바로 하나님의 사랑이 원수들에게 작용하는 방식입니다. 또한 우리의 사랑이 원수들에게 작용하는 방식이기도 합니다. 우리의 소망은 그들이 회개하고 진리를 아는 것입니다. 하지만 그들이 거부하면, 우리가 보여 준 진정한 사랑만큼 그들의 머리 위에 하나님의 진노가 무겁게 쌓일 것입니다. 사람들이 하나님의 자비를 거부하면

할수록 그들 자신 위에 진노가 점점 더 쌓일 것입니다.

그리고 우리가 사랑하는 원수들도 이와 같습니다. 그들이 자비를 거부하면 할수록 그들 머리 위에 숯불이 점점 더 쌓일 것입니다. 이것은 우리가 바라거나 목표하는 바가 아닙니다. 우리의 목표는 14절에 있습니다. "축복하고 저주하지 말라." 원수들을 위해 기도하십시오. 로마서 10장 1절에 나오는 바울과 같이 되십시오. "내 마음에 원하는 바와 하나님께 구하는 바는 이스라엘을 위함이니 곧 그들로 구원을 받게 함이라."

이것을 위해(원수가 구원받도록) 목숨까지도 바쳐야 합니다. 수천 명의 선교사들이 이렇게 했습니다. 그러나 20절이 말하는 바는 이것입니다. 우리의 사랑이 실패하고, 원수를 변화시키는 대신 원수가 우리를 죽이는 것처럼 보인다면, 우리가 악을 이겼음을 확신하십시오. 악이 우리를 이긴 것이 아닙니다. 하나님께 마지막 심판권이 있습니다. 의로운 자들이 부활할 때 우리의 의가 증명될 것입니다. 이를 위해 그리스도가 죽으셨고 다시 살아나셨습니다. 이를 위해 고난 주간이 있었고 세족 목요일이 있었고 성 금요일이 있었고 특히 부활절이 있었습니다.

그리스도인들이여, 강건하십시오. 악에게 지지 마십시오. 선으로 악을 이기십시오.